THE FINAL YEARS OF
MARILYN
MONROE
THE SHOCKING TRUE STORY

最后几年的
玛丽莲·梦露

［英］基斯·巴德曼◎著

史国强◎译

现代出版社
MODERN PRESS

版权登记号：01-2011-0297

图书在版编目（CIP）数据

最后几年的玛丽莲·梦露 / (英) 巴德曼著；史国强译.—北京：现代出版社，
2011.6

ISBN 978-7-5143-0117-5

Ⅰ. ①最…　Ⅱ. ①巴…　②史…　Ⅲ. ①梦露，M.（1926～1962）－生平事迹
Ⅳ. ①K837.125.78

中国版本图书馆CIP数据核字（2011）第073608号

著　者	基斯·巴德曼（英）
译　者	史国强
责任编辑	张　晶
出版发行	现代出版社
通讯地址	北京市安定门外安华里504号
邮政编码	100011
电　话	010-64267325　64245264（传真）
电子邮箱	xiandai@cnpitc.com.cn
印　刷	北京牛山世兴印刷厂
开　本	710mm×1000mm　1/16
印　张	19.5
版　次	2011年7月第1版　2011年7月第1次印刷
书　号	ISBN 978-7-5143-0117-5
定　价	35.00元

目 录

序　言·········001

第一章　序曲——童年 / 成年·········001
　　　　从出生到 1961 年 6 月

第二章　·········021
　　　　1961 年 6 月—1962 年 1 月 8 日，礼拜一

第三章　·········050
　　　　1961 年 11 月 17 日，礼拜五—1962 年 4 月（第二周）

第四章　玛丽莲与肯尼迪——无法回避的真相·········065
　　　　1961 年 9 月 23 日礼拜六及之后的故事

第五章　·········089
　　　　1962 年 2 月 7 日礼拜三—1962 年 4 月 22 日礼拜日

第六章　《濒于崩溃》（一）·········118
　　　　1962 年 4 月 23 日礼拜一——1962 年 5 月 19 日礼拜六

第七章　《濒于崩溃》（二）·········137
　　　　1962 年 5 月 19 日礼拜六—1962 年 6 月 12 日礼拜二

第八章　沮丧，再生，拍照及加利－内华·········173
　　　　1962 年 6 月 9 日礼拜六—1962 年 7 月 30 日礼拜一

第九章　·········214
　　　　1962 年 7 月 31 日礼拜二—1962 年 8 月 4 日礼拜六下午 5 点 55 分

第十章　·········242
　　　　1962 年 8 月 4 日礼拜六晚 7 点 55 分—1962 年 8 月 5 日礼拜日早 9 点零 4 分

第十一章　涟漪·········273
　　　　1962 年 8 月 5 日礼拜日—1985 年 10 月 28 日礼拜一

第十二章　再见，玛丽莲·········289
　　　　1962 年 8 月 5 日礼拜日—1962 年 8 月 8 日礼拜三

序　言

　　玛丽莲·梦露当然是史上被人写得最多、谈得最多的电影明星。在她短暂的、精彩的一生里，每一刻都是说不完的话题，图书、杂志文章和电视节目对她的轶闻趣事趋之若鹜。就连那些影迷之外的人士也能顺嘴说出她生命中那些关键的瞬间，对此自然不必惊诧。"生于 1926 年，死于 1962 年。很可能死于自杀。领衔饰演《巴士站》《不合时宜的人》《热情似火》等影片。与下面的男士结婚（又离婚）：基姆·多尔蒂、剧作家亚瑟·米勒和棒球明星乔·迪马奥。据说有些男士与她同枕同衾，其中有约翰·F. 肯尼迪和他的弟弟博比。"此外还有说不完的故事……

　　上述及其他众多所谓的事实在她的传说上深深地烙上了印迹。她拍摄的流行影片《七年之痒》里有个著名的镜头：她的裙子被风从下面撩起，她生活中的所有细节正如这一镜头都变成了她的故事。那我们为什么还要再用一部专著来研究这位女演员呢？答案很简单，因为众多研究者顾此失彼、她从未与之见面的人满口胡言、八卦专栏作者所犯的错误和利益熏心的朋友的添枝加叶，这些人为了 5 位数的出版稿酬编造出庸俗的故事，结果我们现在所相信的玛丽莲几乎都是来自他们纯粹的不折不扣的无稽之谈。

　　令人感到惋惜的是，她个人的历史里充满了上述欺骗；尤其是从 1960 年到她逝世的 1962 年，因为在这段时间里她经常与弗兰克·西纳特拉、肯尼迪兄弟和鼠群乐队的人频繁接触，而且她还与龌龊的、下流的、庸俗的小人物及醍醐的、下流的、庸俗的大人物频繁接触。她生前自然是绯闻缠身。1962 年，有人就此向她提问，她的回答很简单："那要判断消息来源。"

以此为准绳，2005 年五六月间，我手边已经搜集到数不清的书信、采访、照片、剪报、文件、收据、发票——其中不少材料都是失而复得——还有为数不少铁一般的事实，这些都是一手的材料，可信度极高，有了这些材料之后我像探员一样开始剥茧抽丝，将她最后几年里的事实与虚构、神话与现实、真话与谎言分离开来。我的意图很简单：以专著的形式为读者送上梦露最后几年最诚实的、最准确的描述。

5 年研究之后，专著终于出版。结果如何？我希望，书中收录的故事和事实就连梦露的铁杆影迷也未必知道。其他众多的故事之外，读者还将知道她的男朋友、她花钱的习惯、她放弃的电视剧《雨》、她最后拍摄的影片《濒于崩溃》、她对传奇人物伊莉莎白·泰勒的妒忌、她与西纳特拉的浪漫、她 1962 年 6 月到西纳特拉的加利－内华山林小屋的扫兴之旅、她的父亲（我在书中首次确认他的姓名，所以此后对他再也不必猜测）、她所谓最好的朋友（在她生前和死后）对她惊人的态度、乔·迪马奥对她的爱与他们破镜重圆的计划、她为总统唱歌的那一夜（她为那身著名的晚礼服到底付了多少钱）、传说中她 1962 年 8 月要揭开真相的记者招待会、她传奇式的告别语："与总统告别"，她逝世那天夜里助手们经受的震惊，以及她死后好莱坞式的遮遮掩掩。

当然，凡是写梦露的书没有不提约翰和博比·肯尼迪及她的英年早逝，不然书里就少了东西。我的研究也不例外。至于肯尼迪兄弟，我将使用尚未公开的材料，以准确的语言揭开她与他们之间的关系到底有多深，免得今后还有人对此再做无端猜测。至于她的死，历史上对此已经做出无数的推测，但推测终归是推测。我们不禁要问，她是自杀的吗？是一次意外？她是被管家谋杀的吗？她的大夫？中央情报局？联邦调查局？抑或是肯尼迪兄弟？到底谁是凶手？

对此争论至今不休。我对她的死提出了唯一合理的解释。我是怎么得出结论的？世界上一流的医生在此伸出了援手，此外就得借用福尔摩斯的那句名言："把不可能的因素都排除之后，剩下的因素必然是真相，虽然表面上不大可能。"

到目前为止，以玛丽莲为传主的书将近700种，这一现象好像有些匪夷所思，然而写到她最后的岁月，无一不是语焉不详。我的这项研究有所不同。我真诚地希望读者能从阅读中得到乐趣。

　　我还希望，为了玛丽莲的安息，这项研究能作为善意的行为逐渐改变被扭曲的事实，将有关她的真相存入我们永恒的记忆。

基斯·巴德曼

英国伦敦

第一章

序曲——童年／成年

从出生到 1961 年 6 月

1926 年 6 月 1 日，礼拜二，上午 9 点 30 分，洛杉矶大众医院那城堡般森严的慈善病房里，赫尔曼·M. 比尔曼大夫无意中竟接生出他经手的最有名的婴儿。这个私生子原名是诺玛·珍妮·默坦森，后来被称为玛丽莲·梦露，世界上最著名的影星。

她母亲是 24 岁的电影剪辑员格拉迪斯·皮尔·梦露·默坦森，同事评价她"爱说话的、身材不高的、活泼可爱的金发女子""要是她喜欢的话，能逗出不少乐子来"。婴儿分娩之后，格拉迪斯已经一文不名，联合影业的同事不得不慷慨解囊才结清了她在医院的花销。问题到此并未结束，据为格拉迪斯治病的大夫称，她此后不久就患上了精神分裂症。

她的家族早有精神病史。她的父母，奥蒂斯·艾尔默·梦露和黛拉·梦露·格兰杰晚年都是在精神病院里度过的，她的哥哥马里昂也有精神病，按照当时科学的描述，她罹患的是妄想型精神分裂症。虽然格拉迪斯很可能是躁狂抑郁病患者，但在 1930 年代和 1940 年代，患上躁狂抑郁症的人被诊断成妄想型精神分裂症也不是没有的。不管玛丽莲·梦露的母亲患的是哪种精神病，她自然对家族遗传有种病态的恐惧。

玛丽莲的父亲到底是谁，这仍然是个有争论的话题。虽然在诺玛·珍妮的出生证明和玛丽莲与乔·迪马奥及亚瑟·米勒的结婚证书上都写着爱德华·默坦森的名字，此人是来自挪威的移民，格拉迪斯的第二任丈夫（她的首任丈夫是贾斯帕·贝克），但爱德华·默坦森并非是她的生父。她的父亲必有其他男人。如唐纳德·斯普托在其 1993 年的《玛丽莲·梦露：传记》里所指出的，这些男人里有"痴迷她的同事哈利·鲁尼，仰慕她的克雷顿·麦克纳马拉，或者，更可能是雷蒙德·格里斯，此人是显影师，一连数月追求她（格拉迪斯）……"然而，玛丽莲相信默坦森是她的父亲，也许她希望如此，因为小时候她见过这个男人的照片，"他是你父亲"的概念从小就留在大脑里。其实照片上这个人是查尔斯·斯坦利·吉福德，他 1898 年 9 月 18 日，出生在罗得岛州的纽波特县。

　　在 1974 年出版的自传《我的故事》里，玛丽莲用下面的文字怀念照片上的那个男人："他的目光中充满了活泼的笑容，脸上留着不多的胡子，就像克拉克·盖博。"流传下来的形象足以证明，照片上的人显然不是爱德华·默坦森，而是吉福德，吉福德长得确实很像盖博。她母亲说那个男人死于一场车祸，其实并不正确。吉福德没有死于车祸。

　　不过，默坦森确实死于车祸。那场致命的车祸发生在 1929 年 6 月 18 日，礼拜二，将近清晨 5 点，事故发生在俄亥俄州，不是纽约州；当时默坦森正骑着摩托车从扬斯敦赶往阿克伦城，他想超车，结果撞在了一辆轿车上，撞断了双腿。他摔得不省人事，瘫在地上。还没等救护车把他送到附近的医院，他就死了。（有件添乱的事，还有个男人名字是马丁·爱德华·默坦森，不想他也来凑热闹，声称是玛丽莲真正的生父。1981 年 2 月 10 日，礼拜二，83 岁的他在加州河畔镇死于心脏病，在他的遗物中发现了诺玛·珍妮出生证明的副本。）

　　1925 年年初，梦露的母亲在联合影业公司与这个身体强壮、满头乌发的男人开始了恋情。此前吉福德在斑鸠城的托马斯·H. 英斯电影公司效力，他在这里刚刚丢了饭碗，他的妻子莉莲正为离婚起诉他。她提出的离婚理由（与低级的女人鬼混、服麻醉药上瘾、不止一次地打她）清楚地说明他到底是哪种男人。吉福德为了重新开始生活，赚上一些有用的美元，就开始在联合影业做定影师和显影师。不出数月，他被一路提升，竟然当上了夜班的监工。等到了那年春天，他们二人已经走到一起；5月6日礼拜三，他的离婚案已成定局。20天后的5月26日礼拜二，格拉迪斯离开自己的丈夫默坦森，准备变成下一个吉福德太太。然而，吉福德与格拉迪斯不过是逢场作戏，到了1925年的圣诞夜，他对她已经不感兴趣，竟然一走了之。但故事到此并未结束，格拉迪斯已经有了3个月的身孕。诺玛·珍妮就是她腹中的胎儿。

1926年6月13日，礼拜日，诺玛·珍妮被交与邻居阿尔伯特和艾达·布兰德夫妇抚养，这时婴儿刚刚出生12天，将孩子送走是格拉迪斯的母亲黛拉的主意。布兰德夫妇住在洛杉矶县罗得岛大街215号，与她隔街相望，她早已请求夫妇二人代为照料她的外孙女，之后她赶往南美，想与丈夫破镜重圆。

过去读者都相信格拉迪斯抛弃了自己的女儿，其实不然，她与诺玛·珍妮一同住在那里，而且还按月付给阿尔伯特和艾达25美元的租金。黛拉知道格拉迪斯和诺玛·珍妮不会落到坏人手里，而且随时都能过来探望她们母女二人。1956年艾达证实："贝克太太［格拉迪斯］是和我在一起。她做剪辑员，夜班住在好莱坞，白班和我在一起……她（诺玛·珍妮）从来都有人照料，打扮得漂漂亮亮的。都是她母亲出的钱，为她买衣服。"

格拉迪斯和她的女儿双双住在布兰德夫妇的屋檐下，为此能在当地的官方人口普查记录里找到不可辩驳的证据。1930年4月1日，礼拜二，罗得岛大街的宅院在人口普查中登记入册，记录显示在格拉迪斯和诺玛·珍妮之外，这座建筑里还有46岁的阿尔伯特、42岁的艾达和他们3岁的儿子莱斯特。（阿尔伯特在填表时犯了一个错误，把格拉迪斯写成了27岁，诺玛·珍妮写成63岁。）

虽然吉福德不负责任，从外表上看总是无所谓，但他（之前对他的评论姑且不论）对孩子并没有撒手不管。等诺玛·珍妮刚到一两岁的时候，吉福德听说孩子托养在布兰德夫妇家里，良心未泯的父亲匆忙赶来想要收养孩子。然而，格拉迪斯很鄙视这个男人，她怀孕时他竟然一走了之，她对此仍然耿耿于怀，再也不想和他沾边，他也自然被拒之门外。

布兰德夫妇悉心照料婴儿，所以格拉迪斯得以返回联合影业继续工作。她每个礼拜六都要带上孩子外出，一般是带着孩子到好莱坞山上游玩。格拉迪斯还喜欢带孩子前往好莱坞大道上新近才开业的中国戏院，此地因红地毯首映式闻名于世。诺玛·珍妮和她的妈妈总是怀着羡慕的目光望着建筑外面混凝土地上留下的那些世界著名的脚印和手印。诺玛·珍妮总是怀着极大的兴趣将她的小手印和小脚印压在人家的印迹上。

虽然母亲总是以最大的热情向女儿传达她的爱意和关怀，但在诺玛·珍妮的回忆中，她总有被遗弃的感觉，格拉迪斯仅仅是"那个红发女人"或"那个脸上从来都没有笑容的小女人"，她从来不把她当成真正的母亲。在她的童年里，她把艾达和阿尔伯特当成真正的父母，喊他们"妈妈"和"爸爸"。

梦露的童年经常被涂上伤心的、暗淡的、十分压抑的色调，总是强调她少女时代的大部分时光都没有爱、不受人欢迎，而且还很穷，这些描述确实很有迷惑力。但真相是，诺玛·珍妮从出生到8岁大，始终生活在一个地方，那个温暖但又严厉的、老式六室宅院里，这里属于虔诚的天主教信徒阿尔伯特和艾达·布兰德夫妇，严格地说，他们生活的地方属于中产阶级。早在1952年，好莱坞的发言人就开始渲染玛丽莲在布兰德夫妇那里的生活环境，说她总是被灌输宗教上那些清规戒律，要是稍有违犯就要万劫不复，被洗脑之后的她以为"饮酒、吸烟、跳舞都是魔鬼的把戏"，她被迫承诺滴酒不沾，一句骂人的话也不说，说她在家里还被迫擦地板，一周要做好几次礼拜。这个小姑娘确实要跟着布兰德夫妇去教堂，但每次都是幸福的。

然而，在她的童年时代里确实发生过令人不安的插曲。插曲之一，1927年7月，她的外祖母黛拉企图用枕头压死她。不知出于何种原因，黛拉来到布兰德夫妇家里，身上一丝不挂，从前面的玻璃门破门而入，谁也没有招惹她，但她却开始攻击自己的外孙女。这一事件派生出不少版本。几周之后，8月4日，礼拜四，黛拉被送进了诺沃克的州立医院，入院不过19天，她死于心脏病。大夫说她患有躁狂－抑郁精神病。

插曲之二是格拉迪斯企图谋杀她。"有三次她母亲都想杀了她。"玛丽莲的第三任丈夫、剧作家亚瑟·米勒1968年4月接受英国广播公司采访时说出了上述使人震惊的真相，"她母亲疯得挺厉害。"在玛丽莲一生中的大部分时间里，她经常提到那几次可怕的遭遇如何历历在目。

因为有米勒和布兰德夫妇足以为信的陈述，所以我相信这些事件确实发生过；但有关诺玛·珍妮在布兰德家里的其他遭遇，其中大多数都不足为信。布兰德夫妇最小的孩子南希，也是 1996 年唯一在世的家庭成员，不得不承认："人们喜欢渲染。因为她（诺玛·珍妮）发达了，他们就想把她的遭遇说得一团黑，但事实并非如此。她在我们家里是幸福的。"在此后的岁月里，南希自然对那些不准确的描述大为不满。1966 年，艾达·布兰德在接受每日风报纸的采访时就说过："我母亲在世时对这件事感到很不安。我们对待她（玛丽莲）如同自己的孩子，因为我们爱她。"

对布兰德夫妇的指责有一项很可能成立：诺玛·珍妮总是在无意中被当成他们家的外人。比如，每周例行洗澡一次，孩子们洗澡都不换水，根据玛丽莲的说法，她总是最后一个洗澡。还有一例，1926 年圣诞节早晨，她第一次兴高采烈地来到挂满礼物的圣诞树旁。她知道她将从阿尔伯特和艾达那里得到礼物，所以她耐心地等在那里，等家里的其他孩子打开他们昂贵的礼物，有大玩具和自行车。然而，等她拿出礼物之后，发现那不过是从五分和一角店里买来的一件廉价首饰。大失所望的她还是把自己的沮丧深深地埋在心底。她明白，她没被人家当成家里人。(玛丽莲总是说童年的那些记忆无法抹掉。一次她承认："我能记住六个月大的事。我知道你们那个年龄还不记事，但我确实记事了。")

总的来说，诺玛·珍妮还是被艾达和她的邮递员丈夫阿尔伯特打扮得漂漂亮亮的。后来她与这个家庭里的其他五个孩子处得都很和谐，这里有莱斯特和南希。她和莱斯特关系最近。诺玛·珍妮还喜欢一般学校女生玩的游戏，如跳房子、弹钢琴和（从 1933 年 12 月开始，每周五晚 7 点 30 分）收听她心爱的播音节目《孤胆骑士》，厄尔·W. 格拉泽饰演片中主角。（很久以来她的传记里都要提到她那时喜欢收听《青蜂侠》，但这个说法不准确，这个节目 1936 年 1 月之后才在美国广播中出现，此时她已经搬出布兰德夫妇的宅院。）

这个少女还有其他的开心事，她经常光顾电影院，扮演侦探的角色，在附近的街道里钻来钻去，小心翼翼地记下遇见的汽车号码。与她的小狗蒂皮嬉戏是她童年的又一乐事，小狗身上有黑白两色的花点。然而，他们在一起的时间戛然而止，因为隔壁邻居有个叫雷蒙德的家伙把狗砍成了两半。他嫌狗总是叫个不停，一怒之下把宠物狗打死了。玛丽莲不无伤心地说道："我爱我的狗。它也爱我。在那些年里只有它才真心爱我。我把秘密都告诉它了。"

诺玛·珍妮的请求不能件件如意。一次，她请求妈妈为她买一双白鞋，结果妈妈买来的是黑鞋，因为黑鞋比白鞋便宜。然而在她死后的 1974 年出版的、别人捉刀代笔的、似乎被篡改的《我的故事》里，在写到童年时，玛丽莲的文字又自相矛盾："当我回想那些日子时，我记得，其实我的童年充满了各种乐趣和刺激。我在阳光下玩游戏，追逐嬉戏。"

1962 年，她又向美国商业节目专栏作家鲍伯·托马斯回忆说："我 5 岁时，我想那时我就想当一名演员。我喜欢演剧。我不喜欢周围的世界，因为这个世界有点儿压抑。"两年之后，7 岁的诺玛·珍妮迷上了女演员乔安娜·哈洛，"我头上有白发。"她回忆说，"我脑袋上的才是真正的金发，有我这样白发的成人女子，她是我见到的第一个。"

1934 年 7 月，诺玛·珍妮与她母亲搬出了布兰德夫妇的家。格拉迪斯用她省下来的钱，连同加州抵押贷款公司的预付款，购入一座有三个卧室、六个房间的平房，地点在阿伯尔道 6812 号，与世界著名的好莱坞露天剧场仅有一尺之隔。1961 年玛丽莲回忆说："那是一幢漂亮的小房子，里面有好几个房间。但里面没有家具，我们睡在两张帆布床上，厨房里有一张小餐桌和两把椅子。客厅几乎是空的。那我不在意。客厅是个很可爱的地方。"

房子里最贵重的摆设是一架 20 世纪初儿童款白色小钢琴，是格拉迪斯为她 8 岁的女儿送上的一件迟到的礼物。钢琴原为廷瑟尔敦著名男演员格雷德里克·马施所有，是人家拍卖家庭用品时格拉迪斯悄悄买来的（虽然还有人说她是用贷款买的这架钢琴及屋子里的其他几件桌椅）。玛丽莲继续说："几周之后，母亲下班后坐着卡车回来了。我看见两个男人抬进了第一件她为我们这个家购买的家具。那是一架漂亮的白钢琴。钢琴放在客厅里。没有琴凳。钢琴自己站在那里。我母亲和我都不会弹。但在我的眼里那架钢琴是很美丽的……我总是忘不了那架白钢琴，我长大之后总能在脑海里浮现出来。"

格拉迪斯购入医疗保险和人寿保险，而且还按时在银行账户里存钱以备不时之需。为了能让女儿这个新家继续稳定下去，她做到了不遗余力。玛丽莲兴致勃勃地回忆当时她和母亲总要参加在大使酒店椰子林里举行的所有开幕式，她们站在外边注视风光无限的影星抵达现场。有时她们一连等上几个小时，等影片结束后要亲眼一见她们特别喜欢的演员从身旁走过。不幸的是，这时少女生活中另一个真正痛心的事件发生了。

1934 年 11 月下旬，格拉迪斯为了巩固她替女儿憧憬的生活，决定额外再赚一些钱来，把房子里的三个房间租给了一对英国的夫妇，这对夫妇应聘进入好莱坞的电影业。那个妻子在后面打下手，作为编外演员挣一份工资。有人说她丈夫是金梅尔先生，是奥斯卡奖得主、20 世纪福克斯的男演员乔治·巴里斯的替身。其实他是伦敦 45 岁的默雷·金内尔，此人对贝特·戴维斯在电影界脱颖而出助过一臂之力。那时，他已经和巴里斯共同出演了 5 部影片：《老式的英国人》(1930)、《一次成功的灾难》和《饰演上帝的人》(都在 1932 年)、《伏尔泰》(1933) 和《罗斯夏尔德之家》(1934)。玛丽莲的传记作者唐纳德·斯普托说，乔治·阿特金森是当时的房客，这个说法不准确；他和巴里斯仅仅在 1929 年的影片《迪斯雷利》里合作过一次，而且还是在格拉迪斯和她女儿搬入新家之前 5 年的事。

然而，诺玛·珍妮并没把金内尔夫妇当成银屏上的明星。相反，她不过是把他们当成了满嘴脏话的酒鬼。这对夫妇搬入之后不久问题就来了。当这对儿粗俗的演员请诺玛·珍妮为他们跳舞时，她原已脆弱的自信心彻底瓦解。他们提出请她跳西班牙的方丹格舞、呼拉舞和水手的角笛舞。她同意了。但跳完之后他们非但没有鼓掌，反而大笑起来。诺玛·珍妮还想取悦金内尔夫妇，但都没有效果。结果，凡是遇见成年人，她总以为人家又要贬低她。1935 年 1 月的一个下午，8 岁大的诺玛·珍妮刚刚搬入新家 6 个月，用她自己经过修饰的语言说："自己震惊地发现了性，而且事先并未提出任何问题。"

她对那次令人震惊的、改变生活的故事做了如下回忆："他的门开着，我从门外走过时他从里面出来。我和他撞了个满怀……我想朝别处看，但什么也看不见，就是这个站在门道里的魔鬼……他小声说：'诺玛，请你进来。'"按照玛丽莲的记忆，金内尔顺手关上门，又上了锁，将这个战战兢兢的小姑娘关在屋里，她站在那里一动不动，盯着这个男人。

他伸手来抱我，我拼命用脚踢他，但我没有喊叫，他比我强壮，
就是不松手。他不停地小声告诉我听话。"我洗手的工夫就完了。"他

说，好像我每天都要进他的屋子。他朝我走来，张开双手，手心朝上，好像要告诉我，不管他心里要拿我怎么办，他那双手都是干净的……然后他把我抱了起来，抱到椅子那边的沙发上，他坐下来，把我放到他的膝盖上。"不用怕，闭上嘴，孩子，我不会难为你的。"我还在不住地安慰自己，心里想着我认识的小女孩如何被她们亲爱的父亲抱在怀里。我自己从来不知道这种父爱，难道现在父爱来临了吗？片刻之后他那只大手如同清道夫开始乱摸起来，但那只手更坚定，目的更明确……我疼得喊了起来，但那只无情的手仿佛变得更坚定了。

对这个小姑娘来说要庆幸的是，折磨很快结束了。"他把门打开，放我出去。我跑出去喊我姨妈（她母亲），告诉她金内尔先生做的事。"但等她与格拉迪斯见面之后，却又无法说清到底发生了什么事。因为这次心理创伤，她落下了口吃的毛病，"我想告金内尔先生的状。他……他……"

然而，她母亲并不感兴趣，马上打断了说不出话来的女儿。她在她女儿的嘴上用手扫了一下，"谁让你说我朋友的坏话。再也不许说金内尔先生的坏话！"格拉迪斯尖叫道，"他是好人。他是我的明星房客。"男演员走出房间，递给诺玛·珍妮5分零钱，告诉她出去为自己买冰淇淋。她接过这枚钱币，摔在他的脸上，然后跑到屋外。玛丽莲后来说，那天夜里她想起这件可怕的事，是哭着入睡的，她当时真想"死"。

"一周之后，母女二人连同金内尔一同来到一座大帐篷里参加宗教复活聚会。"1958年玛丽莲对伦敦的《观察家》回忆说，"我姨母（母亲）非让我也去。帐篷里挤满了人，大家都在听福音传教士布道。他突然要求帐篷里有罪的人走上前来忏悔。我赶在众人前边跑过去告诉他我的罪恶，我跪下来告诉他金内尔先生做的事，他如何在自己的房间里骚扰我。但这时其他有罪的人开始为他们的罪行痛哭流涕，结果淹没了我的忏悔。我回头看见金内尔先生站在没罪的人群里高声祈祷，他虔诚地请上帝宽恕其他人的罪过。"她是无辜的，但她被虐待，被抛到一边，如同一块脏抹布。

这里有必要指出——不管我们过去是如何信以为真的，这主要是因为玛丽莲多少有水分的回忆——在这一事件中玛丽莲并没有被强奸。她的首任丈夫詹姆斯·多尔蒂也是这一事实的证明人之一，他说新婚之夜后，他知道那是他们的谎言，"我很快就发现她是处女。"他1976年回忆说。在此8年之前多尔蒂在与美国记者达尔文·波特的一次谈话中，他的话说得更为明确，证实说"之前还没有人走过那道门槛"。事实上，诺玛·珍妮1942年与21岁的多尔蒂结婚时因为对性一无所知，她的姨母安娜不得不为她买来《新娘必读》。

那个故事的可信度也遭到怀疑。玛丽莲的好友、同住一室的女演员谢莉·温特斯承认："多年以来，同一个故事她对我有不同的说法，忘了之前她说过的话。后来，我想玛丽莲也分不清哪儿是真的，哪儿是假的……不要误解我，我深深地爱这个姑娘，但玛丽莲早期生活的传记作者们都被她的幻想蒙蔽了。"

不管细节到底如何，据说这次心理创伤之后，诺玛·珍妮马上陷入失眠和噩梦之中。连同她童年的其他梦魇，这次遭遇出现在她断断续续的睡眠中，以扭曲的形态缠着她不放。玛丽莲成人之后因为无法或不想安歇，只能靠阅读或与朋友或同事聊天来排遣郁闷，一般都是半夜和他们通电话。还有，她在入睡之前总要用枕头压上电话。她有两个目的：一，枕头能提示她小时候被人窒息的企图；二，为避免睡眠被人打扰，她有时（并不总是如此）用脑袋枕在电话上，生怕下面传来电话铃声。

这次侵犯事件自然也使格拉迪斯深感不安。1935年1月15日，礼拜二，她作为母亲所做的勇敢尝试在颤抖中被迫停下，因为她已经陷入精神崩溃状态，诱因显然是她无法扮演母亲的角色和女儿这次被人骚扰，她被迫搬出了她们的新家。此外，她要搬家还有另一个原因。多年来有个事实已经被人忘记，进入1935年之后的几周里，骚扰孩子事件发生之后不久，演员乔治·巴里斯离开好莱坞前往巴黎与默林·欧沙利文拍摄影片《红衣主教黎塞留》，他的搭档和好友金内尔自然要与他同行。金内尔的租金断了之后，格拉迪斯无法再维持这座房子的还款，她不得不搬入其他更低档的宅子。

在1956年的一次采访中，玛丽莲透露，她能清晰地记得母亲那脆弱的神经是如何拉断的。她回忆说："我永远也忘不了母亲竟然当着我的面用刀刺伤她的朋友，不顾我坐在那里大喊。"

她回忆的这个事件发生在傍晚，格拉迪斯正坐在那里与她的好友、离婚后的格雷斯·艾奇逊·麦基说话。她们二人都是哥伦比亚电影公司的员工，麦基是影片资料员，格拉迪斯是剪辑员。她们说着说着格拉迪斯就发起火来，指控格雷斯想毒死她。她拿着厨房里的刀朝她扑去，用刀刺她。警察来了之后，格拉迪斯马上被送入加州诺沃克州立精神病院，她被确诊为妄想型精神分裂症。在此后的35年里，格拉迪斯的时光几乎都在不同的医院里度过。1935年玛丽莲双亲的真相公开之后，她还按月照顾母亲，在此之前一连数月她都没有反驳报纸的说法，所以人们还以为她已经父母双亡，但此后她也很少接触或探视她的母亲。10月26日，礼拜一，玛丽莲为母亲成立了一项信托基金，将"玛丽莲·梦露电影公司"100股优先股转入母亲名下。

母亲入院之后，诺玛·珍妮又一次失去了母亲。玛丽莲后来回忆说："等警察破门而入，将母亲从我的生活中抓走之后，我才理解母亲与我之间那种温暖和亲密。"母亲的好友格雷斯被指派为孩子的保护人和格拉迪斯家产的监护人，对此读者不必惊诧。家里的家具马上卖掉了，那架白钢琴不在之内，格雷斯的安娜姨母特意为诺玛·珍妮留下了这架钢琴。

孩子自然进了麦基的家门。然而，她们在一起的时间并不长：仅仅7个月。1962年玛丽莲回忆说："格雷斯是我的法定保护人……但等她再婚之后，房子一下子变得太小了，有人要离开才行，你能猜到离开的人是谁。1935年9月9日，礼拜一，她帮我收拾衣服，送我上了她的汽车。我们开呀开呀，道上她一言不发。

"我们最后来到一座红砖建筑旁，她停下汽车，我们顺着台阶走进这座建筑的入口。入口处有一块好大的黑牌子，上面写着闪光的金字……我当时大脑一片空白。我的双脚连一步都迈不动。因为那上面写着'孤儿院——洛杉矶儿童家庭社会'。我开始哭喊：'求你了，求你别让我进去，我不是孤儿。我妈妈没死。我不是孤儿。我妈妈是生病了，还能照顾我。'"

不少人都喜欢把这里描述成一座破落的建筑。其实不然。这是一座18世纪风格的大建筑，不仅品质上乘，而且保存完好。这是私人捐赠的、有25年历史的建筑，在建筑前方一个宽大的草场中央竖着一根旗杆，星条旗在上面高高地飘扬。建筑后面有5英亩土地，孩子们可以在上面玩耍嬉戏。来此访问的人想要一见玛丽莲童年时住过的地方，想要发现一个又乱又脏又破的地方，结果他们大为震惊，因为这个孤儿院不仅窗明几净，而且设施齐全。

诺玛·珍妮成为 3463 号孩子。小姑娘后来才知道，格雷斯·麦基将她送来后整整哭了一天。1958 年，玛丽莲不无感慨地说道："一个小姑娘感到走丢了，孤单单的，以为没人想要她，这件事是她没齿难忘的。我想我当时在这个世界上最想要的是被人爱。当时或现在，爱对于我来说意味着有人想要你，但我被格雷斯姨母送进那个地方之后，我周围的整个世界都崩溃了。好像没人想要我，连我妈妈最好的朋友都不想要我。"

先是外祖母企图用枕头窒息她，既而又有人骚扰她，最后又在心底发现没人想要她，从这个环境里出来的诺玛·珍妮说话继续迟钝也是意料中的事。"他们把我送进那里（孤儿院）那天，在他们把我拽进去之后，我又哭又喊，后来我一下子来到了一个大食堂里，上百个孩子坐在那里吃饭，他们都睁大眼睛望着我。所以我马上不再哭喊（变得结结巴巴的）。"她的语言障碍是如此之大，竟然连个句子都说不完整。1955 年在玛丽莲与美国专栏作家默里斯·佐洛托的对话里，她回忆说："我猜想你可能要说我好久都不说话。我过去在学校都不好意思张嘴。我以为要是被老师点名回答问题，那我非死了不可。我总是不想张嘴说话，担心我说的话是错误的或愚蠢的。"一天，小姑娘想方设法逃出了孤儿院。然而，她的这一企图马上被警察瓦解，人家又把她送了回来。

孤儿院的每一天是从清早 6 点开始的，在其他 60 名孩子上学之前，他们被迫要做杂务。玛丽莲回忆说："我们每个人都有一张床、一把椅子和一个杂物柜。"（不过，孤儿院的人员对她就孤儿院所做的描述有不同的说法。）"所有的东西必须干干净净、井然有序，因为院里要检查。我被分在厨房洗碗。我们有一百来人，所以我要洗一百个盘子，所有的汤勺和叉子。我每天要洗 3 次，一周要洗 7 天。但这活儿还不太坏。洗厕所要比这更恶劣。"

诺玛·珍妮身穿蓝上衣和白裙子，每个月因洗碗能挣来 5 分钱，其中 1 分钱要捐入礼拜日教会的托盘。剩下的几分钱小姑娘可以花在孩子喜欢的小奢侈品上：一根束发的绫子。虽然她之前企图逃走，但孤儿院对她的品行评语依然是"整洁与规范"。孤儿院早期的一份报告上说："诺玛·珍妮行为正常，她既聪明又阳光。"格雷斯·麦基每天都来探视孩子，按时送来衣物和礼品。正是因为麦基坚持不断的资助，玛丽莲身边不少人都把她视为没有被歌颂的英雄。

（后来，麦基还为小姑娘唱歌跳舞付钱。）

诺玛·珍妮入夜睡觉的房间里满满地摆着 27 张床铺，为了鼓励孩子们的良好行为，谁表现好谁就睡"光荣床位"。但她在这个房间里最舒服的位置上睡的时间很短。女演员回忆说："一天清早我起来晚了，正在摆放鞋子，女舍监说：'睡下铺！'我想告诉她我正在系鞋带，但人家说：'回 27 床去。'"

对这个小姑娘来说遇上过节总是难熬的。1951 年玛丽莲回忆说："圣诞节来临之后有一棵大树，孤儿院的所有孩子都有礼物，我是唯一的例外。其中一个孩子送了我一个橘子，我还记得那个圣诞节独自一人吃橘子……我抬头能看见（电影公司）的水塔。我哭了，因为我知道妈妈在那里工作过，我想，正是那一天我横下心来要当演员，也许我能进入那家电影公司。"

诺玛·珍妮自信的外表自然变得越来越脆弱，稍遇挫折好像就能裂开。比如，她在孤儿院过第二个圣诞节时，她从学校排演的剧里领来一个角色，但之后又被别人抢走了，因为她当时的老师担心她忘掉台词，让班级难堪，就请负责演出的人更换了演员。对她信心的另一次打击发生在复活节上，当时她第一次站在台上，那是好莱坞露天剧场，50 个身着黑袍的孩子要在台上组成一个十字架，她是其中之一。

"我们在黑袍的下面穿的都是白色的束腰外衣，"1951 年玛丽莲回忆说，"在得到信号之后，我们要脱去外面的袍子，将十字架从黑色变成白色。但是，周围的人群、管弦乐队和外面的大山深深地吸引了我，我忘了注意指挥的信号，结果出事了，我成了白十字架上唯一的黑点。"诺玛·珍妮长大之后，变得身材高挑、性格腼腆，留了一头黄草般的短发。她的行为依然是犹豫的、腼腆的、胆小的，而且她说话还不连贯。

1937 年 6 月 26 日，礼拜六，诺玛·珍妮离开孤儿院，暂时与格雷斯·麦基住在洛杉矶附近的一座小镇上，此时麦基和丈夫生活在一起。他是个不成熟的投资家，名字叫欧文·道克·希里曼·戈达德。夫妻二人对小姑娘的到来大为欢迎，但他们也有自己的毛病。他们不知道小姑娘在家中吃得不好，格雷斯又一反常态，花钱极为吝啬，所以小姑娘总是在当地的食品店里流连忘返，见什么拿什么，等没人在旁边的时候，尤其是店主不在旁边的时候，就把拿来的东西吃掉。她喜欢光顾水果店，尤其喜欢小桃子、樱桃和李子。当场吃不了的东西，如特大的狼河苹果，就悄悄地藏进围裙里，搬回家等以后再吃。玛丽莲后来以令人震惊的语言回忆说："他（欧文）极其严厉。他教育我的方式极为粗鲁，他们这么做是完全不应该的；竟然用皮带。"（这里有必要指出，一个梦露传记作者的说法姑且不论，在欧文与小姑娘的接触中，他从来没有对她性骚扰。）

据说，诺玛·珍妮在3个月的时间里，仿佛上了一辆噩梦般的过山车，一连换了11个不同的领养人家。现实版的恐怖故事连续不断，比如因半夜冲座便被人家申斥。但这些都是无稽之谈。1956年照顾孩子的艾达·布兰德向外人披露说："从孤儿院出来后，诺玛·珍妮就与安娜姨母和格雷斯·麦基生活在一起，到她结婚为止。说她被12个家庭领养，我不知道这故事是从哪儿传出来的。"

确实如此，这个故事是从哪儿开始的？更为重要的是，原因为何？为了回答这些问题，我们先要回到1952年1月1日，礼拜二，此时新年刚刚来临，刚刚出炉的男人挂历已经开始上墙，修车厂、五金店、理发店，整个美国到处都是。每个挂历上都有一幅漂亮女子的彩照，一个年轻的姑娘赤身横卧，下面是红色的天鹅绒窗帘。这里所说的女子正是好莱坞当红女星玛丽莲·梦露。

消息传到与她签约的20世纪福克斯电影公司、RKO电影公司、她刚刚拍完的影片《夜阑人未静》的制片人那里，顿时一片大乱。电影公司的老总们起先还试图掩饰，但这并不容易。1950年代初的美国还盛行严格的道德规范。RKO对这一事件越来越担心，甚至想要推迟发行他们的新片。此时要马上想出办法才行。

为此他们召开紧急会议，与会者有影片制片人之一杰利·沃尔德、电影公司的执行官和当事的女演员，他们决定先要做好准备，将危害降到最低，为此他们还特意邀请39岁、蒙大拿出生、合众国际社、好莱坞电影专栏作家艾林·默斯比助阵。他们为了赢得公众的同情，赶紧为玛丽莲拍摄裸照编出了故事：不过是因为她在一个个收养家庭结束了伤心的抚养之后，"身无分文，急等钱花"。他们猜想，一个年轻的姑娘被迫以自己的身体为生，这故事何其伤心，对此谁还能义愤填膺或感到恶心。

1952 年 3 月 11 日，礼拜二，玛丽莲确为挂历裸女一事传入美国报业，一天之后见诸报端。默斯比写道：

> 1952 年，一个印有赤身金发女子照片的挂历，挂在当今国内各个修车厂和理发店里。玛丽莲·梦露今天承认上面的靓女就是她。玛丽莲说："哦，整个城里的修车厂都有这个挂历。有必要掩饰吗？你到哪里都能买到。再说，我不觉得这事丢人。我又没做错事。"……1949 年，她不过是另一个战战兢兢的金发姑娘，挣扎着要在这座神秘的城里出人头地，而且是孤身一人。儿童时代她生活在好莱坞的孤儿院里。在她进入不稳定的 16 岁之前，她被推来推去，连续走了 12 个领养家庭。

这段描述的前几句写得很真实。插曲发生在 1949 年 5 月 27 日礼拜五，地点是摄影师汤姆·凯利那狭促的洛杉矶工作室。12 年后，玛丽莲在回忆中吐露真情："当时我饥饿，我要用那 50 美元……有必要的话我还能做一次。"因为在当时不好意思白天拍照，所以照片都是在晚上拍出来的。

"当模特儿不好找工作，两份工作之间间隔太长。"她在 1952 年 3 月的另一次采访中如是说，"我有几份模特儿工作，但挣来的钱不够付账。有个摄影师（凯利），我为他工作，他不停地对我说，我要是能拍个赤身挂历女郎，他就付我 50 美元。我反复对他说：'不行，谢谢。'这还不是因为为挂历拍照对不对，而是因为那不是我想做的，后来我又没工作又没钱，绝望之下就给他打电话，说：'凯利，我想要那 50 美元，但你要答应我不告诉任何人。'他答应除了妻子之外谁也不能知道，他妻子也是他助手。"

一个月之后，她又与好莱坞专栏作家洛埃拉·帕森斯见面，这时她拍照的理由更为充分了。"问题的真相是，我不是一个月没交房租，是 4 个月。"玛丽莲宣布说，"我等着人家把我扔到街上，我连吃饭的钱都没了。等汤姆·凯利请我拍照时，我很高兴接受下来。"

"拍照持续 3 个小时。"1955 年凯利向《美国周刊》承认，"我站在她的上方，与她相聚大约 10 英尺，她躺在地板上。"等签协议时，因为她的紧张、尴尬，而且还不想留下真名，她居然把签名写成了"蒙娜·梦露"。"我把照片的所有权卖了可恶的 500 美元。"这个摄影师庄重地宣布，"芝加哥有个约翰·鲍姆加斯，他借此发了一大笔财。大概卖出了 8 000 000 本挂历！"（事实上，玛丽莲·梦露的裸体挂历发行了两版：一版名为《金色的梦想》；另一版《一个新鲜的褶皱》。前者更为畅销。）

之后又过了 4 年零 6 个月，1953 年 12 月，新推出的男人杂志出现在美国的报亭里。杂志名为《花花公子》，创始人是休·赫夫纳。第一期销售超过 54 000 册，对于事先并未宣传的新杂志来说，这简直是惊人的记录。创刊号之所以达到惊人的销量，原因是赫夫纳有幸找来了一张少见的双页照片，名为《本月的心上人》，他以此为诱饵，将美国的热血男人吸引到报刊亭来。创刊号里正是凯利拍摄的那张照片，照片上 22 岁的梦露赤身躺在红天鹅绒上。

然而，默斯比 1952 年 3 月报告后面的文字，就是写"十二个领养家庭的"，所言都不是真的。其实，9 周之前的 1952 年 1 月 7 日，礼拜天，那个新挂历首次推出之后刚刚过了 6 天，《新达尔·拉皮兹报》就载文向美国读者说明了事实的真相。默斯比在文中说："玛丽莲 16 岁之前有 16 对收养她的父母。她从一家逃到另一家，没人爱她，也没人想要她。"这篇文章发表之后，女演员又发表了她在匆忙中准备的文章。她宣布说："他们领养我 6 个月或 1 年。然后他们就说：'你使我感到紧张。'政府就再给我找一户人家，领养我的都是贫穷家庭。"

其实，有关领养家庭的插曲，真正的催化剂是玛丽莲被人领养的妹妹毕比·戈达德，这个小姑娘确实在童年时代有过不幸的遭遇，一连更换了好几个监护人。（1953 年 6 月玛丽莲最后一次与戈达德相见，那一年女演员 27 岁。）她们见面几次之后，戈达德用她那些伤心的故事俘虏了梦露。后来女演员正是用这些故事与福克斯公司和 RKO 公司一同设计出了那场骗局。

好莱坞那些为玛丽莲搞宣传的专家确实在为篡改事实推波助澜，但事实之所以被曲解——如我们所知——几乎都是梦露一人造成的，这不免使我们感到遗憾，她喜欢渲染神话：贫穷的、悲伤的孤儿来自社会的角落，通过拼搏最后实现理想。1952 年 6 月，好莱坞都在疯传玛丽莲是孤儿，她不得不承认真相——

可能是出于愧疚——不得不向好莱坞专栏作家约翰逊坦白,格拉迪斯还在世上,在福克斯公司的力劝下,她已经开始资助格拉迪斯。她的这次坦白刚好与《红书》杂志上写她的文章同时推出,那文章题为《孤儿的生活》,他们在文中自然把重点放在玛丽莲痛失双亲这一悲剧上。然而,玛丽莲对散布不实消息并无改悔之意,她在写给杂志编辑尼古拉斯的短信中对此并不掩饰。短信里写道:"我没告诉你母亲仍然活在世上,对此我确实不觉得有何不妥……因为我与母亲从来都不熟悉,从来也没有那种正常的母女关系。"

1955 年,《生活杂志》驻好莱坞通讯员古德曼试图破解玛丽莲成长岁月中那些相互矛盾的故事,但他是走入死胡同的又一个作家。因为对这一问题大家有意三缄其口,在他采访的众人里,有人或是阻挠他的调查,或是有意把水搅浑。他最后在文章中写道:"她和她的公关专家就其身世所做的陈述,听起来都不是真的。"她未来的公关专家亚瑟·亚各布斯指出:"真相是,她喜欢制造流言。她不必等杂志来揭秘;她在吆喝自己那块脏抹布。"

1968 年,她的首任丈夫詹姆斯·多尔蒂证实:"她编那些故事是为了赚取公众的同情。她为挂在每个男厕所、每家修车厂的裸体挂历拍照,被人揭穿她就是挂历上的模特,结果她赢得了同情的一票。"谎言派上了用场。观众的同情心转向玛丽莲,又为她赢来了一大群影迷和额外的知名度。1952 年 6 月,《夜阑人未静》放映之后,成群的人涌入电影院。时至今日,还有影迷、历史学家、纪录片制作者和电影专栏作家在重复那个传说:玛丽莲如何被人家从一个领养家庭转到另一个领养家庭,就是在这种环境下长大的。这个说法无论如何都不真实。事实上,1937 年 9 月,11 岁的诺玛·珍妮已经搬到西洛杉矶,与格雷斯·麦基 62 岁、没有孩子的姨妈安娜一起生活。正是在那里她才最后找到了她被剥夺的温情和母爱。

1962 年,玛丽莲在接受摄影家乔治·巴瑞斯的采访时回忆说:"这个女人对我的一生产生过最大的影响,我称她为安娜姨母。因为她,我今天才热爱美丽的、简单的事物。她是我唯一热爱的人,那种深厚的爱只能送与善良的、高尚的、对我充满爱的人。我爱她还有一个原因,因为她理解生活中什么才是最重要的……她真是个了不起的人……她不相信疾病或死亡。她也不相信一个人注定要失败。她相信精神无所不能。她改变了我的整个生活。"

在安娜的家里，有件东西是她特意为诺玛·珍妮留下的，与她母亲生活过的唯一象征：她那架白色的小钢琴。她们重又在那里开始练琴。安娜姨母教小梦露用一个手指演奏"筷子曲调"的钢琴华尔兹。

玛丽莲与这件乐器的重聚时间不长，事业开始发达之后，再次疏远了这架钢琴。但时间也不太久。1962年她回忆说："我在《柏油丛林》（1950）第一次演了一个好角色，有足够的钱来实现我过去的理想。我开始寻找那架白钢琴。我走遍了洛杉矶的仓库和拍卖行，一个月后我终于找到了。琴还是那么白，那么漂亮，我知道这就是那架钢琴，因为弗莱德里克·马赫的名字还刻在上面。我花100美元把钢琴买回家。琴在我家里站了好几年，没有琴凳，不过是一架我弹不了的白钢琴。"这架乐器没有离开她的左右，从东海岸到西海岸，从一座房子到另一座房子，从一次婚姻到另一次婚姻，早已成为她短暂生命的见证。在玛丽莲那里，钢琴象征着永恒的家和牢固的家庭，这二者都是她所没有的。

1938年9月，诺玛稚嫩的身材奇迹般地成熟起来，她变成了一个女人，她的运气也随之发生了变化。她身子里生存的本能使她意识到，穿上一件借来的紧身白毛衣，她的身材就能吸引无数的视线：其他女孩儿投来妒忌的目光，还有男孩儿的渴望。后者在态度上的变化更使人震惊；他们过去还嘲笑她是"瘦高挑的诺玛·珍妮"，如今见着她转而吹起了挑逗性的口哨，以此来传达他们的好感。

1953年玛丽莲·梦露回忆说："男孩子不仅仅想认识我。晚上临别一吻，这是他们唯一得到的。"在她逝世后的1974年出版的《我的故事》里，她写道："他们开始喜欢我，但这里性的东西我一无所知……我从未想过我的身体与性有任何关系，那更像一个朋友神秘地出现在我的生活里，不过是个新朋友。"她开始吸引男人的注意，这是她早就渴望的。

1941年，诺玛·珍妮15岁，因为安娜姨母年事已高，而且疾病缠身，她被迫暂时搬迁，又搬回了格雷斯·麦基和欧文·戈达德的家里，此时这对夫妻正生活在加州万·纽斯奥德萨街一幢破旧的宅子里。在此期间，她与戈达德11岁的女儿诺娜·珍妮特相遇，诺娜日后成为哥伦比亚电影公司的著名影星，取名朱迪·劳伦斯。1955 年劳伦斯对记者古德曼回忆说："我记得她是个腼腆的、内向的小姑娘。我们在前院的一棵胡椒树上搭了一个小屋子，我们一碰到麻烦就爬进小屋。我们知道父亲和继母不会爬上来。那树上的小屋就是我们的避难所。"附近骑自行车的男孩儿很高兴停下来观看诺玛·珍妮在树上倒挂身子。1952 年她回忆说："我过去外表像个猴子。我猜，我是不好意思下来，但我后来走到车道旁边……我就问那些男孩儿：'我能骑你们的车吗？'他们说：'没问题。'我就骑上车飞快地转上一圈，一边骑一边在风里大笑。他们都站在那里，等我回来。"

1942 年戈达德因工作调转，他们夫妇被迫搬到西弗吉尼亚，他们无法（或不乐意）带走诺玛·珍妮，所以她也要被迫做出艰难的选择。她感慨地说："我对孤儿院是真够了。真够了。我怎么办呢？不如结婚。"格雷斯要为她找个丈夫，她的目光很快落在了 21 岁的邻居詹姆斯·多尔蒂身上，此人是洛克希德飞机制造公司的雇员。1942 年 6 月 19 日，礼拜五，上午 8 点 30 分，他们的婚礼在戈达德夫妇好友豪威尔家里举行，因为他们家里的楼梯与电影里出现过的不相上下。格雷斯匆匆忙忙地安排完婚礼之后赶往西弗吉尼亚。安娜姨母将新娘送出，她是代表诺玛·珍妮家里唯一到场的人。这场婚姻确实草率。

1946 年，玛丽莲与多尔蒂离婚不久，她刚刚尝试着挺进好莱坞，正是这时她开始服用镇静药。她少女时，与新发现的幸福和女性不断的成熟一同来临的还有痛经。一连几年玛丽莲身边都没人照顾，她强忍抽搐和反胃的折磨，后来有一天为了减轻不适感，为了赶紧入睡，她服用了一些巴比妥酸盐。一开始她服用的是速可眠，后来就是更流行的镇静药，如安宁眠尔通、眠尔通和利眠宁。然而，不久之后耐波他就成了她的首选。

1947 年 10 月，玛丽莲首次服药，她当时正在 20 世纪福克斯为珍妮·科莱恩/达雷的爱情音乐片《你注定属于我》拍摄一个微不足道的角色。（这个角色还走不出剪片室的地板。）虽然这是玛丽莲第三次为福克斯拍片，但大家谁也没指望她能在这个行业里继续留下去。20 世纪福克斯电影公司摄像利昂为玛丽莲首次试镜拍过片子，他曾用极为轻视的口吻说道："你仔细分析一下玛丽莲，她长得并不漂亮，她的鼻子不好看，姿势不好看，她的身材过于明显。她的侧身不好看。她的性感是骗人的。"据说，就连她的第一个演出经纪人哈里·里普顿也说："她在很多人那里被当成笑话，这使她很伤心。"

"我 22 岁被福克斯解雇，23 岁被哥伦比亚解雇。"1953 年梦露回忆说，"他们告诉我回家为好。"一边是每月必来的疼痛，一边被可怕的想法所困扰，她选择的职业可能化为乌有，这两个原因迫使女演员转向药物。她要靠帮助才能减轻焦虑。慢慢地，不知不觉地，她开始依赖药物。身边朋友圈子之外的人都不知道她要服下多少片安眠药，不仅在白天服，夜里也要服。结果这些药物不仅改变了她的性情，也改变了她的思维方式。

如同服用巴比妥上瘾的人，玛丽莲的人格开始发生变化，有时她朝家人、朋友或同事大发雷霆，有时她看起来又很疯狂、古怪、特别。退回 1950 年代，如果你是影星，有她的知名度，那你的行为就无可厚非。但她还有大好时光，那时她光彩照人，魅力无限，在周围人看来一点问题都没有。人格上的剧烈变化正是服用耐波他的后果。

烈酒的诱惑已经开始朝玛丽莲招手。1942 年，与多尔蒂离婚之前，她已经开始不停地饮酒。刚刚 16 岁的年龄，她就喜欢上了伏特加、葡萄酒，还时不时地喝点雪利酒，尤其是香槟酒。随着演艺事业越发地成功，她的酒量也在提高。玛丽莲在酒精里找到了排遣痛苦的办法，不仅是身体上的痛苦，还有日常生活的痛苦；只有酒精才能安抚她内心的紧张和魔鬼。

童年不幸，成年服药酗酒，而且还有家族精神病史，在这种环境下，要是玛丽莲没有问题，那才出人意料呢。她自小在情感上没有依傍，母亲不仅患病而且状态不稳，这在她的心理上留下了一个极大的黑洞，因为情感找不到依托，这个黑洞将永远无法填满。事实上，玛丽莲在心理上总要比实际年龄大 10 岁，因为她总要被拖回洛杉矶那座孤儿院。

她从一个满脸忧伤的小女孩儿渐渐长大成人，除了寄养在布兰德夫妇家里之外，从未连续生活在她称之为善良的、诚实的、充满爱意的家庭里。她试图被人关爱，被人接受，但有时又遭到拒绝，结果变成孤立的、困惑的、永远长不大的女人。依赖药物累积的后果、孩童时代那些可怕的事件、在不同家庭里遭遇的偏见和怪癖，这些最后都演变成极为不安全的、低自尊的、孤独的感觉。

从另一个角度说，虽然她的自尊心很低，但她毕竟走了出来，怀着成功的志向，一有可能就要寻找爱。玛丽莲向所谓好莱坞的第一夫人洛埃拉·帕森斯承认，她强烈渴望被爱。因为她几乎不知道或很少尝到关爱，所以她急着等待别人对她施爱。事实上，梦露的一生里充满了恐惧、焦虑和自我怀疑，她感情上的这一依赖性往往又使那些被她吸引的人不敢接近她。她生活中与男人接触都是以这个原因结束的。1946年她与多尔蒂离婚，之后又与传奇棒球星乔·迪马奥（1954）和上文提到的亚瑟·米勒（1956）结婚，但这两次都以分手告终。

她的演艺事业开始并不顺利，但最终又变得蒸蒸日上。拍完《尼亚加拉》《绅士爱金发女郎》和《如何嫁给百万富翁》（都在1953年）之后，玛丽莲作为超级影星和世界级性感女人被大为宣传。之后不久《七年之痒》（1955）、《巴士站》和《热情似火》（1959）又连续推出，获得极大成功。

即使在当时，片场的人也越来越感到玛丽莲不可靠。《巴士站》的导演洛根回忆说："她匆匆赶来，嘴里不停地道歉，在镜子前照着自己，然后又极其痛苦地使自己进入角色。"拍摄《不合时宜的人》，她与克拉克·盖博搭戏，盖博经常在上午7点30分和8点之间已经来到片场，背好台词，准备上镜。而梦露一般要在中午之前才能赶到。拍摄前一部影片《让我们相爱》，上面所说的插曲同样发生。男演员托尼·兰德尔回忆说，他一连3天赶来报到，但因为女演员总是不在，结果一次都没拍成。

再后来票房的成绩也无法保证。在英国拍摄的《王子与舞女》（1957）、喜剧片《让我们相爱》（1960）（伊夫斯·蒙特兰德合演）和亚瑟·米勒创作的《不合时宜的人》（1961），票房都远不理想。

玛丽莲因担心声望下降惴惴不安。1961年6月前后，她返回洛杉矶，按照合同她还要为20世纪福克斯拍摄最后一部影片，与此相关的纠纷又搞得她心神不定。不过，她还是兴高采烈地为自己过了最后一个生日。玛丽莲·梦露最后几年那震惊我们的故事——确实如此——正是从这里开始的……

第二章

1961 年 6 月—1962 年 1 月 8 日，礼拜一

在将近黄昏的阳光里，玛丽莲的皮肤白里透红，她面带微笑，舔舔嘴唇，宣布说："35 岁了，我真高兴。也许是走了一半的标志？我不知道。但我确实知道长大了。当个女孩儿真好，但当个女人更好。"

这是 1961 年 6 月，当女演员对一个美国记者说这番话时，她刚刚过完 35 岁生日。还好，她内心的挣扎没有在外面留下迹象，就在数月之前，她还被混乱所困扰，不得不在纽约的佩恩－惠特尼心理诊所做短暂的、喧嚷的逗留。这一年的 6 月，梦露的状态挺好。她又接受了一次采访，这一次的采访者是好莱坞专栏作家拉迪，梦露庄严地宣布："我感觉良好。我正在用高蛋白食物，我的体重 123 磅，这对我正合适。是的，我感觉好极了。"

拍摄《热情似火》，她收到了其中 10% 的票房收入，所以从经济的角度来说，她不成问题。这部喜剧片大为流行，发行两年之后电影院里的观众依然座无虚席。然而，比较来说，她的下一部片子显然不太走运。

为拍摄这部影片，玛丽莲的纽约律师弗罗施和 20 世纪福克斯的总经理们从 1960 年 7 月 1 日就开始讨价还价，但始终没有结果。当时电影公司找玛丽莲，想请她与演出《出生之犊》的电视明星詹姆斯·加纳共同担纲乔治·阿克

西尔罗德的喜剧《查利哪去了？》，后来这部片子又更名为《再见查利》。片中演员要变换性别，男主角是个好色之徒，名为查利·索雷尔（想请梦露饰演），被记恨她的一个丈夫开枪打伤后从舷窗落入大海，结果又死里逃生，回来之后变成了身材匀称的金发女人。然而，梦露对这出戏一点都不感兴趣。

玛丽莲当时大为恼火："电影公司的人想让我拍《再见查利》。但我不想拍。我不喜欢用女人的身子来扮演男人，你明白吗？这好像不是女人做的事。"她一连顶了好几个月，"拍摄《不合时宜的人》，我总在片场观看克拉克·盖博拍戏，好在将来扮演男人的角色。"她在10月宣布说，"但等我把想法告诉盖博之后，他大笑，说：'你没有那种装置。'"

1961年1月中旬，离她最终并不成功的新片《不合时宜的人》发行还不到两周，双方的争执还在恶化，这次电影公司态度更为强烈，明确告诉梦露他们急等着将"玛丽莲·梦露"的另一部片子拍完之后投入影院。虽然她近来连连受挫，但她依然是电影公司最大的商品和最赢利的演员。她为20世纪福克斯拍摄的20部片子票房总额超过2亿美元，更为重要的是，她与电影公司有协议在先，1955年12月之后要替人家拍摄4部影片，此时她还欠他们一部。

1月30日，礼拜一，加纳在报上宣布说，他还要拍戏中的角色，但遗憾的是，玛丽莲不想拍。不过，电影公司清楚，如果他们能请来玛丽莲喜欢的导演，她从法律的角度就无法毁约。上一年年末，玛丽莲将一份导演名单送与电影公司，其中有好莱坞大名鼎鼎的洛根（1955年玛丽莲与他拍了《巴士站》）、威廉·怀勒（他最好的片子是1958年的《大国家》和1959年的《宾虚》）、卡罗尔·里德（他因威勒士1949年里程碑式的《第三个男人》为人所知）和约翰·福特（因约翰·韦恩的西部片为同行所推崇）。

电影公司按图索骥，逐个询问，但他们都不想导演玛丽莲拍的片子，虽然说玛丽莲对片子的导演还有所保留，但她特别希望与61岁的、生在纽约的导演乔治·丘克一同拍戏。然而，因为丘克正在拍摄《L女士》，所以他无法分身。她的律师弗罗施在4月14日写给电影公司的信中又强调了这一借口，说："虽然梦露小姐不想拍《再见查利》，但她之所以没有拍成这部电影，其唯一原因是乔治·丘克无法承担导演一职……"6天之后，4月20日，礼拜四，福克斯首席律师弗兰克·弗格森发来书面答复，说公司已想尽办法聘请丘克做她的导演，但无采。公司也努力联系了其他一些大牌导演，但无人应邀。玛丽莲对公司的回信大为不满。她很清楚，她纽约的戏剧教师兼教练李·斯特拉斯伯格就没有接到邀请，公司方面不邀请斯特拉斯伯格，等于没有履行原来的承诺。

5月4日，礼拜四，弗格森为了安抚显然是十分恼火的玛丽莲，他通过又一份备忘录宣布，现在正考虑请斯特拉斯伯格出任《再见查利》的导演。时间如梭，越来越紧迫。福克斯或是依法让玛丽莲拍戏，或是有可能永远失去她的服务。5月12日，礼拜五，离那个日子仅仅剩下8天。

1947年被福克斯解雇的斯特拉斯伯格在纽约城开了一家演员工作室，业内人士对此极为推崇，所以他自然不想回去，但转念一想，如果他能当导演的话，就可能助玛丽莲一臂之力，所以他很快又改变了原来的想法。（梦露过去的一些传记作家推断说，斯特拉斯伯格没有导演电影的经验，这一说法还不够准确。1945年他曾执导第一次世界大战纪录片《两个结局的故事》。）电影公司提出22 500美元的聘金，此后双方马上开始讨价还价，但此时贪婪占了上风。斯特拉斯伯格提高要求，要争取与其他同辈导演相同的待遇。电影公司急于请梦露拍戏，不得已对他的要求做出让步，马上提高聘金至50 000美元，翻了一番还多，这也是最为大方的一次。不过，斯特拉斯伯格还是不满足，他希望得到更高的聘金，所以对公司的开价断然拒绝。但这一次福克斯不想再听他的摆布，斯特拉斯伯格转而被挂了起来。

大概是为了浪费公司的时间，之后斯特拉斯伯格再次出场，强调反正他不允许玛丽莲拍这个片子，宣称玛丽莲拍摄国家广播公司电视剧《雨》已经碰到不少问题，这次拍戏必然要造成新的压力，因为她刚刚从心理诊所出来。福克斯公司反击说，只要她还能拍戏，只要他们能请来（或试图请来）她选中的导演，从法律的角度来说她就无法拒绝在片中扮演角色。与此同时，玛丽莲毫不退让。没有丘克或斯特拉斯伯格做导演，她就不接片子。福克斯电影公司总裁、真正选中梦露的斯库拉斯公然威胁要把玛丽莲告上法庭，但她依然坚持己见。

1961年5月，在双方几乎白白地打了11个月的拉锯战，开拍时间整整拖延了两个月之后，《再见查利》才最终走入片场（那还要等1964年好莱坞女演员迪比娅·雷诺尔兹赶来救场），公司又为梦露找来一部适合她的电视剧。斯库拉斯与玛丽莲的律师确认，她确实还欠公司一部片子没拍，之后斯库拉斯同意不起诉玛丽莲，他还祝福她出演《雨》，但仅仅出现在 10 月 30 日礼拜一完成的附款里——福克斯公司原来希望她最终能为他们拍完下一部（最后一部）影片。

拒拍事件之后，玛丽莲意识到，如果她想继续演艺事业，那好莱坞必是她唯一的选择，所以她收拾行囊，再次返回洛杉矶。这也是她无奈的选择。1956年 2 月 27 日，礼拜一，她对美国新闻界说："现在我真正的家在纽约。"在她的内心深处，她的这次返回足以证明，她作为演员想要在廷瑟尔敦之外的地方成功，其尝试并不成功，而且还很伤心。

在此之前，她曾不知疲倦地在演艺圈里打拼，与国内最受人爱戴的体育英雄和国内最受推崇的剧作家结婚，为了让人家把她当成女演员来尊重，她还一次次地光顾纽约的演员工作室。李·斯特拉斯伯格回忆说，"她（1954 年 12 月）来纽约之后，开始憧憬如何才能实现成为伟大女演员的梦想。"

玛丽莲喜欢留在纽约。城里的人、剧院、夜生活和真诚的乐观精神，无不与她一拍即合。她还频繁接触知识分子，进入作家圈子，连杜鲁门·卡波特和卡森·麦克勒斯等一流作家都成了她的朋友。她想一心一意地融入这个地方。然而，刚刚过了 6 年，她发现自己又要重返好莱坞，返回她开始的地方，返回那座她敌视的城镇，因为她几乎不相信那里的人，她和那里的人几乎没有共同之处。一次她对作家朋友杜鲁门·卡波特说："虽然我在那里出生，但我想不出如何为那里说一句好话。我闭上眼睛想想洛杉矶，我能看见的不过是好大的静脉曲张。"

她纽约的朋友诺尔曼·罗斯坦回忆说："这是她不得已而为之。她败下阵来。"电视剧作家亚瑟·舒尔曼指出："她又回到了她的根，又回到了过去的生活方式，那时她在午后总要胡来……她是女王，但对那些人她不是。他们为她出钱：'你不是我们真正的一员。'"心乱如麻的玛丽莲还知道她很快就要 35 岁，在这个年龄上，好莱坞有不少著名女演员都被人家推到了一边。

不过，她毕竟还有几个朋友，所以她勉勉强强地还能接受重返廷瑟尔敦这个想法。玛丽莲在好莱坞为儿童慈善事业召开演唱会。她最初几周是弗兰克·西纳特拉的客人。为了讨她的欢心，西纳特拉准备送她一份礼物：一只小白狮子狗，这只小狗是爱尔兰血统，来自女演员纳塔莉娅·伍德的母亲，此人以饲养宠物闻名，因为大家都知道西纳特拉与黑手党有联系（不过他对这个绰号不感兴趣），玛丽莲不无爱意地将这个宠物称为"小黑"。

6月11日，礼拜天，玛丽莲和众多好莱坞名人来到位于郊外恩希诺的圣西里尔罗马天主教教堂，为克拉克·盖博10周大的儿子约翰·克拉克·盖博洗礼，这个婴儿在父亲死后124天才出生。为慎重起见，玛丽莲头戴围巾，身穿极为低调的黑衣，悄悄地行走在众多明星之中。她的打扮如同寡妇。仪式结束之后，她与众人一同出席在附近盖博家里召开的香槟酒招待会。她和盖博的遗孀凯显然是宽恕了对方，此前凯暗示说玛丽莲拍摄《不合时宜的人》总是晚场，也是她的丈夫死亡的原因。事实上，她们成了朋友。两个月之前，4月11日，礼拜二，凯写给玛丽莲一封信，她在信中说："我越来越想念克拉克，他的离开是我永远无法承受的。但上帝又用三个好孩子和昔日的回忆来祝福我。"凯还把孩子唯一的照片送给了玛丽莲。

因为玛丽莲继续留在西纳特拉的家里，所以她与西纳特拉到底有没有恋情，与此相关的问题就成了她返回好莱坞之后最为重要的话题。专栏作家洛埃拉·帕森斯就此向她提问，她并不理解这些传言，回答说："这真使我感到意外……他始终对我很好。我想参加他和迪恩·马丁在拉斯维加斯桑德斯酒店的生日晚会。"她确实去了。6月14日，礼拜三半夜，在马丁44岁生日晚会上，有人看见她坐在酒店的舞台边上，手里拿着香槟酒，伴着音乐在轻轻地摇晃，为演出者热烈地鼓掌，而且还用崇拜的目光望着台上的西纳特拉。

演出刚一结束，有人看见他们二人在休息室里亲密接触，流言随后四处传开。流言归流言，在那天夜里，梦露还是独自蹒跚上床了。西纳特拉留在身后和圈子里的朋友闲聊，到次日凌晨才停下。（这里有必要更正一下，到1961年6月中旬，玛丽莲与西纳特拉总共约会两次，不是5次以上，过去研究梦露的专家给我们留下了这一印象。其实，他们的关系此后3个月之内都没有明显的变化。）

玛丽莲在拉斯维加斯短暂逗留之后，那天晚些时候就在她的新闻经纪人派特·纽科姆的陪同下，离开那里赶往洛杉矶国际机场。她在西纳特拉家里稍做停留之后，又被人送回机场，极度兴奋的她乘飞机返回纽约，于6月15日，礼拜四傍晚抵达。口哨声和闪光灯此起彼伏，她对记者的回答是"无可奉告"，记者们都在询问她为什么又突然返回。事实上她回来有两个原因：

一、生意。因为她在纽约时间很久，宣传方面和演出方面的事还大多留在这座城里。比如，她刚刚返回还不到一个小时就在曼哈顿的家中与洛埃拉·帕森斯和《先驱论坛报》的《今日电视》专栏作家玛丽娅·托利见面。又因为有关电视剧《雨》的事还在不断变化，所以玛丽莲要连夜与剧作家罗德·塞林见面。

二、她回纽约准备做手术，摘除胆囊，因为这个手术非做不可，6月28日，礼拜三傍晚，她已经腹痛难忍。救护车来到她的公寓下，在乔·迪马奥的搀扶下，她被送入当地的联合医院。经 X 光片确认，炎症和疼痛是由胆结石引起的，所以才要安排紧急手术。次日傍晚，6月29日，礼拜四，手术顺利完成。（之所以被列为紧急手术，因为是在正常的手术时间之外进行的。）

7月11日，礼拜二，她在私人订的房间里康复两周之后，大夫认为她可以出院。出院之前，她又请来不可缺少的纽约发型师（也是第一夫人杰奎琳·肯尼迪的发型师），著名的肯尼斯·巴特尔，圈子里的人都称呼他"肯尼斯"。他匆忙赶来为女演员做头发。1961 年他回忆说："那天我是从欧洲飞回来的。我花 3 个小时飞回纽约就是为了玛丽莲的头发。"（这一次他收到 1 000 美元）因为她胃里的肌肉大多没有复原，也没有完全发挥作用，所以还不便行走，她被迫坐着轮椅离开医院。一大群人等在那里想要见证她的离开，其中有记者、摄影师、祝福她的人和好奇的人，总共 500 左右。"我感觉很好！"她对众人高喊，之后才轻轻放下双脚，钻入等在一旁的汽车，她将被送回曼哈顿公寓。她的另一个纽约新闻经纪人霍华德·海因斯正等在那里，她的同父异母的妹妹也在公寓里等她。

有传言说，玛丽莲出院之后就和她的妹妹被她的好友、男按摩师拉尔夫·罗伯茨开车送到康州度假，这个故事不是真的，此时的玛丽莲连行走都很困难。7月24日，礼拜一的治疗报告显示，她离开医院两周后，还在纽约的家里养病，现在才能下床，但每天不超过"数小时"。还有证据能表明她术后在公寓里一连数周足不出户。西安普顿公寓经理也可以证明。女演员出院一周之后，总是善解人意的乔·迪马奥又在长岛度假村租了两个房间，玛丽莲对此大为意外。当问到租房的原因时，据说惊讶的玛丽莲说道："现在我哪儿也去不了。"她确实没有离开。大夫为她定下两个月的食谱，她要严格遵守，所以在8月8日星期二之前，她根本没有离开自己的公寓。

不过，她在纽约期间确实为新推出的美国电视特别节目录了一段音。那档节目名为"联合服务协会——总在他们身边"，这是为了纪念联合服务协会成立20周年，同时感谢为驻守国内外美军基地巡回演出的演员。玛丽莲1954年2月在韩国与"与你同在乐队"演出的电影胶片自然是这档节目里的闪光点。1961年，节目制片人佐思默回忆说："我们给她打电话时她才从医院出来，所以我们就带着音响设备和必要的技师登门拜访，向她说明我们的来意。她在演艺圈受挫，所以马上同意亲自写下她要说的话。"8月8日完成的节目推出后取名国家广播公司电视台全明星《一周杜邦秀》。

8月8日，康复数周之后，玛丽莲意识到，出于职业上的原因，她必须回去，于是又秘密地飞回洛杉矶。她头戴帽子，围上围巾，而且还戴着一副墨镜，打扮成她东海岸的秘书"雷丝小姐"，这身装束的唯一目的是不想让人知道她的到来，连她的新闻经纪人亚瑟·雅各布斯也被蒙在鼓里。不过，有一个人知道她的行踪，那就是她的前夫乔·迪马奥，他将在国际机场等候玛丽莲。一群记者撞见他们二人，尤其是发现女演员的身材瘦了之后，马上赶过来询问他们有没有复婚的可能。玛丽莲在宾馆登记之后，有人看见她出现在比弗利山名人活动的场所，她将在那家宾馆里住上一个月。专栏记者洛埃拉·帕森斯以专好拍马出名，但大家对他又很崇拜，他在当地与玛丽莲见面，日后以过分热情的文字写道："自从我与她多年之前相识之后，我还是第一次在近处打量她。她的体重减了不少，凸出来的线条都不见了。"在这一个月里，玛丽莲善良的一面再次展现出来，她答应14岁的芭芭拉提出的请求，因为后者罹患骨癌，不久将要死去。在小姑娘有限的生命里，她提出一项请求，希望得到玛丽莲与她的"小黑"在一起的照片，原来小姑娘很喜欢收藏玩具狗。玛丽莲应允下来。8月11日，礼拜五，玛丽莲拍下照片，于8月23日送到小姑娘的床头，照片上还有玛丽莲的亲笔留言："玛丽莲送与芭芭拉。怀着爱。"

玛丽莲与迪马奥在旧金山做了一次短暂的旅行，他们又在他家的老宅里与他离婚的妹妹玛利亚相见。中旬，她又与迪马奥一同游览塔霍湖，这些安排使女演员一连数周兴奋不已。要不是有这两次外出旅行，这几周将是极其乏味的。玛丽莲依然很孤独，尤其是返回洛杉矶之后，因为她憎恨这座城市，此地的污染好像要用一张粉红的面纱将城市挡在下面，玛丽莲对此大为苦恼。

在 9 月的第一周里，玛丽莲搬出了在比弗利山酒店租来的平房，返回 925 平方英尺的小公寓，这个公寓也是租来的，地点在西好莱坞北多希尼巷 882 号，1953–1954 年她曾在这里落脚。这座公寓建于 1952 年，仅有一间卧室。因为弗兰克·西纳特拉和他的贴身男仆乔治·雅各布斯、秘书格洛里亚·洛威尔及偶尔的房客珍妮·卡曼也在这座大楼里安了家，所以这里被他们亲切地称为"西纳特拉的兵营"。自从她月初搬来以后，她的孤独感变得越来越重。

迪马奥返回了纽约，玛丽莲身边又没有几个朋友，所以她晚上几乎都是独自度过的，通过阅读、看电视或听广播来消磨时光。她最爱听的广播电台是 KDAY，主持人是汤姆·克莱，她选择的节目是《语言与音乐》。这档节目里不仅有新闻，还有俏皮话，二者结合得天衣无缝，所以节目十分精彩，每天清晨 4 点开播，至早上 8 点结束，很快就成了电台的重头戏。玛丽莲被节目深深吸引，后来几乎难舍难分。9 月 8 日，礼拜五，她开始给电台打电话。

克莱特别会讲故事，尤其擅长讨论童年和婚姻问题，玛丽莲被他深深打动。她还知道，凡是打进去的电话都由播音员亲自接听，所以此后她与电台的接触越发地频繁。刚开始她还不想说出自己的姓名，但几次通话之后，克莱问她姓甚名谁。她犹犹豫豫地回答说："我是玛丽莲·梦露。"对方马上回了一句："是的，你是，但我是弗兰克·西纳特拉。"他的回答使玛丽莲大为不满，顺手挂断了电话。然而，她很快又把电话打了回去。在他从对话中听出对方的绝望之后，同意与她见面。

一天之后，9 月 11 日，礼拜一，上午 9 点 30 分，他来到她给他的地址。房门打开，他惊讶地发现接连给他打电话的人真是大名鼎鼎的玛丽莲·梦露。克莱回忆说，她身上穿了一件浴袍，嘴里呷着香槟，看上去极度压抑迷茫。电台主持人在一旁倾听女演员碰到的麻烦。他问："像你这么有名的人怎么会孤独呢？"她回答说："你在房间里从来没有感到孤独吗？那好，要是变成 40 个房间，那你就能明白我的孤独感有多么强烈。"

后来弗兰克·西纳特拉再次进入她的生活，她也不必再找克莱倾诉。玛丽莲又开始与"老鼠群"的歌手见面。9 月 13 日，礼拜三，有人看见他们在好莱坞罗曼诺夫饭店的皇冠餐厅里出现，当时电影制片人哈罗德·米里施正在里边为《热情似火》的导演比利·怀尔德举行鸡尾酒会。因为有西纳特拉陪在身边，那天晚上玛丽莲特别高兴，她和西纳特拉在舞池里难舍难分。如"百老汇之音"桃乐茜在她的专栏里所写的："玛丽莲·梦露看上去能与弗兰克·西纳特拉跳上一夜。"在此后的两周里，玛丽莲和西纳特拉形影不离。

然而，他们的关系在 9 月 26 日礼拜二碰到了麻烦。他们飞到纽约刚刚两个小时之后，玛丽莲独自坐在公寓里安排他们的未来，西纳特拉外出与他的女演员前妻爱娃·加德纳见面。他们二人先是在麦迪逊大道上的殖民地餐厅共进晚餐，饭后观看好友爵士乐手斯坦演出的节目，然后又去贝森东大街俱乐部听管弦乐队演奏。他们不想让这次聚会为外人所知，没想到躲在角落用餐时，还是被刚进门的人发现了，之后发生的事顺理成章，他们幽会的消息被登在报上。玛丽莲听说后无比愤怒，当即终止了与他两周的关系。

西纳特拉对此并不在意。两周之后，他又开始与南非女演员朱丽叶见面，她是在拉斯维加斯为音乐剧《花街女神》彩排时进入西纳特拉视线的。梦露和西纳特拉之间的怨恨一连数月都没有消解。当《红书》杂志记者阿兰·列维数月之后问西纳特拉对梦露了解多少时，他顺嘴回了一句："谁？"玛丽莲听说后也不示弱："让他查查《名人榜》。"作为回应，西纳特拉宣布说："梦露小姐使我想起我读高中时遇见的一名女生，她如同圣女，后来果然成了修女。"

经福克斯电影公司同意，玛丽莲告假 5 个月，此时休假即将结束，所以他们自然要联系玛丽莲。因为大失所望的股东在后面不断威胁，福克斯公司的总经理不得不连续给玛丽莲的电影公司写信，反复请她注意，从法律的角度来说，她还应该再为他们拍一部电影，同时提议由她来担纲他们打算拍摄的一部新片：《濒于崩溃》。

福克斯强调按照公司所订条款拍戏，无视玛丽莲提出的要求，所以他们先写的两封信并没有收到玛丽莲的答复。第三封信措辞更为严厉，上面的话说得很明白：拍电影，不然把你告上法庭。后来斯库拉斯宣布，如果她不履行与福克斯签订的协议，他将再次寻求法院颁发禁令，严禁她与其他公司合作。此后事态更为恶化，对方再次强调，1961 年 10 月末是玛丽莲做出答复的最后期限，这等于骆驼背上最后的那根稻草。

事实上，虽然玛丽莲还被牢牢地束缚在与福克斯签订的 100 000 美元一部电影的"奴隶"合同里，但她根本不想再替福克斯拍片。她知道，在其他地方还有更大的钱等着她赚（还有更诱人的片子）。比如，她与法国导演亨利－乔治·克鲁佐特热烈地讨论过如何在法兰西拍片，她还与哈洛德·米里斯谈过要拍摄《赤裸裸的真相》。至于后者，她对洛埃拉·帕森斯愤愤不平地说道："如果他有导演，我就拍。米里斯是我喜欢的制片人。他对发生的事都在意。"

但玛丽莲也清楚，在此后的一段时间里，要甩开福克斯是不大明智的。她不再阅读其他电影制片厂送来的电影剧本，她把这些剧本都扔在一起，结果越堆越高（后来倒了下来），卧室里和新公寓客厅的桌子上堆得都是。如此这般，等到 9 月 26 日，礼拜二，离最后期限还有一个月的时候，玛丽莲的电影公司最后还是答应了福克斯的要求。3 周后的 10 月 16 日，礼拜一，又经过与公司的商讨之后，玛丽莲最后原则上同意为福克斯再拍一部影片，双方为此签订协议。双方同意 11 月 15 日礼拜三合同开始生效。

福克斯公司为了安抚显然是快快不乐的玛丽莲，准备那天安排她与欧文·麦克林见面，此人是福克斯的智囊人物。这次见面安排在电影公司的 147 办公室里，时间是午后 3 点 30 分，原意是想请玛丽莲放下负担，不必为拍片担心。然而，业内知情人士不相信玛丽莲能按时赴约。10 月 6 日，礼拜五，《奥格登标准检验者》用骇人听闻的语言宣布，玛丽莲现在"无比消瘦，状态不好"，所以那天无法向电影公司报到，而且还以先知先觉的口吻强调，1962 年之前她不能再接片。

玛丽莲勉强接下了《濒于崩溃》，但她和律师暗中横下心来还想与福克斯再斗一次，他们不想让福克斯占了上风，最后竟列出了一项项要求让福克斯来满足，如替换制片人大卫·布朗（他将于 1961 年 12 月脱离拍摄的影片），改写剧本使其更"性感"（其实她没权提出这项要求），电影拍完之后送玛丽莲一大笔奖金，所有用于宣传的剧照见报之前先要征求她的同意，男主角要经她的同意，职员要经她的同意（用玛丽莲刚认识的朋友、为国家广播公司拍摄《瑞泼斯先生》的沃尔利·考克斯替代滑稽演员唐·诺茨），聘请弗兰兹（又被称为弗兰克）和丹尼尔斯为摄像师，聘请吉恩·路易斯为服装师，聘用希德尼为发型师；更为重要的是，导演要经她亲自选定。福克斯公司居然同意她提出的各项要求。

时年 49 岁、新泽西州出生的弗兰克·塔希林成为福克斯公司首选的导演，此人擅长撰写并监制喜剧片，他的特点很适合杰利·刘易斯、鲍伯·霍普和杰恩·曼斯菲尔德等演员。他修改了喜剧作家埃德蒙·帕特曼最近才写完的剧本，正是因为这个剧本他才被聘为导演。然而，因为塔希林与玛丽莲在福克斯公司的对手杰恩·曼斯菲尔德有关系，又因为塔希林在准备剧本时心里想的不是玛丽莲（令人惊讶的是，梦露在接受角色时一点都不知道那个角色两年前就定下来了，原来是为曼斯菲尔德准备的），所以玛丽莲明确表示不希望塔希林当导演。原来的计划马上被推翻了，福克斯公司被迫再次将目光转向梦露列出的导演名单。9 月 26 日，礼拜二，这份名单已经递交电影公司。

在这份 16 人备选名单里，有比利·怀尔德（玛丽莲与他一同排演《热情似火》）、大卫·利恩（他 1957 年导演《桂河桥》）和约翰·霍斯顿（在拍摄《不合时宜的人》时玛丽莲与他成为朋友）。心理片导演和恐怖片大师希区柯克是名单中最令人震惊的名字。后来福克斯公司宣布，《濒于崩溃》就是 RKO 公司 1940 年家庭喜剧《我最爱的妻子》的翻版，此时导演人选一事变得更为严峻。

玛丽莲在片中扮演埃伦，埃伦是摄影师，在一次游艇比赛中遇害，但后来证明她没有死，在荒岛上度过了 5 年，法官宣布她已经死亡，她的丈夫就要再婚，这时活生生的她才站了出来。为了模仿 1950 年代末和 1960 年代初多莉丝·戴伊饰演的家庭喜剧风格（富人在理想的地点经历爱情困惑），《濒于崩溃》最初的剧本里充满了空泛的、轻松的幽默和故意渲染的感伤。

这个角色对于梦露来说也是一次明显的转变。此前梦露扮演的不是酒店里的歌手、妓女，就是目光短浅的淘金者，这一次她要扮演一个普通的角色，生活在旧金山郊外上流社会的妻子和母亲。玛丽莲相信这部片子可能提高她的知名度，所以在演技上的挑战慢慢地吸引了她的注意力。同时，她也在急切地等待消息，想知道谁能成为她的导演。

玛丽莲开始为电影做准备，但并没有聘请任何人替自己做宣传，这在她的演艺事业中尚属首次。进入 9 月之后，她的公关专家亚瑟·雅各布斯和律师米尔顿·鲁丁都建议她停止与美国音乐公司的联系。美国音乐公司是世界上最大的、最成功的演出经纪公司，公司手里经营的业务涉及美国500多名大牌电影电视明星，公司在业内的霸主地位是不可动摇的。然而，公司近来与罗伯特·肯尼迪发生纠结，此时他正是美国的司法部长，他的司法部刚刚裁定，这家公司既当经纪人又当制片人的双重身份违反了反托拉斯法。

梦露担心投入新片之后没有人替她经营，所以赶紧寻找新的代理人。梦露向女演员波莉·波尔根的丈夫和他的合伙人大卫·彼格尔曼发出邀请，他们的公司最初仅仅经营4个演员的业务：波尔根、朱迪·加兰、柯克·道格拉斯和喜剧演员菲尔·希尔沃斯。玛丽莲想成为他们中的第五位演员。然而，对方没有接受她的请求，这其中的原因大概是她不能守约。

玛丽莲企图凭自己的力量打拼，但她选择的时机并不适宜。因为手里没钱，她被迫于9月14日礼拜四用打字机写了一封短信，发给《热情似火》发行商联合艺术家协会，请求25 000美元贷款，答应在1962年1月5日礼拜五之前偿还，年息4%。她准备用这部影片的收入作为抵押。（值得玛丽莲庆幸的是，她的申请得到同意。）

进入10月的第三个礼拜，经福克斯电影公司制片主任彼得推荐，又经梦露同意，公司宣布《濒于崩溃》一片的导演由乔治·丘克担任。丘克这个人以好斗著称，喜欢小题大做，但很有魄力，他导演的好莱坞名片有《飘》（1939）、《费城故事》（1940）和朱迪·加兰版的《明星诞生》（1954）。不少人都说丘克"好发火"，要是有演员（或女演员）迟到，他从不掩饰内心的厌恶。他常说的一句话是："你他妈凭什么晚来？"

丘克善于驾驭那些桀骜不驯的演员，如康斯坦斯·贝尼特、嘉宝和赫本。1960年他还在喜剧片《让我们相爱》里导演过玛丽莲。丘克决定再次做玛丽莲的导演，这一决定使业内人士大为不解，因为他们过去在一起合作拍片简直就是一场灾难。玛丽莲总是姗姗来迟，影片被迫推迟好几周，又白白搭上4 000美元的预算。此外，她还成功地破坏了丘克的名望，使其无法成为名副其实的女星导演。丘克因此恨她，而且在好莱坞的大人物那里也从不讳言。

但令人感到惊讶的是，1960年7月，影片即将开拍时，丘克接受一家报纸的专访，却说了梦露不少好话，用宽容的态度解释梦露迟到的原因："玛丽莲迟到的原因，既不是不负责任，也不是粗心大意。她准备好了之后才拍戏，所以要等最好的状态。我们事先有约，她对自己的准备感到满意之后再开始拍戏。"

虽然丘克这番话很能善解人意，但不过是出于对同行职业上的礼貌。事实上，他讨厌梦露。丘克的心情与玛丽莲相仿，他也是被迫接拍《濒于崩溃》的。在好莱坞的黄金时代里，丘克是众多的隐身同性恋之一，在他导演梦露的《让我们相爱》时，他与福克斯签订了两部影片的合同。如同梦露，对这家摇摇欲坠的电影公司，他也在想方设法逃避自己要承担的义务。因为《再见查利》年初没有拍完，所以丘克——与梦露相同——还欠人家电影公司一部片子。福克斯公司给他打电话，提醒他要履行合同，而且给出了相当诱人的酬金，这时他才回心转意，于 10 月 16 日口头同意用 26 周来导演《濒于崩溃》。

大卫·赫尔再次被聘为丘克的助手。赫尔总是乐呵呵的，身体发胖，不知谁给他起了一个滑稽的绰号"公鹿"，拍摄《让我们相爱》时，他做过丘克的助手，令人感到遗憾的是，他对梦露也不感兴趣。一次他恶狠狠地说："讨人喜欢的人是卢克瑞西娅，不是她。"

此时在电影公司看来，因为女主角、导演、制片人和剧本都已落实，梦露的最后一部影片终于开始拍摄了。其实未必。先说丘克，他意识到就要替华纳兄弟效力，导演性调查连续剧《查普曼调查报告》（温特斯和简·方达主演；这部片子原来准备请福克斯拍摄），所以拒绝在合同上签字。（为期 6 个月的协议，300 000 美元报酬，外加 10%的电影纯利，这个合同要等到 11 月 26 日礼拜天才最后签订。）

在男主角（或导演）尚未正式选定之前，福克斯公司居然兴致勃勃地发布了不少消息。消息灵通的洛埃拉·帕森斯在其 10 月 19 日礼拜四的文章中写道："现在大家都可以放心，回去做自己的事。玛丽莲·梦露已经为拍摄下一部影片做好准备，影片将于 11 月 14 日在 20 世纪福克斯投拍……彼得提名乔治·丘克为她的导演……大卫·布朗出任制片人。《濒于崩溃》真可谓妙趣横生，是不折不扣的喜剧。外景地选在白雪覆盖的康涅狄格和阳光拥抱的夏威夷，所以我估计我们的姑娘难免要在两地间往返穿梭。"

在外人看来，这件事一定是玫瑰色的。然而，表象不可信。11 月 9 日，礼拜四，玛丽莲、她的律师米尔顿·鲁丁和福克斯的彼得在豪华的比弗利山酒店召开了一次恳谈会。几个小时之后，彼得兴高采烈地返回公司，他认为这次见面很有成果，相信玛丽莲与福克斯的关系已经进入幸福的状态。他错了。他还不知道，手里没有满意的剧本，几次见面丘克总不出现，又没有合理的解释，导致玛丽莲还是不想拍片。11 月 13 日，礼拜一，她的态度仍然没有改变，这时离开机还有仅仅 48 个小时。一天之后，鲁丁通告电影公司，说她的委托人在见到（并同意）最新的剧本之前不能按时报到。

事实上，这一事件中有很多拖延都是玛丽莲造成的。她对最后改写的剧本大为不满，而且将她的想法告诉了相关人等，说明她对剧本走向的意见。根据她的意见，一个个愤愤不平的剧本作家必然要进行无数次的修改。（从 1961 年 5 月开始，为众多演员写过剧本的著名喜剧作家埃德蒙·帕特曼就开始改写，最后又在最新的剧本上做文章，埃德蒙替霍普、阿伯特和考斯特里欧、马丁和刘易斯及三丑角都写过本子。1962 年 1 月，福克斯连续换人，先后开掉了 5 名作家，其中 3 人是因为玛丽莲的要求。）

好莱坞剧本作家阿诺德·舒尔曼是业内第三个应邀修改剧本的，他 1959 年为西纳特拉写过《脑袋上有个洞》。他发现福克斯公司上层一些人恶意对待玛丽莲之后，索性不沾边，以示他的不满。1955 年玛丽莲第一次在纽约出事后，他们二人才见面，他将她视为真正的、可以信赖的朋友。然而，"友谊"二字在好莱坞电影业值不了几个大钱，玛丽莲很快就明确表示她对舒尔曼写的一些东西不满意。在几封手写的短信中，她并不掩饰自己的不满，这些留言用潦草的笔迹写在剧本的标题页和里面的几个页码上。她问道："这有意思吗？"她指出："这没意思。"她强调："这不是为我写的故事。"在另一页上，她又潦草地写着："故事里两个女子还一度相互喜欢，但她们都恨那个男人——这是所有的男同性恋者都喜欢的。"

11 月 15 日礼拜三来临之后又结束。玛丽莲没有露面，福克斯公司自然要把她挂在一边。她通过律师做出回应，坚持说她就这部电影所签协议已经无效，因为丘克并未在约定的日期签约执导。（这是真的。他在 11 天之后才正式加盟。）之后，玛丽莲开始制订她个人的电影计划。她相信自己终于摆脱了福克斯令人窒息的控制，所以希望她的计划马上能付诸实施。

她的计划涉及昔日短暂的恋人马龙·白兰度。11月5日，礼拜二，玛丽莲匆匆忙忙给他写了一封信，建议他们成立自己的电影公司。信中说："不仅要从这里暂时离开，我希望你就这一计划提出意见。请你回到我身边，越快越好，因为时间至关重要。"（白兰度5周之后才答复。）

玛丽莲还给她的老师李·斯特拉斯伯格写了一封短信，信中提议斯特拉斯伯格暂时离开纽约，返回洛杉矶助成其事。他好像不大乐意，玛丽莲又于12月的第二周飞往大苹果（纽约），与他就此事亲自面谈，然而还是没有改变斯特拉斯伯格。令人伤心的是，她虽然想要一拼，而且白兰度开始也同意与她讨论方案，但她的设想到底还是没有付诸实行。

不过，12月的纽约之行还有一个闪光点：她终于与83岁的、美国出生的普利策奖作家、编辑、诗人卡尔·桑伯格相见。他们在桑伯格的好友、时装模特摄影师斯提克拉的公寓里见面。后来斯提克拉在其网站 thevisitseries.com 上写道："玛丽莲晚了3个小时，但（她）有借口。她是在发型师那里耽搁的。"这里所指的发型师正是她在东海岸经常光顾的肯尼斯·巴特尔。她在巴特尔的发廊里停留11个小时，请他把她的头发也变成桑德堡的白色。巴特尔的发廊位于曼哈顿最豪华的商业区，在帕克大街和麦迪逊大街之间的东56街70—80号。斯提克拉为路透社回忆说："数小时后我过去开门，和玛丽莲·梦露迎面相遇，她比银屏上还要光彩夺目。"

那天下午，玛丽莲和桑伯格一边闲聊，一边呷着杰克·丹尼尔斯威士忌，旁边的斯提克拉取出相机，用胶片捕捉这一过程。女演员始终都没有摘下她那副蝴蝶形的墨镜。她太喜欢桑伯格在身边了，还兴奋地等待他们再次相见的那一天。

再说洛杉矶，福克斯公司还要面对其他麻烦。乔治·丘克是指望不上了，他手里的片子《查普曼调查报告》一拖再拖，无法按时杀青，要等到圣诞节之后才行。这次始料未及的拖延说明《濒于崩溃》要被迫推后7周。丘克和大为不满的福克斯老总们无奈之下将开机日期改为1月4日礼拜四，因为此外他们别无选择。

玛丽莲对此并不在意。11月18日，礼拜六，按照她与福克斯签订的合同，她知道又可以从福克斯的花名册上领钱了。双方商定她可以每周领取一次，虽然摄像机还没有转起来。（两年前拍摄《让我们相爱》，她就是通过这种方式领钱的，每周领取 7 140.82 美元——税前。）后来的结果证明，玛丽莲没有从她的新片里取回一分钱来。

为拍摄《濒于崩溃》，玛丽莲要求一次性领取 100 000 美元，她的要求被老总们断然拒绝，但这件事对于她还不是太大的麻烦，此时，她刚刚从联合艺术家协会贷出款来，外加《热情似火》的分成，所以并不缺钱，这部喜剧片的发行商米里施公司发言人在 1963 年的一次采访中描述了玛丽莲的金融状况，他宣布说："在电影发行之后的 4 年里，玛丽莲得到的钱不少于 24 万美元。"在过去的两年里，尽管这笔钱与她的贷款是唯一的经济来源，但 1961 年 11 月17 日，礼拜五，她在比弗利山花旗国家银行的账户上还有 40 000 美元。

然而，根据她律师的意见——主要是鲁丁——出于税额方面的原因，她选择了逐渐收益的方式，没有从拍摄的影片中领取大笔薪水，其实那是很容易的，所以说玛丽莲在事业上下的赌注不在电视公司之下。如米里施公司发言人所解释的："拍摄《不合时宜的人》，（七艺电影）公司请她与克拉克·盖博分领总收入的 15%。他为自己扮演的角色将收入 100 万美元，梦露仅仅是 50 万美元。但等到 1962 年年末，这时片子还没见效益呢。"玛丽莲对她的经济状况是如此担心，她离家外出时连 20 美元都不放在身上。她的大宗商品都是通过支票结账的。

12 月中旬，福克斯的老总们再次与玛丽莲接触，他们以强硬的方式通知她，她所谓的依据（如，说丘克没有签约，她的合同自动无效）于法无据，而且还不厌其烦地劝说她承认对电影公司承担法律义务。但电影公司依然担心与玛丽莲在法律上纠缠不清，其结果可能耽误电影投拍，所以他们又把目光转向曼斯菲尔德，想请她来接替玛丽莲。这也是电影公司不得已而为之的事。然而，丘克对此并不接受，他告诉美国影业专栏作家麦克·康纳利："我仰慕曼斯菲尔德，但我把她当成女孩，没当成女演员。"福克斯公司和玛丽莲的律师之间又开始激烈地讨论。12 月进入第三周，玛丽莲从纽约返回，她最后勉强同意拍摄《濒于崩溃》。

梦露的圣诞节是在多希尼巷的公寓里度过的，当时房间里的装修尚未完成。

她一边研究另一部蹩脚的电影脚本,一边在前夫乔·迪马奥的陪伴下轻闲度日。有人看见他们白天外出购物,在洛杉矶商业中心一家墨西哥店里购买圣诞树上的装饰。玛丽莲也独自外出,在比弗利山疯狂购物。她每次外出都要化妆,戴上一个厚厚的黑假发。记者都知道她喜欢这身行头。1961 年 10 月 6 日,礼拜五,《时代记录者》报上刊发文章:"在大街上不容易见到玛丽莲·梦露,(她)戴着宽边眼镜,身穿农妇的裙子和外衣,而且嘴里还嚼着口香糖。"圣诞节那天,他们一起到圣·莫妮卡拜访了她的医生拉尔夫·格林森。圣诞夜她是和迪马奥在公寓里度过的,二人坐在炉火旁烤栗子。他打破滴酒不沾的生活习惯,用一杯唐培里侬香槟酒迎来了 1962 年。

新年就要来临,12 月里那轻松的社交、乐观向上的精神和充满希望的设想很快就化为乌有。新年里的第一天玛丽莲就无比伤心,因为她的辩护律师杰利因心脏病在好莱坞的家中逝世。杰利是著名的律师,那一年 75 岁,发病时他还在睡梦里。杰利是梦露的好朋友,1954 年她与迪马奥离婚就是杰利代理的。此后她的情感压力还在加剧,因为她听小道消息说,亚瑟·米勒正要再婚,他的下一个妻子将是摄影师英姬伯格。最让人难以承受的是,米勒是在《不合时宜的人》片场与英姬伯格认识的。玛丽莲还惊讶地发现,英姬伯格怀上了米勒的孩子。梦露因为嫉妒,还因为她不大可能成为母亲,所以对这些消息大为不安,她把自己锁在卧室里,既不见人,也不与任何人交流。

还有一次严重的打击在等待玛丽莲。1 月进入第二周,好莱坞花边专栏作家以激动人心的文字报道说,弗兰克·西纳特拉与朱丽叶·普罗斯于 1 月 8 日礼拜一订婚,后者不停地炫耀镶有 10 克拉钻石的金戒指。西纳特拉宣布说,自己"爱得很深很深"。玛丽莲很快就开始嫉妒这个舞蹈演员,之后又对人家怀恨在心,尤其是因为朱丽叶比她年轻十几岁,用玛丽莲自己的话说,对方的"腿更好看"。

梦露对她过去生活里的那些男人表示反感,因为他们使她伤透了心。她恨不能将这些事忘到脑后。她对周围的几个朋友明确表示,1962 年刚刚开始,对她来说最为重要的问题,比电影还重要的问题,就是如何才能继续生活下去,为自己购入一个新家是打开烦恼的钥匙。在过去的 16 年里,玛丽莲租用过 35 个不同的家,既有公寓,也有宾馆的客房(豪华程度高低不一),她宣布说,她已经讨厌"生活在公寓里"。然而，购房决定并非她一人做出来的。其实这项决定来自1961年5月著名心理医生拉尔夫·格林森的建议，格林森是玛丽莲众多心理医生里最后的一个。

拉尔夫·格林森1911年出生在纽约的布鲁克林，原名是R.S.格林斯普恩，1935年获得医学学位之前就读哥伦比亚大学和瑞士的沃尔尼大学，同年他娶了希尔德格德·托斯奇。之后夫妻二人定居洛杉矶，又改成了现在的名字。1938年，他在维也纳研究弗洛伊德心理学，与这一学说的创始人西格蒙德·弗洛伊德走得很近。"二战"期间，格林森在美军服役，退役后他返回洛杉矶，开始实践颇为流行的心理分析学说。他后来成为加州大学心理分析临床教授，不久以好莱坞"明星临床医学家"著称（《飘》的女主角费雯丽也找他咨询过）。

1960年1月，他与玛丽莲首次相见，地点是比弗利山酒店21号客房。当时玛丽莲正在拍摄《让我们相爱》，她与指导老师波拉·斯特拉斯伯格发生激烈争执，所以急需心理咨询。不过，他们的心理咨询在第二年5月才开始，玛丽莲即将拍摄她的倒数第二部影片《不合时宜的人》，正是在拍摄这部影片期间，他才就玛丽莲的状态做出了第一个重要决定。

玛丽莲冒着95°～100°的热浪，演绎难度最大的角色，这些都超过了她能承受的极限，所以继续拍戏困难重重。导演约翰·休斯敦大为恼火，对玛丽莲口出恶语，说她不仅"没用"，而且"毫无希望"。为了缓解精神上的痛苦，她转而求助耐波他胶囊。按照休斯敦的回忆："她要服用太多的安眠片之后才能休息，次日上午，她还要服用刺激药物才能把自己弄醒，这个创伤严重的女孩。"在片场与演员蒙哥马利·科利夫特的接触，一定诱发了她的强烈反应。他们有不少共同之处，比如，喜欢纽约，痛恨洛杉矶。一提到这里他就说："恶心，加利福尼亚。"他也喜欢服用麻醉药品。一次拍片歇息，他向玛丽莲演示如何弄开耐波他胶囊的顶端，将里面的药倒入一杯水里或香槟酒里，如此一来药效更快。玛丽莲记住了这个"窍门儿"，造成了无法挽回的恶果。

1960年8月29日，礼拜一，影片暂停拍摄，因为玛丽莲被人送出洛杉矶，以米勒太太的名字住进了西区医院。这是一家不大的私人医院，大夫发现她服用巴比妥上瘾，大约每天服用20粒，这个剂量足以使从未服用的人死掉。大夫说她随时都会崩溃。有鉴于此，格林森医生说服电影的制片人再给她一次机会。

8个月之后，1961年5月，她又被迫返回洛杉矶，开始与格林森见面，以后见面的次数更多。不过，他不是她的首选。事实上，他不过是最后的选择。一次玛丽莲的朋友说："我觉得拉尔夫妄自尊大，他想成为上帝，这是不少大夫的通病。从加州所有精神分析专家里她选中了他。"

其实，在她决定再次接触格林森之前，她还找了另外7个心理分析医生。因为她过去有自杀倾向，家族还有精神病史，这些医生都不想与玛丽莲沾边，生怕她在他们接手后自杀身亡。但格林森没有这些顾虑，他有足够的勇气把她当成自己的患者。不过，这里也存在严重的问题。他从事的心理咨询还是实验性的，形式上与众不同，最让人担心的是，危险很大。与格林森多次接触之后，梦露很快意识到他赞成大量使用药物，一般开的药都是巴比妥和镇定剂。这种形式极端的心理咨询最终将梦露推入她自己打开的地狱。

随着时间的推移，根据玛丽莲的精神状态，他一般每周要与她见面5次或7次，有时连续几周强度不减。格林森的同事海曼医生不安地回忆说："他与她每天都见面。从他的角度来说，有没有足够正面的、不偏颇的判断，对此我持怀疑态度。"

玛丽莲从1951年年初就开始找心理医生，当时她试图与父亲接触但没有成功，为了从中摆脱出来，她开始找洛杉矶的戈茨曼医生，每个疗程支付200美元。1955年2月，玛丽莲抵达纽约两个月之后，在生意伙伴、著名摄影师米尔顿的建议下，她又开始拜访心理分析医生玛格丽特·霍根伯格，每周见面5次，当时米尔顿感到梦露心理可能有问题，问题出在她麻烦的童年。她在玛格丽特医生的指导下，摘掉好莱坞的光环，在潜意识里重返童年的创伤，面对正在发生的抑郁和焦虑，回想她患有精神病的母亲与男人那些不幸福的关系。这种疗法显然不适合玛丽莲。事实上，她的生活被彻底颠倒过来。在进行心理分析之前的8年里，她拍了27部电影。在之后的8年里，她才拍了6部。

在接下来的24个月里，玛丽莲的人格分裂之后又重新拼上。霍根伯格还帮她解梦，与她一起进行自由联想游戏，这是寻找患者潜意识线索的重要成分。

大的、吞噬一切的绝望感，玛丽莲服用了越来越
疑生活中的一切。她对朋友说，她感到仿佛是在
是"我要到哪里去，而是我去过哪里"。
天使她兴奋、夜里帮她克服失眠的药物），而且
依赖也越来越大，所有这些对严重焦虑的、还可
都可能带来毁灭性的恶果。1957 年，经过霍根
莲的状态没有明显好转，她当时的丈夫亚瑟·米
勒建议她再换一个心理医生。那年年初，他建议她去找纽约的心理分析医生玛
丽安·克里斯，这位心理医生也很推崇弗洛伊德的学说。后来梦露开始拜访克
里斯在中央公园西面的诊所，每周 5 次，她在医生的建议下又开始服用巴比妥。

1961 年 2 月 7 日，礼拜二，梦露进入曼哈顿著名的八层建筑佩妮 - 惠特
尼心理诊所，这里还以"富人的疯人院"闻名于世，她们 4 年的医患关系以悲
剧告终。玛丽莲对演员盖博最近的逝世心里总感到愧疚，以为他的心脏病是因
为她在《不合时宜的人》片场姗姗来迟造成的。她偶然读到一篇文章，作者是
盖博的遗孀凯，此后玛丽莲的恐惧明显加剧，因为凯在文章中惊人地宣布："《不
合时宜的人》是杀害他的帮凶……原因不是身体疲劳，是等待、等待、再等待。"

与传说让我们相信的不同，很难说玛丽莲的迟到与盖博的死亡有关。证据
之一，片场的迟到从来没有令盖博感到不安。在他与酒鬼演员斯宾塞·特拉
希共事之后，他已经熟悉了演员拖拖沓沓的作风。特拉希饮酒无度，1936 年
拍摄《旧金山》，1940 年拍摄《新兴城》，他整整晚来了一周。与此相比，玛
丽莲的行为不过是拖延几个小时。盖博最支持玛丽莲，从未向她或他们的剧组
成员发泄不满。1960 年 11 月 16 日，礼拜三，在他临终前的一次采访中，盖
博的回答就是上述说法的有力证据："她有时可能迟到，但等她进入片场之后，
她真的来了。其他女演员可能来得很早，但并没有真的进入角色。"还有一个
证据，在《不合时宜的人》的拍摄现场，大家都以为盖博身体最好，其实他拍
片时身体并不好。他在内华达灼人的大沙漠里拍戏，每天要吸 3 包香烟，这对
他的身体显然是没有好处的。

再说，盖博的逝世还有其他几种说法。美国花边新闻专栏作家赫达就说盖
博的死亡都是影片导演约翰·休斯敦造成的，因为他相信这一说法：在拍片的

过程中，碰上不驯服的马匹，盖博自视太高。（玛丽莲就此事亲自出来说话，赶紧告诉赫达，说盖博拍摄有他面部的镜头时才骑马，其他的累活都是替身演员代劳的。）还有人公开说，他们相信盖博的死与他的极度悲痛有关，因为11月5日礼拜六，就在盖博逝世前11天，他的好朋友、好莱坞演员沃德·邦德不幸逝世。

真正的原因姑且不说，玛丽莲想要摆脱盖博妻子的指控，但没有成功，于是她要自杀，企图从纽约公寓的窗户跳下去。这次行为显然不是心血来潮。玛丽莲的私人女佣莉娜在其1979年出版的《玛丽莲·梦露的私秘》中说："窗户大开。玛丽莲身着白袍站在窗前……她来窗前仅有一次，那一次是向我挥手道晚安。这一次实在是出乎意料之外。她的双手都抓在窗外，她好像要跳下去。我一下子扑了过去，抱住她的腰。她转身跌入我的怀抱……"

显然，这个插曲一定传到了克里斯医生那里，在她跟玛丽莲之间完成了一次极为痛苦的心理疗程之后，这位心理学家建议玛丽莲进入康复中心。赞成这一建议的还有乔·迪马奥。纽约邮报的莱昂纳德撰文指出："显然，乔·迪马奥为前妻担当了做出这一决定的责任。"他继续写道，"迪马奥悄悄地、顺从地、巧妙地走了进来，一如他平时的作风。他在玛丽莲的那些医生当中说话最有力度，在她最近经历了一系列家庭和职业的变故之后，他们都希望她得到必要的照顾。"

梦露相信迪马奥的安排，以为那是为她检查身体，稍事休息，所以在两天之后自己办理了在佩妮－惠特尼诊所的入院手续，使用的名字是"费伊·米勒小姐"。

她马上被领入一个狭小的白房间，舒适用品里面一件也没有。厚重的房门在她身后死死地关上，这时她才意识到她不是来这里度安息日的，她正在被收容。身后的门又啪地锁上，听见这不祥的声音她愣住了。克里斯欺骗了她和迪马奥，梦露被关进了为最严重的精神病患者准备的病房。对她来说，一生中最大的恐惧变成了现实。如同她的母亲，她被关进了精神病院。

在漫长的、极度压抑的4天里，玛丽莲发现自己被锁在世界外面，紧紧地封闭在两个不同的混凝土单人房间里，里边既没有灯光，也没有召唤护士的门铃，此时百老汇和好莱坞的同行还以为她已经离开，研究演技，为扮演电视剧

《雨》里面的角色做准备。当阳光照进第一间号房时，玛丽莲能看见的唯一东西就是几扇铁窗、没有门的洗手间、墙上留下的抓痕和门上的玻璃窗，护士通过窗口可以朝里面张望。

后来，黑夜来临，她想摆脱令人窒息的黑暗和其他患者不停的叫喊，就用双拳敲打结实的房门，将双手敲麻之后才停下。梦露不停地抗议，要求出去，但院方对此不予理睬。她索性抓起房间里的那把椅子，朝浴室的玻璃上狠狠地砸去。她承认："我不想这么做。我一生从来没打坏过东西。"玛丽莲抓起一片碎玻璃，放在手心里，走过去坐在床边等护士过来。这次他们果然来了。

他们威胁玛丽莲不要胡来。玛丽莲大声告诉他们，要是不放她出去，她就自残。"你们要是把我当成疯子，那我就照疯子来行事。"她在1961年3月写给格林森的一封信里用充满真情的笔触写道："我是演员，我永远不会故意伤害自己。我就这么虚荣。"

不过，这一事件结束后，院方开始不停地监视玛丽莲。还有人造谣说，她脱掉了医院里的外衣，赤身坐在地面上，好让通过窗户监视她的人不至于白来一趟。医院六楼雇用的波多黎各人回忆说："玛丽莲害怕一个人待在房间里。周三夜里（2月8日），她来到窗户旁脱去外衣（原文如此）。有人以为她可能伤害自己，所以喊来护士，玛丽莲被送入九楼的（原文如此）一间安全病房，那里的病人自由更少，总有人在旁边监视。"玛丽莲对调换病房的回忆与上述说法大不相同："他们悄悄地请我离开，我不同意……他们就把我拖了起来，两个身强力壮的男人抱我的腿，还有两个身强力壮的女人拽我的胳膊，用电梯把我抬上了七楼。我要说的是，他们至少还讲点文明，是脸朝下抬我的……我自始至终都在流泪……"

玛丽莲马上被投入另一间勉强才能转开身子的号房。之后又来了一个身材高大的、气势汹汹的护士，要求玛丽莲洗澡。玛丽莲不同意："我刚洗完。"但护士告诉她："你换楼层之后就得洗澡。"但玛丽莲就是不听。不洗澡。负责楼层的大夫赶过来威胁她说："你是个病得很重很重的姑娘，多年来你就是个病得很重很重的姑娘。你在压抑中怎么能演戏？不怕抑郁影响你的工作吗？"玛丽莲对他的提问大为恼火，就用激烈的言语反问他："难道你不认为嘉宝、卓别林、鲍曼有时工作也可能感到压抑吗？比如说棒球手迪马奥，他压抑时又怎能击打棒球？真蠢。"

玛丽莲急于想从这个地狱般的洞里逃出去，一个关心她的护士给她送来纸，同意将她的信息送给斯特拉斯伯格夫妇。2月8日，他们二人接到了无助的玛丽莲亲笔写来的信。信上说：

亲爱的李与波拉：

克里斯大夫把我送进医院，交给两个白痴大夫，他们二人都不应该是我的医生。你们之所以没有听到我的消息，那是因为他们把我和那些可怜的精神病患者关在一起。如果我不摆脱这场噩梦，那我也一定被逼成疯子。李，求你帮助我。这是我最不该来的地方。或许如果你可以给克里斯医生打电话，告诉她我神经没有问题，我必须回去上课，为《雨》准备角色。

求你们帮助我——要是克里斯大夫说我在这里没事——你们可以告诉她，我有事。我不属于这里！

我爱你们二人。

玛丽莲

又及：原谅我的拼写——这里没法写信。我在危险的楼层。里面如同牢房。你们能想象——混凝土房间。他们把我关在这里，因为他们对我说谎，说给我的医生和乔（迪马奥）打了电话；他们把我的浴室上了锁，我没有钥匙进不去，所以我才打破玻璃。除此之外，我一件不合作的事都没做。

不幸的是，斯特拉斯伯格夫妻仅仅是玛丽莲的朋友，对此事爱莫能助（或不想出手）。一天之后，2月9日礼拜四，玛丽莲入院的消息传到国内大多数报纸那里。每日新闻上的文章连玛丽莲入院时留在登记簿上的名字都披露出来。毫无疑问，报上的文章引来了大批新闻记者和摄影记者。

有人看见玛丽莲一个不知姓名的好友进入医院，这个朋友还想替她掩饰，所以对纽约邮报记者说："玛丽莲住院不过是临时歇息一下，这里没有其他意思。玛丽莲住院，目的不外乎走出环境，逃避矛盾。她进医院和其他人拜访大夫都是一个道理。"还有一个人也不想把事态搞大，她就是电视剧《雨》的执行制片人安·马洛，原因是梦露要出演这部电视剧。她提前结束了在加勒比海的度假，回来看望玛丽莲。她走进医院时，有人听见她说："这部剧按计划下月投拍……玛丽莲不过是累了，就像她当初在加利福尼亚拍摄《不合时宜的人》。这次她住院是想休息休息，在医院里才能得到真正的休息。"马洛在外面的台阶上又说："我已经和女演员接触，她将按计划签下《雨》的合同。我能说的就是她一定能演。她很想演。这次最多将彩排推迟一周。仅此而已。"

玛丽莲的新闻经纪人约翰·斯普林杰在回答玛丽莲的状态时语焉不详，把自己弄得很狼狈。他先是承认不知道玛丽莲住院一事；等他确定玛丽莲确实住院之后，又说这家医院不是精神病院。他的第三次说明更为荒唐，说玛丽莲住院是为了医治咳嗽。他的第四次说明既幽默又诚实，他坦白说："我不知道她怎么啦。"

那些子虚乌有的传言并不都是因为她那个不明真相的新闻经纪人。在他之外还有其他传言，说玛丽莲从12月5日礼拜二就已经入院，说她根本没有被关在小房间里，说她有权"持通行证离开医院"，还有人看见她与乔·迪马奥和《不合时宜的人》男演员科利夫特见面。

一大群记者等在医院里，急于知道真相。然而，他们一次次的打探都没有撬开院方的嘴。有记者问："她是不是被限制起来了？"又有记者问："她的神智清不清？"但院方对此不做任何回答。然而，有个高明的记者皮萨妮，她是意大利《人物》杂志驻美国的通讯员，她使出浑身解数办到了其他记者办不到的事。她通过院内一个朋友，请他给熟悉玛丽莲情况的心理医生打电话，她通过这种方式打开了院方设在玛丽莲周围的壁垒。

他们通话时皮萨妮就在旁边听着，她的朋友问院内的实习医生："玛丽莲是不是遗传了她母亲的精神分裂症？"医生毫不犹豫地回答说没有症状。在皮萨妮之后写出的专栏里，她又强调了这一点："精神分裂症与癫痫不同，是不能遗传的。"她在专栏中将梦露住院的原因归结为："玛丽莲精神没有问题。从精神分析的角度来说，她不过是很不连贯，因为她工作太投入，一年拍两部片子，最近又第三次离婚。"

批露这些消息对玛丽莲来说意义不大，她在内心深处想要寻找帮助，逃脱那些在心理上折磨她的人，她的呼吁终于在 2 月 10 日礼拜五得到回答，那一天乔·迪马奥在医院里出现。玛丽莲利用一次打电话的机会与她的前夫联系，他当时正在外地。听到她在院内受折磨的故事后，他意识到是经他的同意后玛丽莲才住院的，所以他向她允诺，马上乘机赶往纽约，无论如何也要救她出院。

礼拜五一大早，他就来到医院的问询台旁，他可不是来闲聊的。"我要妻子。"他厉声要求道。谁也不敢告诉他，他和玛丽莲在法律上已经不是夫妻，而且他们已经分离将近 7 年。他们反复解释，说无权将梦露小姐交给他和其他任何人。但迪马奥没有退让。他警告说："如果你们不把她交给我，我就把这座建筑拆了，一块砖一块砖地拆，一片瓦一片瓦地拆。"院方连忙与克里斯大夫通话商讨对策，之后他们突然宣布，说梦露想离开就离开。从此事的结果来判断，迪马奥的社会关系起到了作用。（梦露的传记作者斯普托推断说，此时玛丽莲与棒球传奇人物"几乎有 6 年没有见面"，这一说法全无根据。）玛丽莲离开之前用目光扫视那些大夫，告诉他们应该检查一下自己的脑袋。

礼拜五下午 5 点，大多数等在那儿的新闻记者都已散去，这时迪马奥开始将他的前妻从一家医院转入另一家医院。然而，他们意外地碰到了两个不离不弃的小报记者。《美国人杂志》的摄影记者约翰·道兰藏在医院的后门里面，记者詹姆斯等在医院的大厅内。他在里面来回踱步，所以迪马奥不能贸然出来。迪马奥发现医院里有人监视，马上改变路线。他转身回去，被迫钻进一辆刚找来的出租车，逃之夭夭。

按照迪马奥的指示，愤愤不平的玛丽莲被迫通过地下通道逃出医院。她从另一个出口进入停车场，那里有一辆已经打火的轿车正等着将她送到下一站——斯特拉斯伯格在中央公园西边的家。他们的女儿苏珊回忆了梦露那天的造访，"她刚从纽约那家精神病诊所出来后我就看见了她的脸。她说话时脸上有惊讶的表情。她说：'我总是担心自己像母亲，神经不好，但等我进入那个精神病房之后才发现，他们是真的疯了，我碰到了不小的麻烦。'"

玛丽莲在斯特拉斯伯格家中稍做停留之后，进入另一家不太吓人的纽约神经学院。在此后的 22 天里，她在自己的房间里休息，她的女佣按时送来菜汤、面食、巧克力布丁和没有穿过的睡衣，迪马奥天天进来探视，还为她送来新鲜的红玫瑰。

玛丽莲匆匆离开精神病诊所之后，等在那里的小报记者对她的去向全然不知。急着要找新闻的记者们不停地给周围的医院和诊所打电话，但是他们都以徒劳告终。多年来这还是玛丽莲第一次成功地躲避了新闻记者。在漫长的19个小时之内，世界最著名影星到底身在何处，外人确实一无所知。

2月11日礼拜六中午，哥伦比亚医疗中心发言人宣布，玛丽莲确实在他们那里，等到此时谜团才被解开。为了避免对玛丽莲的形象造成损害，了解真相的约翰·斯普林杰赶紧对外宣布："梦露小姐在这家医院，要在精神方面做一次彻底检查。她感觉良好，不会停留太久。"2月12日礼拜天，迪马奥和斯特拉斯伯格夫妇探访玛丽莲。怀里抱着一大捆鲜花的迪马奥告诉那些等在外面的记者，对她的病情所做的"失实报导使她压力很大"，接着他又说："她拍了两部影片，不过是累了。"

玛丽莲在医院里确实是休息，但花销也不小。医院账单显示，2月23日礼拜四，租用电视、24小时护士和打往加州的电话，总计花费1 113.38美元。迪马奥的晚饭，还有打往洛杉矶更多的电话，这两项花销又把费用提高到1 466美元。

朋友的关怀纷至沓来。2月27日礼拜一，玛丽莲接到马龙·白兰度发来的电报，这使她的精神为之一振。电报全文如下："亲爱的玛丽莲：最准确的重新评价来自最严重的危机。这事在我们大家身上都不同程度地发生过。为此要高兴才对。不要担心害怕。这不是坏事。好好休息，自得其乐。我向你送上我的想法和最热情的关怀。马龙。"

3月1日礼拜三，玛丽莲亲手给她的医生拉尔夫·格林森写出一封笔调极为压抑的信。信中说："我刚才朝窗外望去，万物都覆盖在大雪下面，陡然间它们又都变成了默默的绿色。草坪、长青灌木——虽然树木还能给我一点希望——光秃秃的树枝可能预示着春天，也可能预示着希望。"信中还提到了她的焦虑，说昨天夜里她"又是彻夜未眠"，说她有时在想"夜里的时光如何打发。对我来说那是不存在的——对我来说，夜里的时光仿佛是漫长的、可怕的白昼"。

乔·迪马奥将玛丽莲从精神病院里拯救出来，对此留意的人还能发现，他们二人爱得有多深。玛丽莲总是打电话，对他依赖感极强。如她1962年对记者说的："知道乔在身边，如同有了救生员。"

但玛丽莲的状况依然不妙。她的好友诺曼也在医院探视过她，他注意到她发生的重大变化。回忆说："有一次我们过去探视，我妻子和我发现她躺在床上，面色苍白，目光无神……她病了，不仅仅是身心有病，她的灵魂也病了，那里是欲望的源泉。她的眼睛里少了那种光芒。"

事实上，精神病院里不幸的遭遇在玛丽莲短暂的生命里总也无法排遣。她相信，要不是因为迪马奥把她从里边救了出来，那她已经死掉了。还有，克里斯大夫很快意识到，这次事件是她作为心理分析医生犯下的严重错误，玛丽莲还一度将克里斯当成好友，此时她将对方视为叛徒，经过二人一番激烈的争执之后，玛丽莲出院不久就解聘了对方。

3月5日礼拜天，在719病房休息23天之后，玛丽莲出院。足以信赖的、办事谨慎的迪马奥来医院帮她办理出院手续——虽然玛丽莲最先要找来帮忙的人不是他，因为她对发生的事依然耿耿于怀。他之所以被找来，原因是亚瑟·米勒断然拒绝玛丽莲的请求。

如后来所发生的，梦露和迪马奥的重聚到此并未结束，他将在梦露的余生里继续填充因亚瑟·米勒离开留下的空白。

玛丽莲在两家纽约医院停留，先后足有一个月，这都是盖博逝世之后玛丽莲无法安抚的愧疚造成的吗？如同电影业的其他人，她当然感到不安，但这两件事并没有必然的联系。再说，玛丽莲在感情上有过挫折，少女时代对拒绝和狠毒并不陌生，所以她知道如何抵挡生活的打击。如果盖博的死不是原因的话，又是什么使梦露感到烦躁不安，迫使她的医生亲手将她送入精神病院？她最近与亚瑟·米勒离婚是原因吗？未必。他们的分离已成定局，在此数月之前，他们的婚姻已经死亡，这一点玛丽莲是清楚的，所以很快从最后一次婚姻打击中走了出来。

那又是什么使廷瑟尔敦最伟大的演员内心感到不安呢？我的分析是，执著追求美丽的玛丽莲已然认识到一个事实：她正在成熟；她不再是众人追求的年轻演员。这一想法使她深为不安。当然，就算以好莱坞为标准，34岁的玛丽莲还没有度过她最好的时光。与她周围的一流演员相比，她还很年轻。但玛丽莲·梦露不是普通的明星。无数的人把她当成"世界上最渴望拥有少女般美貌的女孩"和"这个时代性的象征",但她又知道作为世界上唯一性感明星的时光早晚要结束,她必然青春不再。然而,与当时众多性感美女不同,她不想白白放弃自己的王冠和地位。

其实,早在1952年10月3日,礼拜五,玛丽莲就接受了利达·莱恩为每周一次的好莱坞丽人报纸专栏所做的专访。其中一个专栏的标题是《玛丽莲·梦露的惊人秘密:她喜欢当女人》,文中玛丽莲提到她拍摄的《不必敲门》;化妆秘笈、女人如何对男人才能更有魅力;此外,她还兴奋地提到她的第一篇文章。文中强调,她练瑜伽不必辛苦、如何安排锻炼、女人如何才能再造双腿和脚踝、如何才能减掉上臂的赘肉、使乳房更为坚挺。这份秘笈为奥克兰论坛报一家独有,是演员写出的第一份健身手册。早在简·方达出版其畅销的名人健身法30年之前,玛丽莲已经开始出版健身秘笈了,提到的健身方法有瑜伽、馆内锻炼、早饭前在好莱坞的大街小巷疾走。

9年之后,她担心自己可能失去那份最大的财富——天生的身材和惊人的美貌,这种担心自然更使她感到害怕。如她所说的,她的美貌是"上帝给我的"。早在1960年1月,玛丽莲慢慢削减的风采就已现出端倪,当时她正在拍摄《让我们相爱》。电影公司的技师注意到,她的体重有所增加,虽然她还在不断地向摄影机显示上帝赐予她的身材。

她很在意自己在公众面前的形象,所到之处都有各种护肤品陪伴,如洗液、防晒霜、护肤液、面奶、面霜及荷尔蒙护肤面奶,使自己变得更美才能使生活更有意义。她知道自己是性感女人,对这一事实喜不自胜,但她在内心深处还知道,随着时间的消逝,每次照镜子都可能发现刚刚到来的皱纹和另一个膨胀的痕迹。1960年年末,在玛丽莲疑神疑鬼的目光下,她开始发现自己皮肉松弛,她的美貌和年轻女子的身材已成明日黄花;开始意识到她的事业正在匆匆钻进死胡同。她还感到自己无足轻重。恐惧和迷惑朝她压来。当盖博死后有人在报上朝她恶毒指控之后,她的心理问题变得更为严重。她相信,走出混乱的唯一办法是自杀。

有这种疯狂想法的人梦露不是第一个。梦露被救了出来,其他人没有。卢普·威尔兹(1944)、卡罗尔·兰德斯(1948)和乔治·里夫斯(1959)都是自我了断的，就因为他们觉得事业已经结束或正在走下坡路。兰德斯在自杀前4年还说："我理解卢普·威尔兹的感觉。你不停地打拼，之后你开始担心被淘汰掉。你担心要走下坡路……我可不想在出租房里结束自己的事业，身边伴着剪贴成册的书和空空如也的肚子。"瑞典出生的英格尔·斯蒂文斯是另一个自寻短见的人，她于1970年过度服用了巴比妥。她的医生也叫拉尔夫·格林森，这确实让人感到匪夷所思。

说到精神病院发生的插曲，对梦露生活中那些秘密不可缺少的知情人是唐纳德·扎克，他长期担任每日镜报娱乐版专栏作家，又是玛丽莲的老朋友。关于玛丽莲入院一事，他写道：

在纽约的一家医院里，最著名的、风情万种的美人正面临一个头疼的问题——身为玛丽莲·梦露的问题。她不安、紧张、焦虑、烦躁。又是什么迫使这个极度脆弱的金发女去找心理医生的呢？她过去不是被称为"铁打的蜂雀"吗？对这个悲剧式的女人研究几年之后，又经过与她的交流，我的推测是，她一觉醒来发现自己34岁了……

第三章

1961 年 11 月 17 日，礼拜五—1962 年 4 月（第二周）

    周围乱事缠身，拍摄《濒于崩溃》的问题又越来越多，玛丽莲自然无法再接新片。不过，有件事是个例外。1961 年 11 月 17 日，礼拜五傍晚，因为推迟拍片之后还有时间，玛丽莲开始请人拍摄照片，拍照的人是好莱坞 27 岁的自由摄影师道格拉斯·科克兰，他正在为《Look》杂志 25 周岁生日准备特刊。此前他已经为当时的一些女演员拍过照，有伊莉莎白·泰勒、朱迪·加兰德和雪莉·麦克雷恩，但他还想用静止画面捕捉的明星是玛丽莲·梦露。

    拍照地点选在约翰·英格斯特德工作室，此地位于西好莱坞的圣莫尼卡大道。在公关专家派特·纽科姆的陪同下，玛丽莲这次又迟到了。原定下午 6 点 30 分见面，但她在 9 点 30 分左右才赶到。玛丽莲到达之后要求她和摄影师留下拍照。拍照之前她要求先准备两件东西：陈年冰镇唐培里侬香槟酒和弗兰克·西纳特拉的唱片。科克兰承认"我感觉仿佛被雷霆击中，她没有行走，是用慢动作飘过来的……我走过去与她见面，这还是我一生中的第一次，我想象中的她是个超级巨星，但她不像。她一点都不像"。

    科克兰在工作室的阳台上拍了一些照片。他把自己挂在上面，使相机的角度能俯拍没穿衣服的梦露。她懒散地躺在床上，身边仅有一个枕头和一片散开的白绸子。"那就是我，那个来自加拿大安大略省伊利堡镇的小青年，我的故乡是一座有 7 000 居民的小镇。那是我。那真的是我，我和世界上的性感女神在一起，我面前的她一件衣服都没穿。"

"有一次，"他回忆说，"她抬头问我：'你为什么不下来和我在一起？'我拍出了照片，在照片之外我们什么事都没有。但允许我说句真话，作为摄影师，我是应该拍照还是应该与她上床呢？我选择拍照。"

科克兰急三火四地把照片冲洗出来，次日请玛丽莲过目。用他的话说，她"既消极又压抑，一开始对上面的形象不以为然，最后才爱上它们"。玛丽莲当着摄影师的面撕掉了她不喜欢的照片，"这不是一般的电影明星。这不是一般人……她几乎不属于人类。"

1961 年 11 月，经过 6 个月的间歇和深入分析之后，拉尔夫·格林森提出，为了玛丽莲心理稳定，现在应该重提请她回家生活的建议。这说明连月来格林森为梦露所做的心理咨询已经远远超出他职业的范围。他建议她应该与哪种男人约会、应该在哪类影片中扮演角色、应该交什么样的朋友，这些内容充满他与梦露的会话。玛丽莲的一言一行和所思所想都成了格林森念念不忘的事儿。

违法的监听是格林森的另一个办法。为了观察玛丽莲每天的活动，格林森指派一个 59 岁的女人陪伴玛丽莲，这个女人名叫尤妮斯·默瑞。格林森大夫和他的同事之前聘用默瑞当帮手，照顾一些很有名望的客户。当初他们想让默瑞每周与玛丽莲共度 3 天，后来默瑞每周要花上 5 天，不过她从来都没告诉玛丽莲，1951 年以来她就被聘为心理护士。显然玛丽莲是喜欢她的。不过，派特·纽科姆不喜欢她，总是不想与她见面。派特不相信她。也许玛丽莲也不相信，总是有意将其称为"默瑞太太"。数月之后，默瑞每周 60 美元的工资被提到了 200 美元。（从 1962 年 1 月 1 日礼拜一到 6 月 11 日礼拜一，玛丽莲共付给她 3 860 美元。）

在外人看来，默瑞在玛丽莲的日常生活中扮演着朋友、知己和助手的角色。默瑞每天要开车送玛丽莲赶赴各式各样的约会（其中最重要的是往返于附近富兰克林大街 902 号格林森的宅邸），帮她管理服装、接待客人、接听电话、打扫屋子、在酒柜和冰箱里放上食物。

至于最后一项工作，她根本没有完成，如1962年玛丽莲的一个好友对记者桃乐茜所说的："玛丽莲没人照顾。她在演艺这个行当里是无价的财富，她有新闻代理人、医生、发型师和管家。然而，当玛丽莲想在自己的房子里烧一块牛排时，她发现没有牛排，一点吃的东西都没有！还好，家里有香槟酒。玛丽莲有烈酒和药片，但没有吃的东西。"玛丽莲确实对来访的客人说过，她没有食物款待大家。默瑞在玛丽莲的家里其实扮演的就是卧底，这里找不到更好的词来形容她。

　　玛丽莲逝世后多年，默瑞对记者承认："我不喜欢被称为玛丽莲的管家。字典上大概没有词语能准确描述我的角色，我是她的司机、厨师、房产经纪人、社交秘书。"默瑞私下里对人说她是玛丽莲的"朋友。她确实信任我"。格林森相信默瑞能协助玛丽莲巩固家庭这一概念，因为默瑞是个家庭概念很强的人，这能使玛丽莲摆脱因事业和婚姻失败造成的压抑感和愧疚感。默瑞要暗暗记下梦露的一言一行，每天都向格林森报告。格林森就在下一次与玛丽莲见面时使用这些信息，提出合理的建议。

　　格林森建议玛丽莲自己买座房子，这个建议使她兴奋不已，急于将其实现。格林森相信，房子能填补婴儿或丈夫留下的空白。12月中旬，玛丽莲列出纲要，说房子应该"不大、安静""俯瞰大海""有格林森医生宅子的特点"。根据这一指示，默瑞开始为玛丽莲寻找她梦中的房子。至于俯瞰大海一项，玛丽莲很快又改变了主意，推翻了默瑞最先提出的建议，其理由是默瑞选的房子不够隐蔽。

　　1962年1月第二周，默瑞一连4周不停地找房子，后来在当地一个房产经纪人的建议下，她又看了一座。默瑞感觉这一座比其他的更符合要求，就亲自到房子里转了一圈。她从房子出来之后觉得很有把握，找到了玛丽莲理想的家。她匆匆返回通知玛丽莲，后者听说后恨不得亲自走一遭。这座房子外面连着大道和小巷，与格林森的宅邸仅有1英里。

　　房子建于1932年，面积有2 300平方英尺（按照好莱坞的标准，大小很一般），建筑成L形，有3个卧室，位于第五海伦娜巷12305号，刚好在布兰特伍德有名的郊区里，巷子里面是死胡同，周围树木掩映，与圣文深特林荫大道和塔米利纳大道相连的环境不相上下。这座墨西哥风格的建筑仅有一层，里面白灰挂面，外面砖墙，红瓦屋顶，生铁格子窗，天花板上有大教堂式的横梁，客厅和主卧各有一座瓷砖壁炉，车库，草木茂盛的花园，分离式客房，一座不大的椭圆形游泳池，房子外面还有一圈高墙和几排桉树。这里当然没有明显的特点，有的不过是建筑入口处用瓦片拼成的盾形纹章；上面有从希腊版《新约》里引用的一句话"Cursum Perficio"，翻译之后的意思是"我走完行程""我完成了自己的旅行"或者"我的旅行至此结束"。不想这句话竟成谶语。这座房子使玛丽莲最满意的地方是，从这里开车用不上 10 分钟就能抵达 20 世纪福克斯电影公司。

建筑几乎被藏在里面，不为外部世界所知，外人要从一条连路标都没有的、左拐右拐的小道才能进去。这正是梦露想要的。在她那里，她对这座房子一见钟情。1 月 10 日，礼拜三，玛丽莲给正在旧金山的乔·迪马奥打电话，请他过来看房子。一天之后，他在里面走了一圈，送来了她想要的消息：他也喜欢这座房子。

那天傍晚，玛丽莲返回北多希尼巷的公寓，她给米尔顿·鲁丁打电话，说她想买下这座房子，指示他赶紧办理。1 月 12 日，礼拜五上午，鲁丁给经纪人打电话，正式开价 52 500 美元。这次报价被对方拒绝；不过，她的第二次报价 57 500 美元，被对方接受下来。房款总额被接受下来之后，鲁丁就给比弗利山城市国家银行的阿尔弗雷德·哈特打电话，请求通过他们的房产贷款项目，为玛丽莲办理抵押贷款。如他所说的："玛丽莲急于买下这座房子。"

后来玛丽莲说："我不想在比弗利山安家，我不想要明星的宫殿。我就想为自己和我的朋友们要一座小房子。"一项计划很快制订出来：将车库改成客房，她好在里边接待朋友。但与我们过去想的大不相同，她仅仅想在工作时住在里面。她把曼哈顿的公寓当成真正的家。在好莱坞拍戏结束后，她打算将房子关闭起来，返回纽约。1972 年拉尔夫·罗伯茨证实了这一点："她买这座房子是想在她不拍戏时藏在里面。她要在外面（洛杉矶）拍戏。她等钱用。"

玛丽莲花钱并不聪明，再加上票房收入越来越少，她惊讶地发现自己再一次现金紧张，没有足够的钱用来首付。（1962 年 1 月 3 日，礼拜三，她在纽约波瓦利储蓄银行仅有 596.77 美元。）一次玛丽莲对女演员简·罗素抱怨说："我真不知道钱都哪儿去了。我好像总是身无分文。我赚得越多，有得越少……结果还不如当初做模特儿。"其实问题并不复杂，在她不长的一生里，遗憾的生意建议、高额税率、三教九流的房东、朋友、慈善人士、发型师、化妆先生、秘书、管家、装修师、戏剧老师、医生、心理医生、律师及账房先生，使她的收入大大缩水。好莱坞查账员杰克显然要花费一番工夫才能满足人家的要求，但他也没有见到玛丽莲付给他的高额年薪 2 500 美元。

有人反复指出，如 1962 年 8 月《生活》杂志上的文章，第五海伦娜那座房子花掉了玛丽莲 77 500 美元。在迪马奥的帮助下，玛丽莲首付 42 500 美元。事实上，派根夫妇开的价是 69 000 美元。玛丽莲与鲁丁研究了屋顶漏雨之后才首次提出 52 500 美元，这是个很低的报价。派根夫妇自然不能接受。然而，她的二次报价 57 500 美元比人家原来报的价还少了 11 500 美元，但对方接受了。1 月 29 日，礼拜一，5 750 美元首付按时完成（其中迪马奥的钱有 5 000 美元，玛丽莲的仅有 750 美元），2 月 8 日礼拜四办完购房手续，那一天她搬了进去，其余贷款分 15 年零 6 个月还清，利息 6.5，4 月 1 日星期日开始还款。（不过，每月 320 美元的还款很快成了玛丽莲的麻烦。6 月下旬，分期付款刚刚开始 3 个月之后，银行被迫为她重新制订还款计划。）

玛丽莲签下购房协议之前，走进北多希尼巷公寓的化妆室，坐在那里兀自落泪。她自己也说不出落泪的原因。她后来分析说："我真是不能想象独自买一座房子。但我总是一个人，那我为什么不能想象自己买房呢？"在她写给公公埃·米勒的信中，她说新家"不大……有一座大游泳池"。然后又说，"周围很静，离购物区又不远。"繁华的格兰特伍德乡村市场以其众多的商店环绕四周，与玛丽莲的新家距离很近。

虽然她已经正式购入格兰特伍德那座房子，但她还要同时保留纽约的公寓和洛杉矶的公寓，至少在 1962 年拍戏那几个月。（购入第五海伦娜之前，梦露将其所有闲钱——25 000 美元——都花在了北多希尼巷的公寓里，她想重新装修，购入新的家具。不过，当玛丽莲见到装修时将屋内搞得一塌糊涂之后，装修被迫停止。这次事件使玛丽莲病了一场。装修师状告玛丽莲，要求赔偿数千美元，案子最终撤诉。）1962 年拍戏那几个月，梦露不辞辛苦，总要多次返回她在洛杉矶的家。

1 月第三周，她又开始做穿梭旅行，其中有好几次来到比弗利山酒店。一次是她不满福克斯公司提出的片子，为此她安排与公关专家亚瑟·雅各布斯在宾馆里见面。他们见面的地点是宾馆里最昂贵的但也是最舒适的水球休息厅，这里被说成"城里真正的水洞，男人和女人在里面一夜就能变成百万富翁"。

1963年雅各布斯回忆说："她对福克斯提出的几个片子不满意，于是问我，为什么不找个片子拍。她还想和我签个五五分成的协议。"雅各布斯的另一个客户演员基尼·凯利送上剧本之后大家才有了想法。雅各布斯先读了剧本，觉得适合梦露，然后又给凯利打电话。他们马上讨论实施方案。雅各布斯回忆说："玛丽莲读完故事后，说她想拍，但当时凯利正在为（美国广播公司）拍电视剧《我行我素》，所以无法分身。"

她第二次进入这家酒店是为了与《红脸》专栏作家阿兰·列维见面。这份女性杂志是玛丽莲的最爱，10年之前她在杂志上出现，此时她又同意接受杂志的独家专访。玛丽莲身着紫上衣和与之相配的紫围巾，她把这身打扮描述成"紫人衣橱"。在6个小时的采访中，她毫不掩饰地提到自己的婚姻、她为理解自己所做的挣扎和她对未来的希望。她还将秘密告诉列维，说她光脚穿长筒袜身高5英尺6英寸，体重不足120磅，穿8号裤子，而且什么也不少。她很玄秘地宣布说："我不仅要为我尖挺的胸脯感到骄傲，还要为我坚强的性格感到骄傲。"因为玛丽莲感到疲惫，之后采访结束。但在大家道别前，玛丽莲同意要在不远的将来为这次采访画上圆满的句号。

梦露第三次造访比弗利山酒店，为的是与朋友埃思特见面。之后，她又去了一次酒店，这次要见的是好莱坞资深写手约翰逊，为《濒于崩溃》写第五稿的剧作家。（报酬是125 000美元，1月24日礼拜三他已经着手改写。）

自1961年5月以来，这部片子的剧本不知写了多少遍，写完之后就被推翻，福克斯公司没有办法才请来约翰逊，希望他能写出大家都指望的、梦露能接受的定稿。梦露与约翰逊打过交道，他们1953年共同推出热销喜剧《如何嫁给百万富翁》，所以相信他的能力。到了最后他们才开始喜欢对方，但他们最初的几次见面并未使对方感到满意。

1961年，约翰逊回忆他们的初次相见："与玛丽莲·梦露一同拍戏使人感到不安。一般来说，我是同情女演员的，理解她们的问题。但玛丽莲使我无法再同情女演员。她怕麻烦，连必要的准备都不做。轮到她的时候，不是忘记台词就是僵在那里。她不背台词，要不是有娜塔莎（梦露过去的演出老师）在一旁帮忙，她连一句台词都记不住。我不相信她靠纸袋就能演戏。她没有魅力，灵性或品位。她不过是个自满的传声筒。她就知道卖弄风骚。"

不过，不久之后，他们二人建立起牢固的友谊，1962年年初，他们又有了再次合作的机会。约翰逊回忆说："这个差事是半空掉下来的。1月份我刚好在纽约，福克斯公司急得不知如何是好，他们请我赶一个急活儿。"此言不虚。当时电影公司急于投拍《濒于崩溃》，约翰逊之前请来的5名作家都以惨败告终，所以约翰逊的当务之急是要尽快写出一个完整的剧本来——尽管按合同与玛丽莲无关——这个剧本还要得到她的同意。

年初，玛丽莲有好几次都在公开场合委婉地表示对剧本不满。1月8日，礼拜一，记者希拉被当成了玛丽莲的代言人，她在星条旗报专栏里明确宣布："玛丽莲·梦露是对的，《濒于崩溃》应该有个好剧本。在合适的剧本写出之前，她没有承诺非要拍片不可。"一周之后，1月15日，礼拜一，美联社电影与电视作家鲍伯·托马斯在其专栏中再次提到玛丽莲的不满。他写道："说到《濒于崩溃》，对剧本不满意的可能是玛丽莲·梦露。"

为了安抚显然是不安的玛丽莲，福克斯公司发布了一个短短的声明，文中说："乔治·丘克导演说，玛丽莲·梦露在《濒于崩溃》里没必要扭她的臀，因为这个角色不扭臀已经够性感的了。"1月24日，礼拜三，玛丽莲通知福克斯她对剧本还是不感兴趣，更换作家的要求满足之后，她才能拍片。

他们二人边喝边聊，足有3个小时，一连喝了3瓶香槟，这次见面依然是在酒店那传奇式的水球大厅进行的。很久以来大家都相信玛丽莲以姗姗来迟著称，但这一次截然不同，约翰逊不无惊讶地宣布说："我（手里拿着剧本）提前15分赶到，令我感到惊讶的是，玛丽莲已经来了。她这个人有时候来得太晚，但有时候来得又太早。"

他们最后逐项讨论剧本，他又惊讶地发现玛丽莲对剧本仍然不放心，尤其是其中老式的故事线索。她也怀疑自己的判断力，觉得过去犯了太多愚蠢的错误，不再相信自己的直觉。约翰逊回忆说："我把剧本里的故事梗概告诉她，想听听她的意见。依我看，她是喜欢的。"玛丽莲尤其喜欢一组镜头，按照剧本她要跳夏威夷人的草裙舞。能在圣迭戈海军基地拍外景，这想法对她也很有魅力，按要求她将在那里拍摄被人从海里救起的镜头。

他们二人告别之前，约翰逊把最后一稿剧本交给玛丽莲，告诉她，凡是要改的地方都提出来。他还对她说，凡是与人物不符的地方就打上一个叉，凡是有趣的地方，就打上两个叉。

不幸的是，修改过程极其辛苦。玛丽莲先要阅读约翰逊改过的剧本，然后再把她画满叉叉的剧本邮回他在伦敦哥罗斯文洛广场的公寓。他接到修改稿之后再进行修改。再后来，他要把刚改完的脚本一页一页地邮到洛杉矶，请她最后定夺。一旦她同意最后的修改（一般都是通过夜晚的越洋电话），《濒于崩溃》最新一版剧本要通过电话再读给福克斯在洛杉矶的那些老板。

一次次的反复耗时费力，等到1962年1月16日礼拜二，20世纪福克斯电影公司被迫宣布，《濒于崩溃》的拍摄向后推迟两个月，要等到3月15日礼拜四。1月20日礼拜六，玛丽莲听说这一消息之后，匆忙拜访新来的制片人，此人名叫亨利·维恩斯坦，喜欢一根接一根地吸烟。此人身材短粗，年纪不大，来自福克斯电影公司。会面是在比弗利山他的家里进行的。不过，玛丽莲之所以要见面，其中还有一个原因——她知道卡尔·桑伯格也将光临。他们最后一次见面才过去一个月，她急着要与他再次见面。

聚会的人没有讨论如何拍片，他们那天晚上几乎都在喝香槟和马丁尼，边喝边玩，边喝边跳康茄舞，聚会的人里还有维恩斯坦的妻子艾琳娜。为了帮助玛丽莲克服失眠症，桑伯格还示范了一套动作，其中包括把书举过头顶。等大家玩累了，他们开始闲聊，聊的不是《濒于崩溃》，都是个人的私事。大家私下交流，玛丽莲又把自己心里的苦水倒给了诗人桑伯格，他以奇特的方式回答说："美国的问题不是你。"玛丽莲真的喜欢他。一次她承认："他见到你很高兴。他想了解你，你也想了解他。"

著名摄影记者、肖像摄影师阿诺德·纽曼那天晚上也在场，他用照片记录下这次迷人的聚会。在他2006年逝世之前，他为《美国大师》电视纪录片接受公共广播公司采访，那个纪录片取名为《静止的生命》，他在采访中说："她（玛丽莲）与卡尔·桑伯格见过面。他们二人喝着香槟……他们就在那里，一个是伟大的诗人，《林肯传》的作者；一个是玛丽莲，二人在那里交流。两个偶像在说话，当时我想：'我要把这一刻拍下来。'当玛丽莲与桑伯格交谈时，他感到，她能说出心里话，确实如此。她真的碰到了麻烦。她是个伤心的女人。"

虽然玛丽莲并不打算与电影公司作对，但她还是在无意中打乱了这部新片的前期安排。1月2日，礼拜二，福克斯公司的彼得在闪光灯中正式宣布投拍《濒于崩溃》，其中演职员或是尚未选择或是尚未签约，然而，轻信的亨利·维恩斯坦已经坐在出版人的椅子里，玛丽莲对剧本依然是大为不满，所以影片不知要等多久才能真正投拍。

赶上福克斯公司倒霉。1月26日，礼拜五，杰利·沃尔德的喜剧《霍福斯先生度假》杀青之后，硕大的片场里所有的摄像机都停了下来。摄影师还在等待拍摄梦露的新片，下一次拍摄要等到2月14日礼拜三才行，那时他们将为《气球里的五个礼拜》简单拍摄几组镜头。在接下来的两个月里，20世纪福克斯电影公司还将悲哀地继续拖延下去。

玛丽莲的演艺事业麻烦不断。1月26日，礼拜五，断断续续地商讨一年之后，最后好几家报纸终于传出话来，玛丽莲最后拒绝了国家广播公司的十万美元(是当时电视史上最高的报价)，不想扮演妓女赛迪·桑普逊，这是一部90分钟彩色电视片，取材S.毛姆的《雨》。其实这已不是新闻。一连5个月与玛丽莲及其代表商讨无果，又因为一系列反面的宣传，或是失望的或是绝望的，所以电影公司，尤其是公司总裁罗伯特·金特纳，在6个月之前的1961年7月28日礼拜五已经决定洗手退出。

这出戏的历史既漫长又昂贵。领衔的演员有弗莱德里克·马奇和弗罗伦斯·埃尔德里奇，此外还有经罗德·谢林特殊改编的剧本，谢林创作过《暮光地带》，国家广播公司电视台原来准备将这个节目当成1961年秋天的一场"盛宴"。原定由理查德·波顿在影片中扮演戴维森神父，但波顿因害怕玛丽莲众人皆知的拖沓没有接戏。制片人想要向波顿承诺，他每天晚上8点30分可以离开现场，赶往曼哈顿的大剧院，因为他正在与朱丽·安德鲁斯联袂出演百老汇音乐剧《卡米洛特》，但这个承诺并未留住波顿。

按要求玛丽莲应该在1961年2月在《雨》的合同上签字，但因为她进入心理诊所，所以合同没有签成。国家广播公司对此并未在意，仍然朝项目里投钱，到了5月已经投入10万美元：其中购买电视改编权25 000美元，谢林改写剧本 25 000 美元，另外的 50 000 美元一半用于廉价的布景，一半归安尼·马洛，支付其执行制片人的费用。因为玛丽莲出院之后仍不见好，电影公司计划在 5 月 27 日和 28 日的周末把剩下的问题都理清掉。他们没有成功。不过，工作进入 6 月之后仍然没有停下。

6 月 15 日，礼拜四，玛丽莲刚从洛杉矶飞过来，几小时之后她就在曼哈顿的家里与谢林碰面，继续讨论这个项目。（根据他后来的描述，玛丽莲"热情、友好、漂亮，但怪怪的"。）在当月的一次电视采访中，他道出了对这出戏的强烈不满。谢林说："我刚刚递上两个草稿，然后坐下来等他们的反应。大家都不说话。"他再次与国家广播联系，人家告诉他，玛丽莲着迷的是 1923 年的老版《雨：三幕话剧》，那是约翰·科尔顿和克莱门斯·拉多尔夫演出的，玛丽莲自己彩排过根据老版改编的本子。他听说之后很恼火，大声嚷道："如果他们想拍老版的《雨》，最好再找个人来。我之所以签约，是因为按照我的理解，他们想要排一个新故事，排出使人耳目一新的东西。老版的《雨》我看的次数太多，都看够了。对我来说一点意义都没有。"

然而，《雨》的拍摄准备还在艰苦中继续。6 月 21 日，礼拜三，为了在次日下午 3 点 30 分与国家广播公司的老总们见面，玛丽莲 3 点 15 分在她的公寓里召开了一次紧急会议，与会者有李·斯特拉斯伯格和他的律师阿伦·弗罗施。虽然玛丽莲和公司都在极力促成此事，但《雨》还是在 6 月 28 日遇到了麻烦，因为玛丽莲被紧急送往纽约的综合医院，要为她的胆结石做手术。此后不久，又因为众多的其他原因，从《雨》里脱身出来变成唯一的选择。

此前众多传记作家忽视了一个事实，在《雨》被束之高阁之前，很多工作已经展开，化妆品赞助商列夫隆已经安排赞助。这家公司同意承担大约 350 000 美元的花销。录音地点已经预订下来，前后订了两次。一连 4 周，电影公司在布鲁克林的工作室被指定投拍《雨》：第一次是在 3 月和 4 月之间，第二次是在 3 个月后，在 7 月 1 日和 8 月 1 日之间。

国家广播公司连《雨》的电视首播都安排好了。他们原想在鲍伯·霍普那 60 分钟喜剧《鲍伯·霍普的世界》播完之后马上拍出《雨》（霍普的节目是美国名人系列的第一辑）。原想从 10 月 29 日礼拜日晚上开播，如此安排，电视台可以从 8 点 30 分到 11 点的黄金时段连续播放。但是，尽管为了玛丽莲一推再推（6 月的倒数第二周和最后一周，最后是 7 月结束的那一周），但所有的安排还是化为乌有。国家广播公司发言人悻悻地说："浪费了大量的时间和金钱。"《雨》被取消之后，没人发表正式声明，但业内人士的流言已经四下传开，说玛丽莲之所以拒拍，原因在于她的戏剧老师李·斯特拉斯伯格，或者，不是因为她"病得太厉害"，就是因为"她太紧张"，没法拍戏。这次的流言还有些道理。说到后一点原因，当时玛丽莲的状态确实不好。至于前一个原因，因为斯特拉斯伯格既是影片的监制又是"艺术执导"，所以他电影公司的老板同意他在拍摄现场观光，从另一个角度指导玛丽莲拍戏。他的这一要求最终使矛盾激化。《雨》的导演乔治·罗依·希尔不同意如此安排，而且以辞职相威胁。虽然他并没有真的辞职，但这毕竟是骆驼背上最后那根稻草。

在公开场合梦露还装出很勇敢的样子，好像最近发生的事她并不在意，但她在内心深处还是极为悲伤的。尤其是她深知辜负了《雨》的作者对她的厚望，她从作者那里收到一封短信，其中充满称赞与鼓励。玛丽莲在接受《女士之家杂志》并未发表的采访时回忆说："我有毛姆写来的一封信（上面的日期是 1961 年 1 月 31 日礼拜二），他说剧中的角色由我来扮演，他是多么幸福呀。他还给我讲了那个真实女人的遭遇，故事是从她身上取材的。"

进入 1962 年 2 月之后，玛丽莲又第二次拍照，这在她那里是很少见的。自从一年前《不合时宜的人》首映式上露面之后，她又在医院有过短暂的逗留，此外玛丽莲很少在公开场合露面，11 月接受道格拉斯·科克兰拍照之后，她没有参加任何其他项目。1961 年 12 月底，她又同意拍照，这一次的摄影师是威利·里佐，他是好莱坞驻法国杂志《巴黎三月》的通讯员。消息发布之后，大家都感到震惊。因为按计划里佐当月要造访廷瑟尔敦，又因为他的一个朋友与玛丽莲的公关专家派特·纽科姆相识，所以他才将目光投向了几乎不可能完成的拍照上。他想为梦露拍摄一组属于他自己的照片。

里佐和他的朋友意识到成功的可能性微乎其微，于是变换角度，以发表封面故事进行正面宣传为借口，向玛丽莲提出拍照请求，他们想这可能是她所期待的。果不其然。申请提出数日之后，里佐接到纽科姆打来的电话，说玛丽莲同意拍照，为此他马上向他在洛杉矶的朋友借来一处豪华私宅。1 月 4 日前后，里佐居然能为半隐居的梦露拍照一事在国内众多报纸上登了出来。

事先安排，一个月后里佐来到洛杉矶，那一天是 2 月 6 日，礼拜二。之后，他们开始商讨拍照事宜。他通知纽科姆，为了利用上午强烈的光线，应该尽早拍照。纽科姆对此有所保留。她知道玛丽莲这个时间里来不了，所以双方同意改在下午。接下来他们又开始商谈拍摄的准确日期。

双方很快同意安排在 2 月 8 日，礼拜四。但那天里佐等了几小时之后，纽科姆用电话通知里佐不好的消息，女演员来不了了，她很疲劳，状态不好。"那一天玛丽莲签完购房协议，正准备搬入新家。"接下来公关专家承诺，另一个下午玛丽莲一定能来。但 24 小时之后，摄影师再次发现对方没有如期而至。不过，等到下午 6 点，梦露终于来了：她不是来拍照的，是要当面向人家道歉。因搬家之后身体疲劳，她答应第二天一定过来并吻了他。他双腿发软，亲切地告诉她："为了你，我不怕等一周。"

她没有失信，次日下午，一脸疲惫的玛丽莲赶到租来的房子，开始拍照。里佐回忆说，她是自己化的妆，稍稍有点"匆忙"。在 2 月 10 日礼拜六那个热乎乎的下午，他一连拍了 4 个小时，用照相机捕捉到女演员精确的特写，或是靠在太阳椅里，或是躺在游泳池边上。这里既有黑白照片也有彩色照片，其中效果最好的刊登在 6 月 23 日礼拜六的《巴黎三月》（689 期）上。后来里佐不无伤感地说："见面后玛丽莲极度伤感，她的悲伤在照片中是无法掩饰的。"

2 月，玛丽莲要开始新的生活，还要在新的房子里安家，这些对于她来说都是极其重要的，虽然 10 个房间的新家难免狭促，而且极不显眼，但对她来说，这也是完成了一件大事。她急于在房子里留下自己的痕迹，所以 2 月 8 日刚刚搬入几个小时之后，就迫不及待地要求修改里面的格局。小洗澡间里装入新的设备，墙壁又想涂上新鲜的颜色。因为厨房里没有安放酒柜的地方，于是又订了一些橱柜。一家公司的推销员强行推销他们的用品，玛丽莲被迫花掉 545.60 美元，之后又花掉 1 393.46 美元将厨房翻修一新。

她在那家公司的花销连续不断。比如，4 月 11 日礼拜三，她用 624 美元（比合理的价格多付了 37 美元）购入一个硕大的、立式的不锈钢冰箱，两周之后的 4 月 25 日礼拜三，她又花费 272 美元购入一个不锈钢水池。默瑞回忆说："玛丽莲有很多想法，想要装饰她的新家。新家使她感到自豪。"玛丽莲很快发现，房子里的不少锁都不好使。3月15日礼拜四，为了修锁，又给圣·莫尼卡公司的爱德华打了电话。

更为重要的是，因为梦露不想让外人知道她的隐私，她又安排人将一个电话的号码写在话机上。上面写的不是真实的号码 GR（石湾花岗岩）476-1890。她把西洛杉矶警察局的号码连在她经常使用的电话上，那是一部黑色电话（与人们普遍相信的不同，电话不是粉色的）。因为有电工和建筑工人光顾这座建筑，她清楚地知道真正的电话号码很容易被别人弄走，尤其是那些急于寻找新闻的记者，他们为了搞到电话号码不怕花大价钱。每天入睡之前玛丽莲都要把电话送入客房，因为她担心半夜来电话打扰她，她或是用枕头压上电话，或是从电话上取下听筒。

她的第二根电话线上连着一部白色电话机。这是她私人用的电话，很少有人知道电话号码是 GR472-4830。玛丽莲把这部电话留在床边，遇到失眠的时候总要深夜给朋友打电话。每部电话的外接线都有 30 英尺长，所以她可以一边讲话一边在屋子里踱步。

这时的玛丽莲一边忙于搬家，一边躲避记者的追踪。与此同时，福克斯公司正忙得热火朝天，继续准备筹拍《濒于崩溃》。现在最大的问题是，如何才能找到一个合适的男演员与梦露对戏。后来被选中的男演员是鼠群乐队歌手迪恩·马丁，他并不是首选，他也不是第二人选，连第四都排不上，他在候选人里排在第八。

如同数月之前拍摄《再见查利》，这一次著名个性演员詹姆斯·加纳又被推为首选，准备请他与玛丽莲联袂出演。电影公司说他有意退出，所以才索要 100 万美元的片酬。但这一说法并不真实。他退出的真正原因来自米里施公司，也就是他下一部影片《胜利大逃亡》的制片人，公司担心因为玛丽莲传奇式的拖沓，《濒于崩溃》不知何时才能拍完，进而拖住加纳无法投拍公司的电影，公司定于 1962 年 6 月 6 日在慕尼黑投拍那部史诗大片。

1961 年 12 月初，福克斯公司赶紧提出请 36 岁的罗克·赫德森担当男主角。因为赫德森无法分身，福克斯公司又将注意力转向 37 岁的资深电视演员斯蒂夫·弗莱斯特，因为梦露不以为然，所以后来"胎死腹中"。其他电影明星如斯徒加特·惠特曼也在候选之列，还有歌星演员罗伯特·格里特，但后者因为对理查德·波顿和音乐剧《卡米洛特》有所承担，所以也无法答应，再说此时《卡米洛特》正在百老汇热演。福克斯公司情急之下又推出了好莱坞影星杰克·莱曼和约翰·加文，但玛丽莲一听说他们的名字，当时就没同意。

扮演斯蒂芬·亚当·巴克特不是一件容易的事，因为戏中的女演员要和这个角色在荒岛上度过5年。1月中旬，玛丽莲提议由加德纳·麦凯扮演男主角，麦凯29岁，正在拍摄美国广播公司儿童电视系列剧《天堂历险》，这个系列剧在国内大受欢迎。据内部人士说，玛丽莲还亲自给麦凯打过电话，希望他能接戏。导演丘克还与电视剧的制片人福克斯公司打过招呼，请他们允许麦凯拍摄《濒于崩溃》。因为《天堂历险》大部分镜头都是在电影公司院内拍摄的，所以丘克相信，麦凯还可以继续拍摄连续剧，不会有多少耽搁。丘克断定，公司能同意他的请求。公司同意了。但麦凯不同意。

他很快提出自己的理由。他对美国商报宣布说："剧本很有意思，但他们让我扮演的那个角色太可怜了。"在一年之后见报的采访中，他对此又有更多的评述，"他们想让我扮演原版《我最爱的妻子》里那个老式的、兰德尔夫·斯歌特的角色。我想，如果在电视剧里打拼3年的话，我的价值可能更大。"（最后出演那个角色的是36岁的演员汤姆·特伦，此人以扮演迪斯尼电视人物、得克萨斯的约翰·斯克特著称。）

为了请梦露拍摄这部影片，前前后后麻烦不断，这一事件的有利证人农纳利·约翰逊对美国报纸发表了自己的看法："一件事也没敲定。现在他们连剧本都没定下来，而且不知道男主角是谁。玛丽莲不说同意，他们就没办法。"他最后说，"他们像一群疯跑的兔子。"

约翰逊发表上述意见还不到一个月，他就成了这次乱局的又一个牺牲品，被人家赶了出来。导演乔治·丘克早就对约翰逊修改剧本所用的时间大为不满，等丘克读到约翰逊（受梦露影响的）新剧本之后，不得不将其辞退，因为他改写的剧本与原版《我最爱的妻子》大相径庭。按丘克的说法："原来的电影已经面目全非。"

他们请沃尔特·伯恩斯坦来接替约翰逊。丘克指示他将其前任的剧本推倒重来，但制片人亨利·维恩斯坦意见刚好与丘克相左，亨利告诉伯恩斯坦不要大改，"稍做修饰"就行。

在一次对话里，伯恩斯坦提议再写一场戏，妻子（玛丽莲饰演）回来后发现丈夫已经再婚，她大为恼火，企图破坏他们的蜜月。听到他的建议之后，亨利连连摇头，回答说："玛丽莲不会照你写的演。"剧本作者自然要问个究竟。亨利回答说："是这样，她说玛丽莲·梦露不追男人。男人要追她。"之后伯恩斯坦提议，既然玛丽莲还没有认可剧本，他们应该把修改的地方写进去。这个建议也白提了。维恩斯坦反驳说："你不明白。玛丽莲不用同意剧本。如果她不喜欢的话，她就不来了。"一周来，维恩斯坦总是找伯恩斯坦询问修改的进度，总要询问他改写了多少个页码。此时，反复修改剧本（已经有 7 个作家经手）已经浪费了福克斯公司 30 万美元，这可不是一笔小钱。从 1959 年到 1962 年，20 世纪福克斯电影公司损失 6 100 百万美元，其中 1961 年就损失 2 200 万美元。股东对这些数字大为恼火，威胁要解散董事会，罢免公司总裁斯皮拉斯·斯库拉斯。更为严重的是，福克斯公司正在大出血，每天还要在《埃及艳后》身上花 15 万美元，此刻这部史诗片正在罗马拍摄。《埃及艳后》是好莱坞电影史上花钱最多的片子，片中的女演员伊莉莎白·泰勒竟敲诈似的要了 100 万美元片酬，当时还没有演员比她要价更高。当初他们以为片子造价不超 500 万美元，最后制作成本竟达到 4 000 万美元。

此外，《最漫长的一天》也弄得福克斯捉襟见肘，这部全明星"二战"史诗片讲的是盟军 1944 年 6 月 6 日攻入法国的故事，当时正在欧洲的外景地拍摄。电影拍了 10 个月，这是自"二战"以后规模最大的、也是花销最大的项目之一，费用高达 1 000 万美元。

福克斯公司离破产仅有一步之遥。玛丽莲·梦露是福克斯手里唯一能生财的影星，趁着她还没有走下峰巅，他们定要从她身上挤出每一枚钱币。所以进入 1962 年之后，尽管梦露不想就范，但她知道她不得不再替福克斯拍一部。她知道，从法律的角度来说她无法脱身。

第四章

玛丽莲与肯尼迪——无法回避的真相

1961 年 9 月 23 日礼拜六及之后的故事

多年来，圣莫尼卡那座宅邸都是众多私人晚会和无数全明星聚会的场所，这里属于伦敦出生的鼠群乐队演员彼得·劳福德和他的妻子帕特里夏。因为帕特里夏是肯尼迪总统和司法部长博比的妹妹，所以肯尼迪哥儿俩自然是这里的常客。

1962 年 2 月 1 日礼拜四傍晚，帕里塞德斯海滨路 625 号的临海建筑又在扮演东道，邀请一群人为博比饯行，博比将于次日对日本东京进行为期 6 天的友好访问，此次出行是为了执行总统的"新边疆"政策。好莱坞名人如朱迪·加兰、安琦·迪金生、基妮·凯利、迪恩·马丁、托尼·科蒂斯及其妻子珍妮特·利，都在应邀之列，此外到场的还有不少有名的新闻记者。换言之，这些人不是肯尼迪家里的好朋友，就是对他们重要的人物。

玛丽莲·梦露与劳福德夫妇相识多年。她和彼得很要好，1953 年还约会过，当时他们在他经纪人的办公室见过面——但他们的关系再朝前迈一步的想法没有实现，因为他不小心一脚踩上她的小宠物狗的排泄物，地点是她在落日大道的住宅里。玛丽莲也出现在劳福德家里；不过，她并没有被当成极其重要的人物。她对《生活》杂志很不高兴地承认："有时我被邀到一些地方，不过是装点人家的餐桌，就像晚饭之后演奏音乐的乐师。我知道他们请我并不真正是为了我。我不过是一件装饰。"

劳福德这个家是 1956 年花 95 000 美元从米高梅电影公司大资本家刘易斯·麦尔手里买下来的。玛丽莲上次与博比·肯尼迪就是在这里相见的，那是 4 个月前的 1961 年 10 月 4 日礼拜三，也是为了这位司法部长开的晚会。

司法部为了打击有组织犯罪，博比经常与当地的执法官员讨论洛杉矶强盗横行的问题。此前的 11 天（我们在后面就要讲述），约翰·肯尼迪刚刚与玛丽莲见过面，印象很好，正是由于肯尼迪的介绍博比才急着要见这个好莱坞大明星。在晚饭上见面再好不过，为此劳福德向玛丽莲发出邀请。玛丽莲欣然接受，因为她想借机问问博比为何专门与那些人作对。知道梦露应邀前来之后，博比激动不已，为做好充分准备，他竟然取消了那天下午 1 点半原定与邮政总局局长进行的阁员工作午餐。

玛丽莲也忙着打扮自己。在北多希尼巷 882 号，玛丽莲花 170 美元将头发彻底改变之后，她的私人专家乔治·马斯特斯又亲自为她化了妆。1979 年，他回忆说："我给她做了特别化妆。她看上去像一头小鹿，特别纯真，大大的眼睛。然后她取出了这件外衣。"那是一件黑色的、显眼的、紧贴身子的、齐到脚面的、无背带的、透明的外衣，这个作品出自美国服装设计师诺曼·诺利尔之手。外衣的胸口几乎挡不上她的乳房。他问："你不尴尬吗？"她回答说："当然不尴尬。至少我能被人看到。"

玛丽莲不厌其烦地装点自己，花去了不少时间，结果她晚到了两个半小时。不仅如此，那个欢快的夜晚是以低潮收尾的，因为她喝得一塌糊涂，不得不被人家抱进博比的车里送回公寓，是博比和他的助手爱德温·古希曼将她送进屋里。古希曼是得过普利策奖的记者，现在是司法部的情报总管。

他们确定玛丽莲安全之后，关上房门离开公寓。在博比严峻的外表下面，还有一颗火热的心。1973 年古希曼对作家霍利斯回忆说："她请博比开车送她回家。他请我同行，免得他们单独在一起。他很清楚一定有人要说闲话，他不想张扬出去。我们开车送她回家，扶她走进屋里。"毫无疑问，那天夜里玛丽莲给博比留下了深刻的印象，但可惜的是这不是大家想要的印象。又过了 4 个月，玛丽莲再次应邀与司法部长见面，这一次她横下心来要检点自己的言行。

为了 1962 年 2 月的那顿盛宴，博比有意坐在玛丽莲和另一个好莱坞顶级女演员吉姆·诺瓦克中间。这一次，司法部长心里边想着他们不光彩的初次相遇，边被玛丽莲的美貌、不可挑剔的行为、敞开的外衣和吸引视线的宽边眼镜所深深吸引，他显然从一开始就对玛丽莲表现出极大的兴趣，结果怠慢了诺瓦克。

通过这次聚会，司法部长一定从玛丽莲那里知道了更多好莱坞的消息及其明星运作方式。此时，20 世纪福克斯正计划改编他那本颇受争议的《内部敌人》(1960)，书中讲述了如何调查罪犯（后来被赦免）劳工领袖詹姆斯·吉米·霍法和驾驶员工会，因为当时他还是参议院小组委员会的首席顾问。梦露又问了他一些高度机密的、发人深省的问题，这使他更为着迷。梦露急于修复昔日留下的裂痕，所以她白天和《濒于崩溃》的制片人亨利·维恩斯坦度费了不少心思，准备向博比提出一系列问题，其中既有他就众议院反美活动委员会的想法，又有司法部就民权运动所采取的态度。提问结束之后，司法部长发现玛丽莲还在偷看事先打印出来的那些问题，这是她临来时偷偷藏在包里的。博比见后大笑，答应要亲自回答维恩斯坦提出的问题。

玛丽莲有一个很出名的红色日记本，她意外死亡之后不翼而飞，所以这个笔记本也成了她死亡之谜的一个物证。玛丽莲身边的不少人都说玛丽莲没有这样的日记本。然而，1962 年 2 月 1 日礼拜四参加博比晚会的人证明，她确实有这样的日记本，还在上面记下他对她所提问题的回答。美联社好莱坞通讯员詹姆斯那天晚上也在晚会上，他在次日自己写的专栏里证实了这一点。他写道："她一边倾听他说出的每一个字，一边用潦草的笔迹把他的回答写在一个小日记本上……玛丽莲如同高中的学生记者，向博比提出了不少政治问题，然后用速记方式写下对方的回答……博比看见玛丽莲对全球事务感兴趣，显然很高兴。"（如詹姆斯本人所承认的，她和很多人说话都有这个习惯，就连和他交谈也要用笔记下来。）

好莱坞电视专栏作家约翰逊当时也在晚会上，他亲眼看见玛丽莲将博比的回答写了下来。见证这一场面的还有娱乐记者麦克·康纳利，他发现玛丽莲不仅做了笔记，而且还给肯尼迪患病的父亲约瑟夫写了一封祝福的短信，约瑟夫从 1961 年 12 月 19 日礼拜二开始就因脑出血与偏瘫在做顽强的斗争。

那么，玛丽莲为什么要匆忙写下检察长的回答呢？接近女演员的人解释说："不想忘记别人说过的话。她自己也承认经常忘事。然而，我倾向于相信如下说法：这本日记象征着对她来说更为重要的东西。我能肯定，她手写的笔记——大概是用于研究的笔记——是想为她的下一部回忆录准备素材。她的上一部传记写得很不准确（此时尚未写完），是本·赫奇特为她捉刀代笔的，写到1954年2月她访问韩国为止，她急于将自己的故事写到最后。"

她最终选中替她撰写传记的人，正是摄影师兼作家乔治·巴里斯，他于1962年6月和7月为玛丽莲拍下最后的照片。当时巴里斯指出："她说：'我想把不真实的都改过来，我身上的所有谎言。'"1962年8月8日礼拜三，每日镜报宣布："她已经请巴里斯来写她的传记并为传记插图。她允许他拍照，为他摆姿势；她与他交谈10周，讲述她的过去和未来……这一次比之前她与任何人谈的都更自由，更坦白。"

因为玛丽莲和博比二人互相吸引，所以他们在晚饭上不停地窃窃私语。吃完饭之后，要说的话都说完了，他们走下来准备跳舞。晚会上的另一个客人格洛莉娅·罗曼诺夫、洛杉矶大饭店老板麦克尔的妻子回忆说，二人伴着查比·查克的《让我们再转一次》跳起舞来，曲子在劳福德的留声机上连续播放，玛丽莲高高兴兴地告诉博比跳扭摆舞的入门姿势。爱德温·古希曼回忆说："那天晚上她和博比跳了好几次。玛丽莲喜欢跳舞，而且跳得很好。"

显然，肯尼迪很高兴玛丽莲能到场，晚会结束之后他怀着激动的心情给父亲约瑟夫打电话，将想法讲给他听。梦露必然崇拜肯尼迪兄弟二人。她也怀着同样激动的心情将那天晚上的事告诉自己的朋友们，一连数日都是如此。她告诉自己的朋友诺曼·拉斯丁："他这个人很好，像个大男孩，让人喜欢。当然，他不停地看我的衣服。但我习惯了。我以为他要说几句好话，但他在跳舞时问我，在场的男人谁最英俊。你说，我怎么回答才好呢？我说他最英俊。从某一方面来说，他确实英俊！"那天晚上派特·纽科姆也在她身旁，玛丽莲告诉纽科姆，司法部长"竟然如此幽默"。她在次日写给前公公的信中，又提到这一说法，称赞博比"虽然才36岁，但很成熟，很聪明"。

好莱坞明星和司法部长私下进行深入交谈，而且还双双起舞，这很快引起了人们荒唐的推崇和无聊的闲话，不少人都说这次舞会是他们恋爱的开始。古希曼对此大不以为然，以强烈的态度宣布："在他那边或她那边，连一点浪漫的兴趣都没有。"在接受美国电视节目《内部版》的采访时，他继续驳斥上述传言："我与博比一同旅行，5 年来朝夕相处，他妻子之外，我还从未看见他注意任何人。"

然而，在博比给他父亲打完电话后，肯尼迪家的人夜里与世界最著名的影星跳舞这一新闻自然如同大火在家族成员中传开。大家的兴奋促使他的妹妹吉恩要用笔来写下此事，她用肯尼迪棕榈滩宅邸的信纸，给女演员写了一封幽默的稍稍带刺的信，信中说："亲爱的玛丽莲，我理解你和博比都是炙手可热的人物！我们都认为，等他回东海岸时，应该把你带来。"

30 年后，1994 年 5 月，这封信重见天日（说这封信写于 1961 年是不正确的），作为玛丽莲私人收藏文件公开拍卖。但不幸的是，信里的内容被人误读，当成博比与玛丽莲有染的证据。在那场拍卖会上，奥德赛拍卖公司主席拍卖人比尔·米勒兴致勃勃地对新闻记者说："几十年来人们猜测（梦露和肯尼迪）之间有没有关系，这封信确实能为此画上句号。"然而，吉恩·肯尼迪·史密斯（当时是美国驻爱尔兰大使）的助手对此又有不同的意见。听说米勒下此断言之后，那助手反驳说"这个说法是荒唐的"，然后说这封信"足以证明史密斯大使充满调侃的幽默。这不过是善意的捉弄，事实刚好与此相反"。

这一说法很能说明问题。在此后的岁月里，比尔·米勒或任何人试图对此做出相反的证明，但提出的证据都站不住脚，不足以说明在玛丽莲和司法部长之间存在过强烈的、持续的恋爱关系。博比显然注意到身旁每一个迷人的女性，但与他妻子之外的任何女性发生关系，那又与他的为人格格不入。华盛顿新闻记者、肯尼迪好友安德鲁·格拉斯指出："博比拥有加尔文派的道德感。他相信黑是黑白是白，这种严格的信条引导他的道德生活。"

虽然我们可以说，司法部长与他的哥哥约翰相比，确实与玛丽莲走得更近，但我的深入研究足以证明，博比和玛丽莲还没有达到卿卿我我的程度，不仅如此，所谓玛丽莲与博比魅力十足的哥哥、约翰·斐茨杰拉德·肯尼迪、合众国第三十五任总统数次相见，但就其中的细节传出的不过是与其弟弟相同的流言飞语和故意歪曲。

比如，吉恩·肯尼迪·史密斯那封信拍卖3年之后的1997年，世界媒体再次陷入高度兴奋状态，因为不知从哪里发现了一大批据说与前总统有关的文件。这批文件以"JF肯尼迪文件"冠名，所以对外人来说极具诱惑力，文件共有700多份，其中有亲笔信、短信和记事卡片，如果这些信件都是真的，那就足以证明肯尼迪总统与黑手党、有组织犯罪、芝加哥黑社会、萨姆·吉安卡纳，尤其重要的是，与玛丽莲·梦露都有过千丝万缕的联系。

文件属于47岁的劳伦斯·莱克斯·丘萨克，他声称1985年清理其父文档时发现了这些文件，当时他父亲刚刚去世，他曾是纽约著名的律师劳伦（拉里）·X.丘萨克。（在1959年与1963年11月之间，丘萨克显然在私下就肯尼迪总统最为敏感的事务向其提供咨询。有趣的是，玛丽莲的母亲格拉迪斯·贝克一度也是丘萨克的客户，据说丘萨克1980年接手她的事务，到1984年她逝世为止。）

丘萨克找到的文件自然要引起强烈的兴趣。这批文件中的大多数都集中在琐碎的事情上，如肯尼迪总统的生意和捐税等，但其中有一份重要文件引人注意，那是肯尼迪总统与玛丽莲·梦露之间的一份协议，协议是用打字机干干净净打出来的，为了让玛丽莲就他们的恋情和他与黑社会的交易保持沉默，他同意将60万美元打入她母亲的信托基金。（这笔钱分4次付出，从10万到25万美元不等，据称1960年10月1日礼拜六开始，1961年10月1日礼拜天结束，刚好一年。）在这批文件里还找到了女演员就此事写的亲笔信。信上说："亲爱的杰克：我希望你能理解。我只想保证我母亲能有人照管。照顾她对我很困难，我担心她没人照料。至于你与萨姆·G.和其他人的秘密，我将保持沉默。谢谢。M.梦露。"

在"JF肯尼迪文件"面世之前，丘萨克已经开始向外拍卖，收入很快超过600万美元，共有140个投资者竞拍。然而，美国国家广播公司在《20/20》节目里断言，这批收藏属于赝品（9月25日礼拜四播出），人们马上开始对文件的真实性投来怀疑的目光。丘萨克自然不能让步，坚持说文件都是真的。但著名的文件专家和肯尼迪专家都持怀疑态度，说文件不是真的。

一天之后，为了答复美国广播公司提出的问题，丘萨克携妻子詹尼弗向电视台和媒体的其他人提出1000万美元的诽谤诉讼，状告他们违反16项民法，其中有欺诈、诽谤、违约及"施加压力"。丘萨克试图证明怀疑者都站不住脚，索性把他收藏的文件拿到美国广播公司的竞争对手哥伦比亚广播公司那里。这是失算的一招。电视台就这批文件于11月23日礼拜六在《60分钟》里推出一个特别节目。在这个节目里，著名的笔迹专家迪隆博士，此人是联邦调查局推荐来的，毫无保留地宣布，文件里肯尼迪总统的信件都是仿造的。如此一来文件的来源自然真相大白。玛丽莲那些泪迹斑斑的信也是伪造的，她在信中请求肯尼迪总统不要彻底断绝与她的来往。

闸门大开，文件中诸多不准确的东西开始浮出水面。先是有人说有一封信是用打字机打出来的，但这个型号的打字机1971年之后才出厂，那时玛丽莲已经去世9年。其次，有一份文件（日期是1962年）上面写着后来才有的通用邮政编码，这种编码方式要等到1963年7月1日星期一才能由美国邮政部实施。再次，为付给玛丽莲款项设立的所谓账号纯属子虚乌有。1998年3月16日礼拜一，丘萨克被控犯有伪造文件罪，经人保释才出来。1999年9月17日礼拜五，经过一次审判和3个月的监禁之后，丘萨克诈骗罪成立，被判服刑10年3个月。他还被处以700万美元罚款，用来赔偿购入手迹的那些买家。

从传说中我们知道，梦露和肯尼迪总统如何如何见面。如我要解释的，如果详加分析就能发现，其中大多数的说法在逻辑上都不能成立。我在这里能证明的是，肯尼迪总统与玛丽莲初次相见是在1951年5月15日星期二，地点是比弗利山传奇式设计师和装修师艾莉斯·德·伍尔夫和她丈夫、外交官查尔斯·门德尔爵士的家里。按照艾莉斯的传统，每次晚宴要邀请16名好莱坞顶级演员和正在走红的政治家；等晚宴结束之后，廷瑟尔敦的新人、充满希望的演员也将被邀请。玛丽莲是后者之一，因为她当时已经崭露头角，将在20个月之后1953年拍摄的《尼亚加拉》一片中扮演露丝·卢米斯。

米高梅女演员艾琳·戴尔是那天晚会的来宾之一，她记得自己与音乐家科尔·波特坐在钢琴旁边正在演唱《你是唯一》，房门突然打开，用艾琳自己的话说："这个身穿白绸长袍的金发维纳斯走了进来，那身衣服好漂亮，身上的曲线都显了出来。"2002年，艾琳在接受美国电视新闻网《拉里·金直播》的采访时回忆说，玛丽莲"在几个绅士身旁光彩夺目，他们正站在角落里谈论诗人沃尔特·惠特曼，玛丽莲急于加入他们的谈话，听见惠特曼这个名字后，说：

'哦，我喜欢他的巧克力。'"（她因为大意竟然想到了另一个惠特曼，美国最大的、也是最老的巧克力生产商。）玛丽莲款款而入的那一刻，国会议员约翰·肯尼迪正站在艾琳身旁。她回忆说："他的视线无法从她的身上挪开。当时在场的男人都把目光投向玛丽莲。"仅仅在 12 天之前的 5 月 3 日礼拜四，肯尼迪与未来的妻子、24 岁的华盛顿时代 – 先驱报摄影师杰奎琳·布维尔相见，地点在查尔斯和马莎·巴克·巴特莱特位于华盛顿特区乔治敦的家里，东道主是他们二人共同的朋友。

梦露与未来总统的初次相见不过是打了几个照面。事实上，在此后的 10 年里，他们并未见面。不过，还是有人坚持说，此后他们又见了好几次，这些人或是没见过梦露，或是没见过总统，或仅仅是道听途说。

比如，据说在 1960 年 2 月 1 日礼拜一，他们二人在塔霍湖的加利 – 内华旅馆度过一夜。传说肯尼迪在女人谷稍事停留之后造访旅馆，女人谷是第八届冬季奥运会会址，那年的冬奥会再过 17 天就要召开。事实上，他确实访问了内华达州，但他确实没有时间造访或投宿那家旅店。那天上午，他先是在莱诺与内华达劳工领袖谈话，之后又在立法院联席会议发表演说，然后匆匆上了飞机赶往旧金山。他在内华达州不过是停留了短短的几个小时。再说，玛丽莲当时在好莱坞拍摄《让我们相爱》（1 月 18 日礼拜一影片投拍），所以也无法与他相见。在波士顿的肯尼迪总统图书馆里，找不到任何文字足以证明，肯尼迪1963 年 11 月 22 日礼拜五在得克萨斯州的达拉斯被暗杀之前以正式的或非正式的方式访问过塔霍湖或内华达州。

事实上，加利 – 内华旅馆肯尼迪一次都没去过。玛丽莲偶尔到那里躲躲清静，这更多的是因为她与弗兰克·西纳特拉那断断停停的关系，因为西纳特拉也是那家宾馆未来的所有人之一。

有些历史学家还提出，梦露与肯尼迪在 1961 年撞出火花，当时他正在洛杉矶周围竞选总统，尤其是 7 月 13 日礼拜三他获得民主党候选人提名那历史性的时刻。他们言之凿凿地告诉我们，彼得·劳福德在会场后台把梦露引荐给当选总统。好莱坞的其他著名人士，如谢莉·温特斯、莎米·小戴维斯、雪莉·麦克莱恩、丹尼·凯和爱德华·罗宾逊，那天晚上都在场（那天晚上的新闻照片就是证明），但玛丽莲没在场。我能证明，那天晚上肯尼迪在洛杉矶纪念体育竞技场庆祝他被提名,但梦露正在纽约城里为她的新片《不合时宜的人》搞化妆试验和重塑发型(乔治·马斯特斯正是她的私人美容师)。在此之前的7月7日礼拜四,有人在爱德尔怀尔德机场看见她坐在凯迪拉克里与伊夫斯·蒙坦德(《让我们相爱》里的男主角)吃鱼子酱,用一个杯子喝唐培里侬香槟。(1961年伊夫斯对外人说:"她买了一瓶冰镇的香槟酒,我们坐在车里一边喝酒一边闲聊。记者把这事写得好像我们有事了,真是荒唐……机场插曲被人极大地误解了。")

7月18日礼拜一之前,玛丽莲没离开纽约,数日耽搁之后,大多是在洛杉矶国际机场,她乘坐联合航空公司航班于7月20日礼拜三下午抵达内华达州的莱诺城市机场。(她的飞机下午2点31分着陆。)她于3点16分走下飞机。她来此地拍摄《不合时宜的人》,这部影片已于两天前投拍。在机场为玛丽莲接站的是她的丈夫亚瑟·米勒和一群欢迎她的人,其中有旅馆老板查尔斯·梅普斯(有不少镜头要在他的宾馆里拍摄)、内华达州州长夫人格兰特·索亚太太和她的女儿盖尔,她为玛丽莲送上一束鲜花。欢乐的气氛还在持续,这时议员查尔斯·科文将莱诺城的钥匙送与玛丽莲。之后,车队将她送入莱诺城,她在世界著名的拱门下等记者拍照,这里是"世界上最大的小城"。

还有人说梦露与肯尼迪1960年9月20日礼拜二见过一次面,那一次是为了庆祝弗兰克·西纳特拉和他的朋友们正式拥有加利-内华宾馆。他们说这位歌星名人如云的客人里还有约瑟夫·肯尼迪和他的儿子约翰·肯尼迪。但这还是不可能的。在大家庆祝那天,肯尼迪正在新泽西州、西弗吉尼亚州和华盛顿州竞选总统,承诺如果他当选美国总统,他将在"90天之内实施3个项目,巩固国防,向不发达国家送去更多的援助,与国内的贫穷作战"。在那个礼拜二的黄昏结束之后,一边是弗兰克和他的客人们在塔霍湖边欢度晚会;一边是肯尼迪通过电视对选民讲话,说如果提名他当总统,他将如何应对苏维埃总理尼基塔·赫鲁晓夫。(这是不能错过的节目。从东部时间上午8点30分开始,东西两岸同时播放,美国国家广播公司所属180个电视台同时转播。)

次日,9月21日礼拜三,肯尼迪又前往田纳西州和爱荷华州做第二次巡回竞选。要是说他能在一天之内或不到一天的时间里从东海岸赶到塔霍湖,同时还要避开新闻记者的耳目,那真是太荒唐了。然而,9月20日礼拜二夜里,玛丽莲确实在加利－内华，她身边的人是丈夫亚瑟·米勒，她出席庆祝活动，观看西纳特拉和歌手安迪·威廉斯表演节目。因此可以断定，那天夜里肯尼迪在加利－内华的出现，仅仅是在电视机上面，那还要等弗兰克和他的朋友们把电视调到肯尼迪的演讲上。

拍摄《不合时宜的人》，玛丽莲和演职员有好几次都来到那家旅馆投宿。8月13日礼拜六，他们造访一次，照片上的玛丽莲坐在桌旁与西纳特拉和波特·温基·格鲁伯说话，后者是这家俱乐部的老板。夜里玛丽莲在宾馆里的印第安厅观看西纳特拉演出，之后聚会结束。那是梦露第一次光顾一家她还将在1962年7月末以不光彩的方式再次光顾的俱乐部。

有人之所以相信梦露和肯尼迪在1960年年末有一次秘密见面，这里的原因都出在阿特·布奇沃尔德写的一个短文上，此人是美国的幽默大师，华盛顿邮报资深专栏作家。他在其11月19日礼拜六发表的名为《让我们坚定地执行门罗（梦露）主义》的文章中写道：

> 谁将是门罗（梦露）的第二任大使？这将是当选总统肯尼迪在1月里要解决的众多问题之一。显然你不能留下梦露无依无靠。有太多贪婪的人都在打她的主意。米勒大使离开之后，她左右徘徊，不知方向。

一些人之所以相信布奇沃尔德知道他们的私通秘密，因为在1950年代末，布奇沃尔德和梦露传出了有染的消息。据信，他在此时劝说梦露改信犹太教，后来她确实皈依了犹太教。此外，据说布奇沃尔德1958年出版的小说《来自男孩子们的礼物》有一个人物取材玛丽莲。他们始终是朋友，因此有人才传言，梦露与总统相见都是从她自己嘴里说出来的。

我们知道，梦露善于自我宣传，经常把与她相关的重要的内部消息说给专栏作家们，如布奇沃尔德。然而，在这件事上，她没有。布奇沃尔德善于以其幽默的方式揭华盛顿政客的老底，所以，在肯尼迪赢得竞选4天之后，传来玛丽莲与亚瑟·米勒婚姻终结的消息，布奇沃尔德显然是想借此良机将两个名人连在一起。几句无足轻重的调侃最后被传播流言的人和阴谋论者当成证据，证明玛丽莲和肯尼迪确实有染。

在布奇沃尔德撰写他那个短文之前的几周里，梦露和肯尼迪还是没有见面的可能。《不合时宜的人》1960年11月4日礼拜五在莱诺杀青，之后梦露飞回纽约，在自己的公寓里一连数日足不出户（至少要到11月15日礼拜二），躲避记者就她与米勒离婚提出的问题。

在这个结合点上，肯尼迪正在马萨诸塞州的海因尼斯港，11月11日礼拜五下午2点30分，刚刚以微弱优势赢得美国总统竞选之后两天的他，乘机飞往佛罗里达州的棕榈滩，一边度假，一边工作。他的私人飞机在华盛顿稍事停留，怀孕的杰奎琳下了飞机，等肯尼迪到达终点后，他径直赶往其父约瑟夫的避暑庄园。5天之后，11月16日礼拜三，肯尼迪独自飞往新政府副总统约翰逊在得克萨斯州的牧场。传播丑闻的人因为受到布奇沃尔德那个短文的左右，总想确定玛丽莲和肯尼迪1960年11月幽会的地点，但是他们谁也没有能站得住脚的依据。还有传言说玛丽莲和当选总统1960年1月在纽约相聚。1月里他们二人确实在不同的时间里到过纽约，但是他们幽会的可能性微乎其微。1月4日礼拜三，肯尼迪在那个月里首次来到东海岸，与他的国防总管麦克纳马拉商讨古美关系破裂的原因。他在白宫停留足足一周，到1月11日礼拜三才飞往棕榈滩。他于6天后的1月17日礼拜二返回纽约，又住进了卡莱尔酒店。

与此同时，这个月玛丽莲几乎都在纽约东57街的公寓里休息，从拉尔夫·罗伯茨那里接受通报，出席《不合时宜的人》特别放映式，批准取自电影的宣传照，与前夫乔·迪马奥一同度过夜晚。梦露与亚瑟·米勒分开之后，她与迪马奥刚刚在两周前的1960年圣诞夜才又重聚。他们之所以重聚，原因是两个昔日恋人在节日期间都无人相伴。12月25日礼拜日夜里，她刚刚接到他送来的礼物，一大束一品红，马上给他打了电话。（那束花是如此之大，玛丽莲竟开玩笑说这是一片"森林"。）

迪马奥知道她意外收到礼物之后一定能给他打电话。他在他们的对话中问道："你在这个世界上还能有谁呢？我和你结过婚，我知道你周围没有朋友或兄弟姐妹。"迪马奥证实了玛丽莲已经知道的事实：虽然她名满世界，但依然是个极其孤独的女人。

于是他请玛丽莲出去喝酒。玛丽莲不同意："你是不喝酒的。"他回答说："我也能喝几口。"玛丽莲又说："那要躲在很暗很暗的地方才行。"乔问玛丽莲圣诞夜怎么过。她回答说"没事儿"。迪马奥听后同意开车过去。结果他在那边一连停留数日,他们的友谊又死而复生。从那一刻开始,他们二人几乎形影不离。

1961年1月7日礼拜六,有人看见她挽着伴侣出入纽约剧院和饭店。8天之后,1月15日礼拜日,那刚好是他们结婚7周年的第二天,玛丽莲和乔公开宣布他们再次相见,因为此时他们一同进出香苑酒店,携手观看尤金·奥尼尔剧院《人质》的告别演出。他们二人索性坐在B排,好让大家清楚地看到他们。(玛丽莲给剧院的售票处打电话,亲自订下座位。)好奇的人们在过道里走来走去,想要一睹他们的风采。

两天之后,1月17日星期二,也就是肯尼迪返回纽约那天,又有人在香苑酒店饭店里见到她和前夫一同吃牛排。这一次与他们一同进餐的还有乔治·索罗泰尔,此人是百老汇剧票经纪人,迪马奥的老朋友。那天早些时候,有人看见玛丽莲和乔从苏坦普雷斯走过,二人说笑的照片出现在默里斯·佐罗托最近出版的梦露传记里。

梦露好像与传奇棒球手言归于好,这消息自然成了一大新闻。特快信使报大喊:"玛丽莲和乔在约会。"据说迪马奥的一个好朋友还传出话来(1月18日礼拜三洛威尔太阳报):"他们二人将要复婚。"不过玛丽莲的新闻经纪人约翰·斯普林杰赶紧出来澄清事实,说:"她认为乔是好朋友,这就是他们的关系。"

1月20日礼拜五,玛丽莲、她的公关专家派特·纽科姆和纽约律师弗罗施一同从纽约飞往墨西哥的胡亚雷斯,要在米格尔·格米兹法官夜里安排的特别法庭上出庭,她要递交一份与米勒离婚的墨西哥式的(速成的)申请。(她说过:"亚瑟是一流的作家,但我认为,他当作家比当丈夫要好。我想写作是他生活中的第一大事。"他们二人的熟人评论说:"当她知道没法怀上孩子之后,这场婚姻失去了兴趣。")头一天她刚刚与米勒签署财产分割协议。为了不让此事为外人所知,玛丽莲选择肯尼迪宣誓就职那一天来处理她与米勒的婚姻。(在达拉斯停留,玛丽莲与同行的人围坐在机场的电视机左右,收看肯尼迪宣誓就职的现场直播。)

东部时间下午7点,玛丽莲在边境上的埃尔帕索机场着陆。镇上的第一民法庭专门等了她3个小时递交离婚申诉。当地律师阿托罗·索萨·阿奎拉在8

点进行的听证会上代她发言。米勒没有出庭，代他出庭的是墨西哥律师阿里雷诺·冈萨雷斯·加尔加斯。

听证会结束后，她和两个同伴驱车赶往胡亚雷斯，在镇上的肯塔基酒吧用玛格丽塔酒来庆贺。之后加尔加斯律师在家中设宴款待他们。饭后，玛丽莲、纽科姆和弗罗施返回埃尔帕索机场，他们登上大陆航空公司的航班。经过阿尔布奎克和丹佛，班机在丹佛稍事停留，他们要等待转往纽约的飞机。1月21日礼拜六中午，梦露与随员返回纽约。之后玛丽莲回到曼哈顿公寓。3天之后，1月24日礼拜二，米格尔·格米兹法官在她的离婚文件上签字之后，她的离婚案最后敲定（不过，这些文件要等两天之后才能生效）。

与此同时，肯尼迪正忙得不可开交。礼拜五的就职演说自然是当务之急，显然在此之前他不可能有闲暇的时间。1月17日和18日，礼拜二和礼拜三，肯尼迪在卡莱尔酒店大本营里召见重要官员，款待演艺界名流，如男演员安东尼·奎恩、劳伦斯·奥利弗和歌手尼尔曼。之后，他又邀请上述三人乘坐他的私人飞机CV-240参加典礼之夜的庆祝活动，这场演出是由美国最伟大的天才弗兰克·西纳特拉筹备并主持的，按计划将于1月19日礼拜四晚上在华盛顿特区国民警卫队兵工厂举行。事实上，总统参加这样的活动等于以非正式的形式承认他接纳了西纳特拉的鼠群乐队。

不幸的是，这次欢聚被少见的暴风雪打乱了安排，这场大雪华盛顿多少年都没见过，当地交通陷于瘫痪。也就是说，等向后推迟两个小时的音乐会开始时，音乐厅里的13 000个座位还没坐满1/4。后来当地气象局宣布说，到午夜为止，降雪6英寸，此时西纳特拉的音乐会将近尾声。次日上午，肯尼迪要举行就职典礼，这时雪已停，人们匆匆忙忙将路面清扫出来。

音乐会上来了一大批国内的演艺名人，其中有歌手海伦·特劳贝尔、艾拉·斐兹杰拉德、艾瑟尔·米尔曼、马哈莉娅·杰克逊、奈特·金·科尔和哈里·贝拉冯特、喜剧演员乔伊·毕晓普、阿兰·金、基米·道兰特和米尔顿·波尔、男演员比特·戴维斯、安基·迪金生、基姆·诺瓦克、弗莱德里克·马奇、希德尼·波蒂耶和托尼·科蒂斯、舞蹈家基妮·凯利和朱丽叶·普劳斯及音乐家莱昂纳德·伯恩斯坦。但玛丽莲不在之内。连候选名单里都没有她。原因何在？答案并不复杂。虽然过去梦露众多的传记作者都有自己的写法，但1961

年1月玛丽莲的轨迹还没与肯尼迪交叉。那天晚上名单上的所有艺术家不是肯尼迪的好友就是他们家族的好友，虽然他知道玛丽莲的存在，也是她的影迷（据说他床头上方的墙上就挂了一张玛丽莲的海报），但他对玛丽莲来说仍然是陌生人。还有，如果说玛丽莲与当选总统在卡莱尔酒店房间里见面的话，不少人作过猜测，那记者为什么不发新闻呢？米尔曼、奥利弗和奎恩的拜访不是都报道了吗？

为了证明这一阶段肯尼迪没有见过玛丽莲，我们还要填补肯尼迪时间表上的其他空白。1月19日礼拜四上午，肯尼迪在纽约牙医那里稍事停留之后，又返回白宫，与就要离任的总统艾森豪威尔会面两个小时，他在东海岸的停留仅仅持续两天。在就职典礼之前那段时间里，访问教堂（1月22日礼拜日）、中情局（1月26日礼拜四下午2点35分到4点30分）、安德鲁斯空军基地（1月27日礼拜五上午11点28分到12点零9分）和国家新闻大厦（1月28日礼拜六下午7点46分到7点55分）之外，肯尼迪没离开白宫，等到2月11日礼拜六，他才与妻子杰奎琳在12点35分乘直升飞机前往弗吉尼亚州的格兰·奥拉。在此期间，肯尼迪于东部时间1月25日礼拜三首次以美国总统身份出席国内电视直播的问答节目。

在这个月的大部分时间里，玛丽莲和肯尼迪都有自己的安排，所以他们都无法分身，他们二人的生命仍然在不同的轨道上行驶。

1961年11月23日礼拜四感恩节，有人把这一天说成玛丽莲和总统见面的日子。根据约翰·丹诺夫的说法（此人被弗莱德·奥塔施雇用，就是所谓"好莱坞私家侦探之王、奥先生"），他在彼得·劳福德海边别墅的房间里录到了总统与玛丽莲做爱的录音。其实那天总统正和家人在一起，或是滑冰或是陪伴他生病的父亲约瑟夫，地点是他在海因尼斯港的家里。肯尼迪要等到11月27日礼拜一上午10点11分才能返回华盛顿。

那他们是何时才又见面的？我能证明，女演员首次真正地与合众国第35届总统一对一地见面，发生在1961年9月23日和24日的周末，当时她应劳福德夫妇之邀，要在肯尼迪之父约瑟夫海因尼斯港的家里度过两天。那天除了肯尼迪和他的妻子，到场的还有玛丽莲的助手派特·纽科姆、她当时的男友弗兰克·西纳特拉、肯尼迪的弟弟爱德华·泰迪·肯尼迪、多米尼加的花花公子卢比罗萨及他的妻子奥黛尔。为这次聚会玛丽莲特意请百老汇的发型师阿德勒为她新做了一个埃及式的发型。

礼拜五晚（9月22日），玛丽莲、纽科姆、西纳特拉和总统的妹妹派特乘飞机抵达50英里之外的新贝德福德，因为科德角因大雾关闭，他们几乎赶不过来。前一天他们从洛杉矶起飞后飞机遇到严重麻烦被迫返航。玛丽莲通过西部电报公司转往乔·迪马奥纽约列克星敦酒店的电文讲述了这次插曲，"亲爱的爸爸爱人，飞机引擎发生故障，而且燃料还用光了，我们不得不返回洛杉矶。下午5点乘另一架飞机离开，下午1点赶到纽约。飞机出现故障后我想到两件事，你和修改我的遗嘱。我比以前更爱你了。"她在这封电文下面签上了用过的一个化名"诺曼太太"。

玛丽莲穿着她那身伪装抵达新贝德福德，连目光敏锐的新闻记者都没有发现，他们在邮报上报道西纳特拉的到来，无意中说她是西纳特拉"不知名的客人"。他们被迫乘出租车赶往肯尼迪的宅邸，另一辆出租车跟在后面运行李。

第一天，9月23日礼拜六，刚好12点40分，大家用3个半小时乘坐总统的摩托艇"马林号"游玩，此前快艇停靠在麻萨诸塞州的科图特海边。这次的重头戏是第一夫人令人目眩的划水。下午4点游玩结束。西纳特拉是善于搞聚会的人，上船时身后还带了12件行李，其中有一箱葡萄酒和12瓶精心包装的香槟。一天之后，这些人再次乘坐"马林号"外出，不过，因为总统下午5点40分要与彼得·劳福德赶往纽约城，这次水上游玩连同周末聚会在下午2点55分戛然而止。（客人自然打道回府。9月26日礼拜二上午，玛丽莲和西纳特拉飞往纽约。）

玛丽莲与总统第二次真正意义上的相见发生在1961年11月19日礼拜天。过去有些研究玛丽莲的学者总要拿这次见面做文章，然而这一次不过是肯尼迪和劳福德夫妇邀来的好友一同聚餐消遣，此外并无他事。玛丽莲当然是彼得·劳福德和肯尼迪的妹妹派特很要好的朋友，在这次聚会上总统与梦露私通的可能性确实很小。午餐12点开始，3个小时后的3点零8分结束。有案可查的是，肯尼迪之所以来此地是要接见西德总理，按计划他们将于次日下午4点见面。

梦露与肯尼迪的另一次见面发生在两周之后的12月5日礼拜二，地点在纽约城。肯尼迪这一次要在国家橄榄球协会发表演说，然后出席在沃尔道夫－阿斯特里亚酒店为著名演员举行的宴会。20分钟演讲之后，肯尼迪又出席了在帕克大道公寓里举行的一次半正式晚会，这座公寓属于社会名流菲菲·菲尔夫人，她是著名投资银行家的遗孀。正是在这次短暂的聚会上总统与梦露第三次相见。在劳福德的安排下，梦露特意从洛杉矶飞来，她装扮成劳福德的私人秘书，手里拿着纸笔，头戴暗红色假发，身穿普通外衣，还戴着墨镜，显然她是从侧门悄悄进楼的。原定她要晚上8点赶到，实际到达的时间大约10点15分。她纽约的发型师肯尼斯在曼哈顿的公寓里替她修理发型。

有趣的是，1965年7月12日礼拜一，这次见面之后将近4年，根据联邦调查局档案，那天夜里的这次晚会被描述成"性晚会"，其实这是黑手党要往肯尼迪家族脸上抹黑，他们说"几个人分不同的时间参加晚会"。参加晚会的人里显然有"罗伯特·F.肯尼迪、约翰·F.肯尼迪、彼得·劳福德和玛丽莲·梦露"。不过，这份档案是无稽之谈。帕克大道，这次聚会是特意安排的，所以玛丽莲要想与肯尼迪悄悄出去不被外人发现确实没有可能。另外，时间也是问题的关键。虽然一般人都把总统视为性迷和登徒子，但他也是个道德感极强的男人，知道自己还要为另一次重要演讲做准备。按照日程安排，总统将于次日中午向国家制造商协会会员发表演讲，所以玩到深夜对他来说不是明智的选择。

在所谓"性聚会"的那天夜里，肯尼迪很晚才返回卡莱尔酒店的房间，但他是独自回来的，身边没有其他人。联邦调查局资深局长J.艾德加·胡佛，就是那个在美国权力极大的、人人皆怕的人物，显然有足够的兴趣关注总统枕边的行为，在肯尼迪1960年当选总统前后始终在监视他。遗憾的是，胡佛或他的雇员把他们的不少报告都修改了。

事实是，玛丽莲与约翰·肯尼迪仅仅亲密过一次，那是1962年3月24日礼拜六的晚上，当时肯尼迪和玛丽莲都是歌手宾·克罗斯比那座三卧室宅子里的客人，这座建筑位于棕榈滩，之后他们又来到附近外人很少光顾的一座宅院，这里属于词作家吉米·范·胡森和作家比尔·马洛。

这两座建筑位于洛杉矶东南100英里，周围居民有限，建筑后面是棕榈沙滩上的一座大山，那个地方被称为银马刺，外面有一条名为范·胡森路的土道。艾森豪威尔当政时，常喜欢和他的人光顾此地。令人感到惊讶的是，3月14

日礼拜三，总统将在这里投宿的细节被捅到报上。肯尼迪被问及此事，他若无其事地回答说："这两座房子我都去了，虽然不属于高大的建筑，但还是舒适的家园，那里有阳光，幽静、安逸。"

众所周知，弗兰克·西纳特拉还等待肯尼迪总统和他的特勤人员光临他在棕榈滩的宅邸。为此，他还特意购入土地，新盖了客房，安装极为现代的电话，而且还建了一座直升机停机坪。后来西纳特拉才听说肯尼迪将在附近克罗斯比的家里过夜，消息来源大概是《综艺》杂志。西纳特拉听说后勃然大怒。他把怒火都发在彼得·劳福德身上，因为后者承诺总统将和他度过那个晚上。

劳福德很快听说朋友发威，整日惴惴不安。他为了安抚鼠群乐队的老朋友，不得已求助总统，总统同意马上亲自给西纳特拉打电话。他告诉西纳特拉，之所以没在他那里投宿是出于安全原因，请他不要迁怒朋友。

西纳特拉接完总统打来的电话之后，又马上给身在白宫的博比打了电话，他原来怀疑司法部长在后面做了手脚。他的怀疑得到证实，博比毫无保留地告诉西纳特拉，他哥哥不能在芝加哥黑手党老板萨姆·吉安卡纳住过的地方过夜。西纳特拉与博比一边争辩一边解释，但博比听不下去，将电话挂掉。西纳特拉怒火中烧，他将此事视为背叛。他一怒之下顺手抓起一把斧子，朝屋子里贵重的物品一阵乱砍，这其中有很多东西都是专为总统造访准备的。等他返回加利－内华之后，操起一把大铁锤，爬上俱乐部屋顶，要拿另一件贵重的东西出气：最近刚刚修好的停机坪，他原先还等待有朝一日总统的飞机能落在上面。

据说，这次结仇之后，西纳特拉对司法部长大为不满，他将怒火从实物转向活人——劳福德和肯尼迪总统——此后他再也没跟二人说过话。然而，至少对于总统，这个传说并不正确。后来的档案证明，那年6月总统亲自写信给西纳特拉，感谢他的礼物，"你能替人着想，为我的生日送来这把藤椅"。此外，与其他传记作家告诉我们的不同，这一事件之后他们二人还继续往来了不少日子。8月末，西纳特拉还以讨好的姿态给总统新闻秘书皮埃尔·塞林杰打电话，告诉对方他希望把他最近完成的电影拷贝《东北候选人》送与对方。西纳特拉还说："等复制品出来之后，随时请总统过目。"

然而，对于劳福德来说，西纳特拉实施了不折不扣的报复。劳福德很快发现，他被逐出了鼠群乐队，他们的电影和之后夜总会的演出有西纳特拉、迪恩·马丁或乔伊·毕晓普，唯独没有他。

在克罗斯比家里聚会那天上午，玛丽莲一反常态，8 点钟起床。她提出严格要求，那一天外面的工人谁也不准进入她第五海伦娜的院子，因为马上要见总统，她想修理头发，但一个叫罗伊·纽威尔的水暖工还是闯了进来，因为他一大早赶来要在车库安装一台不可缺少的大热水器。当玛丽莲听说热水不能及时送上之后，赶紧来到拉尔夫·格林森的家里洗头。那天下午，一连几个小时反复修理她的头发，身上的衣服又换来换去，最后女演员总算收拾停当，准备再次与合众国总统相见。（这是他们的第四次见面。）玛丽莲从来都不掩饰对总统的崇拜。说到底，他是地球上权力最大的男人。据说她对这个男人有过如下评价："杰克·肯尼迪比那些难看的老头子强多了，他们既不聪明又不英俊。"

她戴上那个深色的假发之后，钻进彼得·劳福德为她准备的汽车，然后驶向洛杉矶国际机场，等在那里的总统专机将把他们送到 109 英里之外的棕榈滩机场。然后再由等在那里的汽车把他们送入宾·克罗斯比藏在沙漠里的家。

忙里偷闲的肯尼迪总统周六夜里 12 点零 3 分准时抵达克罗斯比的宅院，之前他与艾森豪威尔刚刚结束 55 分钟的会面，总统身边除了特勤成员 J. 沃尔特·考夫林之外，没有任何人陪伴。（第一夫人杰奎琳·肯尼迪正在印度和巴基斯坦，以特使身份参加他们的节日。）那天在克罗斯比的宅子里，除了总统和上面提到的特勤之外，还有另外 4 人：彼得·劳福德、他的妻子派特、喜剧演员鲍伯·霍普和不能少的玛丽莲·梦露。

根据可靠的信息来源，拉尔夫·罗伯茨也是来源之一，那天下午总统和玛丽莲围着游泳池缓慢踱步。晚上，在没有外人参加的晚餐上，身着休闲黑色圆领毛衣的肯尼迪坐在那里倾听玛丽莲不停地讲述好莱坞的故事，他一边听一边用餐桌下面的手抚摸玛丽莲的大腿。发现对方没有反对之后，他继续抚摸，但半道停了下来，因为他发现她里面没穿东西。（她里面从来都不穿东西。）他马上将手收回。后来玛丽莲开玩笑说："他没想到能走那么远。"那天夜里，在女演员酒后示意下，二人进入宅邸里一个安静的房间，不可避免的事发生了。

女演员身边无话不说的朋友和按摩师拉尔夫·罗伯茨在接受采访时道出了可靠的证据：那一夜总统和玛丽莲同枕共衾。他说玛丽莲天真地但毫无疑问又是自豪地给他打电话，询问扁平肌的事。（这是小腿后面从膝盖到足底一块力量很强的肌肉，与站立和行走有关。）罗伯茨很清楚那个周末她被请到了克罗斯比的家里，而且总统也可能在场。所以等周六深夜玛丽莲打来电话之后，他一下子就明白了，她是在说肯尼迪那块为人所知的肌肉和后腰的毛病。后来电话递给了肯尼迪，总统亲自询问罗伯茨如何才能减轻体内持续的疼痛。

1993 年，罗伯茨宣布玛丽莲曾经告诉他，那一夜是他们相识后度过的唯一一夜。他说："玛丽莲给我留下的印象是，他们二人都不在乎这件事。发生一次。不过如此。"在另一次谈话中，有人听说玛丽莲宣布说："他可能是个优秀的总统，但他在性方面不吸引我。"

我们可以推断，玛丽莲与肯尼迪的激情夜远没使她感到满意。她后来至少对两个朋友抱怨说，他草草了事，至于他的未成先熟，女演员对罗伯茨感慨说，总统"做爱像个少年"。另一个无话不说的人是玛丽莲昔日相恋很短的报纸专栏作家詹姆斯·培根。她和他说起肯尼迪在卧室里如何令人失望，后者听后嚷道："玛丽莲，他天天忙国事，哪有心思想性事。"

事实上，由于后腰剧痛，交欢和长时间的爱抚在肯尼迪那里几乎是不可能的，这不能不使人感到遗憾。他只有在白宫的游泳池里才能成功地与女性完成交合。在水里运动适合他后腰和腹股肌肉。但是换在其他地方，他能做的仅仅是亲吻和口性，一般情况下他还总是扮演接受者。如玛丽莲所证实的，对他来说，性是机械的。爱抚能引起腰痛，所以他很快达到高潮，他渴望与女子亲密接触，这渴望是出于需要，不是出于选择，所以他希望这一行为结束得越早越好。

与总统度过一夜又没感到满足的不仅是玛丽莲一人，这方面的故事很容易找到。在莎莉·史密斯撰写的《风度与权力》一书中，总统夫人杰奎琳就说，他"很快就完了，然后入睡"。史迪斯·坎布尔也在著作和杂志文章里公开证实，肯尼迪性事不强。也许，女演员安基·迪金生的回忆最为幽默，在说到肯尼迪匆忙结束的做爱风格时，她显然说过"那是我一生中最好的 20 秒"。（她在尚未出版的回忆录里还写到此事。）

肯尼迪之所以性事不高，原因都在他的腰及身体的其他部位上。他身上的病没有治好，这些毛病都经过了后人的证实。他患有骨质疏松症，严重影响到他的脊椎，迫使他从 20 岁开始要永远借助钢圈来加固腰椎。1943 年 8 月 2 日礼拜一，他的后腰再次受损，当时他的鱼雷快艇在南太平洋被日本人的驱逐舰击中，肯尼迪一连16个小时舍己救人，从水中捞出他的战友，但他的勇敢行为对已经受损的脊椎造成了更大的压力。

等他进入30岁之后，从鸡尾酒里饮入的类固醇引起肠炎，又使骨质疏松症恶化。巩固脊椎的骨骼变得越来越弱，此时到了崩溃的边缘，结果他连一件小事都无法完成。又因为他的左腿比右腿短了三分之一英寸（显然使其脊椎强度发生机械性恶化），所以他有时上楼梯都要向侧面倾斜才行。

为了缓解后腰不停的疼痛，外科大夫将肯尼迪的后腰切开，在脊椎下方两侧嵌入两片厚厚的金属板。这个办法被称为威尔逊金属板，目的是固定他的脊椎，减少运动及运动造成的痛苦。但术后仅仅3天，肯尼迪又染上了葡萄状球菌，病情恶化后他陷入昏迷状态。最后的仪式是教堂完成的，但他挺了过来。然而数月之内，腰痛再次发作，而且较之术前更为严重。大夫决定取出金属板，结果使得后腰留下两个窟窿，大小如同拳头。因为两次手术，他的后腰变得更为软弱。

1961年1月肯尼迪搬入白宫，身旁还带着8名私人医生，这些人专门负责他的医疗要求，使他保持年轻的、活泼的、精力充沛的公众形象。他喜欢充满活力、极为健康的形象。但事实上，他的身体不过是金玉其外，连完成一件最小的事都能使他痛苦不已。1962年3月，肯尼迪总统与玛丽莲唯一亲近那一次，这个世界上最强大的男人居然在早晨下床都要折腾一番，他哈腰穿鞋袜都感到不自在。身体如此不适，在白宫游泳池水疗作用之外的任何性交都使他提不起精神。

玛丽莲和肯尼迪再也没有同衾共枕或激情迸发，玛丽莲对此也没有特意追求。不过，3月25日礼拜天上午，在他们分开之前，玛丽莲知道肯尼迪喜欢雪茄烟，就送了他一件礼物：铬合金的荣森·阿多尼斯牌打火机。这款打火机1949年至1964年出厂，她在上面请人刻下了肯尼迪名字的首字母。作为回报，肯尼迪口头邀请她在即将来临的生日聚会上演唱。她自然接受了邀请。

她很快将肯尼迪在那方面留下的遗憾扫到脑后。那天下午，她返回布兰特伍德，发现乔·迪马奥正在等她。在接下来的一周内，有人看见他们二人经常外出。3月27日礼拜二，有人发现他们在附近布兰特伍德的商业街里买烤鸡。玛丽莲依然穿着伪装，假发、围巾、普通的外衣，而且没有化妆。迪马奥总要扮演绅士的角色，他每天夜里都不在玛丽莲那边留宿，独自住进比弗利·希尔顿酒店的房间。不过，这事也有例外。

3月31日礼拜六上午7点30分，玛丽莲花费900美元雇车过来把她从家中悄悄接走，送到迪马奥投宿的地方。等惊讶的迪马奥钻进车内，他们二人一同返回玛丽莲在第五海伦娜的家。租来的车在外面白白等了一夜。等到次日上午10点，司机又把迪马奥送回酒店。显然，他们二人又开始强烈吸引对方，而且不是以一种方式。

令人感到震惊的是，1962年8月玛丽莲逝世之后，当时好莱坞圈子里仅有为数不多的人知道玛丽莲可能与肯尼迪兄弟之一有染，或玛丽莲的死可能有他们在后面插手。弗兰克·卡皮尔撰写的《玛丽莲·梦露的离奇死亡》最先改变了人们的看法，他写于1964年的小册子将这一话题传送到新的但为数不多的读者那里。在他这册不足70页的出版物里（每册订价不足2元），他指出玛丽莲宣布要公开她与司法部长的风流事，后来她就被下令暗杀了。

他的"作者小传"清楚地说明了作者的写作意图。这个小册子的出版商是纽约的自由先驱者出版公司，属于憎恨肯尼迪的右翼，而且还在国内出版了一个反共半月刊。这里还要提一笔，《玛丽莲·梦露的离奇死亡》的出版，正赶上美国的选举年，博比想要竞选参议员。这个光荣的小册子必定要使上面的人感到不安。

1964年7月8日礼拜三，联邦调查局的胡佛局长还给博比写了一封亲笔信，通知他小册子一事，说书中提到"你与已故玛丽莲·梦露小姐之间可能存在友谊"，说卡皮尔先生宣称"他在书中要指出你和梦露小姐很亲密，梦露小姐临终前你在她的家里"。这个小册子因其右翼偏见不足为信，但也不能说一点功劳没有。书中的"内部"消息——玛丽莲的尸检报告、药物处方和大夫的账单——对于那些急于把玛丽莲最后几个月拼接起来的研究者来说等于意外之喜。

到了1969年，演员离世几乎7年之后，又加上弗莱德·劳伦斯·吉尔斯出版的《诺玛·珍妮：玛丽莲·梦露的一生》，公众才稍稍知道了有关肯尼迪的传言。但出版商，如麦克格劳－西尔也没有说肯尼迪或博比是玛丽莲生活里重要的浪漫人物，他们不过是闪烁其词，把里面的男人说成"不知其名的重要政治人物""结婚的男人"和"与这边有些联系的东部人"。有趣的是,吉尔斯在原来的手稿里指名道姓说肯尼迪兄弟里与玛丽莲有染的是博比,但出版商将这一提法从中删除,原因是格调不高。司法部长被暗杀一年之后吉尔斯的专著出版。

1972年9月,玛丽莲逝世10年之后,她所谓的第二任丈夫罗伯特·斯莱泽推出《诚挚的,玛丽莲·梦露》,此时公众才能断定,与玛丽莲打得火热的肯尼迪兄弟是博比,不是约翰·肯尼迪。新闻检查结束之后,子虚乌有的猜测如潮水般涌来,纪录片、文章、专著都是写玛丽莲的,总之,如果她和博比睡了,那她也一定睡了他的哥哥约翰——而且在一次以上。

1962年,玛丽莲在肯尼迪生日聚会上以充满性感的腔调演唱《祝你生日快乐》,此事留下的胶片效果一般,但那些想要把传说定成铁案的电视节目制作人总拿这些胶片说事,于是,玛丽莲与肯尼迪总统那不如意的一夜情出乎意料地演变成20世纪最重大的、严重违法的、令人兴奋不已的、极有魅力的风流事件。可叹的是,公众好像喜欢轻信,不喜欢真相;喜欢容易相信的,不喜欢真的。

玛丽莲悲剧性地死亡之后刚刚10年,几乎凡是与她有一点联系的俗人都排成了队伍,借回忆她来赚钱,以狠毒的文字重写她的故事。事实上,上文提到的罗伯特·斯莱泽就是个经典的例子:就玛丽莲写出两部书来,总要在不同的演讲和电视节目里抛头露面,就像女演员珍妮·卡尔曼,罗伯特·斯莱泽也能把与梦露的一面之交变成一生赚钱的事业。

根据斯莱泽,他与玛丽莲1946年7月在20世纪福克斯相遇,此后约会6年并于1952年10月4日礼拜六在墨西哥的蒂华纳结婚。但是,她在福克斯公司的老板达利尔·F.扎纽克对他们的婚事提出反对,他们72小时的婚姻被宣布无效,结婚证也被销毁。很多人嘲笑他的说法;这也不足为奇,因为他唯一的证据不过是1952年年末在《尼亚加拉》片场和玛丽莲一同拍摄的5张照片。那么,这个过去的报纸记者当真是玛丽莲的第二任丈夫吗?果真如他所说的,在10月3日至5日的周末与玛丽莲在墨西哥结婚了吗?

答案是否定的。他不过是个妄想者。在尼亚加拉大瀑布与玛丽莲相见之后,他变得神魂颠倒。1952年8月，他们二人有染的消息不知怎的出现在八卦专栏上。专栏作者陶乐茜写道："玛丽莲·梦露浪漫史上的一匹黑马是斯莱泽，此人是文学批评家，来自俄亥俄州的哥伦布。他通过电话和邮件追求她，通过世界上最伟大的图书来充实她的大脑。"然而，这一消息是斯莱泽亲手捏造的。

在1957年5月《机密》杂志的一次采访中，斯莱泽还不知羞耻地编造与玛丽莲性事的细节，扬言说在玛丽莲与迪马奥约会之间与女演员如何如何。4年之后，他与女演员的那点关系又几乎被当成真事。乔治·小卡波兹、《玛丽莲·梦露的痛苦》（1961）一书的作者又在无意中重复了陶乐茜的故事，说斯莱泽如何通过电话和礼物来追求梦露，但最终没有追成。斯莱泽的戏并没演完。1968年6月，因为再也没法追求真正的玛丽莲，他就开始与波拉·莱恩约会，因为后者长得有点像玛丽莲，还在杰里·刘易斯1961年的喜剧《夫人的男人》里扮演过玛丽莲，之后又在1964年的影片《何去何从》里扮演角色。有趣的是，这个角色当初还是为梦露准备的。

斯莱泽为了推出他那部关于梦露的专著，急着求助他人。1972年10月2日礼拜一，斯莱泽找到新闻记者威尔·富勒，告诉人家玛丽莲的死是一场被掩盖的政治阴谋。但富勒没信他的鬼话。在富勒1991年《新闻记者：一个年轻报人的回忆》一书中，他提到对斯莱泽说过的一番话："太可惜了，你没和梦露结婚。这件事真能写出好书来。"富勒开始写一稿之后没几天，斯莱泽再度出现，宣布说他确实与玛丽莲结过婚，但仅仅是"一个周末"。富勒自然明白其中的问题，等他1974年6月出版《玛丽莲·梦露的一生及其神秘的死亡》一书时，索性将斯莱泽的名字从里面删掉。1991年，斯莱泽的谎言还被当成美国影片《玛丽莲和我》一片的素材，领衔演员是苏珊·格里菲斯和杰西·道布森。斯莱泽因长期患病，2005年3月28日礼拜一在洛杉矶逝世。

那么，1952年10月第一周里玛丽莲到底在哪儿？答案是：在洛杉矶，购物、社交、接受采访、与乔·迪马奥一同消磨时光。我可以证明，10月1日礼拜三，玛丽莲在好莱坞与她的家人和她的好友、喜剧演员罗·科斯特罗见面。两天之后，10月3日礼拜五，斯莱泽说这一天她和他私逃墨西哥。其实她是在20世纪福克斯，正接受采访；此事我们已经知道——采访者是利达·莱恩。还有，一天之后的10月4日礼拜六，有人看见玛丽莲与她的戏剧教师娜塔莎在威尔希尔大道购物。

　　玛丽莲也想澄清这些流言飞语。1952 年 11 月 24 日礼拜一，她在接受美联社好莱坞通讯记者艾琳·默斯比的采访里，明确宣布，自从去年 4 月与乔·迪马奥之后，她"没和任何人约会，她还不想结婚"，要等到"合适"的时候再结婚，又说她"目前还不准备结婚"。还有，如果说她能从迪马奥身旁悄悄离开，和一个才认识的男人前往墨西哥结婚，这件事几乎没有可信度。令人啼笑皆非的是，就在说墨西哥结婚那一周，报上登出传言，说玛丽莲刚刚在暗中爱上迪马奥，她目前的男友。不知斯莱泽是无意还是有意，我们不禁要追问他的那些故事能不能是因为梦露刚刚拍完的喜剧《我们没结婚》，那年 10 月这部片子正在美国一些影院里上映。

　　但是，1973 年 7 月普利策奖作家诺曼·梅勒撰写的《玛丽莲》大概对梦露身后的形象造成了最为严重的损坏。在美国电视史上最恶劣的时刻之一，梅勒竟然愚蠢地接受邀请，在哥伦比亚广播公司新闻与特写《60 分钟》这个高档的节目里替他为玛丽莲所写的传记做宣传。那档节目的主持人是麦克·威勒斯。如一个批评家所说的，"在电视上接受威勒斯的采访，等于向波士顿绞杀者敞开了大门。"

　　在众目睽睽之下，在主持人威勒斯的严厉追问之下，梅勒承认他几乎没做调查研究（他用 60 天就写完了传记，大多数的材料都来自吉尔斯 1969 年的出版物），不能担保所写事件的真实性，没有采访梦露生活里的重要人物。因为他对几个前妻和孩子们要承担沉重的经济负担，所以才写这个传记，他"急等钱花"。（出版商格罗塞特和丹拉普出版公司送给他一笔 10 000 美元的预付款。）这档节目名为《诺曼·梅勒和好赚的钱》。此言不虚。

　　采访结束之后，下面的人亲眼见证了梅勒的风度，他那本二流的、漏洞百出的、等于杜撰的、有抄袭之嫌的传记，在数百万电视观众面前被扯开撕碎。但令人伤心的是，玛丽莲昔日那一度牢固的形象也随之遭到玷污。对无数怀着好奇心的梦露影迷来说，因为他们并不知道她生活中黑暗的一面，所以她一度洁白无瑕的形象无法挽回地沾上了污点。

第五章

1962 年 2 月 7 日礼拜三—1962 年 4 月 22 日礼拜日

1962 年年初，凡是好莱坞聪明的公关专家谁也无法掩盖下面的事实：玛丽莲最近拍摄的两部影片《让我们相爱》和《不合时宜的人》在票房上都不叫座。2 月 7 日礼拜三，这一消息在好几家报纸上连续登出。玛丽莲的声望"可能在下降""她的影迷不再追随"，这些说法在世界各地的专栏里频频出现。近来有人宣布，梦露影迷俱乐部接到的信件从 8 000 封锐减至 50 封，这刚好能说明问题的严重性。

此外，一项新的调查结果足以证明玛丽莲失去了昔日的风光，调查一一列出美国最有名的票房明星。令人惊讶的是，在调查所列的前 25 位演员里，玛丽莲·梦露榜上无名，调查结果公布之后，世界各地仿佛掀起了一场对玛丽莲的挞伐。纽约专栏作家约翰·古尔德就此进行了专项调查，他在伦敦的《晚新闻》上撰文指出："一两年之前，玛丽莲·梦露要是在纽约、洛杉矶或伦敦的大街上出现，交通都要为之拥堵，但今天的结果不过是有几个人回头而已……"

负面新闻连续不断，美国杂志刊发题为《转折点上的明星》一文，文章指出："在她 35 岁的这一年，她开始欺骗那个一度贴在墙上的女孩。"《插图娱乐》刊发文章，一个著名的娱乐记者以严肃的态度推测道："显然，梦露正处在事业的转折点上……她身上的光环正在消失，她在好莱坞的未来好像并不光明，至少从外表上看是如此。"

然而，支持玛丽莲的声音也是不绝于耳。当比尔·怀尔德听说玛丽莲在公众眼里的形象有所下降时，这个当年畅销片《热情似火》的导演神秘地指出："说她正在下滑，这等于说大理石被淘汰了，其实有 100 个雕塑家正等着为他们的凿子选一块大理石呢。"

2 月 11 日礼拜日，福克斯公司正为准备《濒于崩溃》急得手忙脚乱，报纸上继续充斥着负面消息，此时的玛丽莲正忙于她的纽约之行，这次旅行从 8 号拖到 11 号，因为她既要搬入新家，又要和威利·里佐拍照。没想到女演员埃迪斯·伊凡森上午又来第五海伦娜拜访。她在众多电影和电视剧里担当角色，尤其是环球公司描写西部的电视连续剧《马车队》，福克斯公司曾请她教梦露瑞典方言，因为梦露要在新片里扮演英格瑞德·蒂克，那个外国女佣，片中女主角死里逃生之后扮成了女佣。1962 年，她在接受圣体节召唤者时报采访时回忆说："我的老朋友丘克导演请我辅导玛丽莲。第一次是在她家里见的面。屋子里黑幽幽的，让人感到压抑。有股毛骨悚然的感觉，但我并没有多想，因为她说准备装修，尤其要把景物美化一番。

"将要结束时，她求我坐她租来的车一同去机场。在机场里面她又求我陪她去纽约……她总是求我，我又不能把丈夫扔在家里。她表示理解。"她继续回忆说，"我感到很惊讶，她恨不得马上飞到东边。她连头发都没梳。她穿的是褶巴巴的卡普瑞短裤，穿在身上很不合适。"

目光敏锐的纽约专栏作家约翰·桑普逊见证了玛丽莲那天抵达爱德尔怀尔德机场。此人希望将其"玛丽莲风光不再"的流言继续传播下去，所以他在数日后发表的文章里不无伤心地写道："没人接站，没人照相，没人请她签名。连一声口哨都没有。"

那么，在人流如潮的机场里，玛丽莲怎么没被人发现呢？是她的影迷有意怠慢她？不是。问题并不复杂，她匆匆离开机场，还穿着她离不开的伪装：围巾和深色的假发。（那天是红色的。）因为玛丽莲不想被人发现，所以她登机时报的是假名"玛朱丽亚·斯坦盖尔"。（这个名字是她从一个认识的女人那里借来的，断断续续地用了 10 年。为了避开影迷和报社记者，她还把名字贴在北多希尼巷公寓的门铃上。）

　　玛丽莲不想和记者没完没了地纠缠，索性把自己打扮成陌生人，这一事实桑普逊在文章中没有指出。他显然认出了她，但其他人都没有。1961年岁尾和1962年年初，如我们所知，玛丽莲外出时总是这身打扮。（有人传言玛丽莲与总统幽会时才是这身打扮，但真相与此相反。那几天肯尼迪刚好不在，他在弗吉尼亚州的格林·奥拉与家人在一起，要等到2月12日礼拜一上午9点42分才能返回白宫。）

　　玛丽莲在纽约要逗留到2月17日礼拜六，她既要为福克斯公司准备文件，又要一次次打车从52街赶往麦迪逊大道，光顾的地方有萨迪斯饭店和塞克斯、莉莉·达奇、劳德与泰勒等服装店，此外她还要抽出时间光顾演员工作室、卡内基音乐厅、劳伊斯国家剧院和格林威治村剧院。

　　2月13日礼拜二，她在曼哈顿城市中心出席弗兰克·杰菲里利制片的《罗密欧与朱丽叶》首映式。还有人在首映式之后的晚会上见到她与众明星在一起。这次活动是李·斯特拉斯伯格安排的，被邀请者才能进入。城市中心的经理吉恩·达莱姆波尔自然在场，身边陪伴的是丈夫菲利普·金德少将。斯特拉斯伯格将玛丽莲介绍给少将："见一见在业内也是将军的女士。"据说将军上下打量玛丽莲，点头称是，片刻之后用赞许的口吻说道："是的，四星上将。"那天凌晨2点30分，玛丽莲返回57街的公寓。

　　她在纽约还做了一次接种，因为她不久之后将前往墨西哥，这次旅行是西纳特拉通过墨西哥前总统米格尔·阿尔曼安排的。阅读剧本是另一项消遣，在一旁陪同的还有斯特拉斯伯格的妻子，但这一稿《濒于崩溃》还是不能令人满意。剧本的最后一稿是约翰逊2月12日礼拜一完成的，总共108个页码的剧本，玛丽莲在大多数页码上面乱批一通，读起来妙趣横生。

　　她在首页写上如下文字："我们在此要安排一条狗。"在第7页上，玛丽莲就剧中人物比安卡使用术语"心理影响"提出质疑，"她能说出这样的话来吗？"第23页，有个比安卡拉着丈夫尼克手的镜头，玛丽莲三笔两笔写上如下文字："我们不要忘了她是缺乏性感的人。我们都知道金赛就大多数女性研究的结果。反正对此要有所解释。"（上文所说的金赛是指阿尔伯特·金赛博士，他就人类的性行为写过两部世界闻名的专著，《男性性行为》[1948]和《女性性行为》[1953]。他在研究中提出的理论是，某一年龄段的很多女子——二十七八岁，三十四五岁——同时有异性恋和同性恋的倾向。）

玛丽莲上述文字清楚地表明，她研读了金博士的著作。当然，玛丽莲缺少良好的教育，为了弥补不足，她开始大量阅读。她手里那400多种图书足以证明，她对很多领域的问题都感兴趣，根本不是新闻里所经常描写的那个肤浅的金发女人。

她书架上一卷卷图书能证明她的智慧和广泛的兴趣，她的藏书中不仅有儿童读物、《圣经》，还有文学、艺术、戏剧、诗歌、政治、历史、神学、哲学、心理学和园艺学等方面的图书。在她的图书收藏里也不乏文学名著，如马克·吐温和托尔斯泰的小说、斐茨杰拉德的《了不起的盖茨比》、詹姆斯·乔伊斯的《都柏林人》、海明威的《太阳照样升起》、刘易斯·卡洛尔的《艾莉丝漫游奇境记》及两卷《西格蒙德·弗洛伊德的生活和时代》。此外还有马布尔·艾尔斯沃斯·托德1937年出版的生理学名著《思考的身体》和詹姆斯·弗雷泽爵士的《金枝：巫术与宗教研究》。

1952年4月22日礼拜二，她告诉好莱坞专栏作家约翰逊："我是个书虫，为此感到骄傲。我当然是爱读书的女孩，但我不是知识分子，我对做知识分子不感兴趣。我读书是想尽可能地充实自己。"

她这次来纽约之后与她的律师米尔顿的业务秘书谢莉·雷蒙德发生了严重的矛盾。出于不能点明的原因，自从谢莉上一年接手每月689美元的职位之后，玛丽莲马上就开始烦她了。玛丽莲听说谢莉的教名和她1956年拍摄的影片《巴士站》里扮演的人物刚好相同，之后就麻烦不断。据默瑞在其1975年的《玛丽莲：最后数月》里回忆，"玛丽莲在纽约停留一周（原文如此）观察对方，之后就做出了判断。'除了生意上的事，任何事都不用她提建议。'"

玛丽莲莫名其妙的反感等她回到洛杉矶之后也没有消除，而且变得如此强烈，以致她不想让谢莉出现在她的新家里。这自然要引起麻烦。有时谢莉要找玛丽莲签署各种票据、信件或法律文件，她被迫把东西从大门递给默瑞。谢莉也想知道玛丽莲为何对她耿耿于怀；然而，没有现成的答案。也许梦露心里明白。一次，玛丽莲对默瑞不无讽刺地说："有一次谢莉把我唐培里侬瓶子里剩下的酒都喝光了。"

然而，谢莉自有谢莉的用处，与玛丽莲身边其他众多助理不同，她打点梦露的账目从不马虎。1962年4月25日礼拜三，谢莉发给默瑞的一份备忘能证明上述说法，她在文中指出，如果梦露从公认的热点推销商那里而不是从家电经销商手里为新家购买冰箱的话，那就能省下50或60美元。还有，1962年2月在纽约逗留期间，玛丽莲租用出租汽车，谢莉对租车收据逐项核查后发现，2月14日礼拜三，汽车公司多收了10美元，次日又多收了50美分。她在写给出租公司秘书布兰奇的一封信里言辞激烈，后者于3月21日礼拜三在回信中解释说，因为生病躺在床上，所以才出现疏忽，"根本无法工作，脑袋乱成一团"。她最后在信中承认错误："下次我一定要更加小心。"她理应如此。汽车公司怎能失掉玛丽莲这样的客户？她10天内租车花销总计830.26美元，其实她真正用车不过7天。

不过，租来的汽车并没浪费。玛丽莲赶到之前斯特拉斯伯格不停地用车。如2月8日礼拜四下午2点45分，玛丽莲正忙于搬新家，一辆汽车接上斯特拉斯伯格夫妇离开梦露的公寓，先是送他们去演员工作室，之后又送他们去萨沃伊·希尔顿酒店，之后，他们又在城里的大街上巡游一圈，等到晚上8点30分才赶到卡内基音乐厅观看美国歌剧女中音珍妮·克拉夫特的演出。午夜12点散场之后，斯特拉斯伯格夫妇又坐车返回玛丽莲的公寓。

玛丽莲在纽约又是烦恼又是社交，第五海伦娜重新装修的方案弄得她焦头烂额。她在电话中听说现在负责翻修的人是默瑞的女婿诺曼·杰夫里斯和他的弟弟凯斯，她听后自然是大为震惊。她去纽约之前亲自雇用了当地的小工雷·托尔曼和木工奥斯汀·因尼斯。等她不在的时候，他们二人遭到解雇，取而代之的杰夫里斯兄弟俩，二人月薪360美元。玛丽莲的权威显然是没被重视。

他们二人的聘用足以说明拉尔夫·格林森大夫在玛丽莲生活中变得越来越重要。在聘用默瑞做玛丽莲的随身伙伴和所谓的管家之外，格林森还推荐米尔顿·鲁丁做她的律师；鲁丁不仅是格林森自己的律师，也是他妹妹的丈夫。如今格林森医生连玛丽莲生意上的事都要插手，在她投拍的新片一事上，因为医生所起的作用，他的朋友亨利·维恩斯坦得到聘用——1961 年 12 月末，亨利竟取代了福克斯公司原来选定的大卫·布朗——成为制片人。

因为玛丽莲的制片人都有一项重要任务，请她准时赶到片场，所以福克斯公司认为制片人与演员之间的关系至为重要。布朗过去是福克斯的执行经理，1952 年与玛丽莲相遇，当时他们都在制片厂的办公大楼里。布朗承认，他认为她是"世界上最漂亮的女孩"。作为制片厂的文字编辑，布朗曾负责购买《如何嫁给百万富翁》一片的故事，这是玛丽莲 1953 年拍摄的喜剧片，放映后大获成功。9 年之后，拍摄《濒于崩溃》准备请他首次担当制片人。那他为什么被替掉了呢？

他后来解释说："谁也没想到我做的第一个项目居然吸引了乔治·丘克（导演）。"但他的推测错了。人家丘克导演为这部片子是签了协议的，但布朗不过是雇来的。然而，风言风语很快传开了，转弯抹角地说布朗被解雇都是因为拉尔夫·格林森，后来证明传言是真实的。自从格林森被聘为玛丽莲的指导教师和心理医生，他的存在就在而且还将继续左右玛丽莲拍摄的电影。

梦露的前夫亚瑟·米勒与拍摄《濒于崩溃》无关。他在康涅狄格州的新米尔福德再次成婚，这也在意料之中。玛丽莲早就听说米勒要结婚，但圈子外面的人还被蒙在鼓里，就连米勒的父亲对儿子的婚事也一无所知。根据默瑞的说法，米勒这次结婚使玛丽莲觉得自己成了"不被重视的性感偶像"。那一天她没有返回布兰特伍德，索性飞往佛罗里达。她的公关专家派特·纽科姆和私人发型师乔治·马斯特斯午后在洛杉矶国际机场等着接站。

玛丽莲之所以造访迈阿密，有两个原因。一、2 月 8 日礼拜四，米勒的父亲给玛丽莲写了一封亲笔信，玛丽莲读后为之动容，老米勒在信中说他在海岛度假圣地很孤独，高兴不起来，他"身边没人陪他欣赏周围的美景"，所以她才急着过去见老米勒。二、玛丽莲发现老米勒对儿子结婚一事也不知情，她想亲自过去将这个消息告诉他。梦露格外喜欢老米勒，亲切地称他"爸爸"。他也喜欢这个称号，给玛丽莲写信落款就是这两个字。

玛丽莲意外造访的消息是通过电报传过去的："晚 9 点零 5 分乘坐东部航班 605 抵达，已在枫丹白露预订房间。爱你，玛丽莲。"老米勒在机场等着接玛丽莲,一个男人过来搭讪,问他等谁。老米勒骄傲地回答说:"玛丽莲·梦露。"透过那陌生人的神态,老米勒发现对方被吓了一跳。陌生人显然弄不明白,一个普通的老年男子何以能在这里等候世界上最著名的、最漂亮的女星。飞机着陆后,旅客纷纷走向机场接客大厅,先前那陌生人来到玛丽莲旁边告诉她:"有个又高又老的男人在等你呢。"她答道:"哦,那是米勒先生。我来佛罗里达要见他。"男人无语。

离开机场之后,玛丽莲先和老米勒告别,然后和她的同事钻进出租车,径直朝迈阿密海滩上的枫丹白露酒店驶去,那里是她的安全岛。抵达之后,她用另一个名字办理登记,这一次用的是"格洛莉娅·洛威尔",名字是从西纳特拉秘书那里借来的。玛丽莲在这里停留 3 夜,夜夜都是 17 楼 125 美元一宿的大套房,就在总统套房外面大厅的下方。(很早就有人传说,玛丽莲在这家宾馆与肯尼迪总统幽会,其实不然。1962 年 2 月 17 日和 18 日周末,肯尼迪总统与妻子还在弗吉尼亚州的格林·奥拉,要等到 2 月 19 日礼拜一上午 10 点 10 分才能返回白宫。)

那天晚上,玛丽莲和老米勒在枫丹白露的饭店里共进晚餐,之后又在附近海岛度假圣地卡布拉特·米纳里特夜总会观看演出。不幸的是,这次演出不大成功,老米勒提议离开。玛丽莲没同意:"我们不能离开。那能伤害演员的感情。"等演出结束后,玛丽莲和老米勒才走上特林斯大道,他们在道上碰见不少求玛丽莲签名的人。因为来者都是陌生人,老米勒对签名一事大为不解。玛丽莲解释说:"如果没有他们,我就完了。"

次日,老米勒邀一些朋友在枫丹白露与玛丽莲见面。这群来客有说有笑,幸福的玛丽莲与他们打成一片,为他们拿吃的送喝的。一向大方的玛丽莲这一次非要请众人出去吃饭不可。那天傍晚之后,等大家吃完了丰盛的晚餐,老米勒那些嘴里连连道谢的朋友离开之后,玛丽莲和老米勒返回她的房间坐下来休息。他们的谈话集中在亚瑟·米勒的婚姻上。结婚的事居然没有通知老米勒,对此他明确表示出内心的不安。玛丽莲见状赶紧安慰说:"我相信他的信已经在道上了。"

他们互道晚安,老米勒返回在海岛的房间。他入睡前发现玛丽莲在他外衣口袋里装了 200 美元,临出来之前他把外衣挂在了玛丽莲房间的衣柜里。他马上打电话请玛丽莲把钱收回。但她不肯，让他留着用："你在我身上花的钱比这要多，收下吧。要是不收下的话，我过意不去。"

3天之后，老米勒打了一封短信，感谢玛丽莲的探访。他在海岛旅店里的信笺上写道：

> 亲爱的玛丽莲：你的佛罗里达之行对我意义重大，仅仅用语言是无法表达的。在我的记忆中这是最痛快的时光！那天晚上你出来之后，海岛宾馆的那些客人对你的美貌惊讶不已，能见到你本人他们个个喜出望外，现在他们还说个不停呢。你这次来访是他们一年里最高兴的事、最期待的事……请让我不久之后就能听到你的消息，这是一次意想不到的光临，为此我要再次感谢你。怀着爱，爸爸。

2月19日礼拜一，玛丽莲再次外出。她飞往劳德戴尔堡，这次要见的是乔·迪马奥，他正和昔日的球队纽约杨基人队在一起，队员正在春训。连日来无论在感情上还是事业上玛丽莲都连连受挫，她知道此时唯有迪马奥才是她可以信赖的人。在她的一生里，她真能依靠的人为数不多。她在一家很普通的宾馆里度过第一个夜晚，用的还是别人的名字。第二个夜晚是在杨基剪刀手汽车旅店与她的前夫一同度过的。那家旅店之所以起这个名字，为的是纪念迪马奥。这一次她登记时居然写上了自己的真名实姓。

一个记者探听到玛丽莲这次低调出行，周三上午，当她与迪马奥将要悄悄逃出旅馆时，等在那里的记者终于看见了玛丽莲，他大喊道："你们二人言归于好了？"言归于好了？她一边反问一边匆匆忙忙地钻进迪马奥的汽车。"我不明白你的意思。我们还是好朋友，不存在言归于好的问题。"迪马奥驾车迅速驶离，方向是迈阿密机场。玛丽莲和她那些心腹陪伴将要乘上午的飞机赶往墨西哥城。

玛丽莲走进"宫殿之城"，陪伴她的是无时不在的派特·纽科姆和乔治·马斯特斯。（默瑞已经在墨西哥逗留一周，与她的亲戚丘吉尔在一起，因为后者提出要为他们一行当向导。）他们到达之后马上住进了五颜六色的大陆希尔顿酒店。他们选的两个房间是 1110 和 1111。（其他几家宾馆玛丽莲都没有相中。）一天之后，2 月 22 日礼拜四下午 3 点，玛丽莲要在这家酒店的大舞厅里满足记者见面的请求，第一次、也是唯一一次出席派特·纽科姆安排的墨西哥新闻发布会。

玛丽莲又来晚了。200 多名摄影师和记者几乎等了一小时，玛丽莲才出现。她一脸疲态，双眼微红，穿着紧身的、橙绿色古奇丝绸外衣，手里攥着透明的橙兰色纱巾。照相机不停地闪烁，她的金发一闪一闪的。兴奋的记者不分男女，大家蹬上椅子，想要一睹她的风采。玛丽莲借此机会也想炫耀一下她的身材，因为有传言说她已经输掉了与体重的战斗，这一次谣言必然不攻自破。她减掉了 25 磅，降到了成年以后的最低重量。见到玛丽莲之后，在场的人无不啧啧称赞。

玛丽莲先是为照相机摆了一些优美的姿势，然后又跳了几下充满活力的扭腰舞，最后她坐在长椅上，通过翻译回答记者提出的一大堆问题，其中一些问题涉及隐私。

一个记者问："你还能为挂历拍裸照吗？"他是指 1952 年玛丽莲为挂历拍照一事。她手里拿着香槟，回答说："要是环境相同，还拍。那次拍照我赚了50 美元，当时我急着用钱。"之后是哄堂大笑，她见状又说，"现在我对谁看我的裸体更挑剔了。"

问题接连不断。又一个记者问："你现在的尺码和当年拍照时没有变化吗？"玛丽莲一语双关："我从来不量自己。我没有吹嘘的意思，现在的尺寸比当年拍照时更好了……因为尺寸大了。"玛丽莲状态很好，大厅里不时传来笑声。一个记者问她，现在有没有和好莱坞的男演员约会，她想了片刻之后回答："没有，男演员我都不见……我就想见墨西哥聪明的生意人！"一个记者接着追问："你对墨西哥的男人印象如何？"她答道："墨西哥的男人很温纯，很强烈……墨西哥的女人很漂亮。"回答引来众人一片喝彩。

当掌声停下之后，一个机灵的记者把目光转向玛丽莲身上穿的服装，他说那身衣服较平日更贴身了。玛丽莲回答说："挂在架上的衣服更贴身！"另一个记者问："最近有人把你比成女性的查理·卓别林，对此有何评价？"玛丽莲回答说："这是讨好人的夸张。"之后有记者问，最近头条新闻连续报导荒岛上的杰恩·曼斯菲尔德，在你看来这是不是搞公关宣传。她很机智地回答说："说说我的想法，我可不想被一个搞宣传的男人丢在荒岛上。"人群里又传来更大的笑声。

与婚姻和男人有关的问题自然而然地提了出来。记者问："你最喜欢男人的哪一点？"玛丽莲脸上绽放出微笑。答道："英雄气概。""你还想再次结婚吗？""我要睁大眼睛。三次婚姻虽然失败，但我依然没有放弃。""你心里有人了吗？"玛丽莲一边喝香槟一边重复说："我要睁大眼睛。""你的哪一次婚姻最幸福？"玛丽莲深思片刻，回答说："后面两次。"

这时问题又转向玛丽莲所说的那两个男人，大厅里的气氛发生了明显的变化。有人问最近米勒的再婚，玛丽莲反驳说："他结婚我高兴。我总有他的消息。我祝他好运。"有人提到外面风传她可能与迪马奥复婚，她连连摇头，幽默地回答说："不可能。我们试过一次，不行。"

在记者反复的追问面前，梦露继续呷着香槟反复提到她新拍摄的电影，对她不穿内衣的传言没有反驳，不知她是说走了嘴，还是有意为之。精明的记者对此自然不能放过。有大胆的记者就此提出了不怕脸红的问题："我看不见你内衣的颜色。你能肯定没穿内衣吗？"玛丽莲听到这个问题后又呷了一口香槟，大大方方地说她没穿。

这次招待会在热烈的掌声中结束。梦露返回宾馆，应朋友马莎·约瑟菲之邀，她要在下午5点外出访问，邀请她的人是美国出生的弗莱德里克·范德比尔特·菲尔德和他的妻子尼耶夫斯。这次出访是纽约的朋友事先安排的，其中有亚瑟·米勒的原因，用时不过一个钟头。他们同时邀请玛丽莲次日外出采购家具。菲尔德告诉她，因为是赶集的日子，所以玛丽莲可以在集上为她的新家采购理想的家具。

在接下来的4天里，玛丽莲在菲尔德夫妇的陪同下走访当地的家具市场和商店。玛丽莲先买了一批有地方特色的手工家具，一张木质咖啡桌、4个木凳、一把手工木制皮椅，还特殊定做了一个镶有白银和蓝宝石的首饰盒。之后，她又买了一批，其中有镜子、椅子、沙球、泥塑彩鸽、蓝色的玻璃托盘、一批特制的大玻璃杯、墨西哥音乐家使用的4个墙挂。此外还有装饰性墙砖：蓝色、绿色和金色墙砖是为厨房准备的，橘黄色和金色花纹墙砖是为大洗澡间准备的。

她的花销没完没了。购买的其他东西里还有一幅名为《奥尔加》的裸女油画、一张红木金银棋盘、一张定做的地毯、一张名为《查克－慕尔》的挂毯、手工雕刻的客厅坐椅、一个鲜红的大沙发（8月末才运到玛丽莲的新家）、几个铜质花形大烛台，这是从威廉·斯普拉特林著名的银器厂购买的，另外还有一张很值钱的墨西哥大衣柜。（不幸的是，因为墨西哥政府限制古董离境，大衣柜两年之后才运抵洛杉矶的切利空军基地。）以上是为新家采购的物件。此外还有一样东西几乎没有装饰作用。如她的私人医生海曼所证实的，当时墨西哥政府就镇静药管理极松，所以玛丽莲没用处方采购了一小批耐波他。

玛丽莲一般都是在当地著名的桑伯恩斯饭店里吃饭，餐厅位于改革大道。在玛丽莲周围就餐的人里十有八九都有尼克，此人37岁，生在纽约，是个艺术家。尼克是"二战"老兵，在布鲁克林博物馆读过艺校，后来又在墨西哥城就读埃斯米拉达艺术学院。1952年，有人把他推荐给卡罗斯·波尼尔，后者来自墨西哥望族，祖父在1945年战争中官至墨西哥陆军少将。

尼克回忆说："因为我是卡罗斯的好朋友，所以我见的人和走的地方，不是一般美国人能比的。1962年夏天我有幸遇见玛丽莲·梦露，因为当时卡罗斯和我都在墨西哥城他祖父的家里。

"她住的宾馆正好在改革大道，这是墨西哥城的重要大街。她从宾馆一出来，一群记者就要围过去拍照，因为她是头版新闻。玛丽莲在墨西哥城几乎天天光顾桑伯恩斯饭店，饭店离她下榻的宾馆很近。她一般是1点30分到2点20分之间走进饭店。在贵宾区的餐桌用餐，那个时候你或是站着等餐桌或是当贵宾。她总是坐在我朋友卡罗斯的旁边，他在这家餐厅有预订，玛丽莲总是坐在一个地方，背靠着墙。她的座位在餐厅右边，离墙不远，但周围没有窗户。她身边总有两三个人。玛丽莲用餐时专业记者不许进来。不过，如果你在VIP用餐区订了餐桌，就可以抓拍一张。玛丽莲穿的是浅色服装，穿戴很入时。

"我第一次和玛丽莲说话，离她的餐桌有3英尺。在桑伯恩斯饭店里既能说英语又能说西班牙语的人没有几个，我是其中之一。我朝玛丽莲招手，用英语向她问好。她也摆摆手说'你好'。她问我在墨西哥城做什么，我说我是艺术家和雕塑家。玛丽莲对艺术感兴趣，邀请卡罗斯和我与她共尽午餐。我们把两张餐桌合在一起。虽然我离她很近，但我们见面那几次大家都没有深谈。不过，玛丽莲确实说过打算拜访弗兰克·西纳特拉，因为他在阿卡普尔科有座房子。我告诉玛丽莲要为她塑像，她听后笑了。我还告诉她，希望她在墨西哥城玩得高兴。玛丽莲在午饭上点了兑酸橙的郎姆酒和可乐。之后卡罗斯和我离开酒店。"

最后那一次玛丽莲给尼克留下的印象是忧伤。尼克回忆说："她神情悲伤。过去一连几周她事事不顺。我与玛丽莲见面后，通过她的神色和行为来判断的话，她好像是个失败的人。她看上去很累，那个样子不是真正的玛丽莲。你和她说话时她很伤心。"

玛丽莲在墨西哥城的日子一天天过去。她在圭纳瓦卡的那天，一次拜访了女演员慕尔·奥伯隆，另一次拜访了世界名人芭芭拉·胡顿，她是纽约出生的社会名流，家里 30 英亩的宅院是日式建筑。梦露借这两次拜访要请教如何在装修中借用墨西哥风格。她还参加了一次默瑞亲属丘吉尔安排的晚会，参观菲尔纳艺术画廊，临走时买了三幅画作。她自然无法逃避工作，在墨西哥城逗留期间她接受了当地记者伊娃·沙曼诺的采访，接待《濒于崩溃》剧本作者约翰逊，他刚刚把最新的剧本送过来请玛丽莲过目。他们二人见面时间不长，玛丽莲莫名其妙地问约翰逊："你是不是也跌进了这个陷阱？"

2 月 24 日礼拜六，玛丽莲应墨西哥演员、作家、导演艾米里奥·菲尔南德斯·罗姆和他演员妻子的邀请，到他们家中做客，此前玛丽莲刚一住进希尔顿饭店他们的邀请就到了。她接受邀请，但有言在先，这次见面是私人的，所以要低调，客人要有所选择。然而，好莱坞女星造访的消息传出之后，那天晚上出席晚会的人一下子多了 4 倍，仿佛墨西哥电影业和报业的人都被请了过来。

那天晚上一大群摄影师围在梦露后面，捕捉艾米里奥教玛丽莲如何饮龙舌兰酒的镜头，这种酒在墨西哥很有名。在众人的欢呼和掌声中，玛丽莲居然按照墨西哥人的风格将酒一饮而尽，所谓墨西哥风格是指在酒里放入盐和柠檬。那天在晚会上演奏的是"墨西哥流浪乐队"，这是由 6 个街头艺人组成的乐队，其中有吉他手和小提琴手。一小时之后，她和默瑞与东道主告别，返回宾馆。

然而在这次聚会上，玛丽莲又认识了一个新朋友。原来晚会上有人将乔塞·勃兰诺斯引见给玛丽莲，这个身材修长、一头黑发、穿着时髦、26 岁的墨西哥人给玛丽莲留下了深刻的印象，因为他说自己在墨西哥和美国影视圈子里是著名的导演和作家：（其实他是在粉饰自己，当时的他不过是为 1959 年的影片《理想与现实》写剧本。）他又告诉梦露，说他很崇拜对方，这再次赢得梦露的好感。他这番好话显然打动了梦露，再加上他熟悉墨西哥的家具、手工品和古玩，这个勃兰诺斯在玛丽莲此后逗留墨西哥的 3 天里居然摇身变成了自封的护卫。

次日，2 月 25 日礼拜天，玛丽莲在菲尔德的陪同下，出席了一次招待会，地点是墨西哥男演员丹尼斯·布尔克的家里，这次招待会是为葡萄牙公主安东尼娅举行的。墨西哥之行玛丽莲玩得很痛快，等到 2 月 26 日礼拜一，她取消了一次外出安排，目的是想留在原地。她一边购物一边旅游，还要在大街上停下来为人家签名留念，与崇拜她的影迷聊上几句，结果无意中造成交通拥堵。

3 月 1 日礼拜四，在墨西哥第一夫人伊娃·萨曼诺·迪·洛佩兹·马蒂欧斯的陪同下，玛丽莲开始了在这个国家倒数第二天的行程。这一次她走访了墨西哥一家食品厂，之后马上又探望了孤儿院里的印第安孩子。这家孤儿院的正式名称是天主教全国保护儿童协会。漫长的访问结束之后，玛丽莲走进洛佩兹·马蒂欧斯的办公室，坐到写字台后面，打开她的小钱包，取出支票。过去也有美国人来此地走访，按照他们的做法，玛丽莲也为协会的项目捐出 1 000美元。这个项目旨在为墨西哥无数的贫困学童每天免费提供早餐。照片中的玛丽莲正高高兴兴地将捐款递给第一夫人。显然，玛丽莲对孩子们的困境深有感触。她对洛佩兹·马蒂欧斯、协会的管理者和在场的记者动情地说："我知道没有早饭的滋味。"

但是，等记者离开之后，她再次将手伸进钱包，取出支票，又写了一张，这一次是 10 000 美元。之前，孤儿院负责人脸上的表情告诉玛丽莲，他们希望中的捐款不是 1 000 美元。玛丽莲感到愧疚，又提高了捐款额，虽然此时她自己也是捉襟见肘。她离开时对记者说："来这里走访是这次墨西哥之行的重头戏。"愉快的十日游就要结束。远离洛杉矶，又没有工作造成的压力，此时的玛丽莲每天夜里不必服用刚刚购来的镇静药也能入睡，将近 15 年来这还是她唯一的一次。

她在墨西哥的最后两个晚上是与勃兰诺斯在加利巴迪夜总会度过的。这家俱乐部因流浪艺人著称，所以总有城里未成名的艺术家和作家喜欢光顾。玛丽莲和勃兰诺斯一边喝酒一边观看当地艺术家的演出。3月1日礼拜四晚上，俱乐部特意为玛丽莲安排了一次告别晚会。她亲吻新伙伴的场面被照相机一次次拍下。临别之前，她一一感谢大家，答应9月15日礼拜六再次光顾，参加墨西哥独立日前夜的庆祝活动。离开希尔顿饭店之前，她还特意为那个周末订下一个房间。

3月2日礼拜五上午，梦露一早飞离墨西哥，之后抵达洛杉矶国际机场，比原定的晚了一小时左右。虽然她在墨西哥航空公司班机出舱口对等在下面的人群又摆姿态又招手，显得很是高兴，但真实的她并不高兴。对她来说返回加州不是一件好事。下面的插曲足以证明这一点，她匆匆离开机场，对弗雷斯诺蜜蜂报记者气呼呼地说："我没把洛杉矶当成自己的家……我的家在纽约。"与她在墨西哥判若两人，回来之后的她断然拒绝回答任何问题。有记者问她能不能与乔·迪马奥复婚，她对此默不回应。又有记者问到《濒于崩溃》，她冷冷地宣布说："拍摄还没定下来，因为法律上还有很多复杂的问题。"玛丽莲的孤独再次显露出来。来机场迎接她的没有朋友、相识或助手。

电影公司就玛丽莲的墨西哥之行做出说明，说她是在"度假"，购物，主要是为"她的新家购买家具和装饰品"。确实如此：她买了一座墨西哥风格的建筑，自然想用墨西哥的东西来装饰。这是理所当然的。但在联邦调查局那个疑神疑鬼的胡佛那里，玛丽莲的墨西哥之行未必如此，此时他们对玛丽莲盯得好像越来越紧。胡佛的手法不免恶毒，他在报告中说，有人看见梦露"与美洲墨西哥共产党组织的几个成员来往频繁"，这一组织的成员里有美国共产党的新老党员，而且普遍同情共产主义和苏联。如"SM-C"（"安全问题-共产分子"）这几个字母所证实的，在联邦调查局为玛丽莲墨西哥之行搜集的文件里，她的名字已经被放在"SM-C"下面。此时联邦调查局已经把她定为共产分子同情者。

中情局对玛丽莲的定性也在意料之中。1956年6月，玛丽莲与亚瑟·米勒结婚，后者有鲜明的亲共倾向。在1955年8月16日礼拜二的一份秘密文件里，联邦调查局报告说（后来确定此事为真），传言她申请访问苏联的签证。1950年代末和1960年代初，与梦露相识的人都认为她在政治上是"左派"。她就人权、女权主义、贫困和日益壮大的青年文化等问题都发表过激烈的意见。在1962

年——美国、苏联和世界其他国家的对峙状态一触即发——就连与共产主义"左翼"倾向有牵连的人都要被联邦调查局划为"危险分子"。虽然同情共产主义在美国还没有被定罪，但联邦调查局往往要把这些人视为犯罪分子。不过，毋庸置疑，在玛丽莲自己卷入的这场困境里，她是被人利用的。

1962年二三月份的那次墨西哥之行，凡是与梦露接触的人联邦调查局无一不知：如乔塞·勃兰诺斯，因为他有明显的"左翼"倾向，还有 F.V. 菲尔德，因为他是坚定的共产分子和资深的马克思主义者，他于1953年逃离美国，频繁接触墨西哥的共产党人。菲尔德是美洲和平动员大会的执行秘书，他所在的组织与苏联有联系。他在麦卡锡时代因拒绝说出同志的名字遭到逮捕。作为资深的共产主义者，他不但支持卡斯特罗，还是他的朋友。联邦调查局担心，如果梦露从博比·肯尼迪那里知道国家秘密，然后告诉菲尔德，那古巴领导人必然能知道，之后苏联领导人赫鲁晓夫也能知道。

菲尔德对下边的助手和朋友毫不掩饰，说玛丽莲不止一次向他说起她与司法部长私通两次，而且玛丽莲对此并没有遮掩，她相当大方。这些消息自然要震动联邦调查局。在联邦调查局怀疑的目光里，玛丽莲正迅速成为口无遮拦的女子，她对外人说起总统的弟弟一点都不回避。胡佛局长对玛丽莲的枕边谈话难免要感到担心；确实如此，在经过详细的调查之后，调查局对玛丽莲的兴趣大为提高，因为她声称1962年2月礼拜四在彼得·劳福德的家里与博比有过亲密接触，虽然此事未经证实。不幸的是，这一次调查局把玛丽莲几乎定成了共产主义者。

当然，玛丽莲也有失检点，在美国历史上如此敏感的时期，居然散布如此敏感的消息。（等到5月份，天真的玛丽莲在菲尔德夫妇来美旅行时允许他们住进曼哈顿公寓，这时调查局对她的监视又提升了一格。）但是下面调查局就玛丽莲所作的报告并不准确。他们一定要承担责任才对。比如，调查局的档案里说，"人物"（指梦露）2月19日礼拜一（抵达墨西哥）。但这是不可能的。2月21日礼拜三，一大早就有记者等在迪马奥的汽车旅馆外面，这足以证明那天上午梦露还没有离开迈阿密。此外，那一天梦露在迈阿密机场与迪马奥告别，迪马奥吻别前妻留下了照片。仅此一点足以清楚地表明，调查局就玛丽莲搜集的材料虽然越来越多，但其细节又值得推敲。

与此同时，梦露与约翰·肯尼迪有染的传闻引起了犯罪组织的注意。驾驶员工会领袖基米·霍法和黑手党，尤其是芝加哥黑社会老大萨姆·基安卡纳，如今开始监视玛丽莲的活动。他们不仅与美国黑社会来往频繁，而且还有一个共同的地方——都憎恨肯尼迪兄弟，尤其是博比，因为一年前他就任司法部长之后，发誓要在国内根除有组织犯罪，肃清所有"黑帮"活动。之后不久，联邦调查局特工就开始密切监视基安卡纳和约翰尼·罗塞里等黑社会的首领。所以他们才想报复。

　　当他们听说肯尼迪与玛丽莲的友谊之后，想以此为缺口，搜集对肯尼迪不利的证据，尤其是性行为不检点的证据，这样的机会他们又怎能放过。不久他们策划在玛丽莲新家秘密安装窃听器。这项指令最先是霍法发出的〔1961年8月16日礼拜三调查局所作的报告披露，他企图"埋葬肯尼迪兄弟……不惜（通过）任何手段"，在可行的地方"在肯尼迪兄弟身边安装窃听器"〕。霍法将自己的想法告诉基安卡纳，后者自然不想袖手旁观。

　　伯纳德·B.斯宾戴尔成为他们这次行动的实施者，他是霍法雇来的人，是美国的窃听专家，而且极其痛恨肯尼迪兄弟。博比出任司法部部长之后，马上下令国税局24小时监视斯宾戴尔，连他至1957年的退税记录都被翻了出来，拂去上面的灰尘重新核算，最后从里面找出了问题，以"违反税法"起诉斯宾戴尔。结果博比在1962年之前又为自己树了个敌人。当霍法找到斯宾戴尔，请他在梦露的家里安装窃听器，搜集博比与玛丽莲有染的证据时，斯宾戴尔已是急不可待。

　　负责在室内安装窃听器的那个人是弗莱德·奥塔什，此人是好莱坞的私家侦探，在国外都很有名，他在一年前对想要安装窃听器的人放出大话来，说1955年联邦调查局就同意他安装窃听器。刺探玛丽莲的消息对他来说早已不是新鲜事。调查局在1965年4月23日礼拜五的一份备忘录里对此就有记载。1954年，他接到弗兰克·西纳特拉和迪马奥的吩咐调查过玛丽莲，后者的目的是想确定他当时的妻子身边还有没有其他男人。

　　打探约翰和博比·肯尼迪的隐私也不是新鲜事。1960年7月10日礼拜日联邦调查局的一份文件显示，奥塔什从"好莱坞应招女"那里打探消息，询问她"参加性晚会"的事，因为据说晚会上还有约翰·肯尼迪参议员和他的亲戚彼得·劳福德。9 个月之后，1961 年 4 月，好莱坞花边杂志《机密》志社雇用奥塔什"搜集"司法部部长和劳福德二人见不得人的事。

所以等到 1962 年 2 月末，玛丽莲在墨西哥购物、社交、消遣时，奥塔什很可能是在助手约翰·丹诺夫的协助下潜入玛丽莲的宅子，秘密接上电线，安装小型传送器。传送器的大小与火柴盒相仿。他们在室内的天花板上、电话里还有卧室里都安上了窃听装置。这些东西都属于先进的高科技。电话里置入的麦克风效果极好，可以同时监听她的谈话和活动。

玛丽莲的房子里确实存在微电子电线，这些电线与标准的电话线缠在一起，所以很难分出彼此，窃听器存在的证据竟是意外发现的。1982 年，女演员威罗尼卡·汉米尔对外人说，她 1972 年购入玛丽莲的房子，之后不久一个开发商来电话想要翻修建筑，尤其是漏雨的屋顶，结果在房子周围和后面的灌木丛里发现了暗藏的电话线，威罗尼卡在收视率很高的电视刑侦系列剧《希尔大街的布鲁斯》里扮演过辩护律师乔伊斯·达文波特，并因此角色闻名。碰巧那个开发商还在美国政府的中央特种兵里做过事，对窃听一事相当在行。他知道这些电线不是普通家用的，都是 20 世纪五六十年代专门用来"搞室内监听的"，足以在无限的时间内有效地监视目标。用司法部退休官员的话说，这些电线"属于联邦调查局专有"。

这是危险人物进行的一场极其危险的游戏，但玛丽莲对此一无所知。她于 3 月 2 日礼拜五返回洛杉矶，再次住进此刻已被装满窃听器的家里。她开始将注意力转向《濒于崩溃》。回家后的第二天教她说方言的老师埃迪斯再次造访。她回忆说："那天我和她度过了好几个小时，此后又度过了好多天。她什么也没吃，不过是用牛排当早饭、午饭和晚饭。她在家里总是穿一件发皱的红衣服。她不修边幅……她仅仅生活在两种状态里，一会儿她是个小姑娘；过了一会儿又变成严肃的成熟的女人。她从来都不是少女或年轻的母亲。她经常像个小姑娘似的在家里跳舞。我对她提到这一点之后，她回答说：'我的丈夫们都这么说。'"

工作转向即将投拍的电影。埃迪斯回忆说："我先说出台词，她请我用嘉宝的口音说。她说：'我在电影里从来没见过嘉宝。'于是我就模仿嘉宝的口音。

玛丽莲喜欢。经过几周的辅导之后，丘克录下她的口音。你知道，丘克是嘉宝最喜欢的导演。试播之后，丘克兴奋不已，说：'她像年轻的嘉宝。'"

埃迪斯继续说："一天上午，我在她家里准备上课，玛丽莲进来时手里拿着一束木兰花。我问她是从哪儿摘来的。她说：'我昨天夜里和男友出去散步，顺手从树上摘下来的。'我说：'木兰花真像你，那么洁白，那么温柔，又那么漂亮。'她答道：'生活中总要有所追求，难道这不可怕吗？'她说话时很伤心，很伤感。玛丽莲没有说出那个男友的名字。据我推测是乔塞·勃兰诺斯，与她约会的那个墨西哥作家。"

那个周六的晚上，在相隔10年之后，玛丽莲听到了她的父亲查尔斯·斯坦利·吉福德的消息。电话是棕榈滩医院一个护士打来的，吉福德因严重的心脏病在医院里接受治疗。护士告诉玛丽莲，说他病情"严重"，活下来的可能性不大，而且还说："他最想见你。他不停地说到你。"其实护士的话有一半都不正确。

玛丽莲始终都想找到她的生父。与玛丽莲同室的好莱坞女演员谢莉·温特斯回忆说，1950年3月《柏油丛林》杀青那天晚上，玛丽莲给一个叫默坦森的男人打电话，此人住在洛杉矶的惠蒂尔，有关他的消息都是从孤儿院知道的。谢莉回忆说："她确信这个男人是她的生父。她告诉这个男人她是谁……电话里传来一个醉汉的声音：'听着，你这个流浪女，我有自己的家庭，我不想和好莱坞的流浪女沾边，你不要再打电话了。'说完他挂断电话。"这次电话找错了人，不是她要找的默坦森。

后来经格雷斯·麦基证实，玛丽莲发现吉福德才是她真正的父亲，然后将这一秘密告诉了她信赖的老师娜塔莎。1951年年初，玛丽莲听说吉福德住在棕榈滩附近。她鼓起勇气前去探望，与她同行的还有娜塔莎。她想与生父见上一面。玛丽莲因为极度紧张，半道停了下来，先给对方打了电话。娜塔莎后来对专栏作家伊兹拉·古德曼回忆说："她给他打了3次电话，最后才找到他。一个女子接的电话，说：'我要告诉他你来过电话。'"

过了好一阵之后那个女子才又在电话里宣布说："他说如果要打官司的话请找他在洛杉矶的律师。"这时电话里突然传出吉福德的声音。娜塔莎回忆说："他的声音听上去不仅冷漠，而且还很恶毒。他说：'我有家庭和孩子。'他记下了她的号码，说要在洛杉矶联系她。"此后音信皆无。玛丽莲心都碎了。

等到 1961 年他才终于联系她。那一年的 2 月，玛丽莲正在哥伦比亚长老会中心休息，吉福德给她的女儿邮来一张问候的卡片。卡片上写道："祝早日康复。来自将近 10 年前你想见的那个男人。上帝原谅我。"但此时的玛丽莲对他已经不感兴趣。

现在，经过多年的痛苦等待之后，玛丽莲对护士的答复自然是冷淡的。她的回答仅仅是三言两语，而且没有一点关怀。"告诉那个先生我从来没见过他。要是他有话对我说，请他找我的律师。你要不要律师的号码？"护士先是惊得哑口无言，然后说不用律师的号码。

从外表上看，玛丽莲的感情没有发生变化，但她显然对这件事感到不安，之后赶紧与格林森大夫商议。玛丽莲回到墨西哥之后的第二天，感情上留下伤疤的她对格林森大夫说，因为病重的父亲那边打来的电话，又因为《濒于崩溃》的不确定性，她的生活已然变得"一塌糊涂"。她又说，依她所见，这部片子怕要演变成"一场彻底的灾难"。

使人烦恼的插曲结束之后，1962 年 3 月 5 日礼拜一，在比弗利希尔顿酒店国际舞厅里，玛丽莲再度回到公众的视线之内。在第 19 届金球奖颁奖仪式上，根据好莱坞国外新闻协会所做的一项民意测验，所谓玛丽莲声望下跌的传言证明是子虚乌有的，她被授予"世界最受欢迎女演员奖"。此时一头白金头发的玛丽莲来到会场，她身穿诺尔曼·诺莱尔设计的服装，一件合身的、拖地的、无后背的、镶嵌墨绿宝石和金属饰片的晚礼服，还戴了一对与之相衬的墨绿色钻石耳环，此物价值 35 000 美元，是弗兰克·西纳特拉 9 月与她见面后留下的礼物。

场内明星云集，此时与玛丽莲相伴的是乔塞·勃兰诺斯。他此前几天刚刚到来，提议与玛丽莲见面。他的出现自然在美国新闻里引发出一片传言，说玛丽莲的生活里来了一个"拉丁恋人"。然而，在月光下的几次散步之外，二人并没有谈情说爱。这次盛会数日之后，玛丽莲显然对他的陪伴感到乏味，又因为语言障碍，所以勃兰诺斯正在打点行李，将要返回墨西哥。

根据梦露专家过去的说法，勃兰诺斯陪同梦露从墨西哥返回洛杉矶。其实不然。勃兰诺斯是之后乘班机赶来的；还有，我与其他玛丽莲传记作者的见解有所不同，因为我能证明，他来洛杉矶还另有所图，这与玛丽莲无关。与玛丽莲相同，他也想出席金球奖的颁奖典礼，这次典礼将在他抵达后的第三天举行。他事先预订了机票，陪同著名的墨西哥导演伊斯梅尔·罗德里格斯同机抵达，因为后者导演的《重要的男人》被提名最佳外语片奖。（他得了这个奖项）

仪式开始之前，美国专栏作家乔纳·鲁迪好不容易才和玛丽莲搭上话。玛丽莲宣布说："我很高兴重返好莱坞，希望马上就能拍戏。"鲁迪问她，不久就要36岁，离40岁越来越近，这可如何是好。玛丽莲将胳膊搭在鲁迪肩上，轻轻捏了他一把，气喘吁吁地说："当女孩很好。但当女人岂不更好。"鲁迪问玛丽莲，等她到了那个年纪后想做什么。她回答说："哦，我要旅行。我要在欧洲旅行。我见过的欧洲不过是伦敦和伦敦郊区。"之后鲁迪又问她想不想再婚。玛丽莲乐观地回答说："希望如此，希望如此。"

令人惋惜的是，后来证明这几句轻松的玩笑不过是风暴来临之前的平静。仅仅1个小时之后，玛丽莲上台从传奇男星罗克·胡德森手里接过金球，这时其他人都张大了嘴巴。上文描述的那件晚礼服贴身太紧，她几乎无法行动。片刻之内，好莱坞的那些大牌明星坐在那里惊得说不出话来，呆呆地看着玛丽莲和她裹在身上的那件晚礼服，还有很多人站上了椅子，想一睹她的风采。

特意赶来参加这次盛典的莎莎·嘉宝对玛丽莲抢走聚光灯感到愤愤不平。因为在场的大多数摄影师都被玛丽莲吸引过来。嘉宝的一个记者不怀好意地说："我没有别的意思，但就个人而言，我认为玛丽莲是在模仿曼斯菲尔德。"

梦露的领奖感言和她的晚礼服同样令人难忘。她的发言总共才几个字，是有史以来好莱坞最简洁的一次。她口齿不清地说："谢谢你们。我感谢大家。"不幸的是，对玛丽莲身边的那些人来说，这个夜晚将要因其他事件留在他们的记忆里。那天晚上与玛丽莲邻桌的詹姆斯·培根回忆说："我坐的地方离她很近。她一杯一杯地喝酒，当她的名字被喊到时，她不得不被人扶着站起来走上台去。她领奖的时候几乎成了自己的漫画。"玛丽莲的女演员朋友苏珊·斯特拉斯伯格还记得那天晚上发生的事，她的回忆证实了大家的怀疑：玛丽莲醉了。她回忆说："她口齿不清，失去了控制。她来的时候就喝酒了，而且还喝个不停。"

查尔顿·赫斯顿是那天晚上最受人喜欢的男明星，玛丽莲上台领奖时他就站在旁边。据他回忆说："梦露喝得大醉，连一句话都说不出来（原文如此）。还是不说的好。"在颁奖典礼之后召开的晚会上，玛丽莲古怪的行为并未结束。朱迪·加兰德的经理弗莱迪·菲尔兹来到梦露身边，想要当她的经理，玛丽莲回答说她现在还用不着，然后高高举起一杯龙舌兰酒向对方祝酒，不小心把酒弄到了自己的头发上。

然而，这次当众出丑并不是她自己造成的。后来才知道，过去的 3 天里玛丽莲都在服用耐波他、速可眠、镇静安眠剂，尤其是水合氯醛更让人难以承受。玛丽莲之所以失控，原因是她同时服用好几种致命的药物。格林森大夫又提高了安眠药的剂量，这使玛丽莲的状态更为恶化。在 3 月 3 日礼拜六之前，玛丽莲与格林森发生争执，之后二人才同意多服安眠药。

《濒于崩溃》现在还没有演变成"一场彻底的灾难"，但围绕片子发生的乱象仍然在空气中弥漫。为了解决遇到的问题，3 月 6 日礼拜二下午，玛丽莲前往福克斯电影公司与他们的副总裁彼得见面。这次她与 26 岁律师出身的彼得见面，目的仅有一个：宣布她要诚心诚意地与公司合作。大家都松了一口气，之后公司马上派人到玛丽莲布兰特伍德的家里为她在影片中所用服装量尺寸。

玛丽莲几乎过上了隐居生活，那个月剩下的时间她都是在家里度过的。她独自研究刚刚从墨西哥购入的园艺图书。最近的墨西哥之行还使她染上了轻微的感冒状病毒，因此也要在家里静养。此外还要研究为管家默瑞提薪一事。

院子里的工程还在继续。她用 66 美元雇来瓦工朱斯·帕瑞欧，维修那个逢雨必漏的屋顶。玛丽莲还亲自在园子里种了几株柑橘。当地的园艺师萨姆·塔泰施被雇来当她的助手，每月工钱高达 939.55 美元。从这里还能看出，她花钱依然是大手大脚的。但她的大方并未用到地方上。她每年要花销 1 982.75 美元请保安公司，花 496.52 美元请专业人员照顾她的游泳池（她自己从来没用过）。关闭北多希尼巷的公寓，然后再把家具搬出来，这也要一大笔开销。凡是没有搬入新家的家具，其中就有她那架白色的小钢琴，都运回了纽约，寄存在一个大仓库里，费用是 2 021 美元。

胡乱花钱的事不仅发生在玛丽莲的家里。3 月中旬，电影公司投资 20 万美元，仿造乔治·丘克的大楼和他比弗利山家里的后院。20 世纪福克斯电影公司正在 14 摄影棚里组装这些布景。助理导演基尼·艾伦负责监工。复制品极为准确，电影公司画工笔法分毫不差，连丘克后花园灌木丛的颜色都没有漏掉。将近月末，经过好几轮讨价还价之后（"我想要 15 美元，他们给 12 美元。"迪恩·马丁揶揄道），鼠群乐队男星和歌手迪恩·马丁最终同意扮演片中的男主角。他当时的评价是："剧本是一流的。我读了 50 页就签下了名字。"在马丁经纪人的一再坚持下，合同里又加入一款：如果玛丽莲被替换，取代她的人要经过马丁的同意，不然，他有权中止拍片。

其他好莱坞一线明星纷纷加盟。按照玛丽莲的要求，这些人里有好莱坞著名舞蹈家塞德·查瑞希和电视艺人斯蒂夫·艾伦及菲尔·西尔沃斯。3 月 29 日礼拜四，约翰逊送上了刚改完的剧本。此时福克斯公司的老板们已囊中如洗，他们承受的压力可想而知，令他们感到宽心的是，终于将 4 月 16 日礼拜一定为投拍的日子。公司预算投资 325.4 万美元，拍摄 47 天，打算 1962 年 10 月在影院发行（他们借此想要弥补《埃及艳后》后期制作的花销）。仅此一次，事事安排停当。不幸的是，他们高兴得太早了。

4 月进入第二周，公司不顾梦露的强烈希望，竟然选用 42 岁的好莱坞作家沃尔特·伯恩斯坦取代约翰逊。乔治·丘克告诉伯恩斯坦不用理睬玛丽莲的意见。在他的授意下，伯恩斯坦推翻了约翰逊的剧本，几乎将贝拉和萨姆·斯皮瓦克 1939 年的剧本照搬过来。因为在丘克眼里，"到目前为止谁也没有改进剧本"。制片人亨利也在发号施令，但他与丘克相反，他告诉伯恩斯坦剧本不要大动，不过是"修饰修饰"。

约翰逊被解雇之后，玛丽莲深感不安，要赶在他回家之前为他送行。因为约翰逊将于次日一大早飞回英国，他们二人连忙安排 7 点 45 分在宾馆见面。玛丽莲素面赴约，一点妆都没化，宾馆的门卫不准她进入他的客房。她马上给约翰逊打电话，解释碰到的问题。约翰逊不无幽默地建议说："告诉他你是应招女，是我让你来的。"玛丽莲听后大笑，索性装成妓女，将原话告诉服务台后面的工作人员。大门魔术般敞开，她大大方方地进了约翰逊的房间。

玛丽莲带来两瓶唐培里侬香槟酒，但作家没喝。此时饮用烈酒对他来说为时尚早，不过他将酒收了下来，留待后用。二人闲聊几句之后，玛丽莲同意送他去机场，之后他们在机场道别。约翰逊返回英国，他依然是满心欢喜，因为这已经是他与玛丽莲的二度合作，但他哪能想到这将是他最后一次与玛丽莲说话或见面。

4月10日礼拜二上午9点，玛丽莲第一次见到了那不同一般的布景。当时正赶上官方宣布，玛丽莲将应邀出席肯尼迪总统即将到来的生日晚会。这一次玛丽莲准时赶到片场换服装，试镜头。当亨利安排的豪华轿车将她送入片场后，电影公司办公室里传出了如释重负的叹息声。如一名公司员工所说："这部影片的老总们天天提心吊胆的。玛丽莲把他们弄得惶惶不可终日。如果你敲敲他们的办公室，他们能惊得跳起8尺来！"

这是玛丽莲17个月来首次在片场露面，周围的技术人员又是吹口哨又是鼓掌。但影片导演乔治·丘克没有到场欢迎玛丽莲，也没有指导她试镜，福克斯的员工对此大为震惊。按照电影业的说法，丘克有意避开，不想在片场恭候。显然，两年来对玛丽莲的不满根深蒂固，此时这不满仍然在他的血液里流淌。丘克的做法严重违法了电影公司的惯例。要是其他演员有此遭遇的话，必然要扬长而去，但玛丽莲没有。她不过是耸耸肩，对丘克的无礼一笑了之。然而，她的内心还是受到了伤害，私下将丘克违反专业传统的、欠妥当的行为视为在她脸上打下的一记重重的耳光。这是有意让玛丽莲丢人，因为她那天必然要到场。

为了这次重返电影公司，玛丽莲想在造型上留下完美的印象。在食用低胆固醇食物之外，她还请来了两个廷瑟尔敦一流的护肤专家，伊莉莎白·阿登（她按时在玛丽莲家里为她从头到脚实施"热蜡"疗法）和已故基恩·阿罗的长女染发师珀尔·波特菲尔德（为了给女人的头发染上白金般的色彩，她还在使用老式的有害的方法，用过氧化氢、液体次氯酸钠漂白剂和特制的家用清洁剂、漂白粉等染洗头发）。

玛丽莲还为自己的皮肤四处求医，拜访著名的纽约皮肤科医生瑞娜，每次都要花掉100美元。美容至此并未结束。她的好友拉尔夫·罗伯茨随时替她做皮肤护理，先洗冰浴，身上还要洒上玛丽莲喜欢的香奈儿5号，出浴之后再做按摩。功夫不负有心人，玛丽莲试拍的镜头个个光彩照人。

一连 6 个小时，制片人在身旁把舵，玛丽莲在摄像机前或是摆姿势或是走步，或是微笑或是大笑，她先后用了 7 种不同的发型（这里有一个齐腰长的金·色假发，是准备拍电影用的）和威廉姆·特拉威拉设计的 15 件服装，其中黑白相间的丝绸晚礼服极为迷人，橙绿色比基尼紧贴身子，还有"流落荒岛"之后穿的一件破衣服和水手穿的裤子，后者要靠别针才能固定下来。

这是焕然一新的玛丽莲。22 英寸的腰围和不足 120 磅的身材，此时的她较之过去更为成熟，更有风度。她在五十几盏明亮的有色聚光灯下惊艳亮相，这些聚光灯被福克斯的电影摄影师弗兰兹·普兰纳安排在摄影棚里的各个角度上。此人曾获奥斯卡提名。粉色的灯光照上去使玛丽莲更为年轻，琥珀色的灯光使她显得更为温柔。为了渲染她的面部、双肩、双臂和双手，弗兰兹又在片场特意安装了好几盏集束灯。难怪制片人亨利说梦露那天"状态最好""格外迷人"。在场的其他人都有同感，承认此时的她"比过去几年都要好"。

那天晚上，用 33 毫米彩色胶片为玛丽莲试镜之后，他们将胶片稍做处理之后赶紧送给福克斯公司副总裁菲利普，他怀着兴奋的心情从头看到尾。彼得也是如此，他对外面的新闻记者激动地说："这将是梦露最好的影片。玛丽莲的美貌和演技都在巅峰上。"之后，刚刚印出的试镜材料又送到纽约，次日一大早福克斯公司的大老板斯库拉斯还要一一过目。凡是那天亲眼见证玛丽莲试镜的人都说，她再次回到无比迷人的、漂亮的、格外上镜的状态，因为严格地说，这次试镜毫无瑕疵。不幸的是，外表未必可信。

还是那天晚上，亨利被请到玛丽莲布兰特伍德的家里。他发现她胡乱地躺在床上，神智不清，显然是过量服用巴比妥造成的恶果。亨利在为福克斯拍摄的纪录片里回忆说："我给格林森医生打电话。他急忙赶了过来。我当时就知道我们碰到麻烦了。"他当即请求电影公司老板推迟拍摄。但当时公司在财政上马上就要崩溃，他们急等着最赚钱的演员出来解围。"我找到公司老板，他们告诉我：'不用着急。你是在看戏。她没事。'但我依然坚持自己的意见，告诉他们我不相信她现在的状态还能拍片。我对他们说：'要是我告诉你们玛丽莲犯了心脏病，那你们怎么办？'他们回答说：'那我们就等。'于是我问他们：'这两者有什么区别吗？'他们说：'要是她得了心脏病，我们自然束手无策。但这一次，我们不用怕。'"之后，他们做出继续拍戏的决定。彼得后来承认，他觉得他们的行为是冷漠的、无情的。他说得没错。

玛丽莲被迫回去继续拍片。我们不禁要问，是不是这额外的压力将她推向了危险的边缘？4月10日夜，玛丽莲返回家中，她痛苦地意识到，她拍的片子是20世纪福克斯空荡荡的大片场里唯一的影片。（根据唐纳德·斯普托1993年出版的《玛丽莲·梦露：传记》，当时伍德沃德正在电影公司拍摄《脱衣女》。事实上，《脱衣女》1962年5月28日礼拜一才刚刚开拍，比玛丽莲试镜晚了7周。在此之前的几周里，伍德沃德确实在电影公司，但他们是来彩排的。）福克斯公司那150名低薪员工的生活，连同福克斯公司，都要仰仗玛丽莲，不然这部影片是无法完成的。我怀疑，玛丽莲身上的压力太大，是她所无法承担的。

两天之后，4月12日礼拜四，《濒于崩溃》的前期工作再次陷入混乱，因为精神十足的玛丽莲突然宣布，她要前往纽约面见戏剧老师李·斯特拉斯伯格。这一做法虽然意外，但也并非完全出乎众人之所料。她借口说，见完斯特拉斯伯格之后才能拍新片。玛丽莲拍片时经常"不辞而别"，在圈子里都出了名，福克斯的老总们自然不想让她离开。丘克反复劝她留下，但他无权不让她外出。但福克斯公司有这个权力。公司委托彼得将他们强硬的要求送达玛丽莲："玛丽莲不能前往纽约。"

前期工作继续进行，此外，他们又于4月13日礼拜五为剧本召开了一次碰头会。与会者有助理制片人和艺术执导基尼·艾伦、亨利、丘克、剧本作者伯恩斯坦和玛丽莲。按要求玛丽莲上午10点应该到会，但等到中午她才出现。她一边喘息一边道歉，一阵风似的进了办公室。虽然公司老板一再强调不许玛丽莲离开，但她依然坚持要去纽约。她先前乘坐的出租车还等在外面，连发动机都没关，正等着送她去机场。她紧张地告诉坐在那里默默无语的同事们："我要出去走走，我知道你们不会真的在意。我不过是想为机器上点油。"

碰头会开始之后30分钟结束，会上玛丽莲的意见是，她扮演的人物应该更有吸引力。从头至尾，玛丽莲都戴着大太阳镜，为的是掩饰她的双眼。她因为服药眼睛发红，泪汪汪的。伯恩斯坦为拾穗人报纸回忆说："她精神很好，充满活力，这些都是她少有的特点。她的热情似乎是真诚的，大家都被她所感染……她不炫耀。她也不漂亮。但是她的魅力是纯粹的，孩子的魅力，清新的，让人狠不下心来。"会议结束时电影厂的大夫李·希格尔赶来为玛丽莲注射了一针维生素。几分钟后，她放下袖子，与众人道别。在场的人谁也没有劝她留下。他们知道劝也没有意义。此外，玛丽莲走后，剧本还要再改一次，大家同意4月23日礼拜一再开机。

根据他人没有见过的一手资料，我有证据指出，1962年4月13日礼拜五下午，玛丽莲·梦露前往纽约与斯特拉斯伯格夫妇见面，在离开的3天里，她并没有与美国总统见面或睡觉。

逐字分析肯尼迪的白宫日记也能为此找出旁证。白宫日记显示，4月13日礼拜五晚6点20分，肯尼迪总统乘坐北安普顿号军舰前往弗吉尼亚的诺福克。一天之后——在下午2点30分到3点10分之间——总统在北卡罗莱纳州的勒琼营与伊朗国王一同观看军演；4月15日礼拜日——在中午12点到12点56分之间——总统在弗吉尼亚州的米德尔堡社区中心与居民一同做弥撒。他这个周末的安排依然是满满的，不可能有时间花在玛丽莲身上。1962年4月13日至15日那个周末，玛丽莲既没有在总统的床上，也没有在曼哈顿出席"超级私人万元捐款活动"。

然而，那个周末玛丽莲除与斯特拉斯伯格见面之外，她还与英国出生的记者威廉见了一面，后者1960年为《观察家》专访《不合时宜的人》，借此与玛丽莲相遇。在这次相识之后的21个月里，威廉至少又先后3次深度采访玛丽莲。4月14日礼拜六下午，他们又在第八大道一家不显眼的酒吧后边的小包厢里最后见了一面。等威廉赶到时，玛丽莲居然等在那里了。

在威廉1976年出版的《与玛丽莲的对话》里，他回忆说："我朝她走过去时能发现她身上发生的变化。她的身材不如昔日挺拔，她的面颊也不如昔日丰满。"他注意到，她的皮肤好像有点发松，缺少光泽。他说："这次她化了妆，但还是无法掩饰她的疲惫和皱纹，她一定知道这一点……我不敢相信眼前的女人变化竟是如此之大。"

他们说到亚瑟·米勒最近的再婚，说她也应该找个伴侣。威廉问她有没有意中人，她回答说："不好说……唯一的问题是，他已经结婚了。他结婚了，我们只好私下见面……他在政界。"威廉问："在好莱坞吗？""哦，不，在华盛顿。"如果威廉的记忆准确的话,那玛丽莲显然是在粉饰她与肯尼迪总统在宾·克罗斯比家里的那一夜情。

威廉注意到,一提到肯尼迪的名字,玛丽莲马上变成了"崇拜明星的女孩"。如他们的对话所显示的,玛丽莲态度鲜明地拥护总统。她强调说:"我认为他将成为另一个(亚伯拉罕)林肯。"威廉起身上男洗手间,对话停了下来。他回来时发现有个陌生的男子正俯在餐桌上和玛丽莲说话。这个醉醺醺的男人把玛丽莲当成了妓女。威廉见状大为恼火,把那个男人痛骂一顿,后者怯生生地退回了旁边的餐桌。

他们想换个地方。玛丽莲和威廉钻进一台出租车来到中央公园继续他们的对话。他们一边说一边望着松鼠嬉戏,鸽子觅食。他们在一起的时光很快结束;玛丽莲要与斯特拉斯伯格见面,之后他们要讨论电影剧本,还要接上次没有完成的采访。威廉送她返回59街,望着她上了一辆出租车。出租车刚要开动时,玛丽莲告诉他,"在相当长的时间内,"她无法返回纽约。不幸的是,玛丽莲的这句话成了明日的谶语。这是她倒数第二次来纽约。

那一天,玛丽莲在外面的活动结束后返回公寓。3个月之后她才终于完成了《红书》杂志的采访。她与作家阿兰·列维善意的调侃再次使人耳目一新。她宣布说:"我希望最终成为顶级的,原谅我用这几个字,顶级的性格演员,如玛利亚·德莱斯勒,威尔·罗杰斯。他们离开之后,电影里少了这种魅力。"她再次用充满哲理的语言说:"我要向我自己证明,我是人。然后,也许我能使自己确信,我是人。我为自己定下的最艰巨的任务是,了解你自己,我要强调这一点。"在这次谈话中,她说的话都很有哲理,她几乎都是以这种方式表达自己的。她宣布说:"演艺事业很重要。换句话说,我的上层建筑好像没有基础。但我正在加固基础。"

如梦露事先承诺的,她于4月15日礼拜日返回洛杉矶,心里急着要与亨利聊上几句。那天半夜他们通了电话,这次通话并不顺利。4月16日礼拜一,亨利一大早就给剧本作家伯恩斯坦打电话。他与玛丽莲谈话后不免感到惊慌。亨利说:"李·斯特拉斯伯格很喜欢这个本子。"伯恩斯坦听后自然很高兴,但他不明白制片人为何变得胆怯了。后来对方才告诉伯恩斯坦,斯特拉斯伯格喜欢的剧本正是伯恩斯坦极力修改的。因为玛丽莲反复对剧本提出要求,福克斯公司，尤其是丘克，有意不让玛丽莲染指剧本修改一事；她无意中把电影公司淘汰的剧本送到了纽约。

这件事自然要使亨利大为惊骇。昨天夜里与梦露谈话之后，亨利变得更为担心，因为玛丽莲告诉他，她与斯特拉斯伯格意见相同，总的来说剧本还可以，但要稍做修改，尤其是要有"更多的笑话"。亨利把这一意见传达给剧本作者，伯恩斯坦气得大叫："这不是剧本所缺少的。"亨利同意。

坏消息到此并未结束。伯恩斯坦在那边听得一字不落，制片人亨利犹豫再三之后，说梦露提出修改剧本，比如，她强调，她扮演的人物要与其丈夫意外相遇，而不是追他。她还希望改变情景，她扮演的人物意外回家之后与两个孩子相遇，这是分别数年后的第一次。剧作家强调，孩子对她很冷漠。玛丽莲对他的安排大为震惊。依玛丽莲的意见，她应该马上将孩子争取过来，连她是谁都不用告诉他们。亨利和伯恩斯坦在通话中达成一致意见，因为剧本已经改完，玛丽莲的要求成了一大问题。

玛丽莲要求推翻剧本的消息如同一把大火。助理制片人基尼·艾伦听说玛丽莲到了这个时刻还想修改剧本，大为恼火，也认为这些修改能毁掉影片。丘克的见解与此相同。他星期一上午在玛丽莲家里与她理论。但玛丽莲毫不退让，坚持自己提出的要求。激烈的讨论一连进行好几个小时。亨利、伯恩斯坦、丘克、艾伦和公司的几个老板在导演那间破旧的移动办公室里和14摄影棚里吵得一塌糊涂，而且震惊的员工就在他们旁边。最后大家陷入僵局。

玛丽莲被剧本搞得坐立不安，她开始害怕剧本。结果凡是与这个片子相关的事她都害怕。艾伦很快就意识到，如果不满足玛丽莲的要求，电影开机必然还要推迟。大家很快就剧本修改达成妥协，4月16日礼拜一晚，伯恩斯坦被迫重写剧本。这一系列事件使梦露深感不安，于是她又开始服药。4月18日礼拜三晚上，司机送她到比弗利山威尔希尔大道的处方药中心，玛丽莲在那里又买了一批镇静药，其中就有耐波他。

为避免造成可能发生的混乱，伯恩斯坦在改稿时使用了不同颜色的稿纸（这是修改剧本常见的办法）。剧本每改一次所用的纸张颜色都与上次不同。《濒于崩溃》最后的修改稿通篇都用蓝纸。一天之内，修改的第一稿就送到大家手里阅读，请他们提意见。但玛丽莲还是不满意。在一组镜头里，她扮演的人物艾伦报怨说，飞机失事后她的东西丢了不少，连身边的衣服都没有几件了，玛丽莲在上面信笔写下："太平白。仿佛在黑底儿上涂黑色。我们不必为心着急。我有一颗心，信不信由你。"

她也在询问剧本是如何修改的。她问："都改了什么？新用的稿纸妨碍我。变化是要有的，但与此不同。反正他们应该相信我用心来拍戏，不然我们就输了。"玛丽莲还找个借口抨击伯恩斯坦的水平，她愤愤地说道："这个作家可能挺好，但在这个片子上不行。"玛丽莲在一边发劳骚，伯恩斯坦被迫又做了一些修改。

玛丽莲和其他要人不停地提出修改建议，伯恩斯坦又马上把这些建议匆忙写在颜色不同的稿纸上，先是黄色的，然后是粉色的，以此来说明第二稿和第三稿。最后修完的稿子连忙送到各位的家里。不知是出于意外还是故意，玛丽莲一般要在晚上10点才能接到稿子。（伯恩斯坦原来的构想最终被改得面目全非，蓝稿纸上原创的东西所剩无几。）为了避免更多的麻烦，选用不同纸张的方法从一开始就没告诉玛丽莲。

4月19日礼拜四，在匆忙中完成的《濒于崩溃》最新一稿共计149页，几乎都是粉色的，又送到大家手里；唯独没有送给玛丽莲。她接到的那一稿仍然是白色的，这是不负责任的做法，玛丽莲自然无法分辨哪个是最后的修改，想要研究并记住修改后的台词几乎是不可能的。

玛丽莲在那个周末把最后一稿匆匆读了一遍。为了符合众人的口味，舒尔曼原来写了8个月的结局，连同里面的每个镜头都匆匆忙忙地重写了一遍。玛丽莲自然能从中挑出毛病来。剧本里艾伦说："你知道……在遥远的南海岛屿上，如果一个男人伤着了自己，又不想让别人看见他哭泣，你知道他要怎么办吗？他让别人替他哭。"梦露在这段文字下写道："感情用事的伤感主义。"然而，再也没时间修改了。现在离投拍还有仅仅两天。

那一周大家忙得手忙脚乱。但这些与4月23日礼拜一将要发生的重大事件相比又是无所谓的，那一天玛丽莲·梦露一生中拍摄的最后一部影片终于转动起来……

第六章

《濒于崩溃》（一）

1962 年 4 月 23 日礼拜——1962 年 5 月 19 日礼拜六

1962 年 4 月 23 日礼拜一，经过 5 个月的拖延之后，玛丽莲·梦露的新片终于投拍，这是自《不合时宜的人》以来她拍摄的第一部影片。还不到上午 7 点，福克斯电影公司 104 个迫不及待的技师和助手已经忙得不亦乐乎。灯光准备就绪，摄像机各就各位，等着拍摄第一组镜头。14 号摄影棚里人来人往，兴奋的心情在空气中弥漫。片中的男主角迪恩·马丁化完妆后已经来到片场，此外还有导演丘克和制片人亨利。众人准备停当，恨不能马上开始——这众人当中唯独缺少影片的女主角玛丽莲·梦露。

难熬的时间一分一秒地消失，丘克开始在宽大的场内踱步，亨利围着游泳池转圈，好像要跳下去似的，马丁坐在椅子里一动不动，不知是练台词好，还是练打球好。剧本作者伯恩斯坦 9 点之后赶到片场。他发现梦露不在，其他人都在等待，就来到助理导演赫尔身旁，对方告诉他，女主角来不了了。赫尔用将信将疑的口气说："她病了。她从斯特拉斯伯格那里传上了感冒。"

虽然亨利对这一出多少有所准备——玛丽莲过去拍电影也曾因为感冒或流感而姗姗来迟——但她的缺场还是令他措手不及；这倒不是因为事件的结果，而是因为事件的方式。疲惫的制片人对赫尔说："我整个周末都没睡觉。我和她打电话，（打到）凌晨2点、3点、4点（请她对电影放心）。我的妻子都要和我打离婚。我问她的心理医生（格林森大夫）在哪里，她告诉我说，他正准备去欧洲。但现在还不到8月！"

星期六晚上梦露打来电话之后，亨利就派福克斯公司的大夫希格尔前往梦露家里探视，判断她病情的严重程度，希格尔被称为"明星的大夫"。他6年前就给玛丽莲看病，熟悉玛丽莲和她的病情。他曾经对好莱坞专栏作家康纳利说："玛丽莲工作太投入。能拯救她是我们的幸运。"

那天夜里，医生发现玛丽莲犯了喉炎和头痛，造成视力模糊。他诊断后建议电影推迟一个月。但是，玛丽莲过去有装病的前科，所以公司的老板们马上开始怀疑希格尔的诊断。但希格尔坚持己见：玛丽莲真病了。公司的老板们想强迫玛丽莲来片场，不管她有病还是没病。希格尔听说后，他作为梦露医生的乐趣大打折扣。在接受作家佐罗托的采访中，希格尔说："他们感兴趣的就是把片子拍完，越快越好。他们的态度好像是：'我们拍完之后不管她的死活。'反正他们知道这是她为他们拍的最后一部片子。"

还没到上午7点30分梦露就打电话通知公司无法拍片。她多少又重复了希格尔医生的诊断，说自己确实嗓子疼，而且严重感染。导演丘克与玛丽莲拍摄《让我们相爱》，他们有过接触，他对玛丽莲的把戏再熟悉不过了。于是，他决定改变安排，先开机再说，他上一次与玛丽莲拍戏时就是这么做的。他宣布，先拍摄女主角之外的戏。

亨利接到梦露打来的电话后，赶紧往女演员赛德·查理斯家里打电话，请她马上来摄影棚。赛德一口答应，4个小时之后，《濒于崩溃》的第一组镜头开始拍摄。这组镜头要拍迪恩·马丁扮演的尼克和赛德扮演的比安卡，描写他们度完蜜月回家之后如何鼓励两个在后院搭树屋的孩子，扮演孩子的演员一个是亚历山大·黑尔维尔，一个是罗伯特·默雷。

不幸的是，一天之后的4月24日礼拜二，丘克再次被迫修改他的安排，因为玛丽莲捎来消息说病还没好。玛丽莲不在片场，结果没有见到来福克斯公司访问的伊朗国王和妻子法拉·巴列维王后，他们已经在美国访问了两周。原定他们要在14号摄影棚观看玛丽莲拍戏，玛丽莲才是他们真想与之见面的演员。然而，玛丽莲就是不想离开她自己的家。那天上午，亨利到玛丽莲的家里来了好几次，告诉她伊朗皇室将要造访福克斯，建议她在摄影棚与国王和他的妻子见面。玛丽莲的回答把亨利吓了回去："我不知道能不能见他们。我不知道他与以色列的关系怎样。"

亨利想要弄个究竟，连忙给好莱坞的犹太教堂打电话，然后请玛丽莲与拉比麦克斯通话，后者被称为"明星的拉比"。麦克斯请她放心，说以色列与国王之间关系良好，如果她能在片场与国王和他的妻子互致问候，那必然是件好事。不幸的是，他的意见没有改变玛丽莲的态度，她决定继续把自己关在家里。亨利后来承认，梦露相信伊朗国王是"反以色列的"，这不过是个借口；他认为玛丽莲之所以不想与他们见面，真正的原因是，她与法拉皇后相比以为自己不够漂亮。

为了弥补梦露造成的遗憾，彼得决定陪同客人参观硕大的 14 号摄影棚。进去之后，彼得停下来，用手指着空无一人的游泳池，兴奋地宣布说："玛丽莲在这里有一场戏，她要在月光下裸泳。"他说完之后其他人并未回应。国王和王后想见玛丽莲本人，不想看空空如也的游泳池，虽然她将来可能跳进去。为了打破这尴尬的局面，国王转换话题，问技师如何才能造成月光的效果。之后不久，国王和他的妻子与众人道别，驶离摄影棚，继续他们的友好访问。还好，这个插曲很快结束。福克斯的老板们又开始担心另一个人：玛丽莲·梦露。

那一周，玛丽莲一连数次告病。她的病情每天都要公布出来，周二较为乐观（也许更具有讽刺意味），揭示板上说："玛丽莲正慢慢退烧。现在已经低于（华氏）100 度。"最新的消息都要通知福克斯的老板们和亨利雇来的那些人，那一周亨利总要给玛丽莲打电话，在摄影棚和病情之间来回穿梭。他每次造访玛丽莲，都要面对一连串的提问，其中大多数都集中在片中的女配角和对手赛德身上。赛德在米高梅的经典音乐剧里因其炫目的舞蹈为大家所喜爱，如《雨中曲》（1952），其实她比玛丽莲几乎年长 5 岁。但是她无懈可击的美貌和毫无瑕疵的身材又使她显得比玛丽莲年轻，这些玛丽莲是知道的。

虽然梦露不在片场，躺在家里的床上，但她依然想知道与《濒于崩溃》相关的最新问题。2001 年亨利为福克斯公司回忆说："我接到玛丽莲的电话，她说赛德的胸是垫起来的。我说：'玛丽莲，你不在片场，你怎么知道？'她回答说：

'那边有人为我通风报信。'我说：'她怎么可能呢？她身上穿的是睡衣。很短的睡衣。她办不到。'她说：'你不明白。'我说：'要是你以为我能告诉查理斯小姐停下她的做法，那你就错了。'"之后玛丽莲告诉亨利，她也要垫胸，那所有的服装就得重做。亨利听后大叫："你不能垫胸。那是犯罪。"

还有一次梦露要知道赛德的头发到底是什么颜色的。亨利 1972 年回忆说："她确信查理斯小姐也想要和她一样的金发。"他告诉玛丽莲，赛德的头发是自然的颜色，浅棕色的。亨利的安抚没起作用。"她在下意识里想让头发变成金黄色的。"疑神疑鬼的玛丽莲显然是嫉妒人家。

亨利那天返回片场之后，按照玛丽莲的严格指示，悄悄地检查赛德的头发，想看看上面有没有金发。为了避免麻烦，他请赛德将浅褐色的头发又染深了一些。（细看胶片之后发现，赛德的头发半道上颜色确实变深了。此外，还是为了避免麻烦，亨利又指示扮演女秘书的哈特也把头发的颜色染深了。）

4 月 27 日礼拜五，制片人在玛丽莲的家和片场之间的往复穿梭才告结束。3 天后，4 月 30 日礼拜一，影片开拍之后一周，玛丽莲终于来到摄影棚。经亨利安排，福克斯公司雇了一辆黑色的专车将玛丽莲从第五海伦娜的家里接了出来。开车的是鲁迪·卡丹斯基。玛丽莲手里攥着一个柳条篓，篓里装的是烤面包、煮鸡蛋和烤肉排。这是默瑞在她临行前为她准备的午饭，这次玛丽莲没有来晚，清早 6 点 30 分开始化妆，结果她还提前了 25 分钟。虽然她来得挺早，但上午 11 点 20 分才在片场出现。

此时观察片场动静的是比利·怀尔德，他就此事不失时机地开起了玩笑，他说："越来越严重。过去你上午 9 点给她打电话，她中午 12 点露面。现在你 5 月给她打电话，她 10 月才露面。"他的玩笑并未停止，"我还想和梦露小姐拍一部片子，最好是在巴黎拍，因为大家趁着等她的工夫，能在那里学会画画了。"

梦露又犯了害怕镜头的毛病。她躲在化妆室里，很久之后才鼓足勇气走了出来。一头金发的好莱坞女演员桃乐茜解释说："玛丽莲的发型师告诉我，她化妆从来都没迟到。但是因为不安全感，她无法进入片场。她就是害怕。"比利·怀尔德也有同感。他说梦露确实害怕摄影机。玛丽莲坐在房门紧闭的化妆室里，一次次拒绝出来，最后不得已才面对导演和摄像机。

此外还有其他借口。有个新闻助理说："她不穿衣服坐在梳妆台前，沉醉在自己的美貌里。她自己穿不上衣服。"梦露不仅在梳妆镜前如此，她在每一面镜子前都是如此。1968 年，亚瑟·米勒在接受英国广播公司采访时解释说："她觉得自我炫耀和美都是罪恶，这是她成长环境造成的。因为她太迷人，太漂亮，她觉得照镜子有犯罪感。"一个新闻经纪人也解释说："我被迫喊人进去把她请出来。她就是站在那里，在镜子面前，愣在那里，仿佛想要相信镜子里朝她张望的漂亮女人真的是玛丽莲·梦露。"

两年前拍摄《让我们相爱》，在片场发生的一件事足以证明梦露没有安全感。在一场戏里，梦露扮演合唱队里的姑娘，她坐在旁边，正在完成高中里的作业，她一边做作业，一边在笔记本上写字。丘克满意之后那组镜头结束，玛丽莲返回化妆室，无意中把笔记本留在片场。一个剧务人员发现后，扫了一眼她在上面写下的文字，所有的话都是对她自己说的。上面写着："我害怕什么呢？我为什么害怕呢？我认为自己不能演戏吗？我知道我能演，但我害怕。我害怕，我不应该害怕，我一定不要害怕。"那人没有继续读下去，说："这使她比挂历上的照片还要裸露。"

1961 年梦露承认："拍戏之前我感到紧张，宁可观众不看我的电影，我也不想在后台见他们。我极度紧张。我想演出最好的水平来，我身上的压力很大，所以有时我感到紧张。路易斯在《柏油丛林》里告诉我：'当演员没有不紧张的，这不是丢人的事。'"

然而，梦露依然同意摄影师拍摄她重返《濒于崩溃》片场的镜头。在众多照片里还有那张丘克吻她面颊的镜头。她那天一直拍到结束，拍完了艾伦回家与两个孩子相遇的镜头。这是艾伦 5 年来首次见到孩子，所以感情上要有所反映。因为对面部表情要求很高，所以丘克希望拍下梦露微微张嘴的镜头。按照丘克的意见，她好像"还不太坚定"。

1963 年丘克回忆说："她来到片场后确实很迷人，后来（我们）发现她不能集中精力。我总是对她说：'你很容易能办到，你取得了这么大成绩。'之后她能做出一些连续的动作，如从小道上走来，然后我说：'哦，很好，一点问题都没有。'但她回答说：'哦不，我没拍好。'她注意力越来越不集中，到了后来她连一个镜头都拍不下来，无法连续稳定她的大脑。"在另一次洛杉矶电台的采访中，丘克承认："玛丽莲是很有责任感的女孩儿，总要把戏拍好。她有点强迫自己。她想的就是如何把戏拍好。这是她真实的、真实的目的。"

因为嗓子不停地作痛，玛丽莲台词读得不多。那天下午，电影公司的公关员发现玛丽莲身体虚弱，就过来问她。她回答说："我没事，不过是有点发烧。"她确实高烧（华氏）102度。下午4点孩子离场之后，她又和迪恩·马丁拍了几个镜头，于5点20分离开电影公司。

玛丽莲在外表上还挺高兴，但这部影片仍然还有很多问题没有解决。剧本还在反复修改，这都使她大为不满。等那天晚上她回家之后，还是放松不下来。她要研究、熟悉、饰演次日要拍的镜头，所以无法放松下来。那天晚上将要结束时，她不仅没有睡意，反而躁动不安，心慌意乱，一点儿睡意都没有了。因为病毒性感染综合征，此时她自然无法入睡。等她用一杯香槟酒服下一大把安眠药之后，才有了一些睡意。默瑞回忆说："她总是说：'清晨5点喊我。'我早上把事都准备好了，但她就是办不到。"玛丽莲几乎一夜没睡，等她两个小时之后（5月1日礼拜二下午7点）赶到电影公司，此时的她已是精疲力竭。

福克斯公司的化妆师阿伦——自从她1947年来福克斯阿伦就为她化妆——和服装师普莱彻见到玛丽莲之后请她进入化妆室先休息30分钟，之后再把她喊起来，为她拍戏做准备，但这是玛丽莲所无法完成的。显然她很痛苦。为了提神，玛丽莲一杯接一杯地喝下助手的浓咖啡，但还是无济于事。玛丽莲病弱的身子穿上戏服之后，开始在化妆室里漫无目的地踱步，仿佛进入催眠状态。结果她在吹风机前昏了过去。戏是没法拍了，等到上午7点35分大家都同意玛丽莲回家。还是那天的上午，她的新闻经纪人纽科姆向前来询问的记者证明回家是正确的决定："玛丽莲的抵抗力很低，因为她做过胆囊手术。那是一次大手术，要三四个月才能恢复（其实手术是一年前做的）。她正在节食，不能吃带油的食物。"

事实上，玛丽莲之所以恼火还不是因为修改剧本，她夜里无法入睡也不是因为剧本要修改。她无法进入有效的工作状态，其中的原因不是临时改变对白，连病毒性感染都不是引起她明显不适的原因。她之所以不知所措，原因是缺少自信，无法应付正在发生的重大变化。

玛丽莲的医生海曼有个形象的说法："医生喜欢用一个短语，所谓精神和身体，意思是心理上的和身体上的问题；这两方面经常要相互作用。当她（梦露）感到压抑时，她的抵抗力有所下降，所以才被传染。"这正是1962年4月《濒于崩溃》投拍后梦露要面对的问题。

此外，电影投拍之后，玛丽莲再次陷入孤独。福克斯的老总斯库拉斯相信玛丽莲的能力，但此时他正在生病。她信任的作家朋友约翰逊已经返回伦敦。玛丽莲身边没有朋友，剧中的台词不容易熟悉，剧中的情节她又不喜欢，于是《濒于崩溃》演变成一次漫长的折磨。日子一天天过去，或是人家打电话来请或是她自己过去，反正摄影棚是要进的。不幸的是，5月14日礼拜一，她却没能赶到片场。这之前的几天她几乎是独自在第五海伦娜的家里度过的，偶尔才外出一趟，如5月12日礼拜六，她到附近一家酒行花173.22美元购入一箱唐培里侬香槟酒，以此来打发无聊。

玛丽莲再次告病。亨利被迫又开始每天发布她的消息。进入拍摄之后的第二周，亨利急匆匆地来到片场，这一次他的消息有些惊人但又有些滑稽："梦露小姐的温度已经降到（华氏）98.6度，比正常体温才高了一点点。"满嘴牢骚的巴克·赫尔对这一消息并不满意，他辛辣地说道："我比上楼的人温度还高呢。"

玛丽莲无法拍片。丘克继续拍摄其他镜头。多年来都在传说，等到5月8日礼拜二，电影投拍的第三天，福克斯公司下令停拍，因为丘克拍的镜头不讲章法。但这一说法没有证据。丘克并没把自己关在福克斯公司或8号、14号、15号摄影棚里，他带领众人外出拍摄。5月8日，他和迪恩·马丁在纽波特港一家俱乐部里拍外景。这里要指出的是，男演员拍摄前面的几场戏，始终都很来劲；在说到玛丽莲告病在家和片中请来的两个孩子时，他不无幽默地对美联社记者说："开拍之后我们在影片中有几个小孩，现在他们都要读大学了。"

然而，此时的《濒于崩溃》已经比原订的计划晚了4天半。不幸的是，此后可能还将继续推迟。两天之后，5月10日礼拜四，玛丽莲告病的第16天，电影每天的进度表上注明，为了在6月27日礼拜三结束拍摄，在余下的时间里玛丽莲天天都要拍戏。因为玛丽莲在电话中仍然说自己有病，所以天天拍戏等于没说。福克斯公司的大人物开始着急了。还好，地平线上闪出一线希望。

玛丽莲答应5月14日礼拜一可能出来拍戏，她想在礼拜日下午安排一次见面会，讨论影片的故事。电影剧本作者伯恩斯坦是唯一被请的客人，地点自然选在玛丽莲那墨西哥风格的建筑里。1973 年，伯恩斯坦对美国电视记者斯哥特·卡恩回忆说："她在门口与我相见。她的头发上插着卷发夹子。因为足不出户，她面色苍白。她很友好，但好像精力不足。她的微笑很轻很轻的。"她先领着伯恩斯坦在家里转了一圈。伯恩斯坦说："她大笑说，家里没几件东西，因为从墨西哥购买的家具还没有运到。客厅里仅有一把椅子，她坚持让我坐在椅子上，她坐在地板上，她把剧本放在前面的咖啡桌上，我们一同讨论了几场戏。

"她很谦虚地提出建议，仿佛她觉得那些建议都不值一提。但她显然研究了自己的角色，如同一个称职的演员，她已经发现如何提高扮演的角色。另一方面，还是演员的作风，她的不少意见对她来说都挺好，但对故事来说又行不通。等我提出之后，表情马上从她的脸上消失，仿佛关掉了电流，等电流再次打开之后，她又继续讲她的意见，仿佛我一句话都没说似的。她并不与我争执，连我说的话都不提，继续讨论下面的问题。这样的反应我见过，这是电影演员正常的、简单的自我专注。其根源在于深度的、纯粹自然的自恋。"

他们讨论时，玛丽莲说到自己时改用第三人称，仿佛是恺撒。他们说到影片中玛丽莲要穿比基尼，这时她说："不要忘记，这里出镜的是玛丽莲·梦露。不要忘记，你们要把她利用好。"玛丽莲与伯恩斯坦和谐的讨论持续了 3 个小时。她还兴致勃勃地饰演了自己的角色，尤其是用瑞典口音的那组镜头，此时她在扮演丈夫的外国女人。玛丽莲演完之后伯恩斯坦击掌称好，她见状很高兴。但根据伯恩斯坦的说法，这次见面没有解决问题。他将这次见面视为玛丽莲要在影片和剧本上显示自己的权威。

"离开（玛丽莲的家）之前，她送了我一听墨西哥啤酒，又领我在房子外面转了一圈。"伯恩斯坦继续回忆说，"然后我们走进花园，她告诉我在哪里种树。她为这座建筑感到骄傲，显然这里对她很重要。她希望别人喜欢这里。"用伯恩斯坦的话说，他从那里离开之后，感觉像个"水手，站在没人把舵的船上，前面的水里又布满了礁石"。

讨论结束之后，精神为之一振的玛丽莲想把她的演出教练波拉·斯特拉斯伯格请过来，协助她解决拍片时碰到的其他问题，她请人家马上从纽约飞过来，进片场帮助她。这好像是一件很普通的事，但后来证明，波拉的到来又引出了新的问题，尤其是此时的玛丽莲又开始轻视斯特拉斯伯格。在众多问题上玛丽莲都怀疑自己的判断，作为演员对自己又不自信，所以她总是依赖别人的意见和判断——尤其是斯特拉斯伯格的，她让玛丽莲离不开她，结果造成了玛丽莲的逆反心理。

玛丽莲过去拍摄 5 部电影，波拉就在片场坐在演员的身旁，所以别人说她在默默地瓦解导演对玛丽莲的权威。这种工作作风自然要使波拉的为人大打折扣。每逢斯特拉斯伯格与玛丽莲的老板接触，她都要表现出咄咄逼人的态度。一碰到导演对玛丽莲讲出不好听的话来，斯特拉斯伯格必然要反驳他，说："她是伟大的演员。你不能这么对待她。"聘请她不省钱。1960 年拍摄《不合时宜的人》，4 周花掉玛丽莲 10 000 美元。仅 1961 年，她就赚了玛丽莲 20 000 美元。

然而，虽然梦露不喜欢波拉和她的丈夫李，她对他们二人出手依然大方。她花 11 000 美元为波拉购入美国电话电报公司（AT&T）100 股份额，还卖掉自己的债券资助李到日本研究戏剧。为他们夫妇二人在国外旅行付钱是常有的事。文件显示，1961 年波拉从巴黎给玛丽莲打电话，每次都是听者付款，电话内容是请玛丽莲付钱返回纽约。这次的花销是 411 美元，玛丽莲自然要承担下来。还是 1961 年，玛丽莲答应把拍摄《雨》的全部片酬 10 万美元送与李的演员工作室。1962 年 1 月，她把自己 1956 年出厂的福特雷鸟汽车白白送给了他们夫妇二人，一个月后，李的工作室因入不敷出就要关门停业，玛丽莲又在暗中为工作室捐款 12 500 美元。

5 月 14 日礼拜一，《濒于崩溃》再次开拍之后的第二天，波拉出现在片场。她先在玛丽莲的化妆室里陪她大约两个小时，等到上午 7 点 30 分，她准时出现在片场。伯恩斯坦回忆说："亨利走进片场，旁边还有一个身材矮胖的女人，她戴着一副好大的黑边眼镜，黑色的围巾裹在脑袋上。她这个模样活像俄国的女巫或吸血鬼德拉库拉的助手。片场的演职员给她起了个外号：黑爵士。亨利介绍说她是波拉·斯特拉斯伯格，李·斯特拉斯伯格的妻子，玛丽莲·梦露的私人戏剧教练……后来亨利独自返回，如释重负地说：'波拉喜欢这里的布景。'听他说话的口气，要是斯特拉斯伯格夫人不喜欢，那布景还非得拆掉不可。"

电影终于开拍之后，斯特拉斯伯格站在摄像机旁一语不发，注视玛丽莲拍戏。每当丘克大喊"停"，以此来宣布一组镜头的结束，玛丽莲总是将目光转向斯特拉斯伯格，等着她发出信号，或是点头或是摇头，以此来指示玛丽莲拍完的镜头用不用再拍。6月1日礼拜五拍戏时，与此相同的插曲不知发生了多少次。按要求，那一天梦露要从片场的楼梯走下来，其实不过是几个台阶。但是，因为斯特拉斯伯格对玛丽莲的动作不满，结果她上上下下走了十几次，等到戏剧教练满意才停下。波拉在片场的行为显然是越俎代庖，丘克对此大为恼火；他也因此讨厌波拉，二人发生争执。1990年，制片人亨利告诉福克斯公司："我认为他们（斯特拉斯伯格夫妇）对她一点用都没有。他们在她脑子里灌了不少东西，目的是想利用她。"亨利的说法还有待研究。

拍戏间歇，玛丽莲和波拉就找个没人的地方坐下来，认真讨论如何拍戏。等开拍之后，玛丽莲自然要把这种严肃态度带回片场。但他们拍的电影是一部轻松的喜剧，玛丽莲的严肃态度自然与要求不合拍，丘克被迫指出这一点，结果弄得演员和教练都不高兴。不仅如此，玛丽莲原想每天拍15页剧本，她的设想是真诚的，但令人啼笑皆非的是，丘克对此并未做出积极的回应。如彼得·布朗他们在《玛丽莲——最后的镜头》里所指出的，他"浪费了不少时间，半页剧本，9行对话，他几乎拍了27个小时，100多个镜头。"

为了遮掩自己的拖拉，同时也是为了瓦解玛丽莲的信心，丘克悄悄地（而且是很不准确地）向公司的老板打小报告，说玛丽莲在摄像机前的表现"没有用"，说她没法"与镜头协调"，结果重拍了不少镜头。但后来分析胶片发现，丘克的说法纯属子虚乌有。导演显然是早就痛恨梦露，所以才想在暗地里瓦解她和她的演艺事业。

玛丽莲在镜头面前很腼腆，对自己提出的建议总是犹犹豫豫的。但这个状态不久又发生了变化。有一天拍戏，玛丽莲款款地走到导演跟前，请求改变剧本里的台词。他居然同意了她的请求，这时的梦露如同变色龙，情绪为之大变，不再缩手缩脚的，竟高兴得拍起手来。别人能听她的意见，玛丽莲对此感到格外地欢喜，这场面又不能不使人为之动情。玛丽莲的信心提高之后，闸门随之打开，此后修改台词的事几乎天天都要发生，其中大多数自然都与查理斯小姐有关。玛丽莲要求，凡是剧本里提到赛德，不能使用"漂亮的、有魅力的或迷人的"等字眼，隐含的用意是，吸引这两个漂亮女人的丈夫，都要由梦露小姐一人完成，片刻都不能改变。

　　片中玛丽莲唯一一次要穿睡衣，在拍摄这组镜头时，修改剧本的事再度发生。她急于显露惊艳的身材，所以想修改剧本，多露些身体。出乎意料之外，导演暂时同意她的要求，玛丽莲又变得满心欢喜。丘克发现她很高兴，又发现这是顺利推进影片的好办法，他当即向演职员宣布，从那一刻起，有关剧本的任何建议和最后的修改都要先经过梦露的同意。

　　梦露对片中的一些情节并不喜欢，丘克的提议使她大喜过望。这个新角色又使她不知所措，一半的她害怕刚刚交到她手里的权力；另一半的她又从这刚刚接手的权力中得到了满足，不久之后证明，谁要胆敢夺走这项权力，她几乎能把人家杀了。

　　梦露和丘克二人都很讨厌斯特拉斯伯格，不过这位教练的存在对梦露还是有积极作用的，这是显而易见的。一连4天，从5月14日礼拜一到5月17日礼拜四，玛丽莲都能准时赶到片场，投入（至少是头3天）各个镜头的拍摄。第一天，她发现自己与一条极不配合的狗和不知如何是好的训狗师合不来。

　　这时的戏又集中在玛丽莲扮演的人物身上，她5年之后再度回家。这一次镜头要表现她与家里的厨师重逢。出乎大家的意料，这次拖延不是玛丽莲造成的，原因在那条狗的身上，一连数次狗对训狗师发出的暗号和指令都不理不睬。后来证明，与狗拍戏要比玛丽莲还难。

　　那个畜生就是趴在游泳池边上，不听摆布，梦露也没法说出她那句短短的台词"过去我总到这儿来"。拍了一次又一次，玛丽莲白金色的头发在硕大的弧光灯下闪闪发光，她被逗得咯咯笑个不停。这组短短的镜头"在整个片子里不过15秒"，几乎反复拍了一天。但令人感到不可思议的是，谁也没有想到换掉这条不听话的狗，或把这组镜头统统删掉。

　　多年来，总是有人说玛丽莲"不在状态"，在《濒于崩溃》的片场动作迟缓。问题的真相是，玛丽莲好不容易赶到片场之后，来到摄像机前面，这时的她几乎总是状态极好的。她能完成自己的角色，拍起戏来是个名副其实的演员。弗雷斯诺蜜蜂报记者斯哥特也能证实这一点。他曾经到片场探班，亲眼看见玛丽莲注意力集中，喜欢说话，能提出见解，而且还很友好。

他写道："那个（与狗）的镜头拍完之后，玛丽莲返回化妆室，轻轻扫了扫合身的外衣，然后穿上卡普瑞裤子和毛衣。她打开一瓶香槟，说：'我感觉真好。'她看上去也是如此。"他问她有没有意识到在好莱坞拍戏总要处于兴奋状态。她回答说："这个问题，我从来都没留意。也许是因为我总是匆匆忙忙的不想迟到，所以没留意我周围的其他人都很兴奋。"他最后写道："我问玛丽莲想不想再婚，这时她的目光一闪一闪的。她说出的回答是任何新闻经纪人都不能同意的。'我要永远独身下去……现在还没有想法。'"毫无疑问，玛丽莲又找回了状态，对这个影片和她的未来充满热情。

那天拍片结束后，斯特拉斯伯格依然形影不离，玛丽莲钻进汽车公司的凯迪拉克，回家后换下衣服，驱车到附近布兰特伍德的商场采购东西。她的司机晚上 9 点 15 分准时将她们送回第五海伦娜。那天租车的开销（102.43 美元，其中有 15% 的小费）足以证明她大手大脚的花钱习惯。

一天之后，玛丽莲乘坐租来的汽车返回片场，这次拍摄的镜头依然集中在女主角回家之后的感情戏上。在一组令人难忘的、揪心的镜头里，女演员要与她的两个孩子相见，他们和家里养的狗不同，都没有认出她来。开拍之前，为了让小演员从从容容地拍戏，玛丽莲花了不少时间与他们接触。片场的人都能证实，玛丽莲的做法使他们大为感动。他们都知道，玛丽莲是最想当母亲的。

那天拍戏皆大欢喜，之后玛丽莲离开电影公司。传说，玛丽莲在好莱坞出席了好几次晚宴，其中一次是专为利里医生举办的，他是哈佛大学的心理医生，专门研究改变意识和丰富思想的药物。玛丽莲好像急着要见他，在他们短短的幽会里，经她的请求，对方显然向她推荐了麦角酸二乙基氨基化合物，一般都把这种药物称为 LSD。据说他们二人有染。他后来说，他们"开车兜风，在海边散步，服用了（流行的）镇静片"。

我对一批可信度极高的笔记、文件、日记和资料翔实的传记研究之后，足以证明上述插曲从未发生。其实，他与传奇女星艳遇一事都是他服用 LSD 的后果，后来他又把传说讲述给他的众多徒子徒孙。最终，好像利里自己也开始相信确实见过梦露。事实上，他把肯尼迪总统 41 岁的情人、社交名流、画家玛丽·梅耶和梦露搞混了，玛丽确实找过利里，请求服用 LSD。因为玛丽经常到白宫与总统见面，显然是她使总统喜欢上大麻的。

那天玛丽莲回家之后，整个晚上都在演练第二天的台词，此外她还要为即将到来的生日晚会练唱歌曲，这是一次重要的晚会。一天之后，5月16日礼拜三，她返回福克斯公司，但体温又升到了令人担心的华氏99.2度。当这个消息传出之后，自己承认是玛丽莲敌人的巴克·赫尔扫兴地说："如此一来，这一周又白搭了。"他错了。梦露在片场坚持了一整天，拍完了和那两个孩子在游泳池旁边的镜头。（那天下午，午饭休息之后，她1点20分返回14号摄影棚，但2点55分才赶到片场。）

她继续为这部影片和片中的她感到自豪。拍片结束后，她几乎每天都要拜访影片编辑大卫·布莱瑟顿，因此她能最先看到影片"每天的成果"（实验室能做出前一天拍完的胶片）。她自然要问她在镜头里的表现，大卫告诉她，她是"极为优秀的"，她听后喜不自胜。玛丽莲的公关专家亚瑟·雅各布斯回忆说，他们好不容易才把玛丽莲拉出来，说她悄悄从后边进去，抢着看播放的镜头，等灯亮之后又开始评价，说要是换个角度她的效果可能更好。雅各布斯1982年回忆说："当然，一般人是不这么做的，除非他不想和导演、剧组和公司站在一边。"为了不让梦露说长道短，丘克索性把放片时间改在下午，改在一个秘密的放映室里进行。

5月17日礼拜四，玛丽莲返回摄影棚，但仅仅工作了4个小时。12点30分，一架直升机降落在14号摄影棚外的大院子里。这架飞机来接梦露、她的新闻经纪人纽科姆和教练波拉·斯特拉斯伯格，要把他们送到洛杉矶国际机场，然后再从那里搭乘机赶往纽约。星期六，玛丽莲将在麦迪逊广场花园参加"纽约的总统生日庆典"，这是一次全明星活动，原来有两个目的，一是为民主党筹款；一是祝贺约翰·肯尼迪即将来临的45岁生日。

4月10日礼拜二，梦露应邀参加全明星庆典的消息对外公布，此前一天她已经告诉福克斯公司管事的，说她有意前往。之前说法各有不同，但邀请玛丽莲的消息确实来自国际名人服务公司的名人经纪人厄尔·布莱克威尔，他是从执行制片人、著名的百老汇作曲家理查德·阿德勒那里接到指示的。阿德勒与博比·肯尼迪有联系，博比的指示又来自肯尼迪总统本人。

4月13日礼拜五，阿德勒给玛丽莲的纽约公寓打电话，告诉她他刚刚为她写完歌词，她说一定要为这次活动穿一件"历史性的晚礼服"。这项承诺她是要兑现的。尺寸 5 号的晚礼服出自 54 岁的法国服装设计师让·路易斯·贝瑟尔德特，此人多次获奥斯卡提名。晚礼服仿造演员玛里妮·德特里希在伦敦演出时穿过的那一件，款式入时，里外透明，穿在身上闪闪发光。让·路易斯·贝瑟尔德特为女演员里塔·海沃斯 1946 年的影片《吉尔达》设计过一件黑缎无吊带礼服，还为德特里希的世界巡回演设计过极为合身的演出服装，并因此闻名于世，不久之后他将再次进入大家的记忆，因为他为玛丽莲设计了晚礼服，1962 年 5 月 19 日礼拜六，玛丽莲将穿着这件衣服以唱小夜曲的风格为美利坚合众国总统献上一首《生日快乐》。

玛丽莲接到邀请之后马上向好莱坞梅尔卢斯大道 5335 号的西部服装公司定做这件丝质晚礼服。玛丽莲请求让·路易斯："我想让你设计一件真正历史性的晚礼服，那种炫目的晚礼服。"如他所说，这款服装力求"以全新的方式展现她刚刚瘦身后的轮廓"。

至于服装到底花销几何，多年来有不少猜测——有作家说 3 000 美元，还有两个作家说是 7 500 美元或 12 000 美元。事实上，这款服装的费用是 1 404.65 美元，这里包括税款、材料、手工费和加班费。晚礼服自身的费用 1 027.36 美元，手工缝制的 2 500 颗人造钻石和晶片 321.89 美元，玻璃珠 55.40 美元。为了这件炫目的衣服，玛丽莲又花 35.68 美元买了一双白色高跟鞋。这项总额 1 440.33 美元的花销是玛丽莲 6 月 8 日礼拜五用手签支票销账的。

晚礼服的事她对外人一字未提，就连她的女管家默瑞对此也是一无所知。玛丽莲先看到了让·路易斯手绘的草图，草图是他到玛丽莲家中拜访时捎过来的。他和他的助手伊莉莎白造访时先由默瑞在门口将他们接入，然后再送入玛丽莲的卧室，房门关上之后，兴奋不已的她请来者量尺码。1973 年，让·路易斯接受温尼伯格自由报的采访，他回忆说："我带着裁缝来到她家。她一般都不准时，我们在外边等候，她用香槟酒和鱼子酱款待我们。"最后她终于出来了，这时的她赤着脚，身穿一件睡袍。他回忆说："她敞开睡袍，睡袍下面没穿衣服。她说：'如果你要为我穿衣服，那我就让你看看我的身材。'我被吓了一跳。我这个人不大方。她的行为并非出于恶意或无耻。她一点都没有意识到裸体意味着什么，不过是以为，要是身上没有衣服，我量她的尺码能更容易。"

伊莉莎白1962年回忆说:"她是个大好人。她很善解人意,你为她做一点事她都领情。我在这行做了29年,与不少明星打过交道,但玛丽莲确实与众不同。我为她做衣服,她要感谢我十几次,好像我帮她做了一件大事。"

玛丽莲为肯尼迪的生日一连彩排3周,累得精疲力竭。玛丽莲不惜一次次地排练,在福克斯拍戏那些日子里,午休时她要接受电影公司音乐导演纽曼的指导,从摄影棚回家之后,她每天夜里还要演练。玛丽莲的朋友们动情地回忆说,连她在浴盆里洗澡的时候都在练唱那首歌。为了听到自己的演唱效果,她还用录音机将歌曲录了下来,这台录音机是格林森大夫借给她的。

5月17日礼拜四终于来临,此时的她自然是兴奋不已,因为她将匆匆离开摄影棚的大门,登上直升机,飞往洛杉矶国际机场。(与流行的说法不同,男演员彼得·劳福德没和她一同登机。)在她的行李和同事之外,与她相伴的还有两件东西:一是1954年出版的《无事不能的小发动机》,这是瓦蒂·派普就积极思维撰写的儿童读物,是拉尔夫大夫的女儿送与她的礼物;另一件是一枚棋子,这是个骑士,棋是她2月从墨西哥买来的。为了巩固自己的信心,玛丽莲想在演唱时把这个棋子包在手绢里攥在手上。不幸的是,她在纽约时这枚棋子总是被她不知放在哪里。

玛丽莲、波拉和纽科姆赶到机场后又飞往纽约的艾德尔怀尔德机场。她雇来的专车等在那里,之后又将她们送到东57街444号公寓。到达公寓之后,玛丽莲的私人秘书梅·莱斯赶了过来。那天晚上,玛丽莲在纽约的新闻经纪人约翰·斯普林杰把她从家里接走,送入附近东58街第五大街767号的宾馆。《生活》杂志专栏作家理查德·梅里曼和他的助手芭芭拉正等着要采访她。

梅里曼坐在靠近吧台的餐桌旁,要了香槟酒,告诉玛丽莲《生活》想要对她做深度专访。梅里曼发现玛丽莲有所顾忌,解释说她可以借此毫无保留地讲述自己的生活、婚姻、制片厂的那些老板、作为银屏偶像如何看待名声和地位,如此一来能使批评者闭嘴,不然他们总是说她不是靠自己闯出来的。玛丽莲一边喝唐培里侬一边倾听。她先是提出很多问题,之后才接受采访建议。最后大家都同意把采访安排在她布兰特伍德的家里。他们刚要商议何时进行采访,玛丽莲突然宣布说:"彼得·劳福德在楼上。我们为什么不去拜访他呢?他告诉我进城后要去看他。"

四人同意上楼。他们喝完杯中的酒后来到电梯旁，乘坐电梯，来到33层楼的10楼。大家来到劳福德的房间，玛丽莲敲门。开门的人不是劳福德，是个裹着浴巾的青年。玛丽莲既感到惊讶又感到尴尬，但很有礼貌地对年轻人说："我们找劳福德先生。"年轻人一时语塞，站在那里目瞪口呆。他显然是大为震惊，因为他面前的人居然是世界著名影星，但此时的他身上几乎没穿衣服。玛丽莲继续以镇定的口气说："他一定是在另一个房间里。"还在发愣的男青年最后才喃喃地说："是的。是的。他一定是。他一定是。"玛丽莲谢过青年，转身离开。

女演员和她的三个同伴又返回电梯，这时她不禁咯咯地笑了起来。她说："他大概以为自己喝醉了。他看见了好几个面若桃花的玛丽莲。"四人来到宾馆的接待室，打听劳福德的下落。服务员证实，劳福德是在宾馆下榻，但晚上出去了。谁也没有追问此话是真是假。

他们与梅里曼和芭芭拉告别之后，斯普林杰邀请玛丽莲与他的妻子共进晚餐，他以为玛丽莲晚上没有安排。玛丽莲婉言相拒，说她忙了一天有些累了。但真正的原因是，她不喜欢这种施舍的行为，知道这所谓的善意并不合适。根据他人的说法，玛丽莲独自返回公寓，这是她此前演出的无数次插曲之一，独自面对冰箱里无法下咽的冷饭。但真相与此大不相同。

事实上，那天早些时候，她刚一到家就在梅·莱斯赶到之前先给比克曼商店打了电话，之后又给附近的菲茨和儿子肉店打电话，要了不少吃的东西。商店送来的食物有英式糕点、羊排、牛排、鸡、洋蓟、黄瓜、鸡蛋、萝卜、草莓酱、切德干酪、奶酪、玉米、草莓、菊苣和牛奶，那天夜里离开斯普林杰夫妇之后，玛丽莲与纽科姆和斯特拉斯伯格狠狠地吃了一顿。那天早些时候从麦迪逊大道1217号卢利亚葡萄酒和烈酒行花125.89美元选购的酒精饮料帮众人送下了这顿晚餐。玛丽莲显然没留意自己的胖瘦，或者也不想在总统这次晚会来临之前减少自己的饮食。

5月18日礼拜五，这天开始就不顺，还没到上午8点，玛丽莲就被20世纪福克斯公司的"违约"通知弄醒了。这份文件是他们派人递过来的。经公司驻纽约办公室发出，指控她在最近的影片里"没能工作"，警告她如不履行对公司承担的义务将面临"严重后果"。玛丽莲大为恼火。福克斯公司明明知道她外出的目的，而且还祝福她圆满顺利。她怀着一腔怒火开始了这一天。此时，为肯尼迪演出才是她唯一上心的事。

上午9点30分，玛丽莲和她的同事走出公寓，下了电梯，钻进等在外面接她的汽车，这辆车是她从西60大街30号那家租车公司租来的。他们先要拜访化妆专家玛丽娅，在对方的家里研究方案。之后，他们要见梦露的发型师肯尼斯。那天晚上10点，玛丽莲返回公寓之后，在斯特拉斯伯格和纽科姆的注视和指导下，玛丽莲又唱了一遍《生日快乐》。然而，她的戏剧教练对这首歌感到困惑。晚上试唱之后，她对女儿苏珊说："这首歌她越唱越性感。要是她不停下来，这首歌能变成拙劣的模仿。"

5月19日礼拜六，就是要唱歌的那一天，玛丽莲被送到麦迪逊广场花园，与其他明星一同彩排。这次盛会的准备工作由制片人理查德·阿德勒和英国出生的传奇人物科利夫·大卫负责，后者以主办晚会著称，也是这次盛会的共同组织者。按要求梦露要在上午11点赶到，她大约在11点25分才露面。大卫回忆说："玛丽莲迟到了。反正她总是迟到。每个人都按要求的时间到达，但还是比安排晚了一个小时。"

"艺术家里我就怕与玛丽娅·卡拉斯见面，"他接着说，"因为她在演艺圈里是最难对付的女人；无比聪明，但很难相处。我真害怕。她坐车赶到时，我告诉她，我们都晚了，她说：'哦不。'麦迪逊广场花园里的空调把室内变成了一个好大的冰箱，她说：'我不能坐在这里。我没法发音。你能不能帮我找个不太冷的地方？'于是我给她找了一个杂物间，请她在里面先待一小时。她对我非常非常好。（喜剧演员）杰克·本尼因为迟到很不高兴。他真的生气了。玛丽莲穿着普通的衣服赶来彩排。"在花园的两个半小时里，梦露自始至终都戴着墨镜，围着白色的头巾，上身穿一件长袖墨绿色普奇外衣，下身是白色的卡普瑞裤子。此时，他们正在为《生日快乐》酝酿一个更诱人的想法。大卫回忆说："理查德·阿德勒有个秘密，他最初想请梦露在顶层的楼台上演唱，等她唱歌时把室内所有的灯光都照在她身上。但这个想法没有实施。玛丽莲不同意。"

大约午后2点，玛丽莲在纽科姆的陪同下唱了几遍之后，匆匆从楼里出来，钻进等在外面的汽车，返回公寓，为这次晚会所做的彩排才真正开始。

此时《濒于崩溃》已经比原定的进度晚了7天半，所以福克斯公司内谁也不相信他们的老板居然允许玛丽莲停止拍戏，飞到纽约去彩排。亨利辛辣地调侃说："这件事足以使片场的所有人投向共和党。"对于电影公司来说，玛丽莲的外出真不是时候。5月15日礼拜二，玛丽莲外出的前两天，福克斯公司在纽约召开了年度股东大会，公司总裁斯库拉斯不得不面对300股东的冷嘲热讽，他们对公司的经营大为不满，股价下跌，尚未拍完的《埃及艳后》花销激增，而且还为女主角伊莉莎白·泰勒提高工资。斯库拉斯战战兢兢地告诉大家，上一年度公司亏空达2250万美元，股东闻听后更是怒不可遏。公司为了安抚股东，请他们欣赏公司刚刚拍完的片子，但蛮横的股东并不买账。一个愤怒的股东高喊："我们是来办正事的，不是来娱乐的！"

大家心里好像都感到不安。所以，等玛丽莲通知公司她有意外出时，公司老板无奈之下想劝她打消这个念头，因为她一走，戏自然要停拍。在她离开的前一周，公司总管找了她好几次。他还以严肃的态度告诉大家，公司不允许玛丽莲离开。

总管的态度是极为认真的，5月11日礼拜五，公司专为此事写了一封信。信上说：

> 玛丽莲：你知道按进度，我们的片子已经落后了。我们在这里已经投入大笔资金，所以再拖下去我们是无法承受的。我知道这次活动对你可能很重要，但我们还是无法同意或默许你离开，所以我代表20世纪福克斯公司，向你提出明确要求，在5月14日至18日那一周，你一定要在公司完成自己的工作……

纽约最著名的律师之一米尔顿·古尔德当时也是公司董事会的成员，他也反对玛丽莲离开洛杉矶。在接受西摩·赫什的新书《卡米洛特黑暗的一面》采访时，古尔德回忆说，司法部长博比·肯尼迪亲自给他打电话，请他同意玛丽莲离开。他对博比说："听我说，部长，无论如何我们都不能同意。这个女士制造的麻烦不计其数。我们已经入不敷出。我不能同意。"根据古尔德的说法，博比大为恼火，骂他是"犹太恶棍"，之后摔掉电话。司法部长从来没有为他的粗鲁行为道歉。

玛丽莲外出的事，迪恩·马丁也很恼火，他权衡再三，没有接受出席这次盛会的邀请，因为他放不下《濒于崩溃》。此外，如果他接受邀请，整个剧组就要停工两天，他不想承担这个责任。乔治·丘克也对玛丽莲的选择不以为然。他告诉作家伯恩斯坦，说他无能为力，无论他和公司说什么，玛丽莲都要我行我素。影片的制片人也很恼火。亨利悻悻地说道："她一点责任感都没有，对公司老板也不尊重。她对他们没有感觉。"

然而，玛丽莲对这些不感兴趣，她横下心来要为合众国总统唱歌，周围的人谁也别想阻拦。

后来亨利承认，他们浪费了一次机会，公司应该和玛丽莲一起赶往纽约，借此机会为影片搞一次宣传，但他的说法也是事后聪明。1990年，他在公司为《濒于崩溃》拍摄的纪录片里说："当初我们应该宣传《濒于崩溃》，不要担心她的离开或电影公司的想法……等公司明白过来之后，我们应该准备自己的摄像师，拍她和总统。这才是我们应该做的。相反，他们问：'她怎么能去呢？'"

当然，公司老板不是不明白，（在严重的麻烦来临之前）就已经祝福玛丽莲的纽约之行了。5月15日礼拜二，玛丽莲接受作家鲍勃·托马斯采访，对此也没有提出不同的意见，她说："我6周前（4月9日礼拜一）就告诉公司我要离开。我认为能在合众国总统面前出场是很光荣的事。再说了，我是民主党人。"

因为女主角正在纽约，其他与拍戏有关的事都已做完，再想继续拍摄《濒于崩溃》是不可能了。等14号棚外挂出"停拍"的牌子时，大家对此都没有感到惊讶。用好莱坞专栏作家桃乐茜的话来说："最后电影公司认输了……"

1960 年 10 月，内华达州的金字塔湖。拍摄《不合时宜的人》间歇，玛丽莲和她的第三任
丈夫、剧作家亚瑟·米勒。

1960年11月11日，纽约。玛丽莲宣布与丈夫亚瑟·米勒离婚后，正想走出公寓。她说："亚瑟是优秀的作家，但我认为，与丈夫相比，他更适合当作家。"

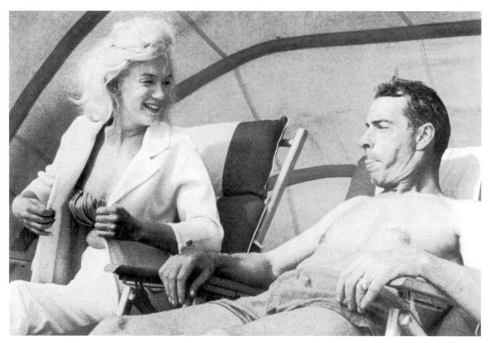

1961年3月22日，佛罗里达州莱丁顿海滩。迪马奥朝等在那边的记者吐出舌头，因为他们打扰了他和玛丽莲在海边的安静时刻。

1961 年 6 月 14 日，拉斯维加斯的桑德斯酒店。半夜时分，迪恩·马丁宣布庆祝自己的 44 岁生日。玛丽莲坐在台边上，手里拿着香槟酒，正随着音乐轻轻摇摆。她为每个演员热烈地鼓掌，正用羡慕的目光望着台上演出的西纳特拉。和她坐在一起的是马丁和她最大的银屏对手伊丽莎白·泰勒。

1961 年 6 月 15 日，艾德尔怀尔德机场。玛丽莲从洛杉矶返回纽约。在一片口哨声和闪光灯的包围下，她对记者说"无可奉告"，当时记者问她为何匆匆返回。

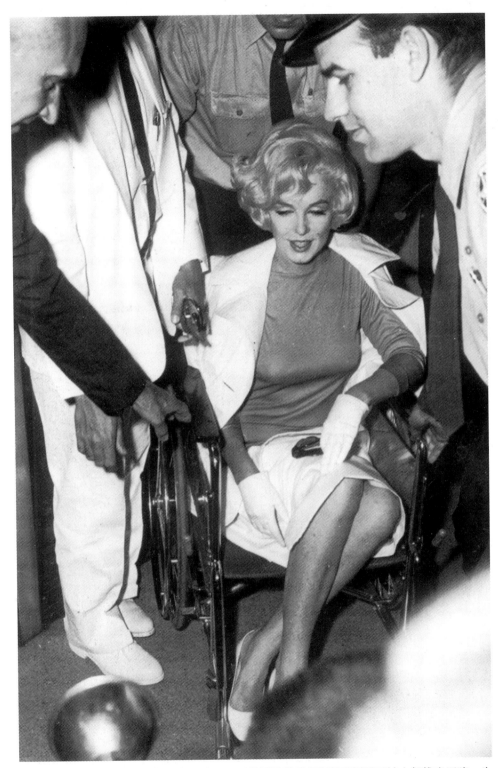

　　1961年7月11日，纽约综合医院。玛丽莲因胆囊手术康复两周后正被人们推出医院。为此，她将发型师肯尼斯从欧洲召回。肯尼斯说："我从欧洲飞回纽约用了3个小时，为的就是给玛丽莲做头发。"

　　1961 年 8 月 11 日，比弗利山酒店。玛丽莲答应 14 岁的芭芭拉提出的请求，因为后者罹患骨癌，不久将要死去。在小姑娘有限的生命里，她提出请求，希望得到玛丽莲与她的小黑在一起的照片。原来小姑娘很喜欢收藏玩具狗。玛丽莲应允下来。8 月 11 日礼拜五，玛丽莲拍下照片，之后照片于 8 月 23 日礼拜三送到小姑娘的床头，照片上还有玛丽莲的亲笔留言："玛丽莲送与芭芭拉。怀着爱。"

1962 年 3 月 5 日，金球奖颁奖典礼。场内明星云集，此时与玛丽莲相伴的是勃兰诺斯。他此前几天刚刚到来，提议与玛丽莲见面。他的出现自然在美国新闻里引发出一片传言，说玛丽莲的生活里来了一个"拉丁恋人"。然而在月光下的几次散步之外，二人并没有谈情说爱。这次盛会数日之后，玛丽莲显然对他的陪伴感到乏味，又因为语言障碍，所以勃兰诺斯正在打点行李，准备返回墨西哥。

1962 年 3 月 5 日，金球奖颁奖仪式，比弗利·希尔顿酒店国际舞厅。根据好莱坞国外新闻协会所做的一项民意测验，所谓玛丽莲声望下跌的传言证明是子虚乌有的，她被授予世界最受欢迎女演员奖。照片中的男演员为罗克·赫斯顿。

　　1962 年 4 月 10 日，洛杉矶 20 世纪福克斯电影公司，玛丽莲正为《濒于崩溃》试镜。这是她 17 个月来首次在片场出现。这是再生的梦露，22 英寸的腰围和不足 120 磅的身材，焕然一新的她较之过去更成熟，更有魅力。

1962 年 4 月 10 日。20 世纪福克斯，洛杉矶，《濒于崩溃》试妆照。

玛丽莲一连 6 个小时在照相机前摆姿势、行走、微笑、大笑，而且先后换了 7 个发型和 15 套服装。

　　1962 年 5 月 19 日，麦迪逊广场花园，纽约。为肯尼迪总统晚会彩排间歇时玛丽莲与这次活动的组织者之一科利夫·大卫坐在那里闲聊。他承认："她是今天晚上的重头戏。今天晚上的演员阵容强大，但她才是最耀眼的。"（科利夫·大卫收藏）

　　为了留念，玛丽莲在墙砖上为科利夫·大卫写上如下文字："科利夫：爱与吻，玛丽莲·梦露。"这句话在这里首次与读者见面。在右下角上还能见到斯特拉斯伯格夫妇的签名。（科利夫·大卫收藏）

1962 年 5 月 19 日，麦迪逊广场花园，纽约，下午 1 点 30 分。玛丽莲在 12000 铁杆民主党党员面前，以半唱半说的调子，唱出了极为放浪的、充满挑逗的、超级缓慢的《生日快乐》，如此唱法此前谁也没有听过。在演唱之前，她心里想："有上帝为证，我要唱这首歌，哪怕是我做的最后一件事也在所不惜。"

玛丽莲那件世界著名的晚礼服的付款通知。（巴德曼收藏）

1962年5月19日，东69街33号，纽约，演出后的私人聚会。在这张世界著名的照片里，仍然身着那件传奇式晚礼服的玛丽莲站在总统与博比中间。她的左手拿着将要送与总统的礼物，这是一块18克拉、价值5000美元的劳力士"总统"款金表（见下图），上面还刻着："杰克：怀着永远的爱，玛丽莲，1962年5月19日。"表盒里面还写了一首短诗："让恋人们叹息 / 花开音乐响起 / 让激情在嘴唇和眼睛上燃烧 / 让幸福充满欢乐的世界 / 让金色的阳光照满天空 / 让我爱 / 或让我死！"这是玛丽莲唯一一张与肯尼迪总统或博比的照片。

STATEMENT   JUDSON 2-763

Exec - U - Car Inc.
30 WEST 60TH STREET
NEW YORK 22, N. Y.

DATE May 22, 1962

ACCT. Miss Marilyn Monroe(Account)

444 East 57th Street & 12305 Fifth Helena Dr

New York City, N. Y.   Los Angeles 49,
California.

DATE	VOUCHER NO.	CHARGES	BALANCE
		BALANCE FORWARD ➡→	
5-17-62	#62-1870		$21.60
5-18-62	#62-1871		101.15
5-19-62	#62-1875		142.60
5-20-62	#62-1876		37.30
			$302.65

Thank you again for letting Exec-U-Car Inc.
serve you. Do tell us if the service is not
satisfactory at any time.

Incidently, we attended the Birthday Party of
President Kennedy, and surely enjoyed it all.
You were certainly wonderful, Miss Monroe.

JUN . 1 1962
CR#1639

1962 年 5 月租车公司为玛丽莲开具的用车说明，时间从 5 月 17 日到 5 月 20 日，这段时间她都在纽约为肯尼迪总统生日晚会彩排。（巴德曼收藏）

　　1962 年 6 月 1 日，查维斯·拉文体育馆，洛杉矶天使队的老巢。玛丽莲匆匆忙忙地写了一个讲稿，她要在破记录的 51584 人面前发表讲话。玛丽莲不住地飞吻，呼吁大家为肌肉营养失调协会捐款。晚上体育馆里刮起了大风，玛丽莲一次次按住头上的帽子。天使队最小的队员、外场手皮尔森也在照片上。这一天不仅是玛丽莲 36 岁的生日，也是她最后一次在公开场合露面。

1962 年 8 月 4 日，布兰特伍德第五海伦娜巷 12305 号。玛丽莲逝世那天下午 4 点左右，她在商店花 63.53 美元买了西红柿、蜂雀食槽还有其他食物，外加牵牛花、秋海棠、景天草和陶罐等物。这是商店 8 月 1 日开出的清单。（巴德曼收藏）

1962 年 8 月。默瑞承认："我不喜欢被称为玛丽莲的管家。字典上大概没有词语能准确描述我的角色。我是她的司机、厨师、房产经纪人、社交秘书。"事实上，默瑞是格林森大夫派来的卧底，她从来没告诉玛丽莲，她过去做过心理护士。1951 年以来，默瑞就在从事这一职业。

　　1962 年 8 月 5 日，玛丽莲家的后院。草地上躺着两个玩具，一个是老虎，另一个是羊羔，前一天晚上玛丽莲和小黑玩完之后将两个玩具丢在这里。

　　1962 年 8 月 8 日，西伍德村殡仪馆的小教堂内，太平洋时间下午 1 点（东部时间下午 4 点）。拉尔夫·格林森医生（玛丽莲的心理医生）、他的妻子和两个孩子参加玛丽莲的葬礼。

1962 年 8 月。玛丽莲逝世的消息一连数日出现在世界各地报纸的头版上。

1962 年 8 月 8 日，西伍德村殡仪馆。必定是痛心不已的迪马奥和他的儿子在玛丽莲的葬礼上。

第七章

《濒于崩溃》（二）

1962 年 5 月 19 日礼拜六—1962 年 6 月 12 日礼拜二

5 月 19 日礼拜六下午，在肯尼迪总统的募捐大会数小时之前，他一语双关地说："大多数政治家来纽约之后，都要在沃尔道夫安营扎寨，但我的大本营是麦迪逊广场花园。"这次盛会一是为了他的 45 岁生日；一是为了结清民主党 1960 年总统竞选留下的债务，但后者才是重要的目的。当时正赶上纽约城 5 年来温度最高的一天，那个 5 月的气温也是有史以来最高的。午后接近傍晚，气温还有灼人的华氏 99 度。

肯尼迪总统在赶到花园之前，为了避热，特意在富丽堂皇的四季饭店举办了一次晚宴，时间定在 7 点 5 分。他入场之后对 375 名来宾表达谢意，这些人不惜花费 1 000 美元购买门票，总统亲自到各桌答谢，与来宾一一握手，虽说玛丽莲·梦露也是出钱买票的人，但她当时没在饭店，她正在为这个盛大的夜晚打扮自己。

5 个小时之前，玛丽莲返回公寓之后稍事停留（一个摄影爱好者碰巧拍到了她为一个上了年龄的男性粉丝签名后拥抱的画面），之后玛丽莲乘车前往丽丽·达奇大楼，她要用 150 美元的费用请她的发型师肯尼斯将她的头发做成最著名的发型，头发朝一边甩开。（众多历史学家坚持说玛丽莲的发型是宋米奇做的,其实不然。不仅宋米奇与玛丽莲互不相识,他与肯尼迪家族也素无来往。)
之后,在纽科姆的陪同下,梦露再次钻进她雇来的豪华轿车,匆匆赶回公寓,
因为化妆师玛丽娅正等在那里为她做 125 美元的特别美容。美容之后,她在女
佣海泽尔·华盛顿的帮助下,费了好一番周折之后,才连钩带缝地穿上了那件
炫目的晚礼服。与此同时,她租来的黑色轿车始终等在外面。

8 点 50 分,肯尼迪离开四季饭店,刚过 9 点 10 分,抵达花园。一路上肯
尼迪心里乐滋滋的,因为自从 1960 年 11 月以来,民主党终于摆脱了外债。他
对等在那里的记者开玩笑说:"现在我手里有的就是联邦政府的赤字。"这次大
会的门票分成三等,有 100 美元的,500 美元的,1 000 美元的,所以民主党
轻而易举就完成了原定目标 11 300 美元。(这次总计收入 100 万美元。不过,
那天晚上场内并非座无虚席,17 500 购票人里仅有 12 000 人到场观看演出。)

兰登·约翰逊副总统在那里等候肯尼迪进入他的私人包厢。这时全场起立
欢迎总统,"生日快乐"的吼声响成一片。总统入场之后,乐队奏起《向元首致敬》,
这是专为美国总统演奏的曲子。一向以乏味著称的麦迪逊大道花园顿时充满节
日气氛,到处挂着红色的、白色的和蓝色的小鸟,数以百计的气球上装点着美
国国旗,那天晚上这些气球从天花板上飘下来好几次。

过去总有人传说,整场晚会的主持人都是肯尼迪的妹夫彼得·劳福德,其
实不然。上半场的主持人是广播与电视喜剧演员杰克·本尼。将近晚上 9 点
30 分晚会才开始,这要比预定的开始时间整整晚了一小时。一分钱都能攥出
汗来的主持人向来以抠门儿著称,他先拿自己开了个玩笑,晚会从此开始:"我
是自己掏腰包从加利福尼亚飞过来的,再说我连民主党人都不是,这是我对总
统最大的爱戴。"等笑声消失之后,他又开了一个玩笑,"令我感到无法理解的是,
坐在摇椅里的男人居然能有如此年轻的妻子。"(他是指肯尼迪 1955 年从 P&P
坐椅公司购入的那把摇椅,总统为了减轻后腰的疼痛,有时就坐在摇椅里。)

本尼讲话之后杰罗米·罗宾斯的《芭蕾 USA》登台,跳舞的演员有电影
明星亨利·方达、喜剧演员吉米·杜兰特、歌唱家艾拉·费茨杰拉德、哈里·贝
拉方特(最后才替代喜剧演员丹尼·凯上场)、皮基·李(刚从病床上下来)、
玛丽亚·卡拉斯(刚从欧洲飞过来,将演唱音乐剧《卡门》里的歌曲)和朱迪·加
兰(刚刚从外地飞来,她正在拍摄《我能继续演唱》)。

总统在包厢里看了整场演出，自始至终他都坐在中间，一边是他的母亲露丝，一边是安娜·卢森堡，此人是前国防部长助理，也是这次演出的合伙赞助人。总统显然很放松，他决定要痛痛快快地度过自己的生日。总统双脚高高地搭在围栏上，不紧不慢地抽着雪茄，时而高兴地大笑，时而鼓掌。

按要求参加演出的艺术家将要在后台集合，然后在8点之前回到各自的座位。这一次玛丽莲又来晚了，8点40分才到，陪同她的是纽科姆和当天晚上的男友、公公老米勒。来花园之前，玛丽莲非要先在公寓里为老米勒唱一遍《生日快乐》；有人说玛丽莲的这首歌因为总统才变得更为生动，其实歌曲后面的灵感来自老米勒，她那天晚上的歌曲是经过老米勒的点拨才变得如此动听。

玛丽莲身穿那件炫目的、新做的、没有内衣的晚礼服，从轿车上下来之后马上来到后台。在接下来的2小时50分钟里，有人看见她和在场的大牌明星不停地寒暄和闲聊。她喝了香槟酒之后的样子被百老汇演员兼摄影师维克多·赫洛拍摄下来。因为玛丽莲担心负面宣传，所以她明确地告诉众人，这里也有肯尼斯，她不想在晚会上被人看见有特定的哪一个男性在身边，唯一留下的是相对安全的老米勒。

夜里11点30分，晚会大约进行了两个小时，联合主持人彼得·劳福德再次来到讲台后面。这一次他将宣布玛丽莲出场。

他最初的几次尝试好像都没成功。他宣布："总统先生，在你的生日晚会上，这位可爱的女士不仅长得漂亮，而且还很准时。总统先生，她是玛丽莲·梦露。"他转身迎接玛丽莲。一束光马上将后台出口照亮，她将在这里出现。接下来是一阵鼓点。但玛丽莲没出来。观众里传来一阵笑声。

劳福德朝外走开四步，手扶下巴，用不解的目光一会儿望望观众。一会儿又朝后台的入口望望。虽然在场的很多人不知道包袱在哪里，但显然他是在拿玛丽莲有名的拖沓当噱头。她在社交和拍戏方面一向以迟到著称，这个玩笑是晚会之前劳福德和玛丽莲商量后共同安排的。以往梦露的传记作者都断言，因为玛丽莲习惯上总要迟到，而且还有好喝酒的毛病，所以她才被安排在后面出场。在她准备就绪之前，她要演的节目不停地朝后推。其实不然。那天晚上的出场纪录清楚地表明，玛丽莲的歌曲被排在第23位，也就是整场演出的最后。

劳福德又返回讲台，试图再次介绍玛丽莲，"这个女子，其实是不必我来介绍的。请允许我告诉大家……她来了。"又是一通鼓点，但还是没有梦露的影子。观众再次大笑。

　　然而，玛丽莲就站在麦迪逊花园广场舞台后边的暗处里。她一动不动地站在那里，显然在发抖，而且似醉非醉，耐心地等待劳福德发出请她登场的暗语。暗语发出后，玛丽莲深吸一口气，挺胸抬头，羞怯地抓着一件白貂皮上衣（这是从福克斯电影公司借来的），三步两步走过台阶，出现在耀眼的聚光灯下。

　　她的到来引起了一阵兴高采烈的掌声和照相机潮水般的闪烁。这时劳福德介绍还没讲完："总统先生，因为在电影史上，还没有一个女性能像她那么重要……能比她做得更好。"还没等他把话说完，玛丽莲已经闪耀登场，款款地来到劳福德身边，站在最耀眼的聚光灯下，这时观众的惊讶马上又变成雷鸣般的吼叫。先驱论坛报的罗伯特·伯德写道："她身着最贴身的、最有曲线的、落到脚面的、镶嵌金属片的晚礼服走上台来，在这座花园里还没人见过这身衣服。"这次活动的共同组织人科利夫·大卫承认："她是今天晚上的重头戏。今天晚上的演员阵容强大，但她才是最耀眼的。"不幸的是，劳福德最后的一句话后来成了谶语，"总统先生，这是已故的玛丽莲·梦露。"说完之后他从玛丽莲身上取下那件皮草，退下场去。

　　此时梦露一个人站在台上。但对此谁也没有留意。她那件透明的、皮肤色的、镶嵌着发光宝石的晚礼服把大家看得目瞪口呆。那一年玛丽莲还对《生活》杂志提起了当时的情景："我上台后准备唱歌，这时场内鸦雀无声。我当时想：'哦，完啦，要是出不来声音怎么办？'"她摇了摇麦克风，麦克没有问题。之后又是一通鼓点，她深吸一口气，用手稍稍遮挡强烈的灯光，朝包厢里的总统望了一眼，准备开唱。

　　过去了15秒钟。期待在空气中弥漫，偶尔传出的掌声打破了场内的安静。玛丽莲把最后一刻拿捏得恰到好处，她撅起嘴唇，轻轻抚摸麦克风，将迷人的目光投向下面的观众，之后在12 000名铁杆的民主党党员面前，以半唱半说的调子，唱出了极为放浪的、充满挑逗的、超级缓慢的《生日快乐》。如此唱法此前谁也没有听过。在演唱之前，她心里想："有上帝为证，我要唱这首歌，哪怕是我做的最后一件事也在所不惜。"她唱出的每一句歌词都赢来了全场观众的喝彩。她的歌词宛如轻轻的爱抚。她将性暗示重又注入一首简明的、纯真的老歌。她边唱边呼吸，唱唱停停，使音乐里充满了性感，就连场内那些最冷漠的、最不善言语的人也被她深深打动。

理查德·阿德勒后来回忆说："一边是玛丽莲轻声低唱《生日快乐》，一边是听众声嘶力竭的喊叫，这场面宛如集体引诱。"政治家史蒂文森说："我还没见过比那天夜里玛丽莲·梦露更美的女人。她穿着她称之为皮肤和珠子的晚礼服……我没有看见那些珠子。"历史学家小亚瑟在其日记里也证实了这一点："我没见过有谁比她更美。"专栏作家梅里曼·史密斯回忆说："她那件低胸束身晚礼服是如此的合身，以致大家都没有留意她说了什么。"科利夫·大卫对玛丽莲的演唱所做的评价更是言简意赅，他承认："哇！她创造了历史上最大的笑容。所有的观众都笑开了花。"玛丽莲无意之中在总统的鼻子下面盗走了那个夜晚。

这首悦耳但又简短的歌曲唱到后面，玛丽莲转入另一种经典的唱法，此时鲍伯·霍普在一旁伴唱主题曲《感谢这次记忆》，这是理查德·阿德勒在肯尼迪的授意下重写的歌词。玛丽莲唱道："谢谢，总统先生。感谢你为我们所作的所有奉献，你赢得的那些战斗，你处理美国钢铁公司的方式，成吨地解决我们的问题，我们太感谢你了……"新歌词里提到总统4月2日礼拜四做的一个演说，肯尼迪在演说里批评美国钢铁公司主席罗杰·布劳，因为他想要把每吨钢材的价钱提高6美元，总统痛斥他"不合理，不负责任，无视大众的利益"。

"各位，生日快乐！"玛丽莲在台上一边高喊一边疯狂地挥舞双臂，请乐队再来一遍《生日快乐》。在她的指挥下，场内观众起立，再次向总统欢呼。

玛丽莲将这次演出视为她演艺事业中最为成功的时刻之一，这也是恰如其分的。这次晚会名流云集，她又被当成整个夜晚的闪光点，这从另一方面再次确定了她作为国际名人的号召力和知名度。此外，这次演出还表明，虽然报上有人对她说三道四，但她依然是世界上最动人的和最迷人的女人。

好像人人都爱她——这里的人人不包括杰奎琳·肯尼迪。总统的妻子完全意识到玛丽莲将要把整场演出劫走，而且她还为丈夫与女演员两个月前的一夜情耿耿于怀，所以杰奎琳决定不到场，她的选择是和孩子一同外出。5月20日礼拜日，独立邮电报在最后一刻发现，杰奎琳出人意料地参加了在弗吉尼亚州李斯堡举办的马赛，"肯尼迪夫人意外参加周六的马赛。在小女儿卡罗琳的陪同下，肯尼迪夫人从肯尼迪租用的格林·奥拉庄园赶来……肯尼迪夫人身着骑装，在第三组里骑着米因布莱诺赢得第三名。"

梦露唱完之后，两位头戴帽子的大厨从后台抬出一个5英尺高的多层蛋糕，蛋糕上插着45根闪光的蓝蜡烛，纽约市长罗伯特·瓦格纳发表了最为简短的讲话，之后，总统走上台来，幽默地说道："听了给我唱的这首如此甜蜜、如此完整的《生日快乐》，我现在可以退出政坛了。"

按原来的安排，梦露唱完之后总统还要发表一个事先早已备好的长篇演说，解释他将如何采取行动迎接共和党的挑战，但演讲很快被取消，此时谁还在乎这些，大家显然还沉浸在生日晚会热烈的气氛当中，总统想利用这次机会亲自感谢那些为晚会出力的人。他说："杰克·本尼，你来帮助一个年老的人庆祝生日。丹尼·凯，我在医院里和他说过话，我替他感到惋惜。哈里·贝拉方特，但我不为他感到惋惜，因为他在俄亥俄州的哥伦布中途停了下来，我可以告诉大家，在美国还没有哪座城市像俄亥俄州的哥伦布，一个民主党人在那里能得到更热烈的欢迎和更少的选票……"

玛丽莲走下台去，此时为她和总统鼓起的掌声还在耳边回响。布鲁克林出生的女歌剧演员玛丽亚·科拉斯正等在下面祝贺玛丽莲演出成功。梦露走进化妆室，马上瘫了下来。她为了降下体温，将冰凉的毛巾敷在头上，之后返回场内坐在老米勒和另外3个助手的身边。朱迪·加兰坐在附近，玛丽莲走过时，她想上前与对方拥抱。

为肯尼迪和民主党共同召开的这次历史性大会晚上11点55分结束，刚好用了2小时25分钟（有些研究者坚持说开了4个小时，其实不然）。1万多人在大街上列队欢送肯尼迪的轿车离开花园，他的坐驾将通过市区驶向帕克大道，然后再驶向东69街33号的上东区属于亚瑟·克里姆的宅邸，肯尼迪将作为嘉宾出席社会名流、朋友和演员为他举办的私人聚会，正是因为这些人不知疲倦的劳动才使得此次演出成为可能。

世界各地的摄影记者严禁入内。不过，西塞尔·斯托顿是个例外，白宫专门挑选他来记录这次事件。这次有75人参加的晚会确实充满了欢声笑语。晚会上迪亚赫恩·卡罗尔还要演出一个小节目。斯托顿在接受《国家地理》采访时回忆说："大家都在那里，玛丽亚·科拉斯、吉米·杜兰特、谢丽·麦克利恩。等玛丽莲到场之后，我拍了一张总统、博比和玛丽莲三人在一起的照片，当时他们在图书馆里，其他所有客人都在周围。"

此后他说的这张照片无人不知。照片上依然穿着那身晚礼服的玛丽莲站在总统和博比中间，前面是一个大书架，她的左手攥着送给总统的礼物，那是一块18克拉、价值5 000美元、劳力士"总统"款金表，上面还刻着："杰克：怀着永远的爱，玛丽莲，1962年5月19日。"表盒里面写了一首短诗："让恋人们叹息 / 玫瑰花开音乐响起 / 让激情在嘴唇和眼睛上燃烧 / 让幸福充满欢乐的世界 / 让金色的阳光照满天空 / 让我爱 / 或让我死！"

总统款腕表1956年在巴塞尔手表、时钟与珠宝博览会上推出，之后成为这家公司的旗舰款式。艾森豪威尔总统接到过这个款式的手表，那是有人在1956年11月为他连任总统送来的贺礼，被称为新款"总统"腕表，此后这个称呼就延续下来；所以6年之后玛丽莲才为肯尼迪总统选择了这个款式。

这里有必要指出，在最初的照片上还有第四个人，就是历史学家亚瑟·施莱辛格，但是后来翻版的照片抹掉了他的身影，结果留下的印象是玛丽莲、博比和约翰逊总统要避开大家在私下里秘密交谈。不过，照片上的形象刚好为施莱辛格的回忆留下脚注：他和博比在晚会上"以开玩笑的方式比赛"，看谁能吸引玛丽莲的注意。玛丽莲后来说："见到一张面带微笑的面孔是件令人高兴的事。"司法部长讨论政治，这显然使她感到惊诧，因为在此之前还没有人跟她讨论政治话题。

1962年年末，那天晚上陪伴玛丽莲的老米勒动情地回忆起在克里姆家的那次聚会。"（她）领我去见总统。她说我是她的男朋友。她走到总统面前，她没说'总统先生，我高兴见到你'，她说的是：'我想让你见一见我昔日的公公。'我相信，她当时想的是如何让我惊喜，所以没有顾及礼节。"他的话是有力的证据：他们7周之前在宾·克罗斯比家短暂的幽会之后，玛丽莲觉得她和总统已经很熟了，打招呼时没必要寒暄，但与肯尼迪总统亲密幽会的事，她对老米勒只字未提。

在老米勒所剩无几的岁月里，他将极为珍视那天晚会上留下的一张照片，照片上的梦露和总统同时大笑，因为总统讲了一个幽默的笑话。迪亚赫恩·卡罗尔演出时大家在下面坐着观看，其他时间大家都是站着的，但玛丽莲一再让老米勒坐着，虽然老米勒不同意。老米勒落座后，她俯在他身边。他回忆说："她很美丽，很能替他人着想。"整个晚上玛丽莲都没把老米勒晾在一边，结果放在隔壁餐桌上的很多美食玛丽莲都没吃着。

晚会将要结束时，玛丽莲非要送老米勒回家。在老米勒大楼的电梯里，他们相吻告别。玛丽莲刚要钻进等在外面的轿车，这时她又转身回来，请他和她次日一起去洛杉矶。老米勒不想打扰玛丽莲，但他提议将来再去，大概定在11月。他们还将在电话里多次通话，但令人伤心的是，这一次将是他们倒数第二次的外出。

有人说总统（或他的弟弟）与玛丽莲在克里姆家的晚会后（或期间或之前）显然有过秘密的见面，就此写出的故事何止一二。一些作家说，她那天夜里和总统睡在卡莱尔宾馆的床上。纽约传记作家厄尔·威尔逊最先编出了这个神话，他宣布说，刚过1点，特工护送玛丽莲和总统进入克里姆家的地下室，然后通过迷宫般的通道进入卡莱尔宾馆，肯尼迪总统平时在那里留有一间客房。他以耸人听闻的方式说："我听联邦调查局的特工说，他们在客房里度过好几个小时。这是他们最后一次长时间的会面。"

我可以证明，这些描述都是虚构出来的，稍稍分析一下就破绽百出。总统和世界著名女演员能从私人的、3小时长的晚会上溜走不被发现吗？还有必要指出，玛丽莲的好友拉尔夫·罗伯茨也出来作证，说那天夜里总统和梦露见面是"不可能的"，因为拉尔夫正等着晚会结束后在玛丽莲的公寓里为她按摩，玛丽莲入睡后他才于清晨4点离开。

还有，有人拍到玛丽莲离开晚会钻入汽车的照片，她身上依然穿着那件贴在身上的晚礼服，这身衣服要靠别人替她缝上才行。要是梦露在卡莱尔宾馆与肯尼迪亲热过，那么世界上最有权力的男人，合众国总统就要替她缝衣服，然后再帮她穿上，你说这有可能吗？玛丽莲的替身演员和好朋友艾芙琳与我持相同的意见。"有不少人说她离开晚会与肯尼迪见面，那就请回答我，她怎么能脱下那件晚礼服，然后再穿上？晚礼服上面挂着很多小钩子，她是被缝进去的……她逝世之后有关肯尼迪的谣言才传开，逝世之前还没有。一句都没有。（她在世时）谁也没说过。她出席了几次晚会，他也在场。她是他妹妹的朋友。"

此外，那天夜里玛丽莲的男友是老米勒。她能扔下老米勒不管不顾，出去与肯尼迪亲热吗？当然不能。

在那一夜剩下的几个小时里，玛丽莲在她东 57 街的公寓里，身边有拉尔夫·罗伯茨和詹姆斯·赫斯皮尔柏拉图式的相伴。后者在其 2002 年出版的《玛丽莲：看传奇人物最后一眼》里写道："我有充分的证据告诉你们，那天清晨差 10 分 4 点之前，我和玛丽莲在她的公寓里。"肯尼迪民主党大会（5 月 19/20 日）留下的收据最近被人发现，这些收据也能证明上述说法。在她的公关专家约翰·斯普林杰开车接送之外，她在纽约往返于麦迪逊广场花园（从 5 月 17 日礼拜四晚上到 5 月 20 日礼拜日清晨），所用的专车都是从租车公司借来的。租车收据清楚地说明，玛丽莲租用的汽车上午 11 点 15 分离开，17 个小时之后返回车库，当时刚好是清晨 4 点 30 分。这张收据，连同拉尔夫·罗伯茨的回忆，证明赫斯皮尔的说法是极为准确的。

5 月 20 日礼拜日，也就是晚会的第二天，玛丽莲身披在总统盛会上演出的光环，高高兴兴地返回洛杉矶。上午 10 点在国际机场等着接站的是另一辆租来的专车。这辆车是以 17 美元（连税）从比弗利山落日大道 9641 号的一家租车公司租来的，专为送她和行李回布兰特伍德。

玛丽莲抵达之后急于了解福克斯公司在她不在期间有无新的动作，所以她马上给米尔顿·鲁丁打了电话，鲁丁通知她，从次日开始，电影公司不再为她租车付账。如果她每天上午想用汽车接她到公司，那得自己付钱。这是公司的报复行为，因为他们还在对她这一次的我行我素耿耿于怀。在短短的几小时之内，她的兴高采烈变成了纯粹的绝望。此时玛丽莲的情绪遭受重创，但还没有跌落到谷底，那一天她留在家里足不出户，想要休息一下，准备次日拍戏。

5 月 21 日礼拜一清晨 5 点 30 分，按照玛丽莲前天下午的安排，她租来的大轿车缓缓驶入门外的车道。玛丽莲横下心来，想要显示电影公司的报复对她来说是无足轻重的小事。她同意为租车付钱，但与过去用车安排相比，这一次还要做得更为风光。

在用车安排上，那一周有个很好的例子。5 月 24 日礼拜四，清晨 5 点，专车（还是原来那家租车公司派来的）再次停到玛丽莲家的外面。不过，这次汽车不仅要接送她拍戏，这是公司过去安排的行车路线，玛丽莲还指示那个总是可以信赖的司机鲁迪，先送她去公司，她拍戏时汽车等在外面，等吃午饭的时候再送她到比弗利山，汽车在外面等候，她进去购物（那一天她进了马丁代尔书店买了3本书，一是桑顿·怀尔德的长篇小说《我们牙齿的皮肤》，一是里奥·加尔文·罗斯坦的战争读物《MD上尉》，一是多利斯·亚历山大刚刚出版的《尤金·奥尼尔的性格》）。

之后专车又将她送回福克斯，她在里面拍戏时车就等在外面，等她那天拍完之后专车再把她送回第五海伦娜。玛丽莲回家换上便装之后，又坐车前往当地的书店，她进去之后车继续等在外面。等这次回家之后，她的汽车才结束那一天的安排。从清晨5点到晚上8点，在这15个小时里专车总共行驶43英里。玛丽莲花掉81.43美元，小费11美元。在后来拍戏的日子里，与此相同的插曲还将重复多次。

她租用的并不仅仅是汽车。5月5日礼拜六，几乎在3周之前，在整整一个月的时间里，玛丽莲用18美元从比弗利山一家自行车店里租了一辆英国款式的自行车。她很快就打消了每天要骑车拍戏的想法。

如我们所见到的，玛丽莲花钱还是大手大脚的。在接下来的那个月，她洛杉矶的秘书谢丽·莱德蒙留下了一份记录，上面显示，1962年1月1日礼拜一至6月11日礼拜一，玛丽莲总共为服装花掉6 401.71美元，为发型、化妆、美容及美容品花掉6 741.03美元，为药品花掉10 131.23美元，为波拉·斯特拉斯伯格在旁边说戏更是花掉了一大笔，15 411.18美元，其他的开销还未列入。这些花销清楚地表明，她还是不知如何才能聪明地使用手中的金钱。

玛丽莲对手上的钱并不在意，所以6月25日礼拜一，米尔顿·鲁丁被迫给她写来短信，对此就不必惊讶了，鲁丁在信中告诉她，他不得不在花钱的问题上"警告"她，因为"以你花钱的速度，你将把13 000美元（她账户上的余额）很快用完，我们将不得不考虑如何借钱"。此后不久，在一份办公室内部备忘录里，兢兢业业的谢丽又提到了玛丽莲的花钱习惯和日渐减少的银行存款，她不安地指出："对玛丽莲·梦露经济状况知道的人越少越好。"

5 月 21 日礼拜一，玛丽莲的专车清晨 6 点 5 分驶入福克斯公司。手里拿着柳条篓的玛丽莲钻出汽车，径直走向化妆室，25 分钟之后，她要在里面化妆。从各方面来判断，《濒于崩溃》在接下来的一周里还能连续拍摄。自从开机之后，梦露、查理斯和马丁同场拍戏还是第一次，他们准备一起拍摄一组镜头，对丘克来说，这一天尤为重要。为这件事兴奋的导演还特意对查理斯提了一下，查理斯不安地反驳说："不要太自信了。"

玛丽莲没有出现，恐惧开始在导演的体内流淌。查理斯回忆说："我们等她的时候，他（丘克）总是说：'她拍戏总是这个德性。我们一定要有耐心，我们要像平时她在场那样。'"等了一个小时之后，丘克终于鼓足勇气，走进玛丽莲的化妆室。但几分钟之后他又退了出来，边走边摇头，仿佛脑袋上挨了重拳击打，被人家打下台但又无法相信这是事实。玛丽莲告诉他，她感到疲劳，无法拍特写。她建议次日再拍。丘克忍痛同意。上午 10 点 40 分，玛丽莲被波拉劝出化妆室，但她的疲劳状态传染了此后的拍摄。下午 5 点，拍戏结束，那一天和孩子们的好几组重要镜头都未拍完。

一天之后的 5 月 22 日礼拜二，玛丽莲返回片场，此时的她仍然感到疲惫，她的同事迪恩·马丁严重伤风，但也准备拍戏，他的体温达到华氏 100 度。玛丽莲担心被他传染，告诉丘克和亨利，在马丁的伤风结束之前，她无论如何也不能与他同场拍戏。医生证明马丁的伤风是不传染的，但玛丽莲对此不予理睬。丘克无奈之下再次向玛丽莲妥协。男演员马丁被打发回家调理，玛丽莲很不情愿地和赛德·查理斯拍了一组镜头，然后又和儿童演员罗伯特拍了经过滤光的软焦特写。

拍戏时梦露的母性显露无遗。少年罗伯特要在游泳池里游上几个来回，当她发现拍戏的少年浑身颤抖时，她就停了下来，等他们送上电热器为他取暖。那天的拍摄很顺利，玛丽莲接受了好莱坞作家鲍勃·托马斯的采访，这不过是个短短的插曲，下午 5 点拍戏结束。

她在返回第五海伦娜的道上稍有耽搁，因为她让司机卡丹斯基送她到比弗利山北罗德巷 353 号的一家食品店，她想买一箱 1953 年的唐培里侬香槟酒。（她的含税花销是 173.22 美元。）商店无法满足她的要求，但答应第二天送货。对此玛丽莲很高兴，但强调：次日最先将她的酒送到家里。

5月23日礼拜三，玛丽莲再次出现在《濒于崩溃》的片场。因迪恩·马丁伤风引起的麻烦还没结束。她亲手向丘克和亨利递上一份备忘，上面写道："马丁先生好了之后我才能和他拍戏。我是遵医嘱才做出这一选择的。"如此一来，她就用不了几句台词，既不用背又不用说，而且又不用与伤风的同事拍戏，所以丘克想请她拍游泳池的戏，以为这是最好的安排。当时是上午10点40分。

　　根据剧本安排，为了引诱丈夫尼克（马丁饰）从新妻比安卡（查理斯饰）的床上下来，鼓励他告诉比安卡，说他的第一个妻子已经回家。剧本要求梦露裸身坐在游泳池边，此时丈夫要从卧室的窗户向外张望。她朝马丁的方向喊道："下来呀，水里很提神！"（后来有人问玛丽莲，拍这个镜头的时候迪恩何在，她顺嘴回答说："哦，他在外面打高尔夫。"他真在打高尔夫。）

　　拍摄还在平稳推进。玛丽莲为了骗过摄像机，拍戏时穿了一件皮肤色的比基尼，这是用总统晚会那件晚礼服剩下的料子制作的。但至少是根据传说，玛丽莲的企图没有成功，因为目光锐利的摄影师哈里·丹尼尔斯发现，摄像机能清楚地拍下梦露上身的衣料。丘克喊停。之后摄影师和导演研究办法。他们告诉玛丽莲问题所在，必要的牺牲是免不了的。

　　大家同意女演员戴乳罩拍戏。玛丽莲没有反对，但要求工作人员之外他人不能在场。14号摄影棚加强了安保措施，闲杂人等都被清到场外。玛丽莲回忆说："片场关闭，剧组人员才能留下，他们都善解人意。我告诉他们闭上眼睛或转过身去，我想他们都按我说的做了。"身着制服的警卫在大门口站岗。《嘘嘘》杂志记者事后说："这里好像是卡那维尔角的密室。那一天换上美国高级安检也未必能把人清到场外。"

　　大约有12个人留了下来。如玛丽莲所述，有几个电工留了下来，他们接到幽默的通知，禁止他们的目光与玛丽莲的目光相遇。那些不太重要的员工，虽然都很不满，但还是被匆匆忙忙地赶出了片场，这时玛丽莲才钻进水里，摘掉乳罩，然后又出来坐在游泳池边上，背对摄像机。

　　但这一次还是无法蒙蔽摄像机，因为镜头里的玛丽莲看上去不是裸体的。丹尼尔宣布，她比基尼的形状清晰可辨。丘克再次与摄像师研究对策，必要的牺牲还是免不了的。之后导演彬彬有礼地问梦露，这组镜头能否考虑裸拍。她没等人家劝上几句就同意了。她返回化妆室，几分钟之后返回片场，这次她身上穿了一件蓝色厚绒浴袍。

玛丽莲请来她的男化妆师阿兰，让他站在摄像机旁边，为的是挡住外人的视线。她告诉丘克，她不想让身形以外的部分暴露出来。玛丽莲对丘克也不放心，她又请了自己的服装管理员、值得信赖的女孩儿玛乔丽和阿兰共同满足她的要求。

游泳池外面的摄像机一边站着阿兰，一边站着玛乔丽，这时玛丽莲才放心下来，脱掉身上的浴袍，脱完之后，她又滑进水里，拍了一组效果更好的镜头。她的样子极为迷人。《嘘嘘》杂志兴致勃勃地写道："这个场面充满了纯粹的诱惑、新鲜、没有遮挡的渴望。维苏威火山正在爆发。"玛丽莲事后说："这是我头一次不穿衣服拍电影。"

让人不解的是，随着拍摄的推进，她越来越喜欢炫耀她那有限的泳技而不是身材。她对丘克喊道："我就会狗刨。"丘克回答说："亲爱的，那就行了。"玛丽莲自嘲说："我有些尴尬，因为我游得不好。我就会狗刨，但我有浮力，能漂在水上。有一次我沉下去了，但又马上浮出水面。片场有个救生员能帮助我。但我不确定管不管用。他也闭上了眼睛。"

拍摄还在继续，玛丽莲在水池里上下嬉戏，她赤裸的身体也是在拿摄影师开玩笑。一年前，玛丽莲超重15磅，真是要拍这场裸戏的话，她必定犹豫再三。但到了1962年5月，她的身材瘦了下去，又回到了最著名的、真正诱人视线的、高度上镜的37-22-35。据说有人惊讶地说道："她和当初拍挂历时一模一样。她就像个20岁的姑娘，不像35岁的女人。"

玛丽莲裸拍的消息像草原的大火传遍了福克斯公司，大家自然而然地都想一睹为快。保安人员使出浑身解数也要把那些不请自来的客人挡在门外。然而，研究那些"非正式的"镜头之后，发现事情与他们告诉我们的相反，有一大群破门而入的旁观者出现在所谓水泼不进的片场里。

玛丽莲意识到，这组镜头可以用来为电影做宣传，于是同意3名摄影师进入场地。著名摄影师拉里是其中之一，其他两位是威廉·伍德菲尔德和福克斯公司的默片专家吉米。等拍摄结束之后，她再次以狗刨的方式在池子里为他们上下滑水。戏水结束之后，她爬出水面，为摄影师摆姿势拍照，还没等众人明白过来，身上已经披上了浴巾。不过，波拉这场戏一眼都没看，她选择独自坐在安静的房间里吃午饭。她不以为然地说："如果她想被人看中的话，就再也不要裸身跳进游泳池。"

虽然梦露肤色的比基尼在高度敏感的镜头里显得十分明显，但聪明的编辑和复杂的拍摄技术把所有的纹线都能掩饰起来。但丘克偏偏要误导她裸拍。不过，她知道他的用意。那一年的 7 月，梦露回忆说："我之所以同意，原因是乔治·丘克请求我。我相信他的良好感觉。他说，如果裸拍的话，游泳池一场戏看上去能更真实。我同意了。我之所以同意，唯一的原因是他告诉我这部影片因此能有更高的艺术水平和更大的商业成就。这部影片对我意义很大。我确实想把片子拍成一流的。"有人问她为何要二次裸拍，玛丽莲笑着回答说："我的生日是 6 月 1 日，当时我想身穿生日服装来提前庆祝我的生日。我在其他场合还开玩笑说：'我不希望拍挂历是最后一次。'"

玛丽莲那 4 小时的游泳镜头拍在 35 毫米的彩色胶片上，拍完之后当天就洗出来，用好莱坞专栏作家幽默的语言说："关在里面冲洗，门锁得比杰克·本尼的保险柜还严。"处理完的胶片要经过玛丽莲过目。（凡是她不同意的镜头当场就用剪子毁掉。）拉里兴奋地说："梦露小姐比我想象的要好上 100 倍。她看上去身材苗条，比例匀称。"

虽然女主角为故事片裸拍不是新鲜事，但玛丽莲这一次以她的名望为生活片拍裸戏还是破了先例。事实上，3 月 5 日礼拜一，在玛丽莲拍摄这组镜头 11 周之前，伊丽莎白·泰勒也拍了裸戏——至少以当时的标准来判断——为《埃及艳后》拍了一场裸浴的戏，还有一场裸背按摩的戏。伊丽莎白拍裸戏的消息被福克斯公司封锁起来，等到第二年 6 月电影发行时才向外公布，所以当时没有引起注意。玛丽莲通过拍摄并宣布她的裸戏，要比她的对手提前了好几个月。

很多批评家都不知道伊丽莎白的那组镜头，问玛丽莲为什么还要拍裸戏，这一问题在好莱坞和热爱电影的各国首都纷纷流传。一般的意见是，因为玛丽莲前几部片子在票房上都不太成功，她的事业要发生变化才行。最近几年以来，她的"炫目女皇"的头衔好像要被法国女演员碧姬·巴德夺走。梦露在 20 世纪福克斯的发言人听了这一说法后，赶紧出来否认玛丽莲拍裸戏是为了宣传自己或宣传影片。当然，这是毫无根据的。

事实上，玛丽莲拍那些镜头有两方面的原因：一、她急于夺回世界性象征排名第一的位置，聪明的她意识到，炫耀身体是最好的办法。二、如她对一个记者坦诚的，我们也可以做出猜测，她之所以如此，是想把"伊丽莎白·泰勒从杂志的封面上打下去"。（连月来，玛丽莲在福克斯公司最大的竞争对手因主演《埃及艳后》几乎登上了世界的每一个杂志封面，这使玛丽莲大为不满。）

梦露达到了第二个目的。她裸游的画面出现在 72 种不同的杂志封面上。世界上最大的杂志和报纸，其中包括美国的《世家和生活》（对美国版权一项付款 10 000 美元），意大利杂志《欧洲》、瑞士杂志《Se》和澳大利亚的《大众》都不惜花重金搜集照片。英国的《每日镜报》（在 6 月 18 日礼拜一那一版）发表了一组小照片，标题是："为了一部电影……也为了她的理想……但这些照片使好莱坞震惊，在世界上爆炸！"这刚好是当时的写照。（《花花公子》付款 25 000 美元，但出于对玛丽莲和《生活》杂志的尊重，1964 年 1 月才对外发表。）

总共有 32 个国家发表了玛丽莲选自游泳池里拍摄的照片。米斯尔斯和伍德菲尔德就赚了 20 万美元。在他们的合同里都附带一个条款：拍摄后 30 天之内为发表日期，道理很简单。为了获得最大限度的曝光，玛丽莲希望照片在世界上同时出现。

身上不穿衣服的现代版的玛丽莲的照片当然是无价之宝，但奇怪的是，她对金钱不感兴趣。她在那些合同里所追求的是知名度。令人感到惊诧的是，她还把这个想法强加给福克斯公司，他们不得已放弃了照片的版权。当米斯尔斯问玛丽莲有何要求时，她庄重地回答说："一架放照片的幻灯机。"她的要求感动得对方落下泪来。

玛丽莲的裸体镜头自然成为影片的卖点，福克斯公司为此大喜过望。正如洛杉矶的一个经纪人所指出的："现在很多人都想要看电影了。"玛丽莲的计划发生效果。

在接下来的两天里，玛丽莲一大早就高高兴兴地赶到《濒于崩溃》的片场，那两天是 5 月 24 日礼拜四和 5 月 25 日礼拜五。迪恩·马丁的伤风还没好利索，不然这两天的拍摄将圆满结束。令人惊讶的是，为了赶进度，5 月 26 日礼拜六也要拍戏，梦露对此积极响应。玛丽莲与查理斯和伤风明显见好的马丁一同拍完了不少镜头，其中她扮演的人物艾伦装成丈夫的瑞典女佣英格丽德。这场戏格外幽默，如后来的胶片所显示的，玛丽莲与她的语言教师艾迪斯度过的时光没有浪费，玛丽莲以迷人的准确度捕捉到了美式瑞典方言的精髓。

原来还准备在 5 月 27 日礼拜日安排拍戏，但后来没有实现，因为梦露再次打来电话说自己病了，替代海曼大夫的实习医生米尔顿赶来为她治耳内感染。次日，玛丽莲继续生病，她告诉福克斯公司，耳内感染仍未消除；有传言说玛丽莲那天出现在片场，但状态不好，拍摄的胶片都不能用，这个说法是不真实的。那天晚上米尔顿被迫再次造访玛丽莲。

一天之后，5 月 29 日礼拜二，玛丽莲返回福克斯，但令人遗憾的是，她那传奇式的拖沓再次旧病复发。她在公司大门外面一连转了几个小时，最后才鼓足勇气进去，此前她不知有多少次都徘徊在大门之外。一想到站在演职员面前拍戏，她就怕得不得了。她刚一进电影公司，马上来到化妆室。根据福克斯的女化妆师的说法，玛丽莲"坐在梳妆台前没穿衣服，呆呆地望着镜子。她自己连衣服都穿不上"。

那天晚上，原定要拍摄裸游之后的镜头，这是玛丽莲与马丁的对手戏，从开始至今他们还是第一次，他扮演的人物暗指其妻在独居荒岛的 5 年里背叛了他。因为梦露仍然感到疲劳，下午 5 点拍摄结束。玛丽莲没有回家，她跟着男演员马丁来到比弗利山大山巷 601 号对方的家里。戴着墨镜和头巾的她进去之后坐下来观看马丁和他的女儿迪安娜表演舞蹈，播放的音乐是 1960 年博比·达林的《(上溯) 缓慢的河》。迪安娜在其 2005 年出版的《这才是记忆》里回忆说，玛丽莲"面带腼腆的微笑，一边鼓掌一边感谢我们。她很讨人喜欢，很懂礼貌"。

5 月 30 日礼拜三是阵亡将士纪念日，所以没有拍戏，影片的演职人员放假一天。玛丽莲留在家里没有外出，她想画一幅水彩画送给总统，画上有一朵象征性的红玫瑰。原来打算肯尼迪 45 岁生日时送上，她想在白宫举行的一次晚会上亲手交给总统，晚会的那一天也是她的生日。她在这幅画的左下角用兰黑墨水写上了动人的文字："玛丽莲·梦露祝肯尼迪总统生日快乐。1962 年 6 月 1 日生日快乐，我最好的祝福，玛丽莲，玛丽莲。"（她无意之中把名字写了两次。）

一天之后《濒于崩溃》继续拍摄，这场戏是在面积更小的第 8 摄影棚拍摄的，玛丽莲和沃尔力·考克斯要在一个鞋店里拍几个镜头。在这场戏里，玛丽莲扮演的艾伦想要说服既天真又不太仗义的售货员（考克斯）扮演她在岛上见到的那个男人。后来的胶片证明，玛丽莲状态极好，她说的台词也无懈可击，但不幸的是，玛丽莲没有瑕疵的演技来得太迟了。此时拍摄进度已经比原来的安排晚了11天。

6月1日礼拜五，上午9点37分，玛丽莲简单修完头发之后又转入14号摄影棚继续拍戏。这一天最有趣的戏是玛丽莲扮演的人物请鞋店售货员充当在岛上度过5年的那个男人，但她全然不知她丈夫（马丁）已经见过岛上的那个"真"男人，这个人物是托马斯·泰伦扮演的。尼克问鞋店店员："那是什么样的岛子？"不知究竟的店员回答说："那是个普通的岛子。"尼克又问："小岛吗？"对方回答："不大不小。"玛丽莲扮演的人物插话："中等的。"尼克问："有水吗？"对方答道："哦是的，四周有水。"

轻松的玩笑还在继续，面带微笑的梦露在一旁不时插话。在短暂的间歇里，她侧身对着摄像机，后身转向马丁的脸。调皮的马丁用手摆出枪的形状，对准梦露的后身，开玩笑说："我以前没见过那个地方吗？"

这一天玛丽莲都很高兴，中午她和波拉·斯特拉斯伯格一起去了电影公司的食堂，此外她没有离开片场。这天也是玛丽莲的36岁生日，她始终都为这一天感到担心。在最近的一次晚会上，好莱坞明星娜塔丽·伍德和沃伦·比蒂都说到玛丽莲走到她们身边，嘴里不停地说着："36，36，36。都完了。"对于一个靠青春、美貌和性魅力来迷人的女孩儿来说，这个年龄可不大好。这天从开始到结束，玛丽莲收到了不少生日礼物，马龙·白兰度、杰克·莱曼和弗兰克·西纳特拉，有的送鲜花，有的送香槟酒。

此外还有数不清的贺电。第一封电报来自乔·迪马奥，此时他正在马德里与金发爵士歌星考琳斯度假，此人长得有几分像梦露。他的贺电是通过西部联合公司发来的，电文上说："祝你生日快乐。希望今天和未来的岁月能为你送上充满阳光的天空和你心里的所有希望。永远的——乔。"

一次玛丽莲对作家鲍勃·托马斯说："我喜欢过生日。我喜欢知道自己还活着。"不过，因为片期一拖再拖，导演丘克等那天拍戏结束之后才开始庆祝玛丽莲的生日。间歇时为演职人员送上的免费咖啡之外（吝啬的福克斯公司是从梦露的账户走的账），下午5点30分正式的生日晚会才开始。导演丘克下令结束一天的拍摄工作。他们打开一瓶香槟酒,以此来宣布这次小型晚会的开始。30分钟之后,在迪恩·马丁的建议下,演职员为玛丽莲送上一个特制的7美元的蛋糕,这是玛丽莲的替身演员艾芙琳一天之前在外面一家面包店定做的。蛋糕上有7个国庆日常见的小火花和身着比基尼的小娃娃,这个小娃娃显然是指身材曼妙的梦露。

　　玛丽莲吹灭了火花,丘克在内的演职员簇拥在一起,唱了一首相当缓慢的《生日快乐》。有人为这一刻拍照留念,照片上的玛丽莲强作笑颜,无神的眼睛里充满泪花。她将越来越不喜欢过生日。这时有人送上一张用手画的生日贺卡,上面有所有演职员的签名,还有一张漫画,画的是没穿衣服的梦露正用一块浴巾遮挡自己的身子,梦露强打精神接过贺卡。贺卡上写着"生日快乐",字写得很大,有意将她的身子挡在后面。这是以幽默的方式暗示她在游泳池里拍的那组裸浴镜头。不过,根据亨利的说法,因为大家在拍戏时遇到的种种麻烦,所以这不过是一次"装装样子的祝贺"。与伊丽莎白·泰勒最近那次极为炫目的生日晚会相比,梦露的生日确实很低调。2月27日礼拜二,《埃及艳后》的女主角在罗马庆祝30岁生日,为此,她停拍一天,留在罗马附近的别墅里。那天晚上,伊丽莎白和丈夫及一些演职员在豪华的、14世纪的建造的、罗马风格的熊旅馆出席生日晚会,这是罗马城里最古老的饭店。餐桌中央摆放着福克斯大老板斯库拉斯送来的兰花。之后,众人造访豪华的夜总会。等到半夜的时候,她和丈夫想要离开,这时室内乐队马上奏起了《生日快乐》的曲子。他们二人无法脱身,大约10分钟之后,有人意外地送上一个蛋糕,蛋糕上插着3根蜡烛。

　　玛丽莲的重要生日是怎么庆祝的?她拍了一天戏,而且还被迫要为大家喝的咖啡付账,用纸杯喝香槟酒,与她的同事吃一个7美元的、一层的、冰凉的蛋糕,因为蛋糕是朋友事先定做的。难怪她眼睛里泪汪汪的。

　　这是一次没有高潮的生日晚会,不过是想表示一下大家的心意,吃蛋糕,喝香槟,在马丁化妆室里众人拍了几张照片,三十几分钟之后晚会结束,众人散去。玛丽莲收拾东西,准备离开。临行前为了不让自己扫兴,她给好朋友、好莱坞作家詹姆斯·培根回了一个电话。她在电话中告诉对方:"我今天晚上终于要去观看纽约的扬基队和洛杉矶天使队了,不过,整场比赛我怕看不完。

要是乔打球我还行。他是我唯一在乎的棒球手。"玛丽莲没去白宫，在最后一刻她准备在扬基队和洛杉矶队的比赛上露面，以此来帮助肌肉营养协会募捐。玛丽莲头上还戴着白天拍戏时那顶皮边贝雷帽，走出摄影公司，径直登上等在外面的专车。开车的还是鲁迪·卡丹斯基。她的新伙伴沃尔力·考克斯陪在身边。她朝等在外面的一个摄影师摆了摆手，然后又对朋友和同事喊了一句"再见，我礼拜一再与你们相见"，然后坐车驶出公司大门。

"到此为止。"助理导演巴克看见梦露的汽车驶离电影公司之后感慨地说。他确信这部影片到此为止。在此之前公司老总请玛丽莲不要观看球赛，说她要是真想为慈善事业做事的话，就该留在家里为福克斯公司拍戏。丘克和亨利也劝她不要去，说加利福尼亚夜里又潮又冷，对她的健康没有好处，但是他们都没说服她。

令人惋惜的是，事情真被巴克言中了。不过，那天晚上，当玛丽莲的轿车驶出福克斯公司的时候，大家谁也不知道这是玛丽莲最后一天拍戏（《濒于崩溃》拍了 33 天，她到场仅 12 次），这是她演艺生涯中最后的几组镜头。玛丽莲从此再也没有走入片场。

玛丽莲从家里接上迪恩·马丁的儿子迪诺，然后赶往查维斯·拉文体育馆，这里是洛杉矶天使队的老巢。玛丽莲匆匆忙忙地写了一个讲稿，她要在破纪录的 51 584 人面前讲话。等玛丽莲赶到之后，天使队的老板小声对她说："你要在本垒板发言。"她兴奋地问道："哦，好呀。在哪儿？"

玛丽莲有意戴着那顶贝雷帽，在天使队年龄最小的队员、外场手阿尔比·皮尔逊的引领下进入场地。另一个球队也不示弱，棒球明星罗杰·马里斯也来到了玛丽莲的身边。她的赛前讲话很短。到场助威之外，她还有意不让人觉得她是站在纽约扬基队一方的，她宣布说"我为两个队助威"。讲话结束前，玛丽莲先朝观众飞吻，然后签名留念，又和轮椅里的孩子们说话，观看了学校唱诗班的表演，最后才发出开场球。整个晚上大风猛吹，体育馆内的玛丽莲好不容易才没让大风吹掉帽子。

因为有小乔·迪马奥在身边陪伴，玛丽莲显然很高兴，也把拍戏的烦恼多多少少地忘到了脑后。与过去的报导相反，那天晚上她不是到场的唯一明星。

在她身边就座的除了沃尔力·考克斯之外，还有好莱坞电影电视名人鲍伯·霍普、希德·恺撒、多利斯·戴、安·布莱斯、卢希尔·鲍尔和导演斯坦利·科莱默。

梦露亮相之后，就与小迪马奥、迪诺和考克斯乘车前往世界名人光顾的蔡森饭店，她在那里又点了她喜欢吃的洋蓟条，这道菜摆成星状，中间有面条，上面是三枚鲜虾。饭后玛丽莲让鲁迪送客人回去。但她还不想就此结束一天。

玛丽莲乘车返回第五海伦娜，她在家里给她喜欢的饭店打电话，这是一家高级的意大利饭店，名为"斯卡拉"，位于附近的圣莫尼卡大道9455号。她想知道经常在里面就餐的座位是不是还空着。听到肯定的答复之后，她又走回汽车，马上告诉卡丹斯基将她送回饭店。玛丽莲进入饭店之后，先与经理和员工寒暄几句，之后，慵懒的她又开始品味这一天的第二顿饭，一小份白脱奶油面和嫩煎牛肉片，这是她在这家饭店里的首选。饭后，她乘车回家——过去玛丽莲的传记作者说她那天晚上很早返回，其实不然，后来的租车收据表明，那天她玩得真挺痛快，半夜12点30分才回家。

这天虽然是梦露的生日，但医生家里的人还是亲手把拉尔夫·格林森最近的结账清单送了过来。玛丽莲进屋之后发现清单放在餐桌上。（总计350美元"专业咨询费"，一周之后的6月8日礼拜五，玛丽莲用支票还清，支票号码是1647。）

此时，玛丽莲最后几个月里的混乱状态才刚刚开始。至于那个周末玛丽莲到底是如何度过的，现在还无法说清。不过，在制片人亨利那里，无论发生了什么事，那都是玛丽莲一生中最重要的时刻。1990年亨利对福克斯公司说："那个周末发生了什么事？我不知道。对我来说，这要比梦露逝世那一天发生的事更有意思。对我来说，（那个周末）是转折点。"

据说，在那个周五夜里和6月4日礼拜一开始的几个小时之间，玛丽莲始终没有离开布兰特伍德的家。这些都确有其事。玛丽莲36岁生日的那天夜里，她回家之后不久，再次发现自己孑然一身，没有人爱，也没有人关怀，而且连说话的人都没有。于是她又求助药物。她在下意识里知道，每当她伤心的时候，就可以依赖药物。此时格林森大夫不在国内，他正在瑞士和特拉维夫，一边公出一边度假，所以玛丽莲才又开始不分昼夜地服用药物。结果她在感情上旧病复发。但这次恶化有没有其他诱因呢？

周五夜里在华盛顿发生的事可能打开谜底。6月1日礼拜五，肯尼迪总统和妻子杰奎琳在白宫搞了一次私人晚宴和舞会，这是白宫社交季节里的最后一次。这次正式的晚会是第一夫人安排的，为的是感谢美国驻印度大使约翰·加尔布拉斯在杰奎琳访印期间的款待。晚会邀请了51名客人参加，但玛丽莲未在邀请之列。

玛丽莲相信此时她已然是那群人里的一分子，彼得·劳福德也承诺说她能接到邀请，所以她自然以为人家能请她。如我们所知，她还为肯尼迪准备了一件礼物。但邀请的消息还是没有传来。劳福德打来的电话证实了白宫的冷落，之后，乔·迪马奥马上安排玛丽莲参加查维斯·拉文的晚会，为的是让她开心。更为严重的是，她的前夫亚瑟·米勒，连同斯特拉斯伯格夫妇于5月11日礼拜五应邀出席在白宫为法国文化部长安德列举行的宴会，她有理由将此视为故意的羞辱。在玛丽莲生日的那天夜里，她极不光彩地被肯尼迪、他的妻子及他的幕僚有意冷落了，但在此13天之前，她还是肯尼迪盛大生日晚会上的明星、极品和压轴戏。

生日夜她独自坐在卧室里，思前想后，望着身旁的油画，是不是他们的排斥将她推到了边沿？我对此无法断定。

6月2日礼拜六一大早，因为格林森不在国内，替代他的医生被喊到了玛丽莲的家里。玛丽莲的很多传记作者都说过来的医生还是米尔顿·尤利。但我相信下面的说法，过来的医生是与格林森要好的同事，但又很固执的、46岁的心理分析医生米尔顿·威克斯勒，数年来格林森与威克斯勒同在一家诊所，威克斯勒强调医生与患者之间的亲密关系，这一理念对格林森影响很大。

威克斯勒过来之后，发现玛丽莲床头柜上放了一大堆药片，他当即把这些药片收入一个黑药箱内。与格林森不同，威克斯勒在用药方面十分严格。玛丽莲发现她的药片消失在黑色的药箱里，自然感到惊慌。这些药是她的庇护所。手边的药没了之后，她发现自己不知如何是好；如果她无法休息，她就无法恢复，如果她无法恢复，就不可能投入工作。心慌意乱的玛丽莲此时更想求助格林森大夫（和处方药）。

玛丽莲不顾格林森家属的反对，开始找他问话。因为洛杉矶与瑞士有9个小时的时差，默瑞打过去的长途电话刚好赶上对方的半夜。她在电话里重复了玛丽莲匆忙中提出的问题，尤其是她到哪能尽快弄到药物。格林森医生的答复并未使她摆脱困境，所以纽科姆被迫搬进玛丽莲的家里。她手里也有镇静药，足够玛丽莲服用到格林森返回洛杉矶。在接下来的 48 个小时里，纽科姆不分昼夜照看梦露，晚上就睡在玛丽莲的卧室里。她们二人几乎没有离开卧室，卧室的房门始终紧闭。此时玛丽莲停药后出现症状，状态不稳。纽科姆和默瑞清楚地知道，不能把玛丽莲一个人留下。

制片人亨利说，他很想知道玛丽莲在那个周末到底发生了什么，他把那个周末当成她生命中的"重要时刻"。确实如此。那一刻玛丽莲和她身边的每个人都在震惊中意识到，她对耐波他的依赖已经到了何种程度。如玛丽莲去世后消息灵通的好莱坞记者唐纳德所描述的："她每天服用 20 片，足以杀死一个不服药的人。"可悲的事实是，1962 年 6 月的第一周里，如默瑞在其 1975 年出版的书中所说，玛丽莲"始终处在昏昏沉沉的状态里"。

指望梦露拍戏是没有希望了，6 月 4 日礼拜一上午 8 点，波拉·斯特拉斯伯格给福克斯公司打电话，告诉他们女演员再次生病，"无法赶到摄影棚"。这已经是玛丽莲的第 17 次。鲁丁听说玛丽莲请假之后，亲自过来拜访。他和玛丽莲提到拍戏的事，二人争执起来。他想劝她回去拍戏，她指责他站在福克斯公司一边。制片人亨利把电话打到玛丽莲家里，说他想派车过来接她或亲自过来接她。但她不感兴趣。她那天不想拍戏。不仅如此，因为玛丽莲坐卧不安，她想拍戏也拍不成。

导演丘克听到玛丽莲生病的消息后，一气之下就不干了。他宣布，没有玛丽莲他什么戏都不拍。令人遗憾的是，电影导演受够了，女演员赛德·查理斯也说受够了，迪恩·马丁听说女主角无法拍戏后也感到愤愤不平，他之前还从未如此。下午 3 点，他气呼呼地离开片场，这将是他的最后告别。他在《濒于崩溃》的日子最后画上了句号。

一天之后，6 月 5 日礼拜二上午 8 时，这一次是默瑞给福克斯打电话，告诉他们：女演员"生病了，无法拍戏"。电影公司的医生李·希格尔赶到玛丽莲家，之后通知公司那些老板，说玛丽莲窦管放大，体温华氏 102 度。然而，大家对此都不相信。福克斯的人谁也不相信他的诊断，也不相信玛丽莲身患重病。更为重要的是，丘克真是受够了。剧作家伯恩斯坦 1990 年为福克斯所做的描述未必公允："她是个生病的女人，但她还是明星。她是个我行我素的明星。她之所以如此，因为她是明星，对别人的意见都不在乎，无所顾忌，或者说是自我毁灭。"

然而，与伯恩斯坦和其他众人就此事所做的描述刚好相反，玛丽莲还在想方设法收拾因她造成的乱子。同一天，玛丽莲打通了斯库拉斯的电话，他术后正在纽约的圣路加医院休养。电话打进来时，特伦皮特正在探视斯库拉斯。根据他的回忆，福克斯大老板听说玛丽莲在片场胡作非为之后，当场跳下床来，一把从医院的墙上拽下了她那张著名的裸体挂历。

6 月 6 日礼拜三，《濒于崩溃》的拍摄正式停止。福克斯公司说，女主角不在场，他们无戏可拍。纽科姆听说之后马上指出这是不正确的。她说："还有别的镜头可以拍摄。他们之所以停拍，是因为剧本有问题。"双方开始打嘴仗。

那天下午，公司内一个不愿透露姓名的人士对外宣布："对这些不专业的人不能听之任之。我们不能再让他们胡来，不然就不用再提电影业。他们成了电影业的管理者。"在另一个声明里，制片人亨利不无担心地指出："我们要对形势做出痛苦的分析。我们要弄明白，玛丽莲恢复健康后能不能继续拍戏，制片厂能不能继续承受拖延。"纽科姆听说他们的言论之后，又重申了她过去的说法："如果剧本是连续的，那就不存在拖延一说。"福克斯公司对她的说法马上驳斥，强调说剧本是连贯的，但"玛丽莲每天晚上都要求修改剧本"！

在福克斯公司里，电影厂的那些老板聚在一起召开紧急会议，聚精会神地听取乔治·丘克的汇报："一定要解雇玛丽莲·梦露，再另找他人。"他们同意，但他们无权做出决定。这件事落在了福克斯电影公司副总裁的身上，此人说话从来都不闪烁其词，正要赶往罗马去充当灭火员，因为伊丽莎白·泰勒拍的《埃及艳后》很不走运，惹出了一个又一个的麻烦。她接二连三的事假使影片的花销达到了惊人的高度。彼得是有话就说的人，结果得罪了制片人、奥斯卡奖得主沃尔特·万格，因为彼得指责万格要为发生的事情负责。万格一气之下永远离开了好莱坞。

在那次会议上，福克斯的总裁们并不想马上宣布替换玛丽莲的事，他们想等彼得回来之后再说，此外还要寻找合适的人选。然而，丘克不想再等了，他暗地里将这一消息透露给好莱坞的两个八卦作家，赫达·霍普和希拉·格拉赫姆。前者在《关注好莱坞》专栏里撰文《玛丽莲将被替换：她完了吗？》，专栏文章于次日见报。

后者的文章更为恶毒，那天晚上文章刊发在《纽约镜报》上，题为《就是不见面，玛丽莲因此要接招》，文中写道："电影公司对玛丽莲是受够了。在过去的3天里，她没有到场拍戏。等她明白过来，她将发现已经被解雇，被人替换了……20世纪福克斯再也不想用她拍戏。"这一消息的其他版本更能说明问题："基姆·诺瓦克做出回应。等制片人彼得同意之后，他们将公布此事。此时彼得正在罗马。"与此同时，迪恩·马丁还没有搅进这摊浑水，他把自己称为"历史上薪水最高的高尔夫球手"。

那么，在此恶语横飞的关口，女主角哪儿去了呢？依然足不出户、不想被人拍照的玛丽莲正在家里轻轻松松地与好莱坞专栏作家弗农·斯哥特通电话。她告诉他："我真病了。我体温烧到（华氏）100多度，嗓子疼得受不了。我想回去拍戏。我希望电影公司能理解。"之后，在纽科姆的帮助下，玛丽莲准备领她的狗"小黑"前往洛杉矶动物管理局首次接种狂犬病疫苗。

次日，6月7日礼拜四，玛丽莲还在家里漫无目的地走来走去，此时纽科姆拨通了福克斯公司的电话，通知他们玛丽莲"病还没好，但有起色"。她的这一说法未必准确。她最后还乐观地告诉对方，说玛丽莲在下周"能拍戏"。闻风而来的记者围在玛丽莲家的外面，一个个如同秃鹫，针对他们提出的问题，纽科姆回答说："谁不生病？电影公司不希望她生病，她自己更不喜欢。她还想拍这部电影，她没有理由不拍。"

当纽科姆的话见报之后，福克斯公司马上予以驳斥，电影公司义愤填膺的发言人说："看看她的考勤，32天有12天没来。该她拍戏的日子，她一般都能在6点30分按时化妆，但之后我们就得等在化妆室的外面，等她出现。要等到10点30分，或者11点。午饭休息之后，她要一两个小时才能出来。到4点30分或5点，她又不拍了。"玛丽莲一方和电影公司一方的口水战至此尚未结束。

同日，拉尔夫·格林森再次接到默瑞打来的越洋电话，之后他匆匆结束国外的旅行，乘坐最早一架班机赶了回来，发现玛丽莲躺在床上不省人事，进入服用镇静药之后的状态。（她还在服用纽科姆的镇静药。）格林森先给福克斯公司打了一通电话，之后又亲自赶过去，在公司的会议室里与他们的上层人物开了一次面对面的碰头会，公司副总裁菲尔·菲尔德曼和经理弗兰克·弗根森接待了格林森医生。

如会议文件所显示的，当时有律师米尔顿·鲁丁在他身旁，他承认自己的特拉维夫和瑞士之行"是问题的根源之一"。为了安抚对方，他答应赶走搬弄是非的戏剧教练波拉·斯特拉斯伯格，使其离开玛丽莲的生活和事业，同时强调他将劝说"玛丽莲停止服用巴比妥，改变她的状态，准备下周一拍戏"。格林森以英国小说里斯文加利式的语气告诉对方，为了完成电影的拍摄，他将"使女演员履行对方合理的要求""劝说她做合理的事"，仿佛他能替女主人做主。然而，福克斯公司对此置若罔闻，他们已经着手物色人选，想从"城里城外的女演员里"找人替代玛丽莲。

半道上鲁丁请求与格林森私下交换意见，他们来到另一个房间，会议被迫停下。他们二人走进一个没人的房间，几分钟之后返回。会议继续进行。菲尔德曼告诉格林森医生，他不相信玛丽莲能拍完这个片子。他说："她过去的历史无法证明这一点。因为我在这个领域是外行，所以我不相信。"格林森大夫反驳说："怎么才能使你相信呢？"菲尔德曼没有正面回答，反而提出："如果你希望继续讨论，那你先要同意我们的医生与你研究玛丽莲的问题。"他们提出请南加州大学神经学系主任卡尔·冯·海格作为公司的代表。格林森当即表示反对，同时提出了其他几个候选医生。菲尔德曼对这些人并不接受。双方陷入僵局，之后不久双方不得不休会。格林森返回玛丽莲在第五海伦娜的家。

格林森医生越俎代庖，但此时玛丽莲又在哪里？据可靠的消息，她仍然躺在床上。这一说法未必不正确。不过，如福克斯公司文件所显示的，6月7日礼拜四下午，格林森医生从紧急碰头会上返回不久，玛丽莲便离开家门，坐车拜访了52岁的整形外科医生麦克尔·古尔丁，见面的地点是古尔丁的诊所。玛丽莲担心鼻骨断了，告诉对方在下午2点至3点之间，她洗淋浴时滑了一跤。其实她家里根本没有淋浴。这一事件的真相与玛丽莲说的大不相同。

那一天格林森刚下飞机就赶来见玛丽莲，在他前往福克斯开会之前，他和女演员之间发生了一次激烈的争吵，他顺手照她的脸上狠狠打了一拳。因为梦露在电影公司严重损害了他作为国内著名心理分析医生的形象，所以他要以他唯一知道的方式发泄这股怒火：暴力。

古尔丁当初所做的诊断显示："鼻子没有流血，没有昏迷，鼻背和鼻梁稍有损伤，右下眼睑肿胀。"按照惯例，古尔丁请她拍 X 片。格林森用车拉着沮丧的玛丽莲来找康蒂和斯坦伯格医生。照片显示，她的鼻子没有严重损伤，但她脸上的瘀青却很明显。伪装后的玛丽莲从车上匆匆下来时，围在她家门外面的记者自然发现了她的异常。记者问她原因时，她又重复了之前的故事，说自己"服药太多，不慎摔倒"。格林森当然不想让这个秘密外泄出去。他深知，秘密一旦外泄，他作为国内一流心理分析医生的日子就要彻底终结。

然而，他再次出现在玛丽莲的生活中这一事实好像达到了预想的效果，但这也是不祥之兆。他回来还不到 20 小时就威逼玛丽莲亲自给福克斯公司打电话。6 月 8 日礼拜五上午 10 点，梦露(对找人替她的事一无所知)给亨利打电话，激动地宣布说她"迫切地希望回去拍戏"，重复了纽科姆和格林森的允诺，说她"要在周日上午返回片场"。遗憾的是，她的说明没有打动制片人，当他听到这一消息后，竟大为恼火。在他与赫达·霍普的私人通话里，他对这个盼望消息的好莱坞八卦作家愤愤不平地宣布："她没病。我没有接到她生病的正式通知。我知道的就是，她要拍戏但总也不来。"

进度比原来的安排晚了 16 天，公司为此几乎负债 200 万美元。周五玛丽莲又没露面，这等于说全然无辜的辛勤劳动的职员又要白白扔掉一周的薪水。这才是亨利发怒的原因。《洛杉矶先驱探索者》与亨利意见相同："玛丽莲·梦露我行我素，不负责任，从嘴里夺走了大家的面包，他们还依靠这部影片养活家人呢。"玛丽莲对后来的麻烦并不知情，那天下午她匆匆进入附近的一家药房，买了一副睡觉用的眼罩和冰袋，因为她缺少睡眠，还有眼上的瘀青使她苦恼不已。

玛丽莲的麻烦在洛杉矶四处传播，愈演愈烈。福克斯副总裁彼得已经返回电影公司。当他听说玛丽莲故意拖延拍戏之后，他变得极为恼火，在他与董事会成员米尔顿·古尔德商量之后，马上指示公司经理菲尔·菲尔德曼终止与玛丽莲的合同。在他看来，甩开这个麻烦的演员是使公司摆脱困境的唯一办法。下午 3 点玛丽莲被正式解雇。下午 3 点 45 分，菲尔德曼赶到鲁丁的办公室，将公司的决定正式通知对方，说玛丽莲违约在先，公司要追究她的责任。鲁丁据理力争，再次指出，他的委托人有病在身，"将于周一上午返回电影公司"。他的话等于白说。

通知结束之后，菲尔德曼建议公司法律部对玛丽莲向高等法院提起"赔偿"诉讼，说他不想在任何"不确定的问题上"再浪费20世纪福克斯公司的钱财。虽然格林森、纽科姆、玛丽莲和之后的鲁丁反复答应3天后玛丽莲将要返回公司拍戏，但为时已晚。彼得、丘克和亨利的耐心达到了极限，此时他们众口一词，世界上最著名的电影明星之一玛丽莲·梦露必须走人。

他们为此匆匆准备了一份声明，然后对外发布。声明中说：

> 玛丽莲·梦露已经离开《濒于崩溃》摄制组。这一安排是必要的，因为梦露小姐屡次违反合同。她多次不能按时拍戏，又无法说明正当原因。公司因此蒙受重大损失，20世纪福克斯电影公司将对梦露小姐采取法律手段。

当晚在法院结束接受诉讼之前2分钟，电影公司向洛杉矶高等法院提起50万美元的赔偿诉讼。公司律师杰西·欧马尔雷代表公司在诉讼请求上签字。他在诉讼当日指出："玛丽莲·梦露1955年11月31日与公司签订'4部影片的合同'，每部影片10万美元，在履行合同中已经收到14.2万美元。截至1961年1月16日，她已经（为公司）拍完2部影片，1961年4月16日以来（原文如此），她拒绝并无视根据协议应当履行的义务。福克斯公司在任何情况下都在履行协议中规定的义务，为此损失50万美元。"从玛丽莲被解雇到公司提起诉讼，这期间仅有3个小时。

玛丽莲告诉詹姆斯·培根："我礼拜五夜里听说被解雇了，没有人比我更惊讶。他们怎么能指望我带病拍戏呢？"纽约邮报就此事询问迪恩·马丁的意见，他回答说："我对此事感到惊讶。我感到惋惜。如果他们把玛丽莲留下来，那一定能拍出非常优秀的影片。但她病得太厉害，无法拍戏。就是这些。"

玛丽莲被解雇的消息很快传到斯库拉斯那里，此时他仍然在圣路加医院里休养。他当即给彼得打电话，试图劝说他改变主意。但为时已晚。斯库拉斯身体虚弱，对此事无能为力。

亨利自然要站在电影公司一边维护公司的利益，他在一份声明中说："她无视专业要求，104 名职员因她丢了饭碗。等她来拍戏的时候，她能做的不过是每天拍一页半的脚本，其他演员每天能拍三四页。然而她却能飞到纽约为肯尼迪总统唱《生日快乐》，还能观看棒球比赛，这个时候她身体就好了。"

与此同时，在接受《综艺》杂志采访时，彼得宣布说，拍戏之前有人警告他，玛丽莲"好搞恶作剧"，他将后悔的。"她使我相信，她能像个真正的战士，我不必为她担心。"结果他大失所望。他说这番话的时候，福克斯公司的股票从 39 美元跌到 20 美元，他们最大的竞争对手联合艺术公司 6 月 12 日礼拜二将在年度股东大会上宣布，第一季度他们有所盈利。对福克斯公司来说，这正是他们倒霉的时候。

玛丽莲被解雇的消息传出去之后，一大群追逐新闻的记者拥到电影公司门外，都想得到最新的消息。据说，公司一个发言人用如下的话来表明他的立场："很伤心。现如今哪家电影公司也无法承受伊丽莎白·泰勒和玛丽莲·梦露同时拍戏，对去年损失 2500 万美元（原文如此）的公司来说更是如此。"福克斯公司的发言人继续说道："玛丽莲声称她有病，所以无法拍戏。我相信她是病了。当然是她心理有病，或者她的心理条件使她的身体生了病。我认为她无法控制自己。她想拍戏，想要成为伟大的演员，而且也是个伟大的明星。但不论她病在哪里，反正她的病不允许她拍戏。"

不过，从福克斯公司不知名的渠道传出来的评价可能是最为恶毒的。在接受赫达·霍普为其每周一次的《赫达·霍普好莱坞》专栏采访时，那个"电影业内无所不知的人之一"说道："我相信这是她的（玛丽莲）事业的终结。她想拍戏，但她无法控制自己。她演得不好。她好像是在水下拍戏。以她的聪明，足以发现这一点。"

霍普还亲自出马打击玛丽莲，煞有介事地写道：

玛丽莲·梦露走到了路的尽头。作为我行我素、收入惊人的电影明星，她真的要收场了……我感觉，玛丽莲在心理上或情感上并不稳定，我替她极为惋惜，但她上个月的行为不讲分寸，所以很难得到原谅……34 岁的她，不仅婚姻失败，还失去了帮助过她的好莱坞同行。（导演）比利·怀尔德发誓再也不跟她拍戏，为她设计服装的奥利－凯利发誓再也不替她做一件衣裳。她扯掉了他外衣的内衬，想让对方离她的身体更近些。

她的恶语还在继续（虽然我们从现存的胶片里知道，她最后的评论都站不住脚）：

> 她的影迷抛弃了她。《不合时宜的人》没赚着钱……我想《让我们相爱》连底片的成本都没赚回来。玛丽莲甚至丢掉了伊夫斯·蒙坦德，她与米勒离婚后，伊夫斯是她的浪漫所在……我想玛丽莲对他有强烈的感觉。但她在医院住了一周，他在电话上都没和她打招呼……在她为《濒于崩溃》拍戏的那几天，她的表现很不好。她仿佛还在迷睡当中。

来自梦露同代人的攻击更是司空见惯。女演员琼·克劳弗德自己承认憎恨梦露，她说："玛丽莲·梦露被解雇之后，我为成为演艺界的一分子感到自豪。我认为她没有朋友。她没时间在这个行业交朋友。很多人都想和她交朋友。"令人惊讶的是，连玛丽莲在业内为数不多的真正支持者之一比利·怀尔德也开始恶语相向。那个月月初，有人听见怀尔德说："真正的问题是，玛丽莲是人，还是有史以来最伟大的合成体。她的胸脯如同花岗岩，大脑如同瑞士干酪，上面都是冻。她拒绝引力。她一点时间概念都没有。她迟到，然后告诉你她找不到电影公司，虽然说她在这里拍了好几年的戏。"

当美国的报纸、她的敌人和她所谓的老朋友还在继续诽谤的时候，20 世纪福克斯自然要替自己开脱，说解雇玛丽莲并不等于《濒于崩溃》胎死腹中。6 月 8 日礼拜五下午，福克斯公司一边准备将玛丽莲告上法庭，一边匆忙请来 26 岁的金发演员李·里米克扮演片中的女主角。在她之前公司考虑过基姆·诺瓦克和谢丽·麦克莱恩，但因为里米克还欠公司两部片子，而且服装的尺码与梦露相同，所以她才变成首选。

玛丽莲被解雇之后几个小时，里米克就被接到福克斯公司，试了好几件梦露穿过的戏装。公司之所以如此安排，为的是拍下她面带微笑与乔治·丘克阅读剧本的镜头。他们显然研究过如何重拍玛丽莲裸浴的场面。在接受纽约邮报记者唐·弗斯特采访时，亨利宣布说："我要指望她再现裸浴那场戏。我希望她照剧本拍戏。等拍到那组镜头的时候她将被请来完成任务。"

　　然而，1992 年这位女演员透露说，她在影片里仅仅待了"20 分钟"，又说："我对影片当然不感兴趣，玛丽莲和我是两个全然不同的演员。但公司对我说：'我们和你有合同。我们想让你履行合同。'"她确实与福克斯有合同，但在现实中电影公司请她来填补梦露留下的空白还是不大可能的。福克斯很清楚，在他们找到里米克之前的几周，她已经与哥伦比亚电影公司签约，要在西班牙和爱尔兰与导演卡洛尔·里德爵士拍摄悬疑片《过关斩将》。虽然这部影片要等到 7 月才能开拍，但里米克并未退出。按照她的设想，她从来都没打算接拍《濒于崩溃》。要是公司答应拍成拍不成都付她 80 000 美元，那她才同意接戏。

　　玛丽莲被解雇后公司大言不惭地宣布说："没有比电影公司还大的明星。"但真相是，1962 年 6 月，捉襟见肘的福克斯终于陷入困境。他们心里明白，玛丽莲是不可替代的。（这里要提一句，《濒于崩溃》于 1962 年 12 月以《亲爱的，来》再次出现，扮演女主角的是多利丝·戴，男主角是詹姆斯·加纳，后者出演男主角不免让人感到滑稽。）

　　炸弹还在继续引爆。6 月 8 日礼拜五晚上，迪恩·马丁宣布，他不想和里米克一同拍戏，一点兴趣都没有。他的这一做法使大家都感到惊讶。数小时之后，他又宣布退出剧组。他后来又在报上重申，他高度评价李·里米克，说这其中没有个人原因，但合同中指定他与玛丽莲·梦露拍戏，既然梦露已经退出，所以他没必要继续下去。导演丘克设法逃过了此后的麻烦，所以欢迎李·里米克接戏之后没几天，他就飞到檀香山度假去了。

　　里米克接戏和福克斯取消合同一事很快传到了玛丽莲那里。她知道之后马上从家里给身在华盛顿的博比·肯尼迪打电话，将这些消息通知他。与一些传记作家所说的不同，这一次玛丽莲不想和司法部长幽会，她希望对方出手相助。如 1964 年 6 月 12 日礼拜五记者保罗·斯哥特和罗伯特·艾伦在《邮报 – 论坛》所说的："如果你是世界著名的女演员，遇到麻烦时求助司法部长罗伯特·肯尼迪，请他亲自过问你的事，那将是极大的帮助。作为司法部的首脑，他发一封急件就能解决问题，结果是资深外交家都不能与之相比的。"如同玛丽莲之前（和之后）的众多其他影星，此时她也转向博比寻求帮助。

肯尼迪计划与福克斯将其著作《内部敌人》拍成宽银幕影片，所以他对公司还是有威慑力的，玛丽莲也知道这一点。根据联邦调查局的档案，"罗伯特·肯尼迪告诉她不必担心合同。一切都由他来办。"不幸的是，这一次他办不到。他仅仅打了一个电话，对方是66岁的法官塞缪尔·鲁森曼，他们家族的好朋友，最近才成为福克斯董事会的主席，博比请他帮助玛丽莲回去重新拍戏。鲁森曼当然明白博比的意思，但告诉他唯一能办成此事的人是米尔顿·古尔德——这次玛丽莲解雇与他有关，刚刚在一个月之前，博比还因为玛丽莲为哥哥外出唱歌的事骂古尔德是"犹太恶棍"。所以这一次司法部长无能为力了。

6月9日礼拜六，玛丽莲再次给华盛顿的博比打电话。他答应解决问题，但他显然没有，为此玛丽莲很不高兴。根据联邦调查局的报告，"见事情没有办成，她再次从家里给他打电话……这一次他们说了不好听的话。据说她威胁要把他们的事公开出去（原文如此）。"说到私人的风流事，联邦调查局显然说不准是哪一个肯尼迪。

迪恩·马丁的退出宣告了《濒于崩溃》的死亡。但与我们之前听说的不同，福克斯公司袖子里还藏了最后一张牌，想要为这部片子起死回生。马丁6月8日礼拜五宣布退出，福克斯公司6月11日礼拜一宣布他们最终停拍《濒于崩溃》，并将此事通知演职人员。在这两个事件之间的几天里，电影公司还想请35岁的金发歌星、喜剧演员艾迪·亚当斯来接拍玛丽莲的戏。艾迪因模仿梦露著称，她当时回忆说："我把自己打扮得如同玛丽莲·梦露，大家都说像。"

1962年，艾迪·亚当斯在每周一次的电视喜剧节目里模仿玛丽莲。她听说玛丽莲停拍《濒于崩溃》，李·里米克又不能替代她，此时的艾迪自然是唯一的人选，虽然事发突然。福克斯公司为此还秘密召开会议。他们当初有两个方案，或是重拍，或是让亚当斯装成玛丽莲继续拍完片子，比如在长镜头里让她替代玛丽莲，或者在玛丽莲没拍的戏里从后面拍。他们还把艾迪请到电影公司试穿了几件玛丽莲的服装。

1962年艾迪宣布说："你说怪不怪，我们穿的衣服大小相同，什么都一样。"

（她们是同龄人，梦露不过比她年长数月。）福克斯公司想找人模仿梦露。梦露听说这一安排后，马上给自己的律师鲁丁打电话，鲁丁当下通知福克斯，如果公司以这种方式雇佣艾迪·亚当斯，玛丽莲将控告他们侵犯"肖像权"。不出所料，不久之后福克斯公司将这一方案束之高阁。（作为这一插曲的脚注，1962年7月3日礼拜二，在鲁丁发出几封警告函之后，艾迪公开宣布，她不再模仿梦露。）

在《濒于崩溃》最后那些日子里，各种花招并未就此结束。与我们事后多年来听说的刚好相反，其实迪恩·马丁又收回了他当初说的话，说如果能找到"合适的人选"替代玛丽莲，他将重返《濒于崩溃》。后来发现的材料证明，迪恩并不反对雇佣艾迪。

这些文件证实，6月11日礼拜一，就在马丁宣布退出之后3天，电影演员工会专门成立了一个事实调查委员会，成员有演员查尔顿·赫斯顿、达安·安德鲁斯和乔治·钱德勒，他们与迪恩的助手在好莱坞碰面商讨他在福克斯公司遇到的问题。认为玛丽莲停拍《濒于崩溃》一事纯粹出于意外（反正马丁是这么说的），他在合同上失去了保护，所以才要求助电影演员工会。他们这次见面并未解决问题。

次日，6月12日礼拜二，演员工会与迪恩的代表又进行了一次漫长的商讨，之后工会发表了一份声明："迪恩·马丁没有条件地宣布，对于合适人选替代玛丽莲·梦露一事，他并未关上大门。"福克斯公司随后发表声明予以驳斥，声明上说：

> 虽然电影演员工会今天发表了声明，但马丁从未建议20世纪福克斯公司。他在梦露小姐一事上的公开立场有所转变。里米克小姐是成名的电影演员，与詹姆斯·斯特瓦特、格林·福特和杰克·莱曼及其他演员都拍过戏。马丁最初的声明暗示，他在《濒于崩溃》一片里不能与任何其他女主角拍戏。

这些声明都很简短，如同一阵风，吹过就完了。转念一想，仿佛马丁遭到了无端的指责，而这些麻烦又不是他造成的。此时马丁再也不想就此事开口，结果他心爱的妻子珍妮走上前台，公开驳斥针对她丈夫的批评。她说的原话1962 年之后就没有公开发表，但真实地描述了马丁的想法。

"迪恩的行为与没有死亡的爱情或与玛丽莲·梦露永恒的友谊无关。"她对等在大门外边的记者说，"事实是，我们有 7 个孩子，我们要花钱。但没有玛丽莲或合适的人选（显然是指艾迪·亚当斯）这个片子就没有希望。这个女演员必须是世界上的性感女王。她要把赛德·查理斯变成陪衬的墙花才行。玛丽莲的姿态和人格在影片中所起的作用是不能替代的。迪恩签合同是出于好意。他不是 20 世纪福克斯一脚就能踢开的二流演员。玛丽莲的事与他无关。再说了，找女主角又不是他的事。"

之后，公司想找人替代玛丽莲，但无果而终。之后刚刚几天，公司觉得他们别无办法，再次被迫宣布《濒于崩溃》大限已到。14 号摄影棚里那些为人留下深刻印象的布景被迫拆除，这一象征姿态刚好说明倒霉的片子再也拍不下去了。福克斯公关专家沮丧地指出："影片留下的就是这些，无话可说。不用渲染。什么都不用。"

他没有说出口的是，公司相信，如果他们继续拍摄《濒于崩溃》，那他们手里将捧上一部美国版的《埃及艳后》，花销可想而知。福克斯另一个不想透露姓名的人士说："最好是停拍，宁可损失 200 万美元，那也比继续拍下去，可能损失 1 000 万美元或 1 200 万美元要好。"

玛丽莲就电影停拍一事致电导演、制片人、工作人员和剧务，对发生的事表示同情。电文说："请原谅我，这不是我想要的。我很期待和你们一道工作。"大家并不领情，之后马上宣布——虽然他们的威胁并未付诸实施——他们准备在行业报纸上登一个广告："感谢迪恩和玛丽莲，是他们使我们丢了饭碗。"

50 年之后，问题依然存在：玛丽莲如此行事的原因是什么？她为什么消失了好几天？她病得很重吗？在这一章和上一章探讨的原因之外——她的病情、改写剧本的困惑、她在 20 世纪福克斯没有盟友——我相信玛丽莲公然无视规定，在表面上对同行如此轻视，这里还有其他几个原因。

首先，拍戏之前，电影公司的医生李·希格尔就说，因为喉炎和头痛，玛丽莲真的不能开始拍戏，这里有服用耐波他之后留下的问题。再联系到她的其他症状——睡意朦胧、好发脾气、神经紧张和焦虑——她从纽约回来之后染上了不知名的病毒，她始终没有摆脱感染带来的痛苦，所以希格尔医生建议福克斯公司"向后推迟一个月开拍"是极为明智的做法。但公司没听他的。

其次，玛丽莲周围的朋友——这些朋友暗地里告诉她剧本改好之前不要光顾片场——指出，她之所以没在片场出现，原因是她对福克斯的做法感到不满。著名摄影师查尔斯·朗没有加盟《濒于崩溃》，这使玛丽莲很失望，玛丽莲很喜欢他，但此时他无法分身，正在好莱坞拍华纳兄弟的喜剧片《批评家的选择》，片中的主演是卢希尔·鲍尔和鲍伯·霍普。内部人士暗示说，玛丽莲有意推迟《濒于崩溃》，想要等待查尔斯的到来。

另一个原因来自制片人亨利。虽然玛丽莲和亨利都极力表明他们的工作关系如何融洽，但真相截然相反。梦露和亨利从一开始就合不来。拍戏之初，二人不断发生龃龉，后来玛丽莲索性能不找他就不找他，其中的原因不为外人所知。后来，对于玛丽莲来说，拍戏很快变成漫长而又疲劳的差事。赚的钱少，又不被人重视，她自然要发泄胸中的怨气，唯一的办法就是逃避。

再次，福克斯公司发现玛丽莲无法起大早之后，在投拍之前显然同意她每天不必 10 点之前赶到摄影棚。然而，等拍戏上道之后，之前的承诺被忘到了脑后，一般早上 7 点 30 分就开始拍戏。电影公司的医生李·希格尔发现，这么早她无法拍戏，就建议将玛丽莲的戏放在中午和晚 8 点之间拍，欧洲一般也是这个惯例。福克斯没有采纳他的意见，尽管此时在罗马拍戏的伊丽莎白·泰勒通常都是上午 11 点到晚上 7 点才拍她的《埃及艳后》。

玛丽莲的行为还有其他解释。1962 年 6 月 14 日礼拜四，好莱坞著名专栏作家、与玛丽莲来往密切的麦克·康纳利证实了显而易见的现象，她因为心理障碍无法准时出现。此外，在她空虚的周末之后康纳利宣布，凡是周一（她能一连 3 个周一不露面）对她来说都很困难。外人很少知道，每当周一玛丽莲都要替她的母亲着急，她拍戏时母亲的病情突然恶化。这对她自然要有影响。

这里还有必要提一下，公司强调拍戏 32 天，玛丽莲有 12 天没来。拍戏时玛丽莲确实病了，此外，大家很容易忽视 1962 年以来并没有人要求玛丽莲在另外的时间每天都要到场。比如 5 月 8 日礼拜二，玛丽莲就没必要到场，因为那一天她的男搭档迪恩·马丁与乔治·丘克离开公司要拍外景。这里还有必要指出，与其他历史学家告诉我们的不同，玛丽莲之所以没到片场，并没有违反电影演员工会对"有理由旷工"的描述。

说福克斯公司有问题，还有另一原因。公司老板们显然没有重视1955年12月合同里的附件，其中规定，因为玛丽莲患有严重的胃痛，她在月经之初不必拍戏；如此说来，5月17日礼拜四，她才飞到纽约。玛丽莲痛经极为严重，她有时要一连数日躺在床上，有时月经一来她能疼得倒在地上。值得注意的是，公司明知道他们对玛丽莲承担的法律义务，所以才同意在拍戏前允许她参加肯尼迪的那次盛会。

不仅如此，说到《濒于崩溃》的资金，如制片人亨利所指出的，公司早就知道玛丽莲麻烦事多，所以应该做出16周的预算，不是8周的预算。果真如此的话，影片很容易就能拍完。至于演员的报酬，我们知道玛丽莲早就同意按合同收取10万美元，她实际上收到没有还另当别论（她没收到），影片拍摄多久对她来说都是无所谓的。所以，与福克斯公司当时描述的正好相反，玛丽莲的拖沓并未造成电影公司的损失。

还有一个被忽视的细节，伊丽莎白·泰勒拍摄《埃及艳后》时，她不到场的次数不知要比玛丽莲拍摄《濒于崩溃》要多上几倍：101天有99天没到场。那部片子1960年9月30日礼拜五开拍，但她几乎是1年之后的1961年9月12日礼拜四才到片场，此时大家已经从英国的松木摄影棚转到了意大利的罗马。伊丽莎白的借口是食物中毒、自杀企图、1962年4月27日礼拜五在罗马所谓的汽车肇事，其实她是想以这个借口来掩盖受伤的鼻子，那是她的新恋人理查德·波顿给她留下的纪念。伊丽莎白脸上留下的瘀青是如此严重，以致她一连22天不能拍戏，这在玛丽莲那里是没有的。

但我们还不知道，玛丽莲在《濒于崩溃》上的拖沓是不是与1960年泰勒拍摄《青楼艳妓》的绯闻有关。那次一开始，泰勒和梦露一样，先说自己想拍片，然后好像又想从中摆脱出来，一连几次宣布说剧本写得不好，非要修改剧本不可。在泰勒那里，她当初也想挣脱电影公司的束缚，后来米高梅公司同意她的要求，如果她拍完片子，他们就与她终止合同。与梦露相同，泰勒在拍片之前提出了不少要求，比如要经她同意才能聘用服装师、发型师和男演员。在这方面，玛丽莲与泰勒可谓如出一辙。

梦露总是把泰勒当成对手。1961 年 4 月 17 日礼拜一《青楼艳妓》拍完数月之后，几乎死于肺炎之后的 6 周，泰勒一定被气得怒火中烧，因为她被评上好莱坞历史上最丢人的"最差奥斯卡"。玛丽莲从来都没被人家提过名。如我在上文所说，玛丽莲之所以要拍裸泳，那是因为她极想把泰勒从世界杂志的封面上推下去。此外，她之所以要拍原生态，未必是因为乔治·丘克，大概是因为泰勒在《埃及艳后》里那组颇有启发作用的镜头，那是泰勒在玛丽莲之前 11 天拍摄的，如此说来，玛丽莲是不是因为泰勒才拍裸戏呢？我想有此可能。

这方面的信息几乎隐藏了半个世纪。但可悲的事实是，如果这些信息在电影停拍时发布出来，那大概也不足以引起人们的重视。说到 1962 年六七月份的电影业，玛丽莲的电影事业确实陷入了困境，此时电影业内好像还没有谁能力挽狂澜。

玛丽莲在 1962 年 6 月的头 8 天里足不出户，将自己关在布兰特伍德高高的白墙后面，既不开门，也不回答问题，尤其是不见记者。她睡到中午才起来，偶尔外出时也要戴上黑色的假发和墨镜。她的邻居都说没看见她。

玛丽莲与她身边的派特·纽科姆和斯特拉斯伯格夫妇坐在家具稀少的家里。她知道她正面临成年之后最严峻的挑战。她比谁都清楚，是福克斯公司打造出了"玛丽莲·梦露的形象"，她被公司解雇之后，将不再是赚大钱的明星。还有，她很清楚，此后要是还有制片人在她身上下注的话，那他等于在玩灌了铅的骰子。她也明白，一旦不可预料的、我行我素的玛丽莲再次进入漫长的脆弱状态，那几乎找不到保险公司为制片人做后盾。

玛丽莲的生活似乎走到了十字路口，她作为世界著名演员的存在显然被挂在了刀锋之上。果真如此吗？有些人并不同意。6 月 10 日礼拜日，赫达·霍普在其《今日好莱坞》专栏里宣布，玛丽莲应福克斯总裁斯库拉斯之邀将在"星条旗舞会"这一盛会中露面，大会将于 11 月 8 日礼拜四在纽约的伍尔道夫酒店举行。大会上接受世界荣誉主席一角的不是别人，正是约翰·肯尼迪总统……

第八章

沮丧，再生，拍照及加利－内华

1962 年 6 月 9 日礼拜六—1962 年 7 月 30 日礼拜一

1962 年默瑞坦承："被解雇一事是她难以承受的。"玛丽莲终日萎靡不振，总统的邀请也没使她感到兴奋。因为白宫的拒绝在先，所以她深知这一邀请不过是空头支票。

她的外表也使她难过。好莱坞记者马丁·伯克利写道："她的头发乱蓬蓬的，手指甲比平日还长。"玛丽莲饮用烈酒日甚一日，尤其是香槟。此时白天的光线对她来说几乎成了奢侈品。白天她还能勉强度过，但黑夜实在漫长。陡然之间，她竟不知拿自己怎么办了。福克斯公司因拖沓将她解雇，其实此时的她没必要在准时上做文章。然而玛丽莲发现自己在注意钟表。默瑞建议她吃点儿东西。默默的她并不回答。她的女管家回忆说："她静静的一言不发，一连好几个小时。"在默瑞 1975 年出版的《玛丽莲：最后数月》里，作者披露，女演员"总是不停地沉思默想，眼睛里充满了遥远的目光。有人可能把这些当成抑郁症"。用玛丽莲的好友、好莱坞公关专家阿兰的话说，她正"面临事业上黑暗的隧道"。

她过去喜欢终日留在家里，但现在她变了。过去吸引她的室内装修对她来说似乎不再重要。她为室内墨西哥风格的小酒吧购买的装饰品依然躺在箱子里。

她没兴趣将箱子打开。有几个夜晚她外出时喊上默瑞,坐在女管家绿色的道奇轿车里在外面兜风。她最喜欢的地方是圣莫尼卡海滩,她顺着海滩上的弧线行驶,此时的她不必担心自己行进的方向。有时她们驾车从彼得·劳福德的门前驶过,很多次她都想停下来,但她几乎没有。

6月9日礼拜六,她没有离开北多希尼巷882号的白砖公寓。因为情绪低落,脸上的淤伤还很明显,所以她没在迪恩·马丁专为她准备的晚会上露面。迪恩·马丁临时在比弗利山的家里为她开晚会,目的是想让她散散心。她的心情并未因此好转,那天又下了大雨。她独自坐在家里,思忖自己的将来。与她相伴的是她的狗"小黑"和西纳特拉的唱片。唱片在唱片机上转了一圈又一圈,打给司法部长和影迷俱乐部秘书麦奇的电话并未收到希望的结果,不过是打断了她乏味的时光。俱乐部秘书再次告诉她,影迷给她写来的信仅有50封,玛丽莲听说之后情绪更为低落。

1953年9月已然成为遥远的过去。那时福克斯指派创作部的20个女孩儿帮玛丽莲取送影迷来信,因为每个月来信有10 000封之多。现在银行的存款越来越少,她自然要想一想每月花费262.65美元经营这家俱乐部还有没有必要。那天早些时候,太阳刚刚出来,她来到金水谷,在那里一坐就是几个小时,注视孩子们在园内嬉戏。自己没有生育孩子,因此带来的创痛再次袭来。当时有个纽约的专栏作家指出:"玛丽莲觉得继续挣扎是没有意义的。她不想再拼下去了。她不想再被剧本搞得兴奋不已。有人请她拍音乐剧。邀请函放在桌子上,她连读都没读。"专栏作家的话说中了要害。

上文提到的邀请函是6月15日礼拜五用电报发来的,发电报的人是纳塔莉娅·默瑞,安尼塔·卢斯在纽约的代理人,梦露1953年拍摄的热销片《绅士爱金发女郎》就是安尼塔创作的:

　　亲爱的梦露小姐:我们代表此时正在欧洲的安尼塔·卢斯,想知道你对在音乐剧里扮演主角一事感不感兴趣,这部音乐剧是根据法国戏剧《跳歌歌》改编的。原创安尼塔·卢斯,歌词格拉迪斯·谢丽,音乐克劳德·列维尔。如果你感兴趣的话,就把剧本和音乐发给你。纳塔莉娅·默瑞。

拍摄音乐剧能为玛丽莲每周赚进 5 500 美元，这是当时付给演员的最高报酬。但是，如玛丽莲的律师米尔顿·鲁丁透露的："她在拉斯维加斯拒绝了人家的邀请，虽然她当时等着用钱，因为她无法承受在众人面前出现。"

作家小乔治·卡泼兹也在留意玛丽莲，"朋友几乎看不见玛丽莲。她退入西班牙建筑的高墙后面……她独自与狮子狗生活。在大夫、律师和默瑞之外，她很少社会交往。镇上的人好像把她忘掉了……她终日漫无目的。在漫长的午后，玛丽莲在花园里散步，坐在后院的游泳池旁，偶尔读读书，但很少给朋友打电话……"

然而，6 月 14 日礼拜四，她的电话确实响了起来。电话是沃尔特·温切尔打来的，此人是好莱坞著名的八卦专栏作家，他在电话里诚邀玛丽莲到椰林俱乐部观看歌手艾迪·费舍尔的演出。他告诉玛丽莲的新闻经纪人纽科姆："我们想那里的朋友玛丽莲必要时能用一两个。"在摔下电话之前纽科姆厉声宣布说："她不和任何人讲话！"玛丽莲没有接受邀请。反正她是不想去。费舍尔是伊丽莎白·泰勒的丈夫。此时此刻她最不想看见一号竞争对手用那张得意扬扬的笑脸面对她此时的不幸。

4 天之前，6 月 10 日礼拜日，乔·迪马奥一大早造访玛丽莲，这次拜访真是别开生面，玛丽莲因此决定来一次低调的纽约之行，但日程还是排得满满的。在玛丽莲心中，纽约是她的祖国，大家对她这次外出无不感到意外。与老米勒见面是她的众多安排之一，她告诉老米勒在福克斯发生的事，这时她不禁抽泣起来。老米勒问她："你为什么要哭呢？"她答道："爸爸，因为你是个大好人，你能在意将在我身上发生的事。"她还见到了自己信赖的朋友、作家卡波特，与福克斯公司资深的好莱坞知情人达利尔·占纽克一同出席了一次会议，后者刚刚从巴黎飞过来。但是，在彼得·劳福德的追问下，玛丽莲说出了这次纽约之行的重要原因：与美国总统见面。

此时在总统的圈子内，总统与玛丽莲的外遇正传得沸沸扬扬，毫无疑问，这都是肯尼迪生日晚会上玛丽莲那首缠绵悱恻的《生日快乐》造成的，所以肯尼迪觉得，玛丽莲这件奢侈品他用不起了。他深知他们的一夜情使政府陷于危险，他妹夫劳福德在海边的住宅被人连续监听（地毯，花灯，电话和天棚都被人家安上了窃听器），还有那些非法录下的对话，如此一来，肯尼迪的任何敌人都能掌握置总统于死地的信息。

肯尼迪与一个不明不白的女子有染，这一消息已经传开。2月27日礼拜二，联邦调查局局长胡佛给肯尼迪的助手肯尼斯送上一份文件，通知他总统与26岁的朱迪丝·坎贝尔有染，此女子经常接触黑社会，在与肯尼迪相识之前又与弗兰克·西纳特拉和黑手党老大萨姆·吉安卡纳有关系。因为没有其他选择，胡佛警告肯尼迪，他不能再次陷入婚外绯闻，用心专一与否姑且不论，绯闻一旦传开后果极为严重，尤其是与梦露这样有名的女人。当下肯尼迪决定停止与玛丽莲的往来，当然他还知道这能取悦自己的妻子；所以6月1日礼拜五的白宫晚宴才没有邀请玛丽莲。在玛丽莲看来，因为他没有更合适的表达方式，不过是想急忙逃走。

他想向玛丽莲当面解释。我研究过总统的日记，所以我相信他是在6月10日礼拜日晚上想要对玛丽莲把话说清楚，此时他与彼得·劳福德正在纽约做短暂停留，探望他生病的父亲约瑟夫，因为约瑟夫还在曼哈顿的疗养中心地平线之家里康复。那天晚上肯尼迪和玛丽莲在他纽约的老巢卡莱尔宾馆见面，大约是在晚上6点55分之后。这是他们的最后一次见面。之后不久玛丽莲怀着失望的心情返回公寓。(有案可查的是,总统于次日上午8点55分离开宾馆，飞往康涅狄格州的纽黑文，上午11点30分他接到耶鲁大学的名誉学位。同日下午3点42分，总统乘飞机返回华盛顿，10分钟后抵达白宫。)

总统决定摆脱玛丽莲，这事与他的弟弟博比有关。博比因玛丽莲大失所望想要安慰她，同时因福克斯公司解聘一事他没能出手相助向玛丽莲道歉，所以在6月13日礼拜三晚上给留在布兰特伍德的玛丽莲打了电话，又把他在司法部的号码告诉了对方。劳福德在其1988年出版的《彼得·劳福德的故事》里道出此事的原委，作者以耸人听闻的语言说博比显然是告诉了玛丽莲，他"在总统那里连严肃的婚外恋都够不上""不过是杰克的玩物（原文如此）"。

不过，博比现在把电话号码告诉玛丽莲，此事不同一般。其他演员如朱迪·加兰和理查德·波顿都有他的号码，当他们感到压抑或要找人诉说时，经常给司法部长打电话。博比很有同情心，更为重要的是，善于倾听。

《应验的祈祷》里有些文字能证明玛丽莲与总统见了最后一面，此书是做事高调的作家卡波特尚未出版的回忆录。以《蒂夫尼的早餐》出名的卡波特与玛丽莲走得很近，在根据他的小说拍成的电影里，玛丽莲没有超过赫本，卡波特因此感到很伤心。6月11日礼拜一，玛丽莲在曼哈顿的一家著名饭店与卡波特共进午餐。二人见面之后，玛丽莲将她与总统之间发生的事告诉了卡波特。他发现玛丽莲正在成熟，而且不那么傻笑了，所以就对她说："为什么要为杰克感到伤心呢？他和博比二人，在那方面都不算好汉，对那些事我知道多了。我对他们并不陌生，如果你把肯尼迪家族的人都放在一起，也找不出一个好人来。"卡波特声称熟悉肯尼迪他们的那个东西，这是因为他早年与金融家洛尔·基尼斯夫妇都住在棕榈滩，他能经常见到肯尼迪家的男孩，他们就住在附近，不穿衣服下水游泳。（卡波特不看重肯尼迪兄弟也不是什么秘密。在《会话》一书中，他写道："肯尼迪家的男孩都像狗。他们经过消防栓都不能不撒泡尿。"）卡波特的话逗得玛丽莲大笑，但这并不是她等待的回答。

为了弥补总统留下的遗憾，同时又想在更为舒适的环境里向玛丽莲解释总统选择退出的原因，博比在6月13日打给玛丽莲的电话里又邀请她参加在彼得·劳福德海边家里举行的聚会，这次聚会安排在下个星期日的晚上进行。玛丽莲担心脸上的伤仍然依稀可见，而且对博比的无能为力依然耿耿于怀，所以她没有接受邀请，而是通过西部联合电报公司给博比夫妇发了一封电报，电报于当日晚10点15分发出。电文说：

> 亲爱的司法部长和罗伯特·肯尼迪太太：这次为了派特和彼得·劳福德安排的晚会，我真希望自己能接受你们的邀请。遗憾的是，我要参加一次自由驾车游行，抗议少数人失去的权利，这些权利都是属于为数不多的、未能脱俗的明星。说到底我们要求的不过是闪光的权利。
>
> 玛丽莲·梦露

将电文破解之后，她这谜一般的语言显然是经过巧妙的伪装，是对肯尼迪兄弟二人狠狠的一击，虽然这一击并不光彩。上面所说的晚会并不是为了劳福德夫妇（他们的 8 周年结婚纪念日是 6 周之前的 4 月 24 日礼拜二），这一次是为了博比夫妇结婚 12 周年。玛丽莲通过巧妙的语言在与总统及其家人的游戏中取得了一次小小的、自我满足的胜利，虽说这其中有报复的因素。

玛丽莲在纽约的逗留很快结束。6 月 13 日礼拜三，她返回布兰特伍德，之后见了自己的医生海曼，为她越来越过敏的神经接受了贫血注射，又服了药片。6 月中旬，玛丽莲厌倦了这种难以描述的没有生气的状态，她改变主意，不想就此倒下。先是被福克斯扔到一边，如今又被强大的总统扔到一边，她反而不想就此消失。相反，她要反击。她经过了无数的磨难才有了世界著名影星的桂冠，现在还不想扔到一边。

梦露的这一变化与两人有关。我们能猜到他们是谁，一个是乔·迪马奥，一个是弗兰克·西纳特拉。自从玛丽莲被福克斯解雇之后，西纳特拉就以越来越积极的姿态关心玛丽莲遇到的问题，还通过电话为她提建议，安慰她。6 月 16 日礼拜六——为儿童慈善活动在世界各地一连奔波两个月之后，西纳特拉刚刚返回洛杉矶——因为玛丽莲不知何故没有参加头一天晚上在迪恩·马丁刚刚竣工的厢房里为西纳特拉安排的"接风"晚会，他特意给玛丽莲打电话，邀她出来共尽晚餐。（玛丽莲听说朱丽叶·普洛斯也要到场，所以就没有参加那次晚会。）

西纳特拉来电话时玛丽莲大喜过望。西纳特拉与朱丽叶·普洛斯分手之后，随时都能与玛丽莲恢复昔日的关系。他亲自到布兰特伍德接玛丽莲，这是他唯一的一次（临行前，玛丽莲非要给他当向导不可）。那天的晚饭安排在西纳特拉拥有股份的好莱坞维拉·卡普利饭店，他告诉自己的律师听从玛丽莲的派遣，还告诉她，他的电影公司艾塞克斯将要拍摄她的下一部影片。他们二人还讨论了如何共同联袂主演两部影片：《如何谋杀你的妻子》，这是乔治·艾克希尔罗德专门为他们二人创作的喜剧，另一部是《何去何从》。这后一部影片是充满喜剧色彩的音乐剧，讲的是一个女人如何成了几任丈夫的克星。玛丽莲很感兴趣，把这部片子当成了《濒于崩溃》的续集。他们还准备请《纳瓦隆大炮》一片的导演李·桑普森来当影片的导演。

西纳特拉和玛丽莲幽会并计划共同拍戏的消息在好莱坞传开，对此西纳特拉说："我想这对西纳特拉是好事。公司是优良的。大家都合得来。公众对此也能做出热烈的回应。"然而，大家对此并未做出热烈的回应。批评家多萝茜在其专栏中冷嘲热讽，说他们要拍的片子最好改名为《如何谋杀联袂出演的明星》，她显然是在暗指传说中玛丽莲在片场上那些乖张的行为。

显然西纳特拉的支持和劝说使玛丽莲的精神为之一振，她对周围发生的一切重又来了兴趣，尤其是自己家里的装修。6月24日礼拜日，玛丽莲花65.50美元请装修公司在家里重新安上了印加风格的红瓷砖，清洗了院子外面的砖墙，还在厨房的墙上打了一个洞来改善排水系统。玛丽莲见人就说自己如何欢快。6天之前，6月18日礼拜一，她打发默瑞（为她）买了一瓶14.43美元的唐培里侬，又（为默瑞）买了一瓶诗默诺夫伏特加和一瓶J&B苏格兰威士忌（总计15.11美元）。她购买的第一批墨西哥家具运抵之后，她成天想的就是如何才能把第五海伦娜的家变成她所谓的"既有墨西哥风格又有现代特点的"建筑。

玛丽莲也为如何重新开始的事业冥思苦想，这是顺理成章的。她开始接触报纸和任何喜欢听她诉说的人，她说自己如何被好莱坞的明星传统出卖了。她还想要回在20世纪福克斯的那份工作。女演员赛德·查理斯对福克斯终止合同大为不满，所以她马上同意站在玛丽莲一边。她回答说："当然了，玛丽莲。你做什么对我都有好处。"

玛丽莲还找到了好莱坞最著名的发型师西德尼·古拉洛夫。6月第三周，博比在玛丽莲解雇一事上出人意料地没有成功，古拉洛夫听说后马上给福克斯几个老板打电话，说："要是我把她身边的人赶走，请她返回片场，你们能同意吗？"他们回答得斩钉截铁："同意！"其实，他打电话时，电影公司已经着手再次聘用玛丽莲。

6月23日礼拜六下午，最先商讨重新聘用玛丽莲的事已经开始。玛丽莲在秘密的状态下与福克斯副总裁彼得见了一面，地点在第五海伦娜的家里，这次见面过去都没有记载。

彼得接到斯库拉斯的电话，之后开始联系玛丽莲；福克斯总裁先与达利尔·扎纽克见面之后就给彼得打了电话，玛丽莲在纽约停留时与扎纽克在午饭上相见。此时扎纽克已经拍完"二战"史诗片《最漫长的一天》，但电影公司的问题还在继续困扰他，所以他才在6月15日礼拜五下午安排与斯库拉斯见面，此时斯库拉斯还在纽约的医院里康复。二人见面后，扎纽克建议说，为了公司和股东的长远利益，他们应该重新聘请梦露。因为扎纽克是福克斯的大股东，斯库拉斯被迫同意。虽然他们没有明说，但二人不得不承认，谁也不能替代玛丽莲。

那天午后梦露对彼得还是将信将疑，所以她安排纽科姆躲在隔壁的房间里，房门微开，偷听他们的谈话，记下彼得提出的承诺。玛丽莲相信，如此一来，彼得和福克斯将不得不遵守他们许下的诺言。

他们的谈话开始之后，彼得很策略地通知玛丽莲公司请她返回的附加条件：她必须换掉身边的主要人员，那些人对她在片场施加了破坏性的作用。在拉尔夫·格林森和波拉·斯特拉斯伯格之外，彼得还提出了纽科姆，福克斯公司觉得纽科姆过分控制玛丽莲。彼得举的例子是，导演丘克有时为了能和玛丽莲说话，不得不将就纽科姆的所作所为。彼得说话时，玛丽莲坐在那里没有插话。

他们的谈话很快结束。不过他们又安排了一次。5 天之后，6 月 28 日礼拜四，她又与彼得进行了一次为众人所知的谈判。这一次的地点仍然选在布兰特伍德玛丽莲的家里。不同的是，这次请来了她的律师米尔顿·鲁丁，但纽科姆没在场。

古拉洛夫多少同意福克斯的说法。在 1966 年接受《电影与拍电影》杂志的一次采访中，他公然宣布，按照他的意见，妨碍玛丽莲拍完《濒于崩溃》的人确实是斯特拉斯伯格和格林森。于是，玛丽莲为了重新开始自己的生活，也为了摆脱浪费金钱的诌媚者，接受了电影公司和古拉洛夫的建议。6 月下旬，她着手摆脱与波拉·斯特拉斯伯格在专业上的联系，此外还有她的丈夫。她还不想就此割断与格林森的联系。因为她严重依赖药物，她知道要想摆脱格林森的束缚并不是一件容易的事。

几乎与此同时，玛丽莲脸上的淤青消退之后，又马上着手工作了。她通过纽科姆与 3 家重要杂志建立了联系，又一连 3 个晚上完成了 3 次漫长拍照中的，6 月 23 日礼拜六开始（在她与彼得见面之后不久），6 月 25 日礼拜一等一次是为新潮服装《时尚》杂志所做的深度拍照，这还是她首次为服照片。

过去玛丽莲传记作者都忽视了一个事实，为了拍照，尤其是为《生活》杂志拍照，玛丽莲悄悄地与名人模特艺校的艾米莲·斯尼夫利见了一面。这说明玛丽莲不忘旧情，因为她最早是从这里出来的。19岁时，当时的诺玛·珍妮与这家学校签下合同，时间是1945年8月2日礼拜四。1956年艾米莲告诉记者米尔顿·舒尔曼，"玛丽莲上学的钱不够，是我替她付的。后来她又还我了"。玛丽莲从未忘记她的帮助，6月12日礼拜二，她到纽约后特意来见艾米莲，当时艾米莲正在城里工作，她想请玛丽莲为她的学生拍照。玛丽莲一口答应下来，虽然那天艾米莲多数的学生都是没在岗上的大商人。

　　这次为玛丽莲拍照的是31岁、布鲁克林出生的《时尚》杂志专业摄影师伯特·斯特恩。1955年他与玛丽莲在曼哈顿的鸡尾酒会上见过一面，此后他总想为她拍照。斯特恩说："我真想和她独自待在卧室里。"他马上就能了却自己的心愿。

　　他们与玛丽莲和她的公关专家亚瑟·雅各布斯商议之后，大家同意不在工作室里拍。他们临时选择的地点是比弗利山贝尔·艾尔酒店261套房，这家酒店在当时是洛杉矶最隐秘、最性感的一家。玛丽莲准备6月23日抵达宾馆，此前斯特恩忙着为拍照做准备，焦急的心情如同等待恋人。他知道自己对玛丽莲的想法远远超出了捕捉她的静态图像。他装好相机、安好灯光，高保真设备一应俱全，还有5号香奈儿，这是玛丽莲喜欢的香水，此时已经喷洒到房间里，冰箱里还有1953年的唐培里侬香槟酒。床上几条透明的围巾是房间里的道具。此时就等玛丽莲的到来。玛丽莲说她要在2点到达。但因为她与彼得谈判超过了时间，7点才赶到宾馆。

　　宾馆接待员用电话通知斯特恩玛丽莲抵达的消息后，他匆匆下楼迎接，见面之后他大为惊讶，因为这位世界级影星居然是一个人来的。斯特恩在其1982年出版的《最后一次拍照》里回忆说："我惊讶地发现一个姑娘独自朝我走来。没有公关代理，没有保镖，没有秘书。仅仅是一个人。"（但阿兰·斯耐德对此有不同的说法。梦露死后不久，斯耐德给玛丽莲家寄去一张600美元的账单，这是他那一天及之后两天在宾馆拍照的劳务费。）

　　然而，玛丽莲第二天拍照时身边就有了陪伴，斯特恩幽默地说斯耐德"嗓音发哑，外表像个保镖"。这一次拍照玛丽莲并没有请她在洛杉矶的发型师阿格尼斯。之前每次遇上重要的（或不重要的）活动，她总要请阿格尼斯过来，比如她与福克斯的人见面，她接受乔治·巴里斯拍照（安排在周五进行），还有在彼得·劳福德家中晚宴。但今天玛丽莲没请她。

玛丽莲进来之后，先是与她挑选的发型师乔治·马斯特斯打招呼。然后又与斯特恩22岁的瑞士裔助手雷夫·艾里克见过面，之后她走入临时当做化妆室的卧室准备拍照。她坐在凳子前，取下披肩，开始梳头。她问斯特恩："你想怎么拍？"

"你着急走吗？"斯特恩问。

"不着急，没什么。"她回答说。

"我以为你仅有几分钟。"他又说。

"你在开玩笑吗？"她反问道。

"你有多少时间？"他问。

"我们要多少有多少。"她庄重地答道。她有的是时间，她没有其他安排，她在洛杉矶没有社交活动。如她所清楚表明的，她拥有世界上所有的时间。

拍照开始之后，一杯杯香槟酒被喝了下去，旁边播放的是艾夫利兄弟的唱片。（斯特恩竟然忘了带上西纳特拉的唱片，这使玛丽莲大为不快。）玛丽莲背对白色的背景，开始穿着衣服摆姿势，还戴上了黑色的假发。之后，等香槟酒发生作用后，玛丽莲几乎脱光了身上的衣服。她走进卧室，脱去外衣，身上披着各种透明的薄纱，几乎是在用透明的纱巾跳扇子舞。此时，她想用两个薄薄的纱布玫瑰遮挡她的胸脯。

她用坚定的口气说："我不能脱掉裤子。"她又喝了很多酒。之后玛丽莲在劝说下摆出了不戴围巾的造型。黎明将近，她变得更为善解人意。虽说拍照的效果还够不上清晰，但玛丽莲确实比她原来打算的暴露的要多。这次拍照持续了将近12个小时，上午7点，斯特恩与众人告别后，赶航班飞回纽约，马上冲洗胶片。彩照送到外面加工处理，黑白胶片由他自己完成。《时尚》杂志的乌克兰裔艺术总监亚历山大·里伯曼看见结果后高兴得不知如何是好，还要拍——照片，尤其是单色的。斯特恩同意。他们马上邀请玛丽莲再次拍照。玛——同意。

他们第一次拍照之后刚刚过去几个小时，斯特恩又返回加州准备再次拍照。这一次他们在宾馆里匆匆预订了更大的房间（96号），又赶紧购买了更多的唐培里侬外加一箱1955年的波尔多拉斐特－罗德希尔德。玛丽莲答应下午2点抵达宾馆。但她真正抵达的时候已是下午4点30分。但这一次陪她来的还有纽科姆和斯耐德。《时尚》杂志为这次拍照准备了更大的排场。他们的照片编辑巴伯斯·桑普逊特意乘飞机过来，此外还有美国排名第一、玛丽莲专用的纽约发型师肯尼斯·巴特尔。

《时尚》觉得，第一天的拍照里唯一缺少身着服装的画面，因为作为领导世界服装潮流的杂志，服装是这家杂志不可缺少的元素。为了弥补上次的不足，这一次运来了栗鼠皮毛落地大衣和深色的假发，此外还有一大堆皮衣、长袍和钻石。但拍照6个小时、数次更换服装之后，到半夜的时候玛丽莲感到累了。做时装模特、穿这些衣服摆姿势，玛丽莲对此开始感到厌倦。为了逗出玛丽莲的笑容，纽科姆开始拿她墨西哥的相识勃兰诺斯开玩笑。开始好像还有些效果，但很快玛丽莲就失去了兴趣。拍照开始走入低谷。于是斯特恩在玛丽莲的香槟酒里添入了伏特加，她很快就喝醉了。等到半夜的时候，他问她："我们上床怎么样？"

房间内其他人都退了出去。斯特恩还在不停地按快门，玛丽莲横卧床上，下面是白色的亚麻床布。她搔首弄姿，之后斯特恩也躺到床上，他将双手放在床布下面要吻她，但她转过头去，斯特恩见状没再继续下去。他想要的不是亲密，于是缩回了手。他在《最后的拍照》里解释了其中的原因："真正的原因是，我太在乎她了。我对玛丽莲的欲望是纯洁的，与敬畏相差无几。"斯特恩离开了因酒精作用就要入睡的玛丽莲。旁边的地板上胡乱放着喝空的香槟酒瓶和剩下的半杯唐培里侬。斯特恩出来之后，发现有两个头戴高帽的日本厨师正透过窗缝朝室内张望。

不过，对于斯特恩的助手雷夫·艾里克来说，这次拍照还有个小小的意外在等着他。2006年，他在公共广播公司《静物》栏目里回忆说："拍摄结束之后，我独自留在玛丽莲身边。她起来后坐在床上，身上裹着床单，脑袋露在外面。她看上去如同一个木乃伊。我想：'我一定要拍一张玛丽莲的照片。'如果我和瑞典的朋友说我见过玛丽莲，他们一定要嘲笑我，说：'再讲另一个故事。'于是我问玛丽莲：'我能拍一张吗，就一张？'她说：'当然可以。'我转身之后，她取掉身上的床单，一丝不挂地躺在床上。当时我最先想到的是："耶稣呀！这照片可不能让我妈妈看见。'我若无其事地拍照，等闪光灯闪过之后，她抬起头来，面带微笑。我后悔没拍两张。我很傻。我请求拍一张，她同意了，我应该感到满足。"

斯特恩第三天的拍照调子明显低了下来。他为玛丽莲拍了黑白照片。玛丽莲躺在用桌椅搭成的脚手架上，脖子上戴了一条黑色项链，身上洒了香水，此外还拍了她手拿尼康相机的镜头。斯特恩还拍了一张他极为想要的照片；玛丽莲与他四目相对的特写，仿佛他与她正在做爱。

这次拍照3天之后，纽科姆给斯特恩打电话，询问照片的事。（3次共拍出2 571张照片）他告诉纽科姆对拍出的效果很满意。纽科姆听后告诉对方，每张照片都要经过玛丽莲的同意。《时尚》一般来说是不满足这种要求的。等杂志发行日期来临时，接触印相照片和1/3的彩照马上送到玛丽莲手里请她定夺。

3周之后，她将照片返回，但半数以上被她毁掉。凡是她不喜欢的照片，她或是用发夹划破或是用红笔打上一个大"×"。这种损害照片的行为使斯特恩大为惊讶。他自然大为恼火。他1982年宣布说："并不是她不喜欢这些照片，那是因为她不想让照片留下来。她为什么不打电话问一下：'我们一同来处理这些照片。'"

斯特恩1992年又说："我没想到她能把照片毁掉或乱抹一通。她说不过是想看看照片。因为她无法对他人发泄心里的怒火，她只能拿照片出气……她并非不喜欢这些照片，她之所以损坏照片，说明她当时很生气。"

还好，因为有现代科学技术，被毁的照片后来都恢复了原貌。从恢复的照片上来看，玛丽莲不喜欢的那些照片，都是因为她不喜欢上面的面部表情。

1962年9月，《时尚》一连用8个页码推出了玛丽莲同意的照片，其他裸照发表在艺术季刊《爱神》上，当时这家杂志还没有停刊，不少邮局都拒绝递送杂志，因为杂志里的内容有伤风化。斯特恩的那些照片后来以"最后的拍照"
来，虽然她最后一次拍照或至少是最后一次在照相机前摆姿势，要等到
才能发生。

6月25日斯特恩拍照的最后一天，刚好是玛丽莲给博比·肯尼迪打电话的同一天。她从博比的秘书那里知道，他正在芝加哥，将要赶往洛杉矶，因为这位司法部长要在全国范围内打击有组织犯罪。（6月26日礼拜二午后博比乘坐联合航空公司737B-720航班抵达洛杉矶，他乘坐的飞机晚点2小时10分钟。下午4点25分飞机着陆之后，同事威廉·西蒙和南加利福尼亚检察长弗朗希斯·威尔兰接站。之后肯尼迪马上被送到比弗利山酒店，道上大约用了35分钟。）

玛丽莲给司法部长打电话，最有可能是想告诉对方她对拍照如何如何满意，再就是想证实次日晚上司法部长在不在彼得·劳福德海边的家里。从留下的电话记录判断，我们发现她拨打了总台（共和C-8200），之后通过接线员转到博比的秘书那里。玛丽莲临终之前还将重复这一插曲。在上文提到的日期和1962年7月30日礼拜一之间，她还将8次拨打同一个号码。这足以说明，与他人所说的相反，博比从来没把私人号码告诉玛丽莲。如果她有博比的私人号码，那为什么还要打给交换台？有人说，在他们首次幽会之前玛丽莲就在使用博比的私人号码，这个说法是站不住脚的。玛丽莲自己的电话本也能证明这一点（2007年4月13日礼拜五，遗产拍卖行以11 950美元将其拍出）。

6月26日礼拜二晚上，玛丽莲应邀出席彼得·劳福德安排的晚会。那天下午，她再次与阿格尼斯和斯耐德通话，之后他们二人来到玛丽莲的家里。肯尼迪总统没有出席7点30分开始的晚会。（他下午正与俄勒冈州参议员韦恩·默斯讨论问题，又接见了国家安全委员会和对外情报顾问委员会。）但正如梦露所希望的，他的弟弟还在。根据联邦调查局1962年7月26日礼拜四递交的报告，女演员"问了总统（原文如此）不少重要的社会问题，如核试验的道德性和美国青年的未来"。那次晚会上的知情者说她的问题和观点"显然有左翼倾向"。

那天晚上，与会的人还说到一些政府的秘密，如猪湾入侵的失败，民权，和平使团和有组织犯罪。不过，他们讨论的最有意义的话题与最近黑手党企图行刺古巴领袖菲德尔·卡斯特罗有关。博比最近才从中情局的备忘录里知道这一秘密，这份备忘录是中情局保密室主任谢菲尔德上校5月14日礼拜一交给他的。

肯尼迪讲话时，玛丽莲用她那个小红笔记本记了下来，但她并无其他目的。

博比与女演员的友谊正是从这天晚上开始的，虽然这友谊很短暂。玛丽莲没有按照总统的希望从肯尼迪家族的生活中退出，相反，她成功地用一个肯尼迪替代了另一个肯尼迪。他们在社交场合上的接触并不频繁，他们的结盟——不包括他 6 月 27 日礼拜三对她的拜访——不过是通过为数不多的几次电话来维系的。

有些人求助总统不得其门之后很容易找到博比，他这个人比他哥哥更感性、更敏感，也更严肃。玛丽莲又是个很聪明的引诱者。她找博比因为他离总统最近。不过，他们的关系都是柏拉图式的。虽然她很快把他当成了朋友，但他不是她希望的那种人。她对自己的按摩师拉尔夫·罗伯茨回忆说："他和我不是一种人。她当时的意思是：'不重要的。'"

我们剖析所谓玛丽莲与博比有染一事，如我在第四章里所说的，这些传说显然是想在政治上损害他的形象，因为他 1964 年正在竞选国会的参议员。4年之后，1968 年，博比惨遭暗杀之后，这些传言又有了新的说法。此时，死者的家人不可能再为造谣中伤打官司，所以散布谣言的人更为大胆，难免要在这两个传奇式人物身上泼脏水。比如，1962 年 6 月 27 日礼拜三，劳福德晚会之后的第二天，检察长接受邀请，拜访了玛丽莲的新家。

现有的文件证实，那一天拜访玛丽莲不是博比的特意安排。司法部长的第一个安排是上午 11 点在福克斯公司接见制片人杰利·沃尔德和作家巴德·舒尔伯格，再次讨论如何把他的书《内部敌人》拍成宽银幕电影。正因为如此，玛丽莲才想邀请肯尼迪到家里来。因为玛丽莲在福克斯的地位已经岌岌可危，杰利·沃尔德又是自己的老朋友，通过请博比来家里，她想知道外面就她与公司的事有什么传言。

博比 6 月 27 日礼拜三的其他安排如下：12 点 30 分，离开福克斯公司之后，他将在联邦法官法院与他人共进工作午餐，1 小时之后他要在美国检察官办公室召开记者招待会，午后 2 点与助手见面，3 点与调查部门的首脑见面。这一天的安排结束之后，他才与助手埃德温驱车拜访玛丽莲，到达的时间刚好是下〇分。左右的邻居看见博比乘坐那辆白色敞篷凯迪拉克驶入第五海伦娜。在门外迎接博比。她回忆说他"穿戴很普通，像个大男孩儿似的穿着，没打领带"。玛丽莲出来之后，才正式介绍他们。默瑞在《玛丽莲：

最后数月》里回忆说："他过来拜访，玛丽莲好像没有特殊的变化，要是遇上浪漫的事，她就要有动作，很亲切的样子。这一次玛丽莲没有穿便装，她穿着飘逸的长袍迎接肯尼迪。玛丽莲领着肯尼迪参观自己的房子。"默瑞回去继续做自己的缝纫活。一次默瑞说："玛丽莲喜欢炫耀她的房子，好像那是她的婴儿。她为自己的家感到骄傲。但她没和肯尼迪先生悄悄溜走……"

下午6点，博比离开。他离开之前留下话来，感谢女管家为他开门并送上"热情的招呼和微笑"。他返回比弗利山酒店，次日上午离开。上午10点30分，他乘航班飞往下一站俄克拉荷马城。他要等到8月4日礼拜六的下午才能与玛丽莲再次相见。

帕特里夏·劳福德在其书中告诉我们，这次拜访是要"告诉她再也不要找她哥哥杰克"。但从时间上推断，她的说法又不正确。如我们所知，博比那天造访的主要目的是想参观玛丽莲的新居，尤其是她的厨房。那天下午玛丽莲与博比的见面，在博比一方，不过是两个新朋友的偶然相见。此外，如果他不想让这次造访为外人所知的话，何必还要乘敞篷车前往呢？

所以，我们有足够的理由驳斥一些人对他们造的其他谣言。根据过去的猜测，玛丽莲与司法部长旋风般的恋情在1962年7月4日那个周末戛然而止。说他们两人当时正在彼得·劳福德海边的家里开晚会。据说有人看见博比和女演员在海边散步，手拉着手，仿佛是两个目光中充满未来的年轻恋人。传言还说，博比担心美国黑社会陷害他，就告诉玛丽莲他们的关系必须马上停止。根据传说，司法部长拒绝玛丽莲之后，她想嫁入肯尼迪家族、希望成为美国第一夫人的梦想就此破灭。玛丽莲自然要反击，说她已经怀上博比的孩子。

我要再次驳斥这一传言。有证据表明，凡是玛丽莲与肯尼迪兄弟相见，或是与其中之一，或是两者同时，或是在晚会上或是在其他社交场合，她事先都要招呼发型师阿格尼斯。这一时期她仅有两次请过阿格尼斯，一次是6月30日礼拜六，一次是7月6日礼拜五。这只能与两次事件有关，玛丽莲请乔治·巴迪斯和《生活》杂志为她拍照。再有，如不可辩驳的证据所显示的，7月4日礼拜三，玛丽莲和司法部长都在忙自己的事，所以无法分身：玛丽莲在接受《生活》杂志的采访（我们将在下文集中讨论）；博比在庆贺他第一个孩子凯瑟琳·哈廷顿的11岁生日，地点是海尼斯港肯尼迪家的宅邸。

所以，虽然之前研究梦露的学者有不同的说法，但说到玛丽莲与博比·肯尼迪之间的私通，那不过是晚会上很少见面的朋友和偶尔打打电话的知己，在性方面从未深入。如古瑟曼所说："他们从未幽会过。玛丽莲在场时身旁总有他人。"华盛顿记者安德鲁·格拉斯多年来很了解博比的为人，他也同意上述说法："他这个人泾渭分明，道德上有自己的底线。事实上，如同其他精力充沛的男性，博比不过是留意漂亮的女孩儿。但他从未走过这条底线。"

玛丽莲的朋友好莱坞八卦专栏作家詹姆斯·培根手里的证据最为有力。一次玛丽莲对培根说："我喜欢他（博比），但不是从身体上说的。"事实上，吸引玛丽莲的是他的灵魂。

6月28日礼拜四上午，就是博比飞往俄克拉荷马的那一天，数小时之后她将出席福克斯的另一次会议，此时她再次与勃兰诺斯相见，他来到第五海伦娜拜访玛丽莲，但他们相见的时间很短。两人争吵之后，他很快离开玛丽莲，有人看见他在比弗利威尔谢酒店用早餐来排解自己的悲伤。语言不通显然是两人之间的障碍。玛丽莲对这位举止优雅的墨西哥男子彻底失去了兴趣。这是他们最后一次见面，此后他们还通过一次电话，那是在7月初。8月13日礼拜一，他将来到玛丽莲的墓地。还有一件小事，那天上午与勃兰诺斯同时坐在酒店里的还有乔·迪马奥，他在默默地喝咖啡。

据几个梦露专家的说法，6月29日礼拜五，梦露应弗兰克·西纳特拉之邀来到加利－内华度周末，表面上是要商讨他们将要合拍的电影。但我还要指出，这是不真实的。那一天，梦露开始了连续3天拍照的第二天，这次拍照的是自由职业摄影师乔治·巴迪斯，拍照安排在6月24日礼拜六已经做出，当时两人在玛丽莲家里面对面定下了此事。

他们两人首次相遇发生在1954年秋天的纽约，巴里斯来到《七年之痒》的片场为玛丽莲拍照。同年11月9日礼拜二，在4 000影迷的陪伴下，巴里斯站在莱克星顿大道52街横贯－卢克斯剧院外面，注视玛丽莲反复拍那组白裙吹到脸上的镜头。数日之后，梦露和巴里斯的友谊在答谢职员的晚会上又得
巴里斯与梦露坐在一起，但后者急着要与丈夫乔·迪马奥联系，他正
利福尼亚，因为他对梦露拍摄裙子被撩起的镜头大为不满。玛丽莲眼
巴里斯她有多么孤独。他回忆说："我们马上成了朋友。"她很喜欢

见巴里斯，后者答应把她介绍给息影的女演员格里塔·嘉宝，玛丽莲听后更是喜出望外。他回忆说："她高兴得瞠目结舌。"

这次拍照使他们两人有机会重新着手撰写玛丽莲的自传。从 6 月 1 日礼拜五开始，他们断断续续地谈了 10 周，当时他来《濒于崩溃》片场探班，祝她生日快乐，这时她才最后决定就其绚烂多彩的生活写一部真实的自传。在巴里斯和格洛丽亚 1987 年合著的《玛丽莲》里，女演员对摄影师说："谎言，谎言，谎言，他们就我说的话没一句不是谎言……这是第一个真实的故事；你是我告诉的第一人。"她把一切都告诉巴里斯：她的童年、事业、婚姻和离婚。一件事都未落下。她对继续拍摄《濒于崩溃》充满希望。"我希望我们能继续……这能成为一部重要的影片。我知道，大家也知道。但我能做的仅有等待，等他们来通知我。"头两天是为《环球》杂志拍摄的，地点安排在洛杉矶伯德街 1506 号的蓝杰巷。拍照数周之前旧金山地产大亨沃尔特才将这个四卧、3 891 平尺的宅邸装修完毕，此时尚未入住。在拍照过程中，玛丽莲或是从镜子前走过，或是卧在椅子里，或是躺在床上。管家路易斯很高兴见到玛丽莲。她问道："你真是玛丽莲·梦露吗？我不敢相信。"玛丽莲回答说："是呀，我也不敢相信。我猜我是。大家都说我是。"那天结束之前，他们又来到外面静静的街上拍照，玛丽莲在方向盘后面摆了几个姿势。

7 月 1 日礼拜日，拍照的第三天，地点换成彼得·劳福德在海边的家里。玛丽莲站在阳台上、手拿酒杯、朝大海敬酒的瞬间变成最令人难忘的镜头。1962 年 8 月巴里斯对每日镜报说："香槟酒是她的象征。她每次手里拿上酒杯之后都要对自己说：'为未来干杯。'这个香槟女孩儿不喝别的。她渴望生活。玛丽莲临终的那 9 周里，她正是如此。"她的乐观精神在拍照中反复出现。她兴致勃勃地宣布："现在是我一生中最幸福的时刻。就我来说，未来是存在的，我恨不能马上拥有未来。"

外面变得凉飕飕的，天空上又出现乌云，所以在岸上的拍照才宣告结束。身穿橘色比基尼的玛丽莲在纽科姆的注视下走进很凉的海水，她还与水草嬉戏了一番。从玛丽莲那里传来一阵笑声。巴里斯见状赶紧按下快门。玛丽莲还建议他如何拍角度。他说："仿佛是玛丽莲·梦露在指导玛丽莲·梦露。"他递给她一条浴巾，请她摆摆姿势。玛丽莲接过浴巾后马上裹在身上，然后将下巴缩在里面朝他做鬼脸。她一次次跑入大海，后来巴里斯不得不把她拦下。她大喊："哦，把鞋脱下来呀！"他脱掉鞋子，挽上裤腿，走进水里继续拍照。

巴里斯和梦露对拍下的镜头感到满意，之后二人踏着水慢慢走上岸来。上岸后他发现自己的一只鞋子不见了。原来是被潮水带走了。她不无幽默地问："你穿一只鞋怎么办？"他随后拾起剩下的那只鞋，用力抛入大海。玛丽莲见状大笑起来，手里拿着香槟酒杯说："原来你受不了了。"气温降至冰点，玛丽莲披上带帽子的短浴袍。此时，好莱坞传奇人物梅·韦斯特正在海边的家里望着他们拍照。她很想见玛丽莲，但她没下来与玛丽莲相见。

太阳落下，海风越来越凉。玛丽莲换上一件厚厚的手织墨西哥式外衣。她的膝盖上还挡了一条毯子。拍照到此为止。巴里斯1962年回忆说："她在外面拍照一连好几个小时。她很冷，其实身子在抖。这才是专业精神。"他最后问玛丽莲最想从生活中得到什么。她答道："我想要孩子。我过去想，每生一个孩子再收养一个……但我想单身的人不应该收养孩子。没有妈妈爸爸，我知道那个滋味。"

女演员已经累了，而且牙齿打颤，但她还是为他最后摆了一次姿势。此时已是晚上8点30分。他请求说："就拍一张。我手里还有一张，这是最后一张。"玛丽莲轻轻一笑，答道："这话你说了不止一次。"她撅起嘴来，朝摄影师送上一个飞吻。她说："好了，乔治，这是送给你的。"

这次拍照之后不久，7月18日礼拜三，巴里斯又到第五海伦娜拜访玛丽莲，为她带来了他们的劳动成果。玛丽莲光脚站在地板上，一连5个小时用放大镜仔细审查每一张照片。凡是她同意的，她就说，"是的，这是我"，然后在上面写上一个"好"字。凡是她不同意的，她就用红笔打个大"×"。照片逐一过目之后，她望着巴里斯说："现在都由你来办吧，我相信你。"他坚定地回答说："不必担心。我不会伤害你的。"

巴里斯离开之前，梦露不知何故，承认她这一生没有憾事。她宣布说："如果我犯了错误，那我来承担责任。"她又说，"有现在就有未来。发生的事都在身后……就我来说，还有未来，我恨不能马上拥有未来。未来是很有意思的。"巴里斯与梦露道别，这时梦露唱片机上正在播放朱迪·加兰的《谁在乎》。

7月开始那一周，玛丽莲的身上重又充满了乐观精神。她对未来充满期待，好长时间以来这还是第一次。月初，在与纽科姆商讨7周之后，她终于同意安排时间，接受《生活》杂志助理编辑理查德·梅里曼的采访。据此判断，玛丽莲的心情很好。

如此重要的杂志要采访她，这使她很感兴趣。更使她感兴趣的是，她接到通知说，这一次不按他们采访好莱坞大人物的方式进行。采访取名《玛丽莲成名后坦承面对》，梅里曼想通过杂志深入采访玛丽莲，揭示她人格的魅力。杂志摄影师阿兰·格兰特回忆说："《生活》要采访一个'没有梦露的玛丽莲'。这个想法不同一般，但时间是问题的关键，在出版业尤其如此。因为原来邀请的男演员加利·格兰特并未接受这家杂志的采访，所以他们就把玛丽莲的照片安排在8月3日礼拜五那一版上。"

7月4日礼拜三，时间如梭，文章正在赶写，此时梅里曼来到第五海伦娜玛丽莲的家里。他承认，他的心脏跳个不停，他不知如何采访玛丽莲。默瑞出来将他迎了进去，他在里面又见到了纽科姆。他在1965年的《悲剧维纳斯》里写道："这座房子里充满了妄想狂的症状。"梅里曼发现客厅空无一人，感到十分惊讶，于是停下脚步。客厅里有几把椅子，其他一无所有。他将录音机放在地板上，然后跪下来调试。他猛然发现黄色的卡普瑞裤子出现在眼前，听见有人在问："我能帮你吗？"说话的人正是玛丽莲。

梅里曼承认，他发现玛丽莲格外可爱，而且很聪明，但一点都不性感。他并不觉得她很迷人，如他所说，这是因为她的"大脑袋和下巴"。但他还是被迷得魂不守舍，尤其是她的纯真。为了这次采访，女演员先张嘴问了梅里曼一些问题，这对被采访人来说是很少见的。采访开始之后，她敞开了一系列情感——愤怒、机智、装腔作势、友善和不幸——她说到自己的童年、电影、好莱坞、名望、志向、梦想和理想，这些她都能娓娓道来。在她亲密的朋友之外，这些话是不能对外人讲的。但梅里曼仍然感到她在怀疑他，自始至终都没有放开。他在一次采访中回忆说："我真的觉得她有控制这次采访的要求。你知道，她想控制采访，掌握局面。她做到了！"

2001年6月，梅里曼在接受美国电视新闻网《直播拉里·金》的采访时说："玛丽莲刚一说话，我马上就想把她说的话像台上的独白一样复制下来。她说话时表情极为丰富，而且变幻不定，有时并没有太多的意义……我感觉她很脆弱，很缺少关爱，对谁都不信任。她感到周围的人都在背叛她。她感到被朋友出卖了。"

谈话告一段落之后，玛丽莲提议进厨房为两人做牛排。等她朝冰箱里一看，才发现里面没有食物。这一次默瑞又没有为家中采买食物。牛排没有吃成，梦露索性带着梅里曼在家中参观，边走边讲述她对房子的安排。她还骄傲地向对方炫耀自己的花园，此时园中到处都是五颜六色的鲜花。进屋之后香槟酒继续流淌，梅里曼的采访重又开始。女演员说到商人和其他人不理解演员，说男女演员不是机器，很多人对此都不理解，还说演出取决于众多因素。

当谈话从这个最为有趣的话题向外偏离时，梅里曼试图把话题拉回来。梅里曼顺嘴问道："玛丽莲如何为一场戏机械地做准备？你说的话我不外传。"但女演员对他的问题不感兴趣。她愣了片刻，房间里也冷了下来。她嚷着说："我不必机械地做准备。我不是一辆汽车。原谅我，但我认为以那种方式说话有些无礼。我想以艺术的形式来演戏，不是制造出来的东西。"梅里曼为自己蹩脚的玩笑道歉，玛丽莲接受他的道歉，但气氛冷了下来。梅里曼不得不对他下面的玩笑或问题慎之又慎。

《濒于崩溃》的演员沃莉·考克斯打来电话，电话持续30分钟，打断了第一天的采访。第二次采访又被乔·迪马奥的电话打断。这次电话打进时，玛丽莲朝默瑞喊道："如果是意大利人，告诉他我不在。"第二天来家中造访的人还有她的医生海曼。他取出藏在门边花盆里的钥匙，将门打开。他来这里是为玛丽莲的肝病打针的，一针25美元。

采访持续了两天（超过8个小时），等这漫长的采访结束时，玛丽莲不知为何感慨地说道："虚名将要消失。虚名，我拥有过你，而且时间是如此漫长。如果虚名消散，那我能知道名望正是浮幻。这至少是我经历过的，但不是我要生活的地方。"临别前玛丽莲提出要求："请不要把我当成笑料。"女演员送梅里曼到门口，二人告别。梅里曼走出来之后，转身朝玛丽莲张望，发现她依然站在门道里。女演员发现他停下后，朝他摆摆手，喊道："嘿，谢谢啦。"

梅里曼马上返回纽约将采访稿打了出来。1986年他回忆说："我以为，她之所以接受采访是想让世界听到她的声音。她刚刚被福克斯解雇，她想做出自己的申辩。"梅里曼在 1992 年的电视采访节目《玛丽莲：最后的采访》里动情地指出："这个女子在接受最后的采访，正站在自杀的边上，对此我居然一无所知。"

《生活》杂志摄影师阿兰·格兰特原定 7 月 6 日礼拜五午后 2 点到达第五海伦娜，但他提前 15 分钟赶到那里。（与众人所相信的不同，那次拍照不是在礼拜六。）他想要提前赶到，因为杂志还等着拍出"居家的玛丽莲"，拍完之后马上送往纽约。

进门之后，他与纽科姆、化妆师阿兰·斯耐德和默瑞一一相见。此时玛丽莲在另一个房间里，阿格尼斯正为她做头发。格兰特马上准备相机和灯光。等准备就绪之后，他坐下来等玛丽莲出现。大约过了 20 分钟，玛丽莲走了出来，她身穿浴袍，手里依然端着香槟酒杯。显然玛丽莲还没做好准备。格兰特担心赶不上已经订下的航班。

梦露请格兰特喝香槟，他没有反对。二人开始商量她穿什么衣服拍照。他请她穿得随便一些。听完他的意见之后，她起身离开，与斯耐德和阿格尼斯准备去了。25 分钟之后她再次出现，身上穿着紧身的卡普瑞裤子和 V 领黑毛衣。格兰特后来回忆说："从她身上一点也看不见银屏上那个神采奕奕、欢声笑语的玛丽莲·梦露。对我来说，她好像消瘦了一些，比我想的还要脆弱……我从她身上感觉到了悲伤。她变成了《生活》杂志想要的玛丽莲。"

拍照开始。格兰特按照要求捕捉玛丽莲的表情，此时纽科姆在一旁将要求逐项高声读出。玛丽莲坐在窗户旁阳光下那把古董扶手椅的扶手上，她高高的跟鞋无意中踩穿了绿色的面料；她还兴致勃勃地挂在从大梁垂下的绳子上，以此来告诉对方少女时的她如何打秋千，男孩子如何站在旁边观看。

轻松的氛围发生变化，此时女演员开始询问格兰特挂在房间里的灯光。他回忆说："她问我，灯光有没有问题。我说：'我把实话告诉你，这是我第一次拍特写，我真不知道如何安排灯光。'"他是在开玩笑。但玛丽莲没听出来。她吓得不得了，有些惊慌失措。纽科姆见状马上插话："看在上帝的份上，格兰特，不要和玛丽莲开这种玩笑。"

格兰特赶紧道歉——"我是开玩笑，"他说，"抱歉。"——之后拍照才又继续。拍照两个小时之内结束，格兰特的胶片送上航班飞往纽约。

7月14日礼拜六,为《生活》杂志撰写的文章送到玛丽莲手里,请她定夺。上面有几句话提到她暗地里为穷人捐款,她担心有些文字可能使前夫的孩子感到不安,此外她对文章没有提出意见。根据她妹妹波妮斯的说法,玛丽莲说这次采访最为"准确,令人满意"。(按照安排,这篇文章发表在8月3日礼拜五出版的杂志上。)杂志封面上写着"玛丽莲·梦露吐露心声"。令人不解的是,玛丽莲的照片没有出现;在封面上出现的是美国空军少校鲍伯·怀特和他儿子格莱格的照片。

还是在7月里,在玛丽莲的注视下,室内装修又有所成就。她还怀着喜悦的心情阅读了最近才收到的电影剧本。她留出足够的时间几乎是每天拜访拉尔夫·格林森,这不仅仅是为了向他请教,还为找个人解闷。虽然说玛丽莲还有积极向上的一面,但孤独依然是个大问题。她在附近医生家所做的咨询一般都要90分钟以上;要是换上医生来玛丽莲家,那咨询就要超过2个小时。(虽然玛丽莲将医生视为朋友,但他的收费依然是每小时50美元。)从7月1日礼拜日到8月4日礼拜六,他总共与玛丽莲见面28次。

她还在落日大道度过了一些时光。7月11日礼拜三的下午,玛丽莲在落日大道与一个老相识邂逅。此人是好莱坞电影记者大卫·列文,他回忆说:"她身穿紧身白裤和宽松的紫上衣。出人意料之外,她坐着白色的敞篷轿车为午餐采买食物。"(事实上,列文显然不知道,玛丽莲购物为的是与福克斯的人见面,按照安排,她将于次日前往电影公司。)

他问玛丽莲近来电影事业如何,她片刻后回答:"我准备马上回去拍戏,但我也准备面对官司或发生的任何其他事。我能独自面对。我的哲学依然是'好好活',此刻与我们上次相见的唯一变化是,我又是一个人了,所以我一个人好好活着。不,对此我不伤心。说到底,就算有丈夫留在身边,你也未必不孤独。"

玛丽莲很放松,也很想与老朋友叙叙旧,他们的话唠到一半,女演员匆匆过去从旁边的美食店里取回切完的肝,返回后的她还想继续他们的谈话。列文问她好莱坞明星制度的事,那里的老板们嘴边总是挂着这句话,"里面的病人已经占领精神病院"。玛丽莲听后回答说:"这句话我不明白。这是无能的老板在寻找大胆的口号。"

这个问题显然使玛丽莲感到恼火。她继续说："造就明星的是大众。电影公司造就的是明星制度。我对他们说的话并不担心。我为更重要的事感到担心，如此前的氢弹。"片刻之后她又说，"演员不是制度。我就是我，我走到哪里把能力带到哪里。哪里有角色我都能演。我还想返回英国。我要做的是，了解外面的信息，了解生活。我不着急，所以有几次我才迟到。要是你着急的话，非把自己忙坏不可。所以我才喜欢三十几岁，那比匆匆忙忙的二十几岁要好多了。"

玛丽莲以深刻而又神秘的语言结束了这次对话："我不赞成所有美国的速度。我要从容不迫，我要关心他人，在乎他人。我对如何做人很在意。这才是重要的，仅仅是人还在其次。"

一天之后，7月12日礼拜四，福克斯正式邀请玛丽莲再度见面，商讨续拍《濒于崩溃》。女演员抵达制片厂后，发现那里依然像个鬼城。制片厂里仅有16号摄影棚还忙着，正在拍摄乔安娜·纽曼的新片《七月女人》（当初这个片子是想找梦露拍的，名字叫《庆祝》，那还是1961年年初的事）。电影公司在下滑，光荣的日子仿佛要成为明日黄花，这一事实是谁也掩盖不了的。

为了这次在3点30分召开的会议，梦露喊来了希德尼和斯耐德，请他们二人为自己做出一个惊悚的、严峻的造型。梦露身着传统的浅黄色诺曼·莫莱尔服装，鼻梁上是质角架眼镜，结果这副打扮与美国犯傻的金发女人刚好相反，效果极好。会议结束之后，她与公司口头达成100万美元的协议；50万美元拍成《濒于崩溃》，另外的50万美元再拍一部片子，后一部影片最有可能是早就想拍的音乐电影《何去何从》（又名《我爱路易莎》），这是玛丽莲的公关专家亚瑟·雅各布斯推荐的片子。

如玛丽莲所料，合同里写上了附加条款。福克斯公司要求，波拉·斯特拉斯伯格和派特·纽科姆不能进入《濒于崩溃》的片场，拉尔夫·格林森不能在这部影片上充当玛丽莲的谈判者。此外，他们要求她放弃就导演、摄影师和其他演员的发言权。他们的要求还没结束。他们还提出，她要放弃修改脚本和观看"每天成果"的权利。

不过，玛丽莲以1955年12月与公司签订的合同为借口，以巧妙的方式提出反驳，强调她拥有选择导演的权利，坚持要请罗马尼亚出生的让·尼古拉斯库取代乔治·丘克。（后者成功执导她1953年拍摄的叫座影片《如何嫁给百万富翁》。）后来电影公司还勉强同意按照她的要求修改剧本。

电影公司的口袋里还揣着最后一个条款。他们想让玛丽莲签署一封事先写好的极为令人难堪的公开的道歉信。7月10日礼拜二，上述见面会的前两天，查尔斯·因菲尔德和菲尔·菲尔德曼要求营销部和公关部负责法律和宣传的秘书打出了一封卑躬屈膝的认罪信，信中玛丽莲承认自己有服用"巴比妥的习惯"，请求"原谅"自己上次拍片时的"拖沓和散漫"。7月22日礼拜六，公关专家杰克·布劳德斯基发现这封信写得太严重，又草拟了一封措辞轻一些的短信。（虽然这封信依然留在20世纪福克斯电影公司档案的微缩胶片里，但梦露极有可能不知道这封极其恶毒的、由他人捉刀的道歉信。）

当公司宣布，福克斯与玛丽莲之间的官司从此画上句号时，会议在愉快的气氛中结束。福克斯公司之所以重新雇用玛丽莲，其中原因之一是玛丽莲在报纸上从未点名批评福克斯。这一做法给他们留下了印象。在玛丽莲一方，不仅片酬有所提高，她现在从电影公司和电影业又得到了她真正追求的——尊严。

此刻的玛丽莲格外高兴。两天之后，7月14日礼拜六，她给拉尔夫·格林森拍了一封电报，祝贺他的结婚周年纪念，电文中她的乐观精神再次显露无遗。电报上写道："亲爱的格林森大夫：我希望你今天的玫瑰都已盛开，连那些深红色的玫瑰也在开放。祝你和格林森太太结婚周年幸福。玛丽莲。"近来的事件表明，她重又充满活力，而且能够掌握自己的事业。她家里的装修也在继续。那一天，她的助手告诉她，文件柜上的锁还不好使，玛丽莲听后喊来锁匠奥斯汀。（3天后的7月17日礼拜二，玛丽莲花71.95美元将锁修好。）

那个月剩下的日子玛丽莲都是在洛杉矶周围打发的。这一说法是正确的。然而，他们就这一阶段所做的不同描述仍然有先后矛盾的地方，我在下文将一一澄清。

首先，传记作家唐纳德声称，7月15日礼拜日，玛丽莲在老朋友、报纸专栏作家和制片人希德尼·斯科尔斯基的陪伴下赶往棕榈滩研究拍片事宜，影片的素材取自传奇演员基恩·哈罗与其已故母亲的事迹，她母亲被称为"基恩母亲·哈罗·卡朋特·贝罗"。

　　这次的棕榈滩之行不可能发生。老哈罗 4 年前逝世,享年 67 岁,那一天是 1958 年 6 月 7 日礼拜六。刚好 21 年之后,也是在同一家医院,她的女儿也死了。此外,1962 年的玛丽莲拍演这个片子,几乎是不可能的。到了 1962 年,要拍摄《基恩·哈罗的故事》这一想法已经有 10 年了。这个想法是 1952 年 3 月提出来的,相关的故事也在圈子里传了好多年。玛丽莲在一个月之后听说这个项目,她是从好莱坞传记作家劳拉·帕森斯那里听说的,此人刚好是《基恩·哈罗的故事》的作者,这部传记于 1937 年出版。1954 年 6 月福克斯公司宣布女主角非梦露莫属,如果她能接受的话,还想与她分成,梦露没有接受。

　　1957 年 11 月末,项目重又开始,此时好莱坞剧本作家(玛丽莲最初的传记作者)本·赫奇特开始着手重新撰写剧本。但,与一些梦露传记作者所相信的不同,虽然梦露是哈罗的影迷,她对拍这个片子并不特别上心。她 1958 年对这部片子的候选制片人杰利·沃尔德说,她想先拍 20 世纪福克斯的《蓝天使》。(这个叫做洛拉·洛拉的角色她最终没有演成,饰演者是小萨米·戴维斯未来的妻子梅·布里特。影片传奇人物基恩·哈罗的故事最终于 1965 年 7 月被搬上银屏,放映后极为叫座,派拉蒙电影公司将其取名为《哈罗》,由卡洛尔·贝克领衔主演。)

　　还有,说玛丽莲 1962 年还在与希德尼·斯科尔斯基见面,这更站不住脚。1954 年 12 月,他们二人在不太友好的气氛中分手。数周之后玛丽莲从洛杉矶飞往纽约,开始了自己的新生活。1955 年 1 月 7 日礼拜五,她创立了自己的公司——玛丽莲·梦露电影公司。女演员生活上留下的空白很快就走进了摄影师米尔顿·格林,此人也是她生意上的新伙伴。

　　第二个谎言对玛丽莲来说可能危害更大,这个谎言与 7 月 20 日礼拜五有关,有人说她在迈阿密的一家医院里度过 3 天,说她 7 月 24 日礼拜二出院之后形容憔悴。不少玛丽莲所谓的好友都暗示,她是使用假名住院的,目的是想打掉肯尼迪总统的(或博比的)孩子。弗莱德·劳伦斯在其 1969 年的《诺玛·珍妮:玛丽莲·梦露的一生》里最先推出这一神话,他写道:

　　玛丽莲发现自己怀孕了,知道玛丽莲秘密的那几个人对此感到震惊。朋友们听说玛丽莲到塔霍湖度一个漫长的周末，她于 7 月 20 日礼拜五悄悄住进医院，在医院里留了 4 天……

作者继续说，医院的大夫决定通过手术结束妊娠。此时怀孕仍然是管状的，如她与米勒怀的第一个孩子，大概还没超过 5 周或 6 周，不然将有严重的并发症。

这一恶毒谣言的制造者很可能是亚瑟·雅各布斯雇来的。

根据其他说法，7 月 19 日礼拜四，梦露悄悄离开朋友和同事，3 天之后才又出现。好莱坞八卦专栏作者们就说她"悄悄进了洛杉矶的医院，打掉了罗伯特（肯尼迪）的孩子"。还有一个说法，说玛丽莲在别人的陪同下进入墨西哥——因为当时在美国堕胎还不合法——一个没有留下姓名的"美国医生"协助她堕胎，据说这是从梦露家里非法录制的录音带上得来的。

玛丽莲生肯尼迪总统的气（后来又生博比的气），因为他们有意疏远她，这一说法倒是没错，但不能就此推断因此打掉了孩子。事件的真相是，7 月 21 日礼拜六，梦露进了雪松－西奈医疗中心（这是那家医院当时的名称），她入院是为了治疗子宫内膜异位，这是一种常见病，世界上约有 8 900 万适龄怀孕女子得上这种疾病，每 5 个女子中就有一个，但这种病经常引起骨盆疼痛，月经失调，不孕，还有肠道和膀胱症状。据说，她传说中的 12 次堕胎是疾病的病因，那时她在好莱坞当演员，制片公司以为他们绝对拥有自己的演员——根据雪松－西奈医疗中心大夫兼弗兰克·西纳特拉私人医生莱昂·科恩的说法，玛丽莲从未堕过胎。

不过，我们知道，玛丽莲在其短暂的一生里确实经受过慢性痛苦，几次流产，服用镇静剂上瘾；而且，这些都严重影响了她做母亲的机会。比如，1957 年 8 月，她经历了一次异常怀孕，受精卵子挂在子宫外面。一年之后的 1958 年她再次流产。（1959 年与玛丽莲演出《热情似火》的托尼·科蒂斯在其 2009 年出版的传记《拍摄热情似火》里，居然声称那个孩子是他的。）虽然玛丽莲很上心，但医疗证据证明，她很难足月怀上孩子，所以 1962 年 36 岁的她怀上孩子的可能性确实是微乎其微的。

还有玛丽莲的传记甚至声称，她入院是为了 D&C（扩张与刮除），这是为了从子宫里取出组织（子宫内膜），目的是改善妇科状态和打掉胎儿。同一本传记还说，默瑞对玛丽莲入院并不知情，"玛丽莲（从家里）给博比打电话，对就医过程一一报告，之后妊娠被迫终止"。

报告堕胎问题，二人在电话里不可能三言两语，必然有很多的话要说，但根据玛丽莲的电话记录，他们的通话都很简短。玛丽莲与司法部长通话离她出院最近的一天是 7 月 23 日礼拜一，这次通话时间仅为 1 分钟。所以我们要问，如果她打电话不是为了堕胎，那她为什么要找博比呢？

那一天从下午 3 点到 3 点 30 分，肯尼迪总统正在国务院礼堂举行记者招待会。这一事件正通过卫星传往英国和欧洲，因为 13 天之前，美国航天局刚刚从佛罗里达的卡纳维尔角将卫星发射成功。因为这是首次从美国向英国传送越洋电视信号，所以自然要被视为重要事件。在每一个观众的注视下，这里也包括玛丽莲，人类正在书写历史。玛丽莲是在第五海伦娜的卧室里收看转播的。毫无疑问，那一天她给博比打电话一定是兴致勃勃地告诉对方，肯尼迪总统划时代的演讲。

反正那一天博比没在。他正和家人在海因尼斯港的避暑庄园里（他和第一夫人滑水的照片连续刊登在之后的报纸上），这一次与玛丽莲通话的依然是他的秘书。

问题仍然没有解决，那个周末玛丽莲到底发生了什么？通过分析信函、笔记和收据，我现在可以戳穿所谓堕胎的谎言，一一说出那 5 天里她的活动安排。

7 月 19 日礼拜四上午，玛丽莲显然是有点想家了，她先是让人订了 3 个月的纽约时报（日报版和周日版都订了）。之后，她乘车过去探望拉尔夫·格林森。那天下午晚些时候，她为格林森的女儿搞了一次生日晚会。（这是在玛丽莲家里召开的唯一一次生日晚会。）当天晚上，因为她知道礼拜六将要外出，所以接受了拉尔夫·罗伯茨每周一次的按摩。次日，7 月 20 日礼拜五，玛丽莲再次前往格林森的家里，他们进行了一次 90 分钟的心理咨询。

7 月 21 日礼拜六上午，玛丽莲在乔·迪马奥的陪同下来到洛杉矶的雪松－西奈医疗中心，她在这里将要治疗子宫内膜异位。但数小时之后她就离开了。之后的时间连同次日她都留在第五海伦娜的家里没有外出。7 月 23 日礼拜一，格林森和海曼医生来家中探望（海曼医生为她注射了两针贫血针：一针 20 美元，另一针 10 美元）。之后，收看肯尼迪总统讲话之后，玛丽莲觉得身体挺好，于是又回访了格林森，是默瑞开车送她去的。所以玛丽莲并未在医院连续住上 4 天。她在医院里最多待了 4 个小时。

然而，在她最后那个月发生的故事里仍然有不为外人所知的真相。比如，7 月的最后那个周末，玛丽莲确实在加利－内华见过弗兰克·西纳特拉。

加利－内华是富商罗伯特·谢尔曼和哈里·科姆斯多克 1926 年建造的，地点刚好在塔霍湖风景如画的北岸，就在水晶海湾的外面，此地之所以称为加利－内华，原因是加利福尼亚州和内华达州在这里相连。一次西纳特拉自己开玩笑说："走出小木屋，因违反《曼因法》被抓起来，此事只有在这里才能发生。"

这个隐蔽之处建在山上，开始时用来招待朋友和从事违法的赌博。不过，这里的违法活动时间并不长，应在数年之后的 1931 年 3 月，政府向其颁发了赌场执照，之后变成名人富贾的天堂。

1937 年这里发生大火，后来破坏的建筑得以重建。1960 年 9 月，美国歌坛巨星弗兰克·西纳特拉购入这里的股份，所以加利－内华的地位又有所提高。(1960 年 8 月，内华达州的文件证明，西纳特拉出资 10 万美元，购入这里 25% 的股权。一年之后的 1961 年 8 月 15 日礼拜二，他在这里的股份增至 35.6%。1962 年 5 月 15 日礼拜二，他的股份又增至 50%。) 1960 年 7 月 13 日礼拜三，西纳特拉首次对外宣布经营加利－内华。那天约翰·肯尼迪在洛杉矶赢得民主党提名。报纸上说，西纳特拉和他的鼠群乐队好友迪恩·马丁、生意伙伴汉克·辛克拉和逼良为娼的白人犯罪分子保罗向内华达州提出申请，接手这里的经营。他们的希望很快得到满足。

然而，官方的文件省掉了一个事实，芝加哥黑帮老大萨姆·基安卡纳和他的同伙在这里也有一点股份。等这一消息见诸报端之后，马丁不想惹麻烦，更不想和基安卡纳打交道，于是他很明智地撤出了自己的股份，从这里抽身出去，避开了那个恶棍。

他的选择很明智。黑手党老板萨姆 20 岁之前就因 3 次谋杀被警察传讯。对基安卡纳来说，杀人不是一件大事，他盛气凌人的行为使很多人感到不安。1999 年，退休的芝加哥探员丘克·亚丹逊指出："萨姆·基安卡纳是最卑鄙的人……他是老鼠般的流氓。"然而，乔治·乔布斯在其 2003 年出版的《S 先生：我与弗兰克·西纳特拉的生活》里指出："玛丽莲对萨姆十分尊敬。他待她如淑女。在她那里，萨姆不是可怕的杀手……她很喜欢他。"

基安卡纳在内华达州被列入黑名单，不许进入赌场，所以他在这里的经营自然要受到限制，他连开车经过拉斯维加斯都不行，所以被迫乘直升飞机才能抵达加利－内华……西纳特拉特意为他在建筑物顶上修了停机坪。在西纳特拉来这里之前，此地也不寂寞。1950 年代中后期，总统的父亲约瑟夫为之前的经营者提供烈酒，作为回报，对方在这里招待他和他的家人。现在西纳特拉想要在这里营造出温馨的环境，一是为了款待朋友；一是为了招揽顾客，因为有不少人还想模仿他富有的生活方式。对于赌徒、强盗和艺人来说，这里成了他们的麦加——有很多大牌明星都是西纳特拉的好友，他们都被收入名人陈列室。这里是西纳特拉个人的天堂，是他的私人世界。这里进进出出的有女孩儿、赌徒和酒鬼。说白了，是个无法无天的地方。

与西纳特拉鼠群乐队相识的人自然要光顾此地。然而，有人说玛丽莲和肯尼迪兄弟经常在此逗留，他们在这里都有自己的屋子（梦露的是 3 号小屋，最早这里是 52 号；约翰和博比的分别是 1 号和 2 号），其实玛丽莲·梦露来此次数不多——如我在第四章中所说，肯尼迪总统和他的弟弟就根本没来过这里。

1960 年 9 月 20 日礼拜二，加利－内华开业的那天晚上，据说西纳特拉的客人里还有约瑟夫·肯尼迪和他的儿子约翰。事实上，不仅肯尼迪总统从来都没有光顾此地，而且老肯尼迪唯一能证实的造访也发生在 1957 年和 1958 年的夏天。但玛丽莲来过这里，与她相伴的是犯罪集团成员约翰尼·罗塞尔利。那天夜里，在这家赌场周围的山岗上隐蔽着不请自来的联邦调查局特工人员。

在之后的岁月里，我们听说梦露之所以要在 1962 年 7 月最后那个周末光顾加利－内华，其主要原因是博比·肯尼迪因公来到洛杉矶，想要告诉玛丽莲不要挡道。过去那些为梦露写传记的人借题发挥，说那 3 天里，"（博比的）全国保险业协会演讲经 3 家电视网向外广播"。与此同时，在加利－内华为西纳特拉效力的职业赌徒路易斯·麦克威利说："那边发生的事比他们说出来的还要多。博比·肯尼迪就有大麻烦了。"还有一个专家很有把握地宣布，玛丽莲之所以在塔霍湖度周末，"是要答应在肯尼迪兄弟一事上闭嘴""那个周末罗伯特·肯尼迪是加利-内华的客人，等那里的活动变味之后，他就在匆忙中悄悄地离开了。"

事实上，这些说法一点根据都没有。从 7 月 27 日礼拜五到 7 月 29 日礼拜日，司法部长没在洛杉矶度周末。此时的他至少在 2 591 公里之外，在白宫与总统相伴，此外的时间和家族的其他人在海因尼斯港度过。7 月 29 日礼拜日，他们庆祝美国第一夫人杰奎琳的生日。这一天格外重要，她还坐在那里为白宫画了第一张正式的肖像。那个周末纯粹是家庭聚会。如纽约邮报所说："今天一大群肯尼迪的人赶来庆祝第一夫人杰奎琳 33 岁生日。昨天他们或是划船或是划水，有众多肯尼迪家族的人在场，今晚他们要安排一次晚会。"那天晚上，他们用盛宴来庆祝杰奎琳的生日。过去梦露的传记作者声称，当时博比不在。如此重要的家族事件博比没有参加，这一说法是无法想象的。

那一周博比确实到过洛杉矶。7 月 26 日礼拜四，他下午 5 点进城之后，先在全国保险业协会演讲，然后入住比弗利山酒店 227 号房间。但不知何人给联邦调查局洛杉矶办公室打来电话，说有人要刺杀博比，博比在此地的停留被迫终止。7 月 27 日礼拜五上午 9 点，司法部长赶紧坐飞机离开，返回华盛顿。总统日记清楚地显示，那天上午博比出席了 10 点 25 分在白宫召开的武器管制会议。在生日晚会那个周末，他的唯一安排发生在 7 月 28 日礼拜六上午，他与司法部长助理尼克拉斯出席白宫 9 点 30 分召开的一次会议。我们从上述信息可以做出判断，玛丽莲因为博比见她而离开洛杉矶赶往加利-内华，这个说法是无稽之谈。玛丽莲抵达塔霍湖的前两天，司法部长已经离开洛杉矶。

那个周末玛丽莲之所以要前往加利-内华，其实有三个原因。一、她与 20 世纪福克斯重新签约之后，自然想要庆祝一番。她与公司重新签订的协议正在准备之中，将于 8 月 1 日礼拜三送到她的律师办公室。二、当时迪恩·马丁正是加利-内华最大的客房名人陈列室里的主角，所以此时来这里刚好能与他相见。至于那个周末到底是谁在演出，大家说法不一，有人在玛丽莲的传记里说演出者是歌手杰克·琼斯（或者是弗兰克·西纳特拉）。不过，这一时期俱乐部记载的音乐会安排证明，当时的主角是迪恩·马丁。他在这里的逗留时间从 7 月 27 日礼拜五开始，至 8 月 2 日礼拜四结束。

玛丽莲听说迪恩在那里演出之后，想请他看看《濒于崩溃》的新剧本，这一稿是资深作家哈尔·坎特7月25日礼拜三写完的。7月27日礼拜五上午装订完成的剧本送到福克斯副总裁彼得手里。彼得见到剧本之后，兴致勃勃地开车拜访玛丽莲，将剧本交给她。因为7月24日礼拜二，麻烦不断的《埃及艳后》终于拍完，所以福克斯恨不能马上重新开拍《濒于崩溃》。7月23日礼拜一，他们还乐观地讨论了拍摄计划。但这部片子的问题仍然没有解决，他们的计划不过是短命的。但这次拖延问题不在玛丽莲一方；问题是马丁造成的。在马丁开拍他的下一部影片、联合艺术电影公司的《阁楼里的玩具》之前，他为了赚钱与夜总会订了一份巡回演出协议，他在加利－内华的演出也是其中的一部分，此时他与《濒于崩溃》的合同要等到9月17日礼拜一才能正式终止。（最近发现的文件显示，马丁要将《濒于崩溃》推迟到1963年的第一周，或推迟到2月份。当福克斯公司发现他无法分身之后，他们变得急不可耐，想要找人取代他。根据好莱坞八卦专栏作家厄尔·威尔逊的说法，他们提出了保罗·纽曼的名字。）

梦露听说新剧本出来后，显然是7月25日上午电影公司打电话告诉她的(这一天达利尔·F.扎纽克被选为公司的新总裁)，她又开始害怕起来。她担心马上要回去拍戏，还要面对新老板，这些都使她不知所措。她赶紧把波拉·斯特拉斯伯格从纽约请来，还为她在附近订了房间。她又在日程之外与格林森大夫见了一面。那一天玛丽莲与他见了两次，一次在他的诊所；一次在她的家里。海曼医生是另一个拜访者。即将拍戏引发的焦虑使梦露手足无措，为了稳定她的情绪，他们二人都同意服药。

海曼医生先给她开了磺胺甲噁唑，以此来缓解她的结肠症状，之后又给她开了耐波他。格林森为了使她缓解药物作用，又给她开了水合氯醛，这种药有催眠镇静作用。处方上写的是一瓶50粒。这几种药合起来足以致死。如医学上所证明的，后者减缓前者的新陈代谢，两者合起来作用刚好相反。(6天后的7月31日礼拜二，格林森又开出了40粒水合氯醛。假设她把这些药都服下去的话——这是很可能的——在7月25日和8月4日之间，另外再加上海曼给她开的耐波他，玛丽莲大约每天要服下8粒水合氯醛，结果可想而知。毫无疑问，格林森试图减缓耐波他的作用，但没有效果。)玛丽莲对此一无所知，所以她并未告诉两个大夫他们都开了什么药。

7月25日下午，玛丽莲从文森特药房取回药来。之后，她到迪恩·马丁家拜访，二人讨论重拍电影事宜。他们见面结束时，玛丽莲答应周末在加利－内华请他阅读最新一稿剧本。

玛丽莲到加利－内华的第三个原因，如西纳特拉所说，是为了与他再次讨论他们早就提出来的拍片建议。玛丽莲借此也能摆脱洛杉矶，因为她确实厌恶这座城市。然而，因为她已经安排周五上午要与彼得见面，下午4点又要与格林森见面（如1963年7月15日礼拜一他给玛丽莲开出的收据所证明的），此外她还要在周六请拉尔夫·罗伯茨按摩，所以才答应1962年7月29日礼拜日光顾俱乐部，这与众多传记作者所说的不同，在此之前她并未现身加利－内华。

那个礼拜六玛丽莲留在家里没有外出，电话记录能证明这一点，因为她在那天打了两次电话——一次打了4分钟，另一次打了10分钟——先是打给佛罗里达，后是打给纽约城。前一个电话打给乔·迪马奥，后一个电话打给老米勒。老米勒告诉她："你的声音很清晰。我知道你感觉很好。"她回答说："爸爸，我感觉很好。"因为手里有这些证据，所以我能证明她在加利－内华的时间没超过19个小时。还有，玛丽莲知道自己周末要外出，所以她安排波拉·斯特拉斯伯格乘坐第一个航班飞回纽约（7月30日礼拜一上午，美国航空公司）。那张头等舱、单程机票花掉了玛丽莲205.59美元，她是8月2日礼拜四用花旗银行支票支付的（支票号码1800）。

我们能断定的是，7月29日礼拜一上午，玛丽莲乘坐西纳特拉双引擎私人飞机"科里斯蒂纳"号从洛杉矶国际机场起飞，蒂纳是西纳特拉的女儿。在塔霍机场接她的是西纳特拉重300磅的助手艾迪·普奇，他驾车35英里将她送到山上。因为山上还没有安全降落的地方，所以她没有乘坐西纳特拉的私人直升机。如我在第四章所述，西纳特拉因为和肯尼迪总统闹别扭，一气之下毁掉了屋顶上的停机坪。还有，西纳特拉担心直升飞机太重，可能压坏屋顶，所以也不想使用上面的停机坪。

再有，这一次彼得·劳福德始终没有陪伴玛丽莲，他的妻子也没有。她还在海因尼斯港，与肯尼迪家族一道庆祝杰奎琳33岁生日。

1962年7月的最后一个周末，那些传说在梦露的传记上留下了扭曲的烙印。

正如西纳特拉的好友"瘦子"达马托所说的:"发生的事比他们说的还要多。"我们将在下文探讨到底发生了什么。然而,与众多传记作者的说法不同,玛丽莲那天并未隐藏起来,实际上她状态很好,吃午饭的时候还露了一面。

当天詹姆斯·格雷-古尔德也在那里。他在接受好莱坞怀旧网站采访时回忆说:"有些日期能深深地印在人们的记忆上。1962年7月最后那个礼拜日就是这样的日子。我的室友和我高中毕业后在加利-内华当管车员……因为我们在那边为客人停车,所以凡是进出的人都能看见。彼得·劳福德、迪恩·马丁、萨米·戴维斯……换句话说,凡是来湖边的人,早晚要上山。"

他有趣的回忆并未结束,"那个礼拜天轮到女士'博彩与早午餐',这时一辆黑色林肯开了进来,因为我正好在门外,我从客人手里接过汽车,一个女子犹犹豫豫地走下车来,没有抬头,我扶了她一把。当时我还想,'又是西纳特拉请来的'。她抬起头来,我马上打消了自己的想法。过去的记忆开始复活。那是玛丽莲·梦露,我有8年没见到她了,她朝我笑笑,西纳特拉的助手艾迪·普奇把她领走了。我好久之后才回过神来,不知道玛丽莲还能不能记得我,我上次与她相见时还是个孩子。"

古尔德的回忆应该没有问题,所以我们相信玛丽莲一定到过那里。她头戴绿围巾,身穿普通的服装,精神状态很好。她赶到之后就急着与大家相见。这些人里既有朋友,也有对手,如西纳特拉、马丁、朱丽叶和萨姆·基安卡纳,外加女演员朗达·弗莱明、爵士钢琴手巴迪·格莱科和发型师杰依·希布林。西纳特拉当时的妻子兼经理莎莉为他们拍了黑白照片,照片里的玛丽莲兴高采烈地站在阳光下,身边是西纳特拉和格莱科。此外还有玛丽莲站在阳台上手拿酒杯与彼得·劳福德的照片。之后,玛丽莲返回俱乐部吃自助餐,然后参加了下午1点30分那场博彩。

不过,那天晚上他们发生的事听起来的确耳熟。根据深入研究和当事人的叙述,我可以证明那一天后来发生的一系列事件。

玛丽莲先是喝酒,用餐,玩游戏,之后她返回房间(52号小屋),梳洗一番之后稍事休息,然后换上时髦的晚礼服,经过地下通道进入名人陈列室。玛丽莲在西纳特拉的餐桌旁落座,他喜欢的位置是入口的第三个包厢。她开始观看迪恩·马丁的演出,此时台上还有为他伴舞的布莱斯希亚和泰蒂比。

和他们坐在一起的有萨姆·基安卡纳（因为州里的禁令，他无权坐在此地）、俱乐部的经理、犯罪分子保罗·"瘦子"·达马托、犯罪分子兼基安卡纳的助手约翰尼·罗塞利以及令玛丽莲感到意外的彼得·劳福德。自从劳福德与西纳特拉因为总统分道扬镳之后，他们还从未说话。但这个周末有所不同。肯尼迪的妹夫此行另有目的。

席间，烈酒发生作用之后，他小心翼翼地告诉玛丽莲，她不能再与博比·肯尼迪联系，劳福德以明确的语言告诉她，司法部长不得已才割舍与她的关系，她不能再给他打电话了。（这事确实有些无理，因为此时玛丽莲总共才给他的司法部打过 7 次电话。）博比与他的总统哥哥如出一辙，他不想再与她往来。司法部长重复了他哥哥的担心，因为他深知外面有很多人把他们兄弟二人恨得不得了，非要把他们从白宫赶走不可。博比一定是接到了总统的指示，这是确定无疑的，此前总统因为与好莱坞最性感但又最不合适的女子接触，害怕被人陷害，此时博比知道，他没有选择，必须割断与这枚金发炸弹的联系。不久其他原因也浮出水面。

在此前后，司法部长从劳福德那里听说，6 月 26 日礼拜四那次晚会之后，他与玛丽莲在她家里的谈话被悄悄录了下来。与此同时，联邦调查局局长胡佛因为听说博比与玛丽莲的秘密谈话，所以在同事中含沙射影地提到博比与玛丽莲"特别热的"文件。纯粹出于巧合，弟弟泰德在马萨诸塞州的参议员初选将于 9 月开始，此时的玛丽莲必然被追求政治的博比和他的家人视为烫手的山芋。还有人说，是他的母亲露丝和其他家庭成员最先提出摆脱玛丽莲。她再次变成肯尼迪家族无法享用的奢侈品，这对玛丽莲来说一定是件伤心事。

博比的无情无义勾起了梦露被父亲遗弃的往事，她自然而然地被击垮了，伤心之深可想而知。此外，她还感到怒不可遏，因为司法部长还不如总统，他连当面解释说声"再见"的勇气都没有，他居然依靠家族里信赖的二管家兼走狗劳福德。没有人不知道他与肯尼迪兄弟不分彼此，凡是他们的事他没有不能做的，合法不合法都无所谓。

玛丽莲落座之后，唐培里侬和伏特加混在一起，她那些"纵情欢乐"的朋友不停地将酒倒入她的酒杯，把她喝得酩酊大醉。劳福德将肯尼迪的话传过来之后，她对达马托说话开始口无遮拦，达马托告诉她，"这些人都是不能提的"。

因为酒精的作用，她清楚地表明与肯尼迪之一"幽会"或"亲密"。因为玛丽莲的原因，数月之后，犯罪分子经过推测，终于抓到了他们的把柄，她无意中证实了犯罪分子对她和他们二人久已有的怀疑。

酒还在流淌，玛丽莲已经失去控制，她在众目睽睽之下几乎昏醉过去。她被人送回屋里，进屋后遭到骚扰。她的衣服被人脱去，浑身都是烈酒，一个狗脖套套在她的脖子上。这次蒙羞还未结束，加利－内华的恶棍强迫她在地上爬来爬去，和妓女发生同性性行为。这里随叫随到的坏女人有的是。经常有坏女人光顾俱乐部。达马托手里就有不少妓女。据说在宾馆的前台可以公开找妓女。调查人员怀疑，这一事件中的女子可能是特意从旧金山飞过来的。又是因为酒精的原因，大多数发生的事玛丽莲都无法回忆起来。一天之后在她与好友拉尔夫·罗伯茨的谈话里，根据她残留的记忆，她说这个周末是场噩梦，说自己觉得不像客人，更像"囚犯"。

传说基安卡纳还和她睡过。梦露死后不久，联邦调查局显然是窃听了基安卡纳和罗塞利的谈话，他们二人商量想在加利－内华搞一次性狂欢。据说罗塞利告诉基安卡纳，"你一定能和（肯尼迪）兄弟二人睡同一个人，还能有问题吗？"然而，这个插曲不大可能发生，因为基安卡纳从来都不敢分享或染指西纳特拉认识的女人。基安卡纳的女儿安托妮特就此澄清说："我知道父亲喜欢什么样的女人。玛丽莲太瘦，对他来说也太活泼。"

因此，对玛丽莲有着强烈兴趣的"瘦子"·达马托和约翰尼·罗塞利在暗地里导演了这出闹剧，这不是没有可能的。目的何在？罗塞利也是憎恨肯尼迪兄弟的人，因为他们把黑社会逼得惶惶不可终日，而且罗塞利还经常吹嘘说"在上面有朋友"，能打倒总统。这次他们有可能想教训玛丽莲，因为他们相信她与肯尼迪兄弟靠得太近了，这一说法未必不能成立。如西纳特拉的贴身保镖乔治·乔布斯在其《S先生：我与弗兰克·西纳特拉的生活》里所说的："她是他们的女孩子，不是爱尔兰人的。"

玛丽莲光顾加利－内华是想摆脱洛杉矶的恐怖，与西纳特拉和马丁等朋友轻松一番。结果她发现，换来的竟是另一场噩梦。等酒力消退之后，她才明白此事的后果。小屋里剩下她一个人，追悔莫及的她不敢独自出去，于是给乔·迪马奥打电话，此前玛丽莲告诉迪马奥，她将来塔霍湖逗留，所以后者也在附近做了相应的安排。

迪马奥先是观看了伐木者小联盟的棒球赛。当天晚上赶到塔霍湖南端的五星级夜总会，此地是一家名为"哈拉"的赌场，他在那里观看了影星兼艺人米茨·盖诺的音乐会，后者当时正在南岸厅里表演。（有人说迪马奥在银顶汽车旅店订了房间，此地离国王滩约有8英里，这一说法是不准确的。）当盖诺宣布棒球明星也坐在场内时，迪马奥站起身来迎接众人的热烈欢迎。

盖诺的演出接近尾声，玛丽莲的电话打进了宾馆。一个服务员悄悄告诉迪马奥有紧急电话找他，他起身走入经理办公室，拿起听筒，神情专注地倾听玛丽莲语无伦次的叙述。放下电话之后，迪马奥冲出宾馆，钻进汽车，驱车20英里赶到湖北的加利－内华。他原来还想听完音乐会之后马上飞回老家，此时这一想法被他忘到了脑后。他改变安排的消息不知怎的传到了电台新闻记者那里，善于捕风捉影的多萝茜在其节目中说："迪马奥没有离开，或是因为此地景色太美，或是因为歌舞团里的姑娘。"

这次不幸事件使玛丽莲觉得很丢人，此时的她陷入惊恐状态。她无法入睡，就从手提包里取出了安眠药。玛丽莲不喜欢被人利用，她知道这一次是被人虐待，结果服用了好几片耐波他和好几粒水合氯醛，这些药物与大量烈酒混合之后变成了致命的鸡尾酒。玛丽莲没有弄明白自己服用的药量，不小心服用了自己身体无法承受的药物。然而，她并未企图自杀。如海曼医生后来所解释的："玛丽莲喝了太多的酒，服用的药物可能比她应承受的稍稍多了一点。"

幸运的是，她给迪马奥打完电话之后，交换台与她的房间还没有挂断。这救了她一命。接线员从电话里听到玛丽莲房间传来急促的呼吸，这马上引起了她的警觉。他们派来的服务员发现玛丽莲靠床倒在地板上，她几乎陷入昏迷状态。劳福德听说后马上赶了过来。

加利－内华厨房里的员工泰德·史蒂芬斯告诉西纳特拉的传记作者 J. 塔拉伯利利："彼得·劳福德给我们打来电话。他在电话里声嘶力竭地喊道：'52号小屋要咖啡。'然后他挂断了电话。他听起来都疯了。还不到2分钟，西纳特拉先生又在电话里嚷道：'见鬼的咖啡在哪儿呢？'我后来听说他们在52号扶着玛丽莲走来走去，想把她弄醒。"令人遗憾的是，玛丽莲的很多朋友还以为她又是在炒作自己。

与报上写的不同，玛丽莲没有被紧急送往 20 英里外的卡森－塔霍医院洗胃，她也没有接受医生的治疗，因为不想让消息外传，所以当时抢救玛丽莲的仅有西纳特拉、劳福德和加利－内华的员工。令人伤心的是，她服用的解药不过是几杯黑咖啡。之所以说没有医生赶来治疗，原因是找不到医疗报告，这是多萝茜 1962 年 8 月研究这一事件后得出的结论。此外，因为他们不想使消息外泄，所以玛丽莲企图自杀的消息连当地的警察局都不知道。

　　那个夜晚结束之前，对酒后狂欢一无所知的西纳特拉接到悄悄送来的一个胶卷，有无耻之徒居然拍了照片。很多人相信拍照的人就是西纳特拉，但他没有拍照。别人用了他的相机。西纳特拉将胶片交给《生活》杂志摄影师比利·伍德菲尔德，请他冲洗出来。几分钟之内西纳特拉的眼前出现了冲洗出来的 9 张照片。照片中的玛丽莲处于半清醒状态，而且衣衫不整，在罗塞利和达马托的面前，正被几个恶棍调戏，西纳特拉见后大为震惊。有消息很快传来，说萨姆·基安卡纳也在照片里。但是，考虑到他对玛丽莲的尊重，我猜想他在这一事件中不过是无辜的旁观者，而且是事件将要结束才到场的，目的是想把玛丽莲从地上扶起来。

　　西纳特拉马上下令销毁照片和底片。然而，我能证实，有 8 张照片确实被销毁了，但有一张逃过了炉火。有人企图渲染这次丑闻，使玛丽莲名誉扫地，所以将其中的一张照片送给了多萝茜。多萝茜在 8 月 3 日礼拜五出版的专栏里写道："在加利福尼亚，他们正在传阅她的照片，当然照片并没有她著名的挂历那么赤裸，但还是挺有意思。玛丽莲穿的衣服仿佛沾到了皮肤上，裙子下摆高过双膝，这是巴黎设计师在秋季时装展上也不敢推出的款式。"与照片同时流传的还有一封匿名短信，信中暗示梦露和肯尼迪兄弟很亲密。（此时玛丽莲和总统幽会的事还是秘密，仅有总统和玛丽莲身边数人知道。）

　　次日清早，玛丽莲发现昨天夜里的丑闻不胫而走，正在外面流传，这对她来说等于天塌了下来。此时她戴着墨镜，睡意皆无，从小屋里走了出来，有人看见她赤着脚在大雾笼罩的游泳池旁不停地徘徊，目光朝山上望去，此刻乔·迪马奥正站在那里注视她。二人默默无语。他们站在那里望着对方，此时没有说话的必要。他们依然没有分开，玛丽莲意识到这一点。然而，这次他来搭救玛丽莲，但结果没有成功，这是因为一年来迪马奥与西纳特拉龃龉不断。

玛丽莲不可避免地被他们夹在当中。1954年11月5日礼拜五，玛丽莲的丈夫乔·迪马奥伙同西纳特拉、私家侦探巴内·鲁尼特茨基与菲尔·欧文想要捉奸，找到沃林大道上属于弗罗伦斯·科茨的公寓，他们破门而入。但玛丽莲没在里面，他们找错了地方。1957年5月，科茨将迪马奥、西纳特拉、鲁尼特茨基和欧文告上法庭，索要20万美元，但此事最后在庭外以7 500美元达成和解。

　　此后西纳特拉与迪马奥的友谊极度下跌。1960年代初，当时迪马奥已经与玛丽莲离婚数年，但是这个棒球明星居然暗示说他的前妻与歌手西纳特拉有染——确实如此，但时间不长——西纳特拉自然大为恼火，想不到这位球星居然在暗地里监视他，他也想找到他们幽会的证据。他们的敌意从此再未化解，结果西纳特拉禁止这个所谓"有力的击球手"走进他的俱乐部。

　　西纳特拉显然不知道事件的原委，他对玛丽莲有意服药，然后与他们鬼混大为恼火。结果星期一一大早，西纳特拉看过冲洗出的照片之后，马上打发玛丽莲离开，同时指示乔治·乔斯开车送玛丽莲（和酩酊大醉的劳福德）返回雷诺－塔霍机场。他们到达机场之后，据说有人看见玛丽莲光脚下车，爬上了西纳特拉临时找来的飞机。劳福德也跟在身后，因为圣·莫尼卡机场还在关闭，他们飞回了洛杉矶国际机场，纽科姆和默瑞正等在那里接站，之后开车将她送加布兰特伍德。乔布斯在其《S先生：我与弗兰克·西纳特拉的生活》里指出："有一件事使车内的玛丽莲深感不安，她服药后的行为冒犯了做事严谨的萨姆先生，他和S先生都对毒品深恶痛绝。"这能佐证我的说法：基安卡纳在这场恶作剧里没有扮演任何角色。

　　这次插曲在加利－内华的经营者嘴里留下了恶心的味道，与此事相关的证据很快付之一炬。玛丽莲无意中参加了这次狂欢，终结了她与西纳特拉的关系。尽管西纳特拉还喜欢她，但他已经不想再和她继续下去了。电影明星西纳特拉睡过不少，如爱娃·加德纳、基姆·诺瓦克和朱丽叶·普劳斯。他知道，找他的女人还有很多，他不能让玛丽莲这样不稳定的女人在眼前晃来晃去。

　　不出玛丽莲所料，基安卡纳也和她画上了句号，一如约瑟夫和他那两个被惯坏了的儿子。基安卡纳曾亲自操纵芝加哥的选票，协助肯尼迪战胜理查德·尼克松，于1961年1月将肯尼迪推入白宫，而且还和肯尼迪同时拥有过社交女子朱迪斯·坎贝尔。据说,这个芝加哥犯罪分子在加利－内华与约瑟夫·肯尼迪见过面;但此时约瑟夫的儿子博比不停地叫嚷在国内打击有组织犯罪的嚣张气焰,他虚伪的做法使基安卡纳十分恼火。如同西纳特拉,他再也不想和这些家伙做事了。这是一个时代的终结。

　　7月30日礼拜一清早,玛丽莲离开塔霍湖,身边还有烂醉如泥的劳福德。与西纳特拉、罗塞利和达马托发生的事使玛丽莲感到惴惴不安,博比通过劳福德告诉她结束友谊的事也使她大为不满。此时的玛丽莲开始发出威胁,她说的话他们又不能不当真,因为此时的她极不稳定。这其中最令人感到不安的是,玛丽莲威胁说,如果博比不亲自向她解释分手的原因,她就要开记者招待会,公开她与肯尼迪总统如何幽会,宣布这兄弟二人如何恶待她。

　　那天晚些时候,玛丽莲从洛杉矶机场返回之后,她马上要给司法部长打电话。一想到与他总统哥哥的插曲,玛丽莲就想向博比问个究竟,为什么不分青红皂白就把她甩掉。他哥哥开生日晚会,为了捧场,她把自己的事业都押在上面,此时她又被肯尼迪家里的另一个兄弟一脚踢开。这确实使人难以忍受。在8分钟的电话里,博比的秘书告诉玛丽莲他不在办公室。(事实上,博比正在和总统开会,次日上午才能返回司法部。)玛丽莲要把电话接过去,据说秘书没有同意,玛丽莲因此发火。从那一刻开始,她开始骂博比是"那个胆小的兔崽子"。按照流传的说法,此时的玛丽莲已经是被逼急了的女人。

　　她是吗?这个故事还有另一个版本。众多历史学家相信,玛丽莲给博比打电话并非追问分手的原因,她找他的真正目是要警告他有人企图暗杀他。如我们所知,玛丽莲在西纳特拉的加利－内华度过一夜,这个充满演员和赌徒的地方也有不少敌人阵营里的著名人士。玛丽莲与这些人接触之后,她能不能听到暗杀司法部长和总统的消息呢?从黑社会的恶棍"瘦子"·达马托到寄生虫约翰尼·罗塞利,加利－内华到处充斥着阴谋的空气。

　　如我们所知道的,1962年7月26日礼拜四,梦露光顾加利－内华的前3天,联邦调查局洛杉矶分局接到匿名电话,说有"黑社会的人"企图谋杀博比·肯尼迪。此外,玛丽莲·梦露最后一次想在司法部找到博比的时间是7月30日礼拜一。她是不是急着要把她听说的消息告诉博比呢?还有人指出,玛丽莲之所以被谋杀，很可能与她在加利－内华无意中听到的消息有关，但这一说法纯属猜测。

不论真相如何，博比的拒绝和山上小屋里发生的事件一定使玛丽莲感到不安。后来的收据证明，那个周一玛丽莲返回第五海伦娜的时候，她给肯尼迪的办公室打完电话之后，马上又给她纽约的朋友打了电话，其中之一有诺曼·罗斯坦。此时她急于找人诉说，他们的通话持续了13分钟。通话结束之后，她被紧急送到附近格林森诊所接受心理治疗。等玛丽莲的焦虑减缓之后，她为自己和默瑞从商店里要了43.31美元的食物和烈酒。凌晨2点15分，玛丽莲现在的朋友拉尔夫·罗伯茨在匆忙中为她做了一次按摩，之后这多事的一天才宣告结束。

她极度恐惧。海曼医生为她开的耐波他并没有达到效果。15分钟之后，罗伯茨用藏在门外的钥匙打开房门，在黑暗的卧室里开始了他的按摩。（这些都与罗伯茨无关。他来这里做按摩并非一次两次，对玛丽莲的卧室布局极为熟悉。他回忆说："玛丽莲憎恨光线，喜欢黑暗。如果是晚上，她不让开灯。她喜欢通过按摩减轻压力。有时她在按摩中就睡着了。"）他在玛丽莲的家里按摩不到一个小时。之后，他又悄悄地离开了。

与此同时，劳福德很担心玛丽莲的报复。他清楚，对于肯尼迪兄弟及其家族来说，她可能是火药桶。在圣莫尼卡机场与玛丽莲分手之后，劳福德命令他的司机在离家不太远的地方停了下来。他马上通过公用电话联系白宫。他知道家里被人窃听，不能在家里打电话。劳福德在通话中告诉总统，梦露在从机场回来的路上告诉他，说她想要召开新闻发布会。醉意未消的劳福德告诉总统，玛丽莲手里有真凭实据，他显然指的是那个红色的小笔记本。（白宫电话记录显示，7月30日礼拜一下午8点40分至西海岸时间下午5点40分接听了18分钟的电话。此时总统正在宅邸里休息。博比还在他身边。那天下午，司法部长出席了一次有关核试验的会议，总统和其他二三高官在场。）

在劳福德迷迷糊糊的大脑里，玛丽莲已经变成愤怒的女人，她不想退出大家的记忆。他相信，她不会善罢甘休。按照他的理解，她知道美国必然喜欢她与世界上权力最大的男人如何幽会，探究肯尼迪兄弟的政治秘密，他们兄弟二人如何恶待她，她与司法部长那些政治上极为敏感的对话。

然而，在从机场回来的路上玛丽莲不过是顺嘴说说而已。后来的事实证明，她根本没打算实施威胁，但这一点只有她自己知道。玛丽莲之所以要对外发布消息，这灵感大概来自总统一周前那次历史性的、通过卫星和电视转播的演讲。令人遗憾的是，她并不知道那番话能带来怎样的后果。

1962 年 7 月末和 8 月初，玛丽莲那世界著名的照片和身材再次出现在众多杂志的封面上。她的名字又写在了好几个著名的报纸专栏上，她的工作日记又写得满满的，她的未来又变成了玫瑰。但遗憾的是，她与太多的重要人物缠在一起，就要迈出不该迈出的一脚。在她短暂的一生里，最后那些重大事件即将发生。

第九章

1962 年 7 月 31 日礼拜二—1962 年 8 月 4 日礼拜六下午 5 点 55 分

因为新年之前迪恩·马丁不能（或不想）继续拍摄《濒于崩溃》，所以玛丽莲知道她没有一点理由留在洛杉矶。于是，7 月 31 日礼拜二上午她决定返回纽约。纽科姆告诉她，联合航空公司 411.18 美元的一等舱航班票已经订好，玛丽莲听说后赶紧给她在纽约的管家佛罗伦斯打了 11 分钟的电话，嘱咐她将曼哈顿的公寓打扫干净，等她下周返回。玛丽莲还计划 9 月造访华盛顿，再于 9 月 15 日礼拜六访问墨西哥，庆祝一天之后的独立日。

还是那个下午，玛丽莲给佛罗伦斯打完电话之后乘车来到落日大道公关专家亚瑟·雅各布斯的办公室。雅各布斯迫不及待地要为其客户解决问题，同时也想试一试当制片人的滋味，急着向玛丽莲推荐李·桑普逊，说他如何善于导演。因为雅各布斯没有忘记玛丽莲对一些导演的排斥，所以这次他推荐桑普逊导演玛丽莲和基恩·凯利（不是弗兰克·西纳特拉）讨论已久的"一战"音乐片《我爱路易莎》（后来更名为《何去何去》）。在他推荐这部片子之前，他自然先要争得玛丽莲的同意，为此，他才请玛丽莲过来，看一看桑普逊的作品。

在雅各布斯不大的私人放映厅里，他播放了桑普逊的新片《纳瓦隆大炮》的片段。虽然影片中充满战争的内容，但对玛丽莲来说，这个片子选的还是很不明智。接近结束时玛丽莲说："很好。但不是喜剧。"雅各布斯听后马上安排播放另外两个片子的剪辑，一是《印度之火》；一是《老虎滩》（都摄于 1959 年）。两个片子都不幽默，但还是给玛丽莲留下了深刻的印象。所以等雅各布斯询问玛丽莲是否同意桑普逊做导演时，她回答说："我同意拍片，但见面后不喜欢他另当别论。"雅各布斯当即安排他们周六下午 5 点在布兰特伍德玛丽莲的家里见面。

他们见面之后，雅各布斯马上给福克斯的菲尔·菲尔德曼打电话，兴致勃勃地告诉他，说玛丽莲有意拍摄《我爱路易莎》。这证明了福克斯要和玛丽莲拍摄两部影片的消息，与此同时，玛丽莲没有回家，她又到格林森的诊所接受了 90 分钟的心理治疗。临别之前，格林森担心玛丽莲工作压力太大，又给她开了 10 片水合氯醛。玛丽莲马上从药店里将药买回。

8 月 1 日礼拜三，针对玛丽莲的负面报导接踵而至，此时的她拿记者约翰逊不知如何是好。这一天，约翰逊在其每周一次的《今日好莱坞》专栏上，借奥斯卡奖项大做文章，把这些奖项的名字变成了"玛丽莲奖"，原因如他所说："玛丽莲·梦露是我们的大赢家之一。"在约翰逊冷嘲热讽的文章里，他将所谓'最牛对话奖'颁给玛丽莲，原因是福克斯公司将玛丽莲赶出了《濒于崩溃》。在成为年度最著名的旷工者之后，玛丽莲反问：'如此待我，真是岂有此理？'"记者约翰逊继续在那里装模作样地颁奖，接下来他又把"最佳歌曲"奖送给了玛丽莲，表彰她在片场的拖沓："周日、周一、周二、周三、周四、周五或周六总也不见面。"

约翰逊在报上耍嘴皮子，玛丽莲继续家里的装修。那天上午，她为家具装上了里斯时期的木质家具门。（上面有 7 个折页，造价总共 313.92 美元，其中有人工、材料和税款。）纽科姆回忆说："玛丽莲在家里搞装修。她喜欢这个家。这里使她兴奋不已，就像小姑娘有了新玩具。"装修的钱一分没省下。她为前门上特制的钉子还付给人家 29.38 美元。

装修还在进行，但玛丽莲把时间花在了电话上。有一个电话是菲尔·菲尔德曼打来的。前一天下午雅各布斯高高兴兴地打来电话之后，菲尔德曼又来电话，说公司已经答应出资 100 万美元拍摄两部片子（50 万美元继续拍摄《濒于崩溃》，另外的 50 万美元拍摄《我爱路易莎》），告诉她相关合同已经送达她的律师米尔顿·鲁丁，等待他和她同意。她原则上同意电影公司的安排。片酬提高之后，玛丽莲在与电影公司的博弈中取得了一次重大胜利，此时的她已经飘飘然。然而，他们的对话并未至此结束。电影公司同意她为《濒于崩溃》挑选的导演，但她要把波拉·斯特拉斯伯格从她的演艺生活里赶走。玛丽莲提出容她考虑。对方同意。

继续拍摄《濒于崩溃》的消息很快传开。玛丽莲的替身艾芙琳从电影公司那里听到口风之后，给她家里打了电话。二人兴奋地说了45分钟。艾芙琳回忆说："我听说我们要继续拍片，就在那个礼拜三给她打了电话，我和她通了电话。我们在电话里说：'我们要回去了，我们要回去拍戏了。'她真的很高兴……她高兴。我们将在9月开始。"艾芙琳错了。因为迪恩·马丁无法分身，又心不在焉，她们未能如愿。

好莱坞记者詹姆斯·培根感到这里有故事可写，就在那个下午突然拜访玛丽莲。他回忆说："她状态很好。她笑个不停。也可能是香槟酒的作用，我不知道……她当着我的面喝下了两瓶……还服用了四五片药。我说：'玛丽莲，这两种药混在一起能要你的命。'她又服了一片药，满不在乎地说：'还没要我的命。'"

詹姆斯离开之后，玛丽莲又给伊丽莎白·考特尼打电话，她是资深服装设计师和让·路易斯的助手。玛丽莲希望花1 600美元定做一件晚礼服，因为她要参加欧文·伯林的音乐剧《总统先生》的世界首演，这次首演安排在9月25日礼拜二，地点是华盛顿特区的国家剧院。这是白宫发起的一次慈善活动，目的是为肯尼迪残疾儿童研究中心和肯尼迪智残协会募捐。此次活动的名誉主席是杰奎琳·肯尼迪、总统的母亲和弟弟博比，但玛丽莲依然接受了邀请，这不仅说明玛丽莲对他们有不满的意思，而且也可能说明玛丽莲不想让肯尼迪家族剥夺她这个真正重要的夜晚。说到底，这将是伯林在百老汇的最后一场演出；不少人将此视为"年度社交盛会"。玛丽莲想要炫耀其最风光的一面，毫无疑问，也想压一压总统夫人。

考特尼回忆说："她说让·路易斯给她画过一张晚礼服的草图，她请我转告他来家里量尺码。她说：'随时过来。你有时间我就有时间。周六怎么样？'但是因为生意上的压力，我无法来梦露小姐的家。她还告诉我，电影公司的人联系她继续拍片。她对我说：'你等着吧。我相信能拍这个片子。'"玛丽莲打完电话之后，还担心这次华盛顿之行没有合身的衣服，于是又给纽约的塞克斯服装总店打电话，订了一件 382.62 美元的古奇晚礼服。（两天后的 8 月 3 日礼拜五她开出一张支票，号码是 1782。）

安好家具门，又打完电话，接下来玛丽莲拜访了建筑师、设计师和演员威廉·列维，地点是他的艺术品古玩店，与玛丽莲同行的还是充当司机的默瑞。玛丽莲在店里选了一张咖啡桌和一个墙上的挂件，挂件上面有亚当夏娃的形象。她挑选这两件东西时，店里 53 岁的店主马上认出了玛丽莲，之后扑过来求婚。"容我想想。"玛丽莲一边笑着回答一边走出商店。

之后，玛丽莲和默瑞又来到朝圣者家具店，她买了一件罗马式白色五斗柜，店员答应 8 月 4 日礼拜六将物品送到玛丽莲的家里，而且同意见货付款。然后玛丽莲和她的同伴再次钻进汽车，驶到不远处的花店。她花 93.08 美元从店里购入了大小不一的晚香玉、一株墨西哥椴树、一个秋海棠花篮和一株巴伦西亚橙子树。玛丽莲想起周六下午送货时她要接待导演桑普逊，于是就请店家找默瑞的亲戚诺曼代劳。购物结束之玛丽莲后返回汽车，但意犹未尽，又走回商店花 63.53 美元买了西红柿、蜂雀食槽及其他食物，外加牵牛花、秋海棠（大小不等）、景天草和陶罐。

如上所述，她花钱依然是大手大脚的。8 月的第一天，她在比弗利山花旗银行的账上透支 4 208.34 美元。她的其他账户也好不了多少。她的两个储蓄账户，一个仅有余款 1 171.06 美元，一个 614.29 美元。她的两个支票账户，一个余款 2 334.56 美元，一个 84.67 美元。她的律师米尔顿·鲁丁解释说："玛丽莲支票账户上的钱仅够现用的，但她在未来两年里将收入 50 万美元，这是《热情似火》的部分收益，片子极为成功。"

返回布兰特伍德家中之后，玛丽莲又去拜访格林森医生，然后接受海曼医生 25 美元的注射，在这之后她接听了凯利打来的电话，因为外面已经传说他们将要领衔演出《我爱路易莎》。所以他最好还是先与女演员沟通一下，安排时间讨论影片。他们同意 4 天后的 8 月 5 日礼拜日见面，而且还邀请了导演桑普逊。玛丽莲提议让拉尔夫·罗伯茨在阳台上为他们做土豆烧烤。凯利回忆说："她状态极好，对她将来的电影感到很欢喜，很兴奋。"

晚上 7 点整，玛丽莲坐在电视前收看肯尼迪总统 32 分钟的新闻发布会实况转播。然而，此时的她在与乔·迪马奥发生龃龉之后又开始动摇。

在弗吉尼亚那边，时间还要早上几个小时，被加利－内华事件搞得心烦意乱的迪马奥辞掉了一份年薪 10 万美元的工作。他不想继续担任 V.H. 莫内公司的副总裁，这家公司专营军品商店。他之所以辞职原因仅有一个，要搬到前妻身边。他正在考虑复婚。此事从他一个老朋友那里得到了证实。1962 年 7 月，迪马奥一个没有透露姓名的好朋友说："那边的家乔没有出手，他是要留给玛丽莲。这些年来他嘴里总挂着她。我想，他相信她最终能发现自己，回到他身边。他不着急。他能等待。"V.H. 莫内公司主席对奥克兰论坛报记者说："迪马奥告诉我，他要返回西海岸，在那里度过余生。要不是因为他前妻个人生活有麻烦，迪马奥辞职的事是没法解释的。"他的话也证明了上述的说法。

8 月 1 下午，等够了的迪马奥兴致勃勃地飞到洛杉矶，一头扎进玛丽莲的家里，再次向她求婚。虽然玛丽莲对他很感激，但她当即打消了对方的念头，说她希望与他仅仅是朋友。

毫无疑问，迪马奥是玛丽莲最要好、最信赖的朋友，对此不必怀疑，但他们复婚的可能性微乎其微。事实上，玛丽莲与这个棒球明星的婚姻并非幸福，玛丽莲昔日的戏剧教练娜塔莎证实了这一点。据她说，玛丽莲与迪马奥结婚后，前者没白没黑地给她打电话，总是哭哭啼啼地抱怨迪马奥恶待她。1954 年 10 月 27 日礼拜三，梦露在圣莫尼卡离婚听证会上宣读了 15 分钟的证词，这份证词虽然不长，但足以说明问题。证词上说：

> 我丈夫一发脾气就一连数日不和我说话，有时时间更长，可能是 10 天。要是我哄他和我说话，他连听都不听，要不就说"别烦我"。他不允许外人来我们家。一次，我生病，他确实允许外人来家里看我，但弄得大家都下不来台。在我们结婚的 9 个月里，我相信我请外人来家里没有超过 3 次。我想放弃自己的工作，希望这能解决我们的问题。但他的态度并未因此改变。我原来希望从婚姻中得到爱情、温暖、关怀和理解。但与此相反，他给我的是冷漠。

她后来在两次采访中说的话也能清楚地表明，1962年之前她对他的意见还没有改变。玛丽莲对《红书》杂志的阿兰·列维坦言："相信我，没有火花。我喜欢和他在一起。我们现在比从前更理解对方。"7月份她又对摄影师巴迪斯说，说她婚姻还是不幸福。玛丽莲就其再婚强调说："自从上次之后我还没想过呢。"

根据几个著名传记作家的说法，8月8日礼拜三前后，他们二人还将再次讨论复婚一事。其实这些传言都来自两封没写完的短信。短笺显然是玛丽莲死后在她房间里发现的，短笺上说："亲爱的乔：要是我能使你幸福该有多好。果真如此的话，我就能完成一件最大的、最困难的事：使一个人真正地幸福。你的幸福等于我的幸福……"（她改正了上面的拼写错误，第二次又删掉了最后的6个字。）然而，合理的推测使我相信，这些短笺都与一件事有关：乔最近的求婚。

玛丽莲在最后几个月里发生的事很难理清，就连那些不赞成他们再婚一说的人在分析时也未必正确。这里的原因是，根据他们的判断，玛丽莲显然还在与勃兰诺斯谈情说爱，他们不免要问："如果她在感情上与墨西哥人尚未割断的话，那她为什么还要再次嫁给球星呢？"但正如我们所见到的，她与勃兰诺斯没有瓜葛。这里要强调一点，她与勃兰诺斯最后一次见面发生在6月28日礼拜四上午，他们的最后一次通话发生在7月初，在玛丽莲逝世之前整整一个月。这是1962年8月勃兰诺斯自己承认的。事实上，她没想再嫁给迪马奥，简言之，因为她不再爱他。此时她把他仅仅当成要好的、柏拉图式的朋友。

这是迪马奥所难以承受的。他真的相信玛丽莲能接受他的求婚，希望他与女演员整天在一起（度过余生），被拒绝后的他在一次重要的集会上都没有出面。这一做法使大家深感意外，这不是乔的为人。玛丽莲的话依然在耳边回响，灰心丧气的迪马奥离开她的家，赶往旧金山与他的兄弟们相见，准备在礼拜日打一场老队员棒球赛，地点是烛台公园。

8月2日礼拜四，外面打进的两个电话开始了玛丽莲的一天。一大早先是伦敦出生的百老汇剧作家朱尔·斯泰恩从纽约打来电话，请她在音乐剧《一棵生长在布鲁克林的树》里扮演角色，这出音乐剧安排在下一季开演。为了说动玛丽莲，朱尔从西班牙出生的加泰罗尼亚肖像画家阿里乔·维德尔－卡德拉斯那里购来了他唯一一张玛丽莲的画像。画上的玛丽莲身着透明的浅蓝晚礼服，素材取自两年前《让我们相爱》的玛丽莲。朱尔打算在他们相见时将这幅画送与玛丽莲。他们在电话里说得不长，玛丽莲答应下周造访纽约时与朱尔相见。

第一个电话打来之后不久又来了第二个电话，来电话的人是记者多萝茜。4 天前有人将玛丽莲在加利－内华拍的艳照和短笺放到了她的写字台上，专栏作家见后大喜过望，她还想就此找到更多的新闻。一天之前，多萝茜接到这些消息之后马上给博比·肯尼迪打了电话，向他求证这个浪漫故事的真实性。博比对此三缄其口，对他的态度也不必惊讶。（事实上，他也无话可说。）于是，2 日上午，她又给玛丽莲打电话。专栏作家靠的就是这些八卦新闻，所以等玛丽莲在电话里毫无保留地说出真相之后，多萝茜自然变成了聚精会神的聆听者。

多萝茜大惊失色，因为此时的玛丽莲已经清醒，情绪高涨，再次提到要召开新闻发布会，还一五一十地说到了她与肯尼迪兄弟是如何分手的，抱怨他们二人轻视她，话里话外还提到在古巴的"大本营"，总统暗杀卡斯特罗的计划，以及"秘密日记"里的内容。玛丽莲告诉多萝茜，这些消息公布之后，她知道报纸能做何反应，而且还向多萝茜吹嘘说，她再次参加好莱坞大人物"内部圈子"举行的晚会（指她的加利－内华之行），说她又成了城里人们的话题。这次热情洋溢的通话一点拘束都没有。

不过，在通话尚未结束时，玛丽莲不知怎的改变了话题，开始担心自己的人身安全。两个月来，玛丽莲感到布兰特伍德家里的电话正被人"监听"，发现她的个人生活正在被人监视，所以她后来才要用离家不远的公共电话。如我们所知，她家里确实被人监听了。然而，电话中最令多萝茜震惊的是肯尼迪总统（大概是他们在克罗斯比家里那一夜）私下里把不明飞行物坠毁在新墨西哥这一秘密告诉了她，还说他如何访问秘密空军基地，检查外空人的尸体。玛丽莲说的是 1947 年 7 月罗斯威尔不明飞行物坠毁事件，以及后来回收残骸和外星人尸体的事。

这一事件在当时有过大量报道，但要等到 1978 年才演变成丑闻。此时杰希·马歇尔少校，也就是"罗斯威尔 509 轰炸机群"的情报官，在美国电视节目《见证新闻》里对外公开了那次不明飞行物坠毁事件。说来也巧，当时多萝茜已经知道这一事件。1955 年 5 月 22 日礼拜日，她在美国出版的一份报告中写到英国科学家和空军早已确信"来自另一个星球的飞碟"是存在的。多萝茜的文章发表后，中央情报局开始对她实施严密监视，这也使她无法继续追寻与不明飞行物有关的消息。

多萝茜知道，如果梦露对美国总统所做的指控是真实的，要把这些消息在美国的报上发出去，不仅能吓着读者，还可能使肯尼迪极为尴尬，对他指令美国国家航天局在那个 10 年结束之前登月的伟大计划也是个打击。多萝茜很快就明白，玛丽莲说出的消息不仅仅是个人的，这些消息还与高度敏感的国家安全有关。多萝茜与玛丽莲通话之后，马上又给好友霍华德·罗斯伯格打电话，说出了玛丽莲的意图。令人遗憾的是，多萝茜还不知道她的电话也在被人监听，那天她在电话里告诉罗斯伯格的惊人秘密都被中央情报局录了下来。

一天之后的 8 月 3 日礼拜五，在名为"月尘项目"的一页报告里，多萝茜与罗斯伯格的通话内容被紧急写成了中情局的报告，后来证明政府的一些高官"极为不安"，因为肯尼迪兄弟再次愚蠢地将高度敏感的情报泄露给玛丽莲，而且她还在"秘密日记"里，写下了不少东西。

一般所说的"月尘项目"1953 年就存在了。其目的是寻找不明飞行物坠毁后散落的碎片。多年来，不少人都在嘲讽梦露 / 多萝茜文件。然而，研究之后发现，这份文件还有自己的编号 MJ-12；文件与政府秘密寻找不明飞行物有关。斯蒂文博士在其《域外接触：证据与意义》一书里指出，1994 年玛丽莲的文件引起了他的注意，因为他"接触了美国航天局的官员"。至于这份文件的真实性，作者说"世界上最好的文件研究专家断定文件是真实的"。联邦调查局特工还告诉斯蒂文，如果公开这份文件的话，"他可能被无限期地限制自由"。（时至今日他还被关在里面。）

事实上，在斯蒂文注意到这份文件的两年之前，文件已然存在。1992 年春，独立研究员兼私人探员蒂莫西就得到了文件，他宣称是从前中情局员工那里弄到的；这个员工很可能是档案员或者能接近历史文件的人。1994 年 8 月，文件被福克斯电视节目《遭遇者》公布出来。然而，在美国作家和研究者罗纳德染指此事之前，人们对其来源依然是将信将疑。

罗纳德回忆说："文件到底来自何处，这个问题并不清楚，因此我才想证明这是中情局真正的文件，为此我想从中情局找到证据……我依据《自由情报法》，从中情局调取了玛丽莲的电话录音，至于她的日记，据说在中情局手里，但他们对此拒不承认，于是我根据这份著名的备忘录提出申请；他们接受了申请，然后将我的申请上报给信息发布处。要是没有东西可以发布的话，要是他们认为我的申请是无中生有的话，也就是说，要是他们认为相关文件是外面仿造的，他们就没有必要接受我的申请。根据他们的规定，他们接受了我的申请，虽然说他们最后没有告诉我任何东西，但他们的行为足以证明我要找的文件确实存在。"

这份文件与两个人的名字连在一起，这从另一个方面证明文件是真实的。文件是由詹姆斯·安格里顿签署的，此人在中情局历史上是最为神秘的人物；文件上盖着"绝密"印章，印章下面的名字"舒尔金"几个字依稀可辨，此人正是乔治·舒尔金少将，是空军一个情报部门的总管，负责调查不明飞行物事件，因为担心被读者嘲笑，这份与梦露相关的档案始终没有公布出来。有趣的是，1991年中情局公布了一份文件，其中清楚地说明中情局与各大媒体有过接触，凡是与此相关的新闻都不能对外发布。

如今的世界充满电脑技术，然而1962年的中情局对玛丽莲外泄肯尼迪总统"外星飞碟"一事，还是惶恐不安，虽然他们有点小题大做，但当时的世界与现在大为不同；后来有件事可以证明大家当时的心态，1938年10月30日礼拜日，奥森·威尔士的水星剧团正通过收音机播放科幻小说《星球大战》，1930年代无知的美国听众竟然信以为真，结果引起了不必要的慌乱。收音机里的故事达到了极好的效果，数以千计的听众相信银白色飞船里长着铁手的外星人就要攻打他们。在此后的多年里，美国政府不遗余力地淡化与外星人有关的消息。玛丽莲告诉多萝茜的正是有关外星人的秘密。

同一天，玛丽莲与多萝茜通话之后还没超过24小时，多萝茜就大胆地、不光彩地将肯尼迪与梦露的关系公开出来，虽然她的文字还很神秘，但她是将此事捅开的第一个记者。原来圈子里的一件私事，如今已为公众所知。然而，多萝茜在文章里并未说明与玛丽莲有染的是肯尼迪兄弟里的哪一个。（在公众那里，这一混乱在玛丽莲的故事里将无法解开，不过多萝茜后来对朋友说，其实她指的是博比。）但多萝茜认为，当初她给读者留下了足够的线索，请他们自己来判断。所以很多读者一想到玛丽莲在肯尼迪 45 岁生日晚会上那喘息的歌声，就以为多萝茜在那篇神秘的文章里指的是肯尼迪总统，其实他们的猜测并不正确。

为了减少消息外泄造成的损失，肯尼迪总统再次请来纽约记者威廉·哈德，让他封住大家的嘴。数月之前肯尼迪与梦露的故事最先传出之后，威廉·哈德就四处游说，这一次他故伎重演，拜访各大报编辑，用斩钉截铁的态度告诉他们："你们听到的都是谣言，这些谣言都不是真的！"

此时肯尼迪总统与美国大众的蜜月已经结束。7 月 18 日礼拜三，国会推翻了他提出的医改方案，这一方案旨在帮助数以百万计的、手里缺钱的老年公民。肯尼迪的屡屡受挫因此事达到顶点。7 月 26 日礼拜四，美国黄金库存减少 9 000 万美元，这不禁使人为之担心。那个交易日结束后，美国的黄金库存仅为 162 亿零 800 万美元，创出了 1939 年 7 月 31 日以来的新低。现有库存无法满足庞大的经济活动，因此他的批评者指出，在他的领导下，合众国正在倒退，这是自"二战"结束以来所没有的。肯尼迪自然为此深感不安，对于世界上最强大的男人来说，这是可怕的时刻。

所以，肯尼迪接到中情局"月尘项目"文件，听说玛丽莲要召开新闻发布会，把他和他弟弟的事公之于众，此时的他自然深为苦恼。然而，最令肯尼迪感到不安的还是玛丽莲提到的美国计划暗杀古巴领袖卡斯特罗。此人家里的墙壁上还挂着玛丽莲 1952 年拍摄的裸照挂历。

1961 年 11 月总统批准"鼬鼠行动"，想要在暗中推翻古巴政府。负责这一行动的人正是他的弟弟博比。正如肯尼迪的美国政府古巴特遣队助理亚历山大·黑格所说，到 1963 年年末，司法部长先后 8 次安排暗杀卡斯特罗。

玛丽莲不知道的是，她在电话里对外人提及此事时，"鼬鼠行动"已经进入至关重要的阶段。8 月 1 日礼拜三，中情局机密文件显示，行动已经达到第三阶段，政府准备"最后评估形势和方式，之后就要发出足以导致大规模起义的信号"。反叛卡斯特罗的行动安排在 10 月份，此时已经到了 8 月。如果玛丽莲向外泄密，这不仅能破坏他们的秘密计划，他们的希望和兄弟二人的政治理想也将化为乌有。如果玛丽莲在记者招待会上把秘密抖搂出去，其后果不堪设想。玛丽莲的记者招待会能不能把肯尼迪总统变成总统任上辞职的第一人呢？果真如此的话，理查德·尼克松就要退居第二了。

唐纳德·伯尔森承认："我个人认为，肯尼迪总统（通过博比）向玛丽莲泄密，尤其是在紧张的国际形势下，如果此事为公众所知，那他不仅很可能被弹劾，还可能被控犯有叛国罪，当然，因为他弟弟是司法部长，他将被迫依法行事，推出，另行指定公诉人，等等，等等。结果必然是一塌糊涂。"肯尼迪兄弟怎能承担这一政治性灾难，因为博比负责中情局清除卡斯特罗的行动，向玛丽莲泄露绝密情报的人又是他，所以肯尼迪派他的兄弟与梦露见面，要求她闭嘴，这是顺理成章的事。

8月2日礼拜四，玛丽莲接完斯泰恩和多萝茜打来的电话，来到格林森的诊所接受心理治疗。之后，她回家给马龙·白兰度打电话，邀对方过来吃晚饭，他无法赴约，但答应下周来电话另行安排。玛丽莲欣然同意。

1994年马龙·白兰度回忆说："她好像并没有感到压抑。据说那一周她与博比·肯尼迪要秘密见面……我想不可能。如果那时她与他已经幽会的话，就不会邀我过去吃晚饭。"在1968年的一次采访中，白兰度回忆了他们通话的更多细节，"我善于了解人们的心思，在玛丽莲身上我没有发现抑郁的迹象或就要自我毁灭的迹象。如果有人深度抑郁的话，不管他多么聪明，或是如何掩饰，总能露出马脚的。我对人总有强烈的好奇心，如果她那天有自杀的想法，我相信我能有所察觉的。"

玛丽莲的化妆师斯耐德和发型师阿格尼斯那天下午来玛丽莲家里拜访。斯耐德说："那天她挺高兴，与过去没有两样。"三人吃了多种食物，喝了鸡尾酒，还有一杯杯的唐培里侬香槟酒。他们这次聚会是庆祝玛丽莲将要与福克斯公司签订的新合同。玛丽莲送走朋友之后，还要面对一件头疼的事，为了与公司达成新的协议，她必须在拍戏时断绝与波拉·斯特拉斯伯格的往来。在那天下午的电话里，玛丽莲婉转地告诉她的戏剧教师，她将不再要求他们夫妇的指导。这次通话言辞激烈，不过，电话结束时，波拉为了留住这份友谊，请玛丽莲在下周来东部时顺道到家中小坐。玛丽莲一口答应下来。

一系列的事件使玛丽莲感到压抑，那天下午她又给格林森医生打电话，请对方过来。格林森接到电话后赶了过来。为了帮玛丽莲散心，他提议开车外出兜风。玛丽莲同意。之后不久，因为默瑞的车还在车店里维修，她匆匆上了一辆租来的轿车，来到朋友的假日庄园。此地俯瞰大海，是名演员消遣的地方。不过，玛丽莲来此地仅仅是稍作停留。根据好莱坞记者谢拉的说法，临行前玛丽莲同意在名人来宾簿上签名。在"住址"一栏里，她用潦草的字迹写上了"无"。

玛丽莲虽然不想让外人知道自己外出的消息，她出门上车都是秘密进行的，但她还是碰到了当地一家小电视台的几个人。隐居的女演员外出的消息被他们传播出去，记者们更喜欢报导这条消息。他们对此自然是很得意，因为玛丽莲再次借机宣布要召开新闻发布会。

令人感到惊讶的是，几乎没有哪家报纸登载这一消息，结果很少有人还记得此事。然而，有一个叫朱迪·西蒙斯的人记住了，此人回忆说，她在晚间新闻节目里看见了玛丽莲。她说："当时我才十几岁。玛丽莲站在道边，周围围着记者……她说手里有个小本子，她要把本子里的事儿公布出来。我的注意力自然被吸引过去，因为我想知道那本子里都记了什么。我记得当时想：'这可能引起麻烦。'她好像很坚定。我现在还能记住有人朝她递麦克。他们提的问题我不记得了，采访很短。知道那次采访的人，我一个没碰到。"这也在预料之中，因为这个节目没有重播，而且没有收入电视台的文档。

那天晚上，在玛丽莲回家之前，她又来到彼得·劳福德在海边的家里，当时他们正要举办晚会。劳福德的朋友迪克回忆说，玛丽莲面色苍白，他建议她出去晒晒太阳。

又是一个不安的夜晚，玛丽莲痛苦地发现海曼医生开的药没有发生效力。8月3日礼拜五上午，玛丽莲给他的诊所打电话，请他开车过来。海曼大夫来后为她打了一针B12维生素，费用10美元。他因这次探诊收费25美元。临近结束时，他开出了25粒耐波他，每粒1.525格令（1格令合1/4克），这是计量最大的胶囊，对方嘱咐她每夜服一粒帮助睡眠。他还另外给她开了两个方子：25粒抗过敏的非那根，每粒25毫克；另一个方子是32粒粉红色长效巴比妥，这种药也被称为"粉太太"（上面写着小剂量）。之后，默瑞赶紧打车从药店里将药取回。

那天下午都消磨在家里的琐事当中。因为玛丽莲准备下午前往纽约，默瑞也想开始她 6 周的欧洲之行，所以玛丽莲的第五海伦娜将要关闭。为了结清欠账，她和默瑞坐下来整理未付的账单，这其中有欠谢尔曼橡树宠物诊所的 28 美元，桑普逊电业公司的 111.45 美元，还有总计 1 480.18 美元（开出两张支票），这是为了支付亚瑟·雅各布斯 8 月份为玛丽莲搞宣传的报酬。玛丽莲还同意用花旗银行一张总计 124.10 美元的支票支付默瑞为家里花的现金。（还有一张 200 美元的支票是她一周的工资，一天之后的 8 月 4 日礼拜六签字生效。）她还为水电所准备了一张 52.59 美元的支票，但她不同意水电所说的数字，所以没签字。

结账之后，玛丽莲给纽约的朋友诺曼·罗斯汀打电话，主要是讨论《生活》杂志上她的那篇文章。他回答说："写得很好。我很喜欢文章的风格。"这次 32 分钟的电话很快转向其他话题：她的未来和他们一个月之后的见面。玛丽莲告诉罗斯汀："他们邀我 9 月末观看新拍的音乐剧（《总统先生》）义演。我们一起过去。座位在包厢里。我们一定很过瘾。我们要开始生活，对吗？"乐观精神继续流淌。玛丽莲还兴致勃勃地说到她墨西哥风格的花园，告诉他花园"很漂亮"。

从另一条线打进来的长途电话打断了他们的谈话。电话是电影导演李·桑普逊从墨西哥打来的，他正在为联合艺术协会将要投拍的惊险片《筑墩人》做前期准备，影片预计 8 月开拍。(后来更名为《太阳王》。)玛丽莲赶紧对罗斯汀说："我周一再和你通话"，然后马上过去接长途电话。桑普逊来电话询问他们次日下午见面一事。她告诉对方，见面如约进行，还说她很期待这次见面。之后，刚好下午 4 点，玛丽莲坐上租来的轿车前往格林森医生家接受心理咨询。她从文森特药房取来 6.05 美元的镇静药，然后回到家里，发现有客人身着浴衣坐在游泳池边上等她。纽科姆在接受《洛杉矶先驱观察者》的采访时回忆说："我工作结束后于周五晚上到了那里。我当时已经患上严重的支气管炎，决定住院彻底休息。但玛丽莲给我打电话说：'你为什么不过来呢？这里没有人打扰你。你可以在后面的花园里晒太阳，想休息就休息，用不着住院。'她关心朋友，这是典型的玛丽莲。于是我接受了她的邀请。我发现她精神很好。有些墨西哥家具刚刚运到。她情绪很好，非常轻松。"

另一个拜访的客人是她的律师米尔顿·鲁丁。他傍晚的拜访时间不长。他来讨论继续拍摄《濒于崩溃》一事，还有与福克斯要签订的新合同，此时这份合同还放在他的写字台上。（合同还将在那里放下去，最后也没有签字。显然，他不急于请她在合同上签字，因为他担心玛丽莲再次无法履行合同。《濒于崩溃》最早要等到 11 月或 1963 年的第一周才能再次开拍，他觉得对大家来说最好的办法是推迟签约，等日期迫近再说——他相信，那时玛丽莲将有足够的时间恢复状态，达到拍片提出的要求。）因为要解决此事，他们安排周一上午先在他的办公室见面。他说："她心情似乎很好，急于再一次拍片。她的精神足够好的。"下午 7 时，因为家里没有食物，布里格斯美食店送来了各种葡萄酒、烈酒和生鲜食品，这都是为玛丽莲和纽科姆安排的。（总计花销 49.07 美元。）

晚上 9 点 30 分，她们吃过一些食物之后，梦露钻进纽科姆的汽车，来到落日大道上她喜欢的意大利饭店斯卡拉。彼得·劳福德和他的经理米尔顿·埃宾斯和玛丽莲他们坐到了一起。这也证实了大家的传说。劳福德还有另外的目的：打探玛丽莲次日的安排。

那天晚上遇见玛丽莲的人回忆说，她没有化妆，话锋锐利，等到结束时已经醉得不轻，居然没有认出与她打招呼的著名的服装设计师比利·特拉维拉。特拉维拉在 8 个片子里为玛丽莲设计服装，（先是 1952 年的《恶作剧》，最后是 1956 年的《巴士车站》）而且还设计出好莱坞史上那件最著名的服装：玛丽莲在《七年之痒》里被地铁风吹起的那件白绉纱太阳褶裙。她的这一形象已然进入经典。她还为他在裸体日历上签过字："亲爱的比利：请为我穿上衣服。我爱你，玛丽莲。"但这个晚上她没有认出他来。显然他对她是无所谓的。他俯下身想和她贴脸，但她没有任何反应，他只好怏怏地离开。

喝完酒后，玛丽莲与劳福德及其经理道别，然后与纽科姆返回第五海伦娜。我在这里要指出一个几乎被忽视了 50 年的事实，就连首席验尸官希奥多·科菲在其研究玛丽莲死因的漫长过程中也没有注意到这一事实：如同她在卡尔－内华那一次，8 月 4 日礼拜六一大早，无法入睡的玛丽莲意外地超出了自己能够承受的限度。她答应海曼医生少量服用的耐波他，显然没有作用，为了提高药效，她又服用了一些。如多萝茜在回忆中所说："刚过午夜，'管家'默瑞太太（原文是纽科姆）发现她昏了过去，但她又被救了过来，接下来是礼拜六。也许这能解释她周六抑郁的原因……"

玛丽莲对自己闯的祸一无所知，8月4日礼拜六上午8点45分她醒来之后发现默瑞正等在身旁。默瑞是8点钟来的。因为她的车还没修完，是汽车修理工亨利开车送她来的。

　　玛丽莲身穿白绒布浴衣，无精打采地靠在厨房的墙上，手里端着葡萄汁，对她的新闻秘书大为不满，后者仍然躺在床上。默瑞承认："在她的房子里睡上12个小时如同在饥饿的人面前大吃大喝。"纽科姆回忆说："我能入睡，但玛丽莲睡不着。等我（12点）一觉睡醒之后，玛丽莲大怒。"她继续回忆说，"那天上午玛丽莲打了几个电话，等我见到她之后，她正在发火。"

　　根据传说，上述电话是彼得·劳福德和博比·肯尼迪打来的。传言说这两个电话之后又有人打来电话，这些电话更使人感到不安，都是夜里打来的，玛丽莲最后接听的一个电话正好在5点30分。这最后一个电话里传来显然是一个女子的喊叫："不要缠着博比！如果你不离开，就要碰到大麻烦！"在这番歇斯底里的最后，据说玛丽莲被对方骂成"贱女人"。这些电话使玛丽莲深感不安，据说都是从旧金山打来的。

　　其实不然。上面这个被人们信以为真、经常重复的故事来自珍妮·卡尔曼，此人经常演出低投入的二流影片，自称玛丽莲"最要好的朋友"。（玛丽莲死后，凡是与她有关的电视节目、纪录片和采访，珍妮几乎一次不落，她想方设法把与玛丽莲的片刻接触当成赚钱的营生。）珍妮说她一度是玛丽莲的邻居，此言不虚。1961年9月她与玛丽莲初次相见，当时玛丽莲已经搬回西好莱坞北多希尼巷882号的公寓，珍妮也住在这里。然而，她们在这里的时间并不长，1962年2月玛丽莲搬入布兰特伍德新家之后，她们就再也没见面或再也没说话。

　　事实上，那天清早使玛丽莲发火的电话来自她的公关专家亚瑟·雅各布斯，如他在采访中所说，他打电话要告诉玛丽莲，李·桑普逊来洛杉矶的班机被推迟了，所以他那个下午不能与她见面。（对方临时改在周一下午5点。）玛丽莲渴望与桑普逊见面。玛丽莲之所以生气，是因为那一天她将白白度过，谁也见不到。

　　玛丽莲的最后一天还有其他说法。一种说法是，她那天的情绪之所以波动，是因为意外收到一个包裹，包裹里有两个可爱的玩具，一个老虎和一个羊羔。

据说她不知道这是谁邮来的，以为这意外的礼物又是哪个不知名的崇拜者送来的。然而，这个插曲纯属虚构。玛丽莲没有接到邮包。所以邮来的玩具都是玛丽莲原来就有的，她1961年与宠物狗"小黑"的照片就是证明。那个玩具老虎是玛丽莲1962年4月2日礼拜一花2.08美元从文森特药房自己买的，8月5日礼拜日上午后花园草坪上拍到的正是这个玩具虎。

那一天，玛丽莲显然要求默瑞送氧气，一些玛丽莲的传记作者将此视为非同一般的事件。然而，如我们所知，纽科姆患有支气管炎。如果玛丽莲确实让默瑞送过氧气，那她也是为了纽科姆。此外，还有一个玛丽莲的传记作家请我们相信，她在周六再次拜访了基恩·哈罗的母亲。这显然是不真实的，其中的原因第八章已经讨论。然而，虽然存在着这些流言和传说，我还能准确地描述出玛丽莲最后一天的活动来。

上午9点，老米勒从纽约打来电话，但默瑞告诉他："玛丽莲正在穿衣服。她把电话给你打回去。"玛丽莲没打。管家显然忘记向玛丽莲提及此事。1963年，老米勒对《持家有方》杂志说："如果她把话传过去，玛丽莲就能给我打电话。她开会时都能停下来接我的电话。我等在那里。玛丽莲没打电话。"

如我在这里首次指出的，当时玛丽莲无法和他通话。他来电话的时候玛丽莲正躺在那里一连75分钟接受拉尔夫·罗伯茨的周六按摩。罗伯茨证实说："最后那天我给她做了一次按摩，从上午9点到11点15分。"与上述传说相反，那天玛丽莲没有被恶毒的电话搅乱心境，也没有收到不明不白的邮包。罗伯茨1962年9月对记者乔·海马斯回忆说："她状态很好，并不紧张。"玛丽莲之所以清早起来，正是因为他要过来按摩。他临走时向玛丽莲保证，下午再来电话商议购买多少牛排和土豆，这些食物是他们为次日烧烤准备的。

大约在上午10点25分，她通过雅各布斯的电话得知桑普逊无法赶来。因为无事可做，索性穿上浴袍，没有梳洗打扮。按照《生活》杂志专栏作家古德曼的说法："她喜欢花几个小时做头发和化妆，这都是为了公开场合的形象，但私下里的她对这些并不在意，或是素面朝天，或是一头乱发。"

大约上午10点30分，默瑞在玛丽莲的花园里照顾花草。默瑞的亲戚诺曼赶来不久，正在照顾这里的装修，与此同时，玛丽莲迎接摄影师劳伦斯·席勒来家中拜访。劳伦斯此行的目的是打探一下玛丽莲有没有与《花花公子》签完合同。因为玛丽莲为《巴黎三月》和《生活》高调拍照，而且还为《环球》和《时尚》拍了一组尚未发表的照片，所以修·赫夫纳那世界著名的刊物要在其封面上刊登玛丽莲的芳容，在其封底上刊登她的下身。数日前劳伦斯与纽科姆通话，这才知道玛丽莲对拍照依然犹犹豫豫的。玛丽莲不想总是被人家当成性物，所以她还在犹豫，并未承诺《花花公子》。她近来还在诉苦："我厌烦被他们当成有身材的女子。我再也不想扮演性角色了。"

协议尚未签字，此时的玛丽莲显然对拍照这一话题不感兴趣，劳伦斯自然不必久留，他很快赶往棕榈滩度周末去了。他临走之前，玛丽莲坚持请他参观房子。她还说："小心狗的气味。"与劳伦斯告别之后，玛丽莲返回家里，开始研究她在游泳池里拍的裸照，这些照片是在《濒于崩溃》片场拍摄的，是劳伦斯临行前留下的，不少照片拍的都是后身。于是她在几张照片的后面草草写上："这些照片送《花花公子》。"之后，她走进后花园，与默瑞一起翻栽花草。中午，纽科姆从床上爬起来，先吃了一个默瑞刚刚做好的香草花卷，然后与她们一道栽花种草。几乎与此同时，玛丽莲对纽科姆说了桑普逊的事，说她很不高兴。正是因为这个原因，纽科姆才说了前文提到的那句"等我见到她时她正在发火"。

下午的时光继续消逝，玛丽莲的家里又来了4次电话，一次是拉尔夫·罗伯茨打来的，一次是小乔·迪马奥打来的。（后者的第一个电话是下午2点，第二个电话是下午4点30分。）因为屋里的人都在外面，所以电话无人接听。此时玛丽莲最关心的是，如何安放新到的家具。有些物件刚刚从墨西哥运抵，周三从家具店购入的那个五斗柜下午刚刚送到。玛丽莲匆匆写了一张228.80美元的支票支付五斗柜的费用，默瑞接过支票递给家具店满脸微笑的卡车司机厄尔·谢罗。

玛丽莲和纽科姆她们搬完家具之后累得不行，一个个倒在游泳池旁的椅子里开始闲聊。下午4点，3天前从花店购入的花草也送到家里。大约在下午4点15分，卡车开走之后，她们等待桑普逊的到来（这时她们还不知道桑普逊没能成行），又有两个人进入玛丽莲的宅子。根据玛丽莲的牌友邻居，其中主要是伊丽莎白太太的回忆，一人与彼得·劳福德的外形相同，另一人与博比·肯尼迪相同。但是，与她们之前的来客不同，这两个人是不请自来的。

围绕那个周末司法部长的安排还有不少谜底没有解开。我们能确定的是，8月3日礼拜五，博比携妻子与4个孩子赶到旧金山，他要为KGO电台录制一档节目；在接下来的周一，他还要在7 000名律师及5 000名家属和朋友面前为第85次美国律师协会大会演讲。如旧金山记事报所指出的，他"带着家庭成员，但没有带着平时灿烂的微笑"。肯尼迪走出机场时，韩国一个市长为他拍照，但他忘了打开镜头的盖子。博比发现后对他嚷道："再来一张。刚才没拍进去。"他是不是有意为旧金山之行的每一刻都留下证据？

肯尼迪及家人抵达之后，马上住进圣弗朗西斯酒店4221房间。此后，据说司法部长的未来几天都是在好友约翰·贝茨的牧场度过的。所以有人说博比没在洛杉矶，或没有接近布兰特伍德玛丽莲的家。1985年贝茨还对BBC广播公司强调说："肯尼迪不可能悄悄溜进洛杉矶。我们大家来到牧场的高地，在一起玩橄榄球，这是肯尼迪一家喜欢的游戏。玩球的共有11人……然后我们又返回大院游泳。孩子们洗完淋浴后，为晚饭穿衣打扮。他们吃饭时博比就坐在旁边。那一天排得满满的。"

贝茨确实想保护朋友。但要从他的回忆里找到漏洞并不困难。有好几个人都说，8月4日礼拜六晚上在洛杉矶的比弗利山酒店见到了博比，还有不少人证实，那一天司法部长确实来过这里，他们是洛杉矶市长萨姆·约蒂、国会参议员乔治·斯马瑟斯、洛杉矶警长威廉·帕克（肯尼迪来访期间他就在身旁）、未来的洛杉矶警察局局长托马斯·莱丁、洛杉矶警察局探长萨德·布朗、洛杉矶刑事侦探丹·斯图亚特（据说玛丽莲逝世的那个上午他到过她的家里）、警局凶杀总管休·麦克唐纳（他从部长那里听到的消息）、前区警察官约翰·迪基、福克斯公司公关专家弗兰克·内尔（他见到博比的直升机停在电影公司）及无孔不入的八卦专栏作家夫劳拉贝尔·默尔和洛拉·帕森斯（二人数周来都在研究此事）。围绕博比此行的面纱是如此厚重，凡是与此相关的证据都被抹掉了。电台主持人约翰·德沃拉克在其节目里指出，1962年8月4日礼拜六司法部长的洛杉矶之行留下的所有照片，报纸档案里一张都找不到，这不能不使人产生怀疑。

但司法部长的洛杉矶之行还有两个最有利的目击证人。一个是彼得·劳福德，他在撰写（最终未写完的）回忆录时，对他最后的妻子帕特里夏证实博比确实来过。另一个证人是洛杉矶警察局雇员达利尔·盖茨，他从联邦调查局那里听说博比将要访问此地，在其 1992 年出版的《总长：我在洛杉矶警察局的生活》里指出："我们知道罗伯特·肯尼迪 8 月 4 日在城里。他一来我们就知道。他是司法部长，我们自然对他感兴趣，我们对其他重要人物光临洛杉矶也是如此。"

还有第三个证人：玛丽莲的居家卧底默瑞。23 年来她对此事总是三缄其口。1985 年默瑞接受 ABC 和 BBC 电视台采访时才终于说出真相。她承认那一天博比在城里，周六确实拜访过玛丽莲。她说："是的，哦当然（他是客人）。哦是的。"之后，她说到约翰·贝茨等为肯尼迪打掩护的人："事情变得太严重，那些想保护罗伯特·肯尼迪的人不得不替他打掩护。"默瑞说出了真相。

默瑞在 ABC 电视台说出的真相，原来安排在 9 月 26 日礼拜四对外首播，播放时长 26 分钟，是专门为这家电视台的新闻杂志《20/20》准备的，但后来又被删掉了，而且没有说明原因。后来默瑞的采访被压缩到 13 分钟，安排在一周后的 10 月 3 日礼拜四播出，结果还是胎死腹中。这个节目的文字记者、律师、新闻记者兼作家杰拉尔多·里维拉，因其极受欢迎的风格一手拯救了 ABC 电视台，他对上方的行为大为不满，当即辞职以示抗议。他愤愤地说："我感到震惊。我认为这个故事在电视里报导一点问题都没有。将来他们不能一推了之。"与他一起辞职的还有电视台的传奇人物巴巴拉·沃尔特斯和休·唐恩斯。

删掉这次电视报导的人是鲁恩·阿莱奇，他当时总管 ABC 电视台的体育节目，又是那个频道的负责人。按照他的说法，采访意义不大，不过是"低级的"和"八卦专栏作料"。资深记者唐恩斯就此反驳说："我从来不做低级报导……这些所谓'低级的'材料是水门事件以来其他任何电视频道都没播出的严肃文件。"

然而，之所以发生半道撤播的事，阿莱奇当时与博比遗孀的友谊是不是其中的原因呢？或者，阿莱奇的助手杰夫瑞·鲁赫刚好娶了玛丽·肯尼迪、博比夫妇的第五个孩子，这是不是其中的原因呢？或者，ABC 新闻台的老板之一大卫·伯克一度做过爱德华·肯尼迪的高级助手，这又是不是原因呢？我相信这里有文章。杰拉尔多·里维拉也相信这里有文章，他公开批评阿莱奇，说他的老板行事是出于"友谊",不是出于"良好的新闻判断"。有人还听杰拉尔多说过:"他的做法是对任用亲信的嘲讽,虽然我对此无法证实。"在ABC那些老板、几个朋友和里维拉、沃尔特斯及唐恩斯之外,外人几乎都没见过这次采访,见过采访的几个公正人士都相信,被他们删掉的材料是人人都该知道的。不幸的是,25年之后,播放真相的可能性依然微乎其微。

　　研究结果证明,8月4日礼拜六上午,司法部长在旧金山度过一天之后,乘车离开贝茨的牧场,在堪萨斯州塞林的机场登机,此地在吉尔洛伊以南23英里,然后在圣莫尼卡机场降落(这里有时仍然对外开放),之后登上劳福德租来的直升机,后来在20世纪福克斯后院的12录音棚附近降落(他在那里被上文提到的弗兰克·内尔发现)。他无法在劳福德海边附近的沙滩上降落。在这个周六炎热的午后,数千名喜欢太阳的人拥在海滩上。博比下来之后钻进妹夫为他准备的梅赛德斯,之后轿车迅速驶向玛丽莲的宅子,下午4点30分出人意料地赶到那里。

　　他们希望玛丽莲身边没有他人,等发现送货的卡车和默瑞及纽科姆之后,他们犹豫了片刻。玛丽莲也感到惊讶。此时她还穿着粗线浴袍,他们来这里居然事先没有打招呼。更令玛丽莲不知所措的是,他们此次意外造访,玛丽莲被迫素面见客。(医院的报告对玛丽莲的遗体做过未加修饰的描述,上面说"蓬乱","要修手指甲和脚趾甲"——脚趾上的修饰都已脱落——没有剃腿,没有染发根。如当时洛杉矶时报所报导的,这说明她"对保持平时炫目的形象缺少兴趣"。不少历史学家说玛丽莲在那个致命的一天安排与肯尼迪见面,果真如此的话,那她为什么还要素面见客呢?当然,她没安排与他见面,我据此得出结论,那天下午他的造访完全出乎意料。)

　　肯尼迪进来之后,因为他知道这里被人安上了窃听器,所以请玛丽莲找个安静的地方聊聊。极度伤心的她同意了。1985年默瑞回忆说:"他们来到后面花园的平台上。"默瑞1985年10月接受纽约邮报的采访,这一次她说得更多:"玛丽莲和博比在后面的花园里争吵……"因为玛丽莲的新闻发布会还在威胁肯尼迪兄弟,所以博比迫不及待地想劝她理智一些。他们谈话时,劳福德进来与另外的两个女人说话。默瑞感到在这里碍事,而且此时她的汽车已经修好,所以在下午4点35分上车驶向当地的市场。

玛丽莲与司法部长的谈话开始还很友好，但不久就变得激烈起来。司法部长用明确无误的语言再次告诉玛丽莲，她不能和记者乱说。此时背景音乐放的是弗兰克·西纳特拉的唱片。他们的争吵变得越发激烈。有人相信博比急于找到玛丽莲的"秘密日记"，据说他变得声嘶力竭："在哪里？他妈的到底在哪里？"玛丽莲不告诉他，他也越发的恼火。他急得从一个房间走入另一个房间，确实变成了愤怒的男人。

　　不少人都知道，博比的人格存在明显的两面性。1968年纽约连环漫画家朱利斯·费弗在其名为《善恶博比》的漫画中对博比的人格分裂有精彩的描述：他善良的一面是圣徒、顾家的男人和虔诚的自由主义者；他恶劣的一面有，急于打探别人隐私，与成年人和自由分子格格不入，是个极为强硬的男人，要是有人挡在他或其哥哥的道上，他能把人家撞倒。不幸的是，那天玛丽莲碰到了博比恶劣的一面。

　　据说，博比和劳福德在橱柜里狂翻了一通，然后又把抽屉翻个底朝天，玛丽莲见状变得歇斯底里；因为他们居然当着她的面洗劫她的新家，所以她的怒火是可想而知的。她马上赶他们出去。他们不走。怒火中烧的她大概朝博比嚷了起来，说她觉得"被人利用，像抹布一样又被人抛掉"，说她不想任人摆布。劳福德在其1984年没有公开的采访中说："他们二人你一言我一语，大概吵了10分钟。玛丽莲越来越歇斯底里。"根据劳福德的回忆，玛丽莲说她周一先开新闻发布会，这使博比更为不安。

　　事实上，玛丽莲周一的安排里根本没有新闻发布会一事。那天上午她安排与米尔顿·鲁丁见面，下午安排与裁缝伊丽莎白见面，下午5点还要在亚瑟的办公室与导演李·桑普逊见面，以上就是她那天的安排。（1992年中情局档案里有关玛丽莲要开发布会的文件才公开出来，因此我们要问，在那之前开发布会的流言为何四下传开？ 1974年罗伯特·斯莱泽出版的《玛丽莲·梦露的一生及神秘的死亡》刚好回答了这个问题。显然作者还记得8月24日礼拜四玛丽莲对电台新闻记者说的话，所以他开始借题发挥。）

　　然而，此时博比面色铁青，他用明确的语言告诉玛丽莲，她不能再打扰他和他哥哥，他们不想再听到她的消息。此时，在他们连续争吵之后，玛丽莲大喊大叫，歇斯底里达到了顶点。她先骂了几句，之后，据说她开始打他，然后一怒之下（此事未经证实），用厨房的一把小刀刺向博比。劳福德马上过来抓住她的手臂，将她打倒在地，夺走了她手上的刀子。玛丽莲躺在地上不停地抽泣。

玛丽莲的狗不停地狂吠，二人迅速从里面出来，钻进劳福德的汽车，驶向他在海边的宅院。他们还不知道，通过玛丽莲家里安放的录音设备，基安卡纳的人不仅听到而且录下了这场争吵。（那一天结束前博比还要被迫再次光顾玛丽莲家。）司法部长怀着不安的心态逃了出去。在泰晤士报1958年的一次采访里，有个叫弗莱德·奥塔什的目击者回忆说，肯尼迪来到劳福德海边的宅子，不安地说："她连喊带叫。我很担心她，担心可能造成的后果。"他们才急着与玛丽莲再次见面。

司法部长光顾劳福德的家，对此，我们有两个可靠的证据。一是劳福德的邻居沃德·伍德，此人刚好从窗户里看见博比下了汽车走进劳福德的家；二是劳福德的母亲，在其1986年死后出版的自传《恶女人》里，她说此时她给儿子打电话通知他家里的东西丢了。她回忆说："电话线忙得很，但我最后还是打通了。我告诉彼得'我被人抢了'，他对我日渐减少的首饰和金银一点都不关心。"（洛杉矶警察局的档案证明这次盗窃确实发生过，档案上记载，8月3日礼拜五傍晚，她家里有两件东西被人盗走，一件是两个刻花玻璃笔洗；另一件是上面刻有"乔治四世"的银盘。）在她与儿子不长的通话里，她从电话里听到还有人说话，如她所描述的，她能听见"博比·肯尼迪那难听的波士顿口音"。

母亲被盗一事劳福德一点都不感兴趣，这是母亲几周来第三次被盗。等等再说，之后劳福德马上挂断电话。此时他心里想的是如何再见到玛丽莲。这时玛丽莲正想给总统打电话。她的企图没有成功。之后，大约在下午5点，玛丽莲给格林森大夫打电话，后者同意马上过来。15分钟之后，格林森医生赶到，他发现玛丽莲情绪恶劣，马上为她服了镇静药：用一杯水稀释的戊巴比妥。格林森告诉洛杉矶警察局："我过来后在这里停留两个小时（原文如此）。她很不安。她还有些迷糊。"显然，她白天服了一些安眠药。（她服用过，而且在之后的3小时里还将继续服用。玛丽莲为了使自己安静下来，在傍晚5点和7点之间，大概服用了12粒耐波他胶囊。为了尽快见效，使药力尽快进入血液，她模仿拍摄《不合时宜的人》时演员蒙哥马利·科利夫使用的方法，用别针刺破胶囊，然后把药倒入水杯。）格林森进来时玛丽莲情绪不稳，而且家里一片狼藉，他自然要问个究竟。在玛丽莲死后他写给洛杉矶警察局的陈述里，他说玛丽莲告诉他"她和纽科姆乱吵了一通"，她"对纽科姆昨夜服用安眠药之后熟睡12个小时大为不满，玛丽莲也服了药，但才睡了6个小时"。（后来纽科姆对这一说法大为恼火。1973年9月19日礼拜二，她否认服用了玛丽莲的安眠药。她对独立报记者嚷道："岂有此理。我感到震惊！我没用她的药。我没服药就睡了。我认为他就病人说的话是缺乏职业道德的。"）格林森还对警察局说："玛丽莲说话语无伦次。此时，我不知道她服用了前一天（海曼医生）为她开的药。"这句话是真的，其他的话儿乎都不真实。

如他们的对话所显示的，玛丽莲继续告诉格林森她和肯尼迪兄弟之间的那些事，还说她昨天夜里几乎服多了安眠药。格林森发现此事既震惊又意外，所以他决定这一次的心理咨询不能有外人打扰。如我们所知，因为默瑞是格林森的卧底，等她返回玛丽莲家之后，格林森请她晚上留下来，一般来说，她很少在这里留宿。但纽科姆要离开。格林森的意思是，纽科姆使玛丽莲感到不安。他解释说："我说默瑞留下过夜，纽科姆回家，所以默瑞夫人留了下来。我不想让玛丽莲身边无人。"

下午5点30分，纽科姆将要离开时，玛丽莲从门廊里朝外张望，好像是请求她原谅，喊道："我明天上午再给你打电话。"玛丽莲并不知道，纽科姆担心前一天夜里的插曲重演，顺手取走了一瓶玛丽莲的耐波他。纽科姆返回公寓之前，驱车赶往《花花公子》的办公室，送回了玛丽莲没有签字的合同和经过玛丽莲筛选的池边裸照。

一个电话打断了格林森与玛丽莲的对话。大约晚上6点，拉尔夫·罗伯茨第三次打来电话，但仍然没有找到玛丽莲。格林森冷冷地告诉对方，她不在这里，然后"啪"地放下电话。（一般来说都是默瑞接听电话，此时她还没有返回，因为她想回自己的公寓收拾要洗的衣服，为她的欧洲之行做准备。）罗伯茨没有介意对方粗鲁的回话，之后赶往比弗利山为次日晚上的烧烤聚会购买牛排和土豆。

此刻我们的故事变得极为复杂。我试图将玛丽莲逝世前后分散的事件拼接起来，此时我才意识到与这一悲剧相关的主要人物不是说谎就是有意篡改，其他人的记忆又极不可靠，几乎每个人都在删减或改变他们对 1962 年 8 月 4 日礼拜六和 5 日礼拜日那些事件的描述。

我们先从玛丽莲那不太忠诚的管家兼卧底默瑞开始。在《玛丽莲：最后数月》里，默瑞宣布说："大约在下午 2 点到 4 点之间，她的朋友亨利·达安托尼奥和妻子来家里拜访玛丽莲。亨利的职业是汽车修理师，正要送回默瑞的汽车，汽车是默瑞在来玛丽莲家里的道上留在汽车维修站的。夫妇二人请求与玛丽莲见面，但默瑞告诉他们玛丽莲正在卧室里休息，所以他们没有如愿。"事实上，夫妇二人来访时还没到 4 点 30 分；此时玛丽莲正和肯尼迪激烈地争吵。读者能猜到这才是玛丽莲无法与朋友见面的真正原因。玛丽莲在卧室里休息这一借口是默瑞那天对他的朋友及后来对报社记者凭空捏造的——8 月 6 日礼拜一，有记者问玛丽莲的最后一天是如何度过的，默瑞居然答道：玛丽莲"周六大部分时间都在床上休息……她没有生病。她不过是休息。"——默瑞之所以捏造事实，不过是想掩盖玛丽莲与司法部长争吵这一真相。

然后再说玛丽莲的医生拉尔夫·格林森，他告诉拜伦探长，那天午后他之所以要拜访玛丽莲，原因是她"无法入睡"。如果我们相信他说的故事，那等于说他在 5 点 15 分左右正帮助玛丽莲休息，此时玛丽莲的客人纽科姆还没有离开。等我们读完纽科姆就她与玛丽莲的最后接触所做的描述之后，格林森的说法将不攻自破。纽科姆强调说(尽管晚了一个小时)："我晚上 6 点 30 分离开。我最后见到她的时候，她的情绪没有发生变化。她对我说：'我们明天见。再见。'她状态很好，很高兴。"纽科姆对玛丽莲疲惫不堪的状态一字未提，也没说格林森过来帮助玛丽莲休息。

后来的描述变得更为混乱，因为格林森又坚持说他那天从未造访玛丽莲的家。然而，他见过玛丽莲是证据确凿的事。1963 年 7 月 15 日礼拜一，他给玛丽莲的家里送来一张 1 400 美元的收费清单，那上面白纸黑字写着为玛丽莲最后一次进行心理咨询的日期：1962 年 8 月 4 日礼拜六。

按照格林森的说法，他在玛丽莲的家里没超过 90 分钟，2 小时为限。所以，在周六晚上 7 点，格林森赚完钱之后，就想打道回府了。他临走交给默瑞一片纸，上面写着晚上能找到他的电话号码，此时默瑞刚刚从外面回来。玛丽莲与格林森道别之后，走回屋子，将狗领入后花园。她和狗还玩了一会儿抛球游戏——

玛丽莲抛出上文提到的那两个动物玩具，狗再将玩具找回来，游戏因为天黑结束。之后玛丽莲返回屋内，告诉默瑞安排小狗入睡。当时是 7 点零 5 分。（玩具没有收拾起来，还在原来的地点。所以联合国际通讯社才能在玛丽莲逝世的那个上午在后花园里拍到那张照片。）

玛丽莲刚要走进客厅，电话铃响了起来。是彼得·劳福德打来的电话。纽约邮报专栏作家厄尔·威尔逊引述劳福德的话："第二个铃声过后她亲自拿起电话，这时我相信她没事。"根据劳福德的说法，他打电话请玛丽莲参加他家里的一次小型晚会。"我请她过来和我吃晚饭，一同邀请的还有纽科姆与（好莱坞经纪人）'子弹'·伯格姆。但玛丽莲没来……最后我和伯格姆吃的饭。"在另一次采访中他又说："我担心她孤独，就请她和几个朋友吃饭。但她没来。她说要睡觉。"

他在另一次采访中回忆说，在他们的通话中玛丽莲询问他妻子在海因尼斯港的电话号码。（这是胡说。其实玛丽莲要的不是他妻子的号码，她想和总统通话。她手里有的号码显然不正确。玛丽莲给白宫打过电话，是工作人员告诉她总统那个周末的去向。）劳福德还承认，玛丽莲"说话有些睡意"，没心没肺的他又说，"我和她通过上百次电话，她说话好像没有变化。"

我并不怀疑劳福德确实在晚上 7 点 5 分给玛丽莲打过电话，但我不相信他打电话是为了邀她吃饭。（其实他们那天晚上点的不过是中餐外卖，是用纸盒吃的食物。）梦露接到邀请时，那些没有她重要的客人几分钟后就要开始出发，东道主为何如此慢待重要的客人？此时劳福德的妻子仍然在肯尼迪家的宅邸里，所以他晚上将这几个人邀来极有可能是为了再搞一次不太遮掩的性聚会，与会者是为数不多的好友和两个高级妓女。因为上个周末在西纳特拉的加利－内华发生的事件，此时玛丽莲心灵上的创伤还未消散，劳福德当然知道玛丽莲不可能再沾边。

劳福德打电话最有可能出于两个原因。一、他急于知道玛丽莲在数小时之前的碰撞之后现在怎样了；二、此时博比·肯尼迪还坐在他身旁，所以劳福德迫不及待地要安抚她，生怕她乱来，为此他才在最后那一刻请玛丽莲过来吃饭。根据弗莱德·奥塔斯的说法："她（玛丽莲）说：'不行，我累了。我什么也不想做。请你理解。告诉总统，我想和他通话。替我说再见。我想我的目的达到了。'之后玛丽莲挂断电话。"

　　大约 20 分钟之后，刚好是 7 点 35 分，劳福德把通话内容告诉博比之后，他还想给玛丽莲打电话。他试了几次，但每次都占线。（他在 45 分钟之后才能再次打通电话。）奥塔斯回忆说："博比有些惊慌，问：'怎么样了？'他（劳福德）说：'没事。她就这样。'"他知道玛丽莲那边的电话偶尔很忙。

　　博比对发生的事很恼火，而且他知道身边有窃听器，所以他要赶在客人来到之前离开这里，于是开走劳福德的汽车，驶向比弗利希尔顿饭店（他经过的街道数年前正是他父亲约瑟夫与女演员格洛丽亚住过的地方）。博比在酒店开的套房依旧要请劳福德结账。（然而，这次劳福德没有结账，肯尼迪兄弟后来在店里的花销他也没结账，大约 15 个月之后的 1963 年 11 月，劳福德还想和酒店耍赖。1964 年 5 月 4 日礼拜一，比弗利希尔顿酒店的所有人、希尔顿酒店集团被迫把他告上法庭，要求支付 9 011 美元的宿费、服务费及其他开销。劳福德早就该结账。在法院通知下达之前，他应付的款项仅仅是 6 762 美元。）

　　默瑞这个女人对玛丽莲逝世那一夜发生的事总是说法不一。有趣的是，她后来还一度坚持说玛丽莲临死的那个晚上从未与劳福德通话。玛丽莲刚一离开，默瑞说话就开始自相矛盾，虽然如此，最后可能是因为上了年岁的原因，她也老糊涂了，不知道该说什么，不该说什么，不知道自己的说法该与谁呼应才好。

　　劳福德打完电话之后，大约在 7 点 15 分，玛丽莲把电话拿出卧室，放进客厅对面的一个小客房里，当时这间客房正被当做临时储藏室。玛丽莲为了遮挡电话铃声，依旧把枕头压在电话上。后来，她走回卧室，又吃了一把耐波他，然后躺到床上。大约在 7 点 31 分，她正要入睡，默瑞刚要收看电视连续剧《佩里·马森》，这时电话铃又响了起来。默瑞接起电话。来电话的人是乔·迪马奥 21 岁的儿子，他是美国海军的一等兵，电话是从圣迭戈以北 38 英里的基地一台公共电话打出来的。这是他那天打出的第三个电话。

　　根据默瑞的说法，她走到玛丽莲的卧室，敲敲门，进去后发现她已经昏昏欲睡，正躺在床垫上。她服用的安眠药开始发生效力。默瑞在接受纽约邮报采访时多少证明了这一说法："小迪马奥来电话时玛丽莲已经上床。她服用了一些镇静药。"令人感到不安的是，她不知服用了多少。

　　女管家轻轻唤起玛丽莲，说小乔正等她听话，问她想不想和他说话。玛丽莲同意。玛丽莲说过，小乔和其他任何前夫的儿子打来电话，只要她不忙，就喊她接电话。玛丽莲赶紧弄醒自己，起身下床来到客房的电话旁，然后坐在地上。默瑞回忆说："她很高兴，与他说话时状态轻松。我没听他们说什么。但我听见她笑了。"（这是女管家默瑞1974年的描述，数年后她又改变了说法，说玛丽莲在卧室里接起电话与对方交谈，这一说法是不正确的。）

玛丽莲喜欢与迪马奥说话。事实上她喜欢与前夫的所有孩子说话。如同一年她告诉阿兰·列维，她爱他们胜过"爱其他人""我不想当他们的母亲或继母，我想当他们的朋友"。她喜欢和小乔通话，连她付费都不在意。小乔打来的那几次电话一般都是接听者付费的，最后两个电话是7月6日礼拜五从圣迭戈打来的。玛丽莲为小乔谈恋爱提出建议，那天晚上也是如此。他打电话告诉玛丽莲他与堪萨斯城赠品券公司雇员、21岁的帕米拉接触15个月之后，二人关系宣告结束。

然而，等玛丽莲听到消息时，这已经不是新闻。他们3周前已经分手，大约在7月10日礼拜二。玛丽莲读的报纸仅有纽约时报，所以其他几家报纸的新闻她都不知道（7月31日礼拜二，奥克兰论坛、图森公民日报和布里奇波特电讯报，等等）。令人伤心的是，说到小乔的失恋，玛丽莲还是最后一个知道的；这里我们难免要问，小迪马奥与玛丽莲到底有多亲近？玛丽莲对他表示同情之外，说她为他们的分手感到高兴，因为她相信他们二人不合适。原来劳福德说玛丽莲那时"已有几分睡意"，与他的描述相反，迪马奥说玛丽莲"很好。她状态极好，我不觉得有不对的地方"。因为当时小乔正在收看巴尔的摩奥利尔人和洛杉矶天使队比赛的电视转播，这场比赛在巴尔的摩纪念体育馆里进行，所以他与玛丽莲数分钟就结束了通话：仅仅5分钟，这与众人说的不同。（这里要指出的是，他打进来的是玛丽莲生前最后一个收费电话。）

玛丽莲与小乔通完话之后，将电话送回客房，这次她没用枕头压上，而是顺手从电话上取下了听筒。之后她返回客厅，高高兴兴地告诉默瑞小乔的事。默瑞回忆说："她对这件事好像很满意，说她要打电话告诉别人。"她用卧室里的电话给格林森大夫打了电话，此时刚好是7点41分，他正在家里为朋友阿诺德夫妇准备晚饭。

他1973年回忆说："我刮脸时玛丽莲打来电话。她说：'我有好消息。我刚和小乔通过话，他和我不喜欢的那个女孩分手了，我感觉真好。'"格林森倾听片刻回答说："太好了。"然后他问玛丽莲晚上还要做什么。这一次玛丽莲犹豫片刻，然后说她要到海边散步。他劝她不要散步。"人们能认出你来。"他建议，"先喝一大杯可乐清清脑子，然后和默瑞驾车到海边高速上兜风。"玛丽莲喜欢晚上开车。默瑞1973年回忆说："有时我们开上一个小时。祖马滩、母谷角、奥克斯纳德……这对她效果很好。"

如格林森在写给玛丽安尼大夫的信中所证实的，玛丽莲发现一瓶药不见了，就问格林森："你拿走我的耐波他了吗？"格林森回答没有。他最后告诉玛丽莲："如果有事找我，你知道我在哪里。默瑞手里有我的号码。要是有事，你知道到哪儿能找到我。"玛丽莲放下电话，返回客厅，在拱门停下来对还在看电视剧的默瑞说："我不出去兜风了。晚安，默瑞太太。我要进去了。"她转身迈出四步走回卧室。关门之前她又说："晚安，亲爱的。"在短短的几分钟之内，弗兰克·西纳特拉的音乐就从放在床边的手提式电唱机里传了出来。

此时，还没到1962年8月4日礼拜六晚上7点55分，在玛丽莲·梦露生命最后的几个小时和几分钟里，发生的事件格外模糊，经过50年来深入的研究，分析现有的每一项证据，对比每一个医疗数据，倾听每一次采访，阅读所有相关文字，逐条浏览报上的新闻，观看每一个有意义的电视节目，收听每一次重要的电台广播，经过去伪存真之后，我深信我能最后破解世界最著名的电影明星与性感化身玛丽莲·梦露之死50年来留下的谜团。

第十章

1962 年 8 月 4 日礼拜六晚 7 点 55 分—1962 年 8 月 5 日礼拜日早 9 点零 4 分

晚上大约 7 点 55 分，玛丽莲走回卧室，关上房门，跪在地板上，开始在那架白色的小电唱机上播放西纳特拉的唱片。当时家里还有其他人的唱片，都放在电唱机旁。之后，8 点左右，她开始准备入睡。一般来说，她先要吃一小把耐波他。但在这个晚上，如她刚刚对格林森所说的，她一粒也找不着。药好像被她用完了。因为肯尼迪和劳福德凭空添乱，刚才的事仍然使她心神不定，她开始烦躁不安。为了使自己平静下来，她到床头柜上取来起镇静作用的液态水合氯醛。

她的焦虑引起肾上腺排入体内大量荷尔蒙皮质类固醇和肾上腺素，进而引起心率提高，血压上升，循环系统提速。身体进入活跃状态之后，她本能地知道，那一晚要入睡几乎是不可能的。她的第一次尝试证明了这一点。所以，为了解决这一问题，大约在 8 点 5 分，玛丽莲爬下床来，打开小台灯，她以为这能对她有所帮助，之后又喝了好几口上文提到的化学药物。

因为多年来患有失眠症，玛丽莲久病成良医，本能地知道身体对药物形成耐力之后如何换药。但这一次有所不同。玛丽莲并不知道刚刚服用 9 天的水合氯醛与耐波他同时服用能起反作用，此时还有大量药物在她的体内循环。那天晚上药物开始在体内发生作用，伤害她的身体，与上周末在加利－内华和刚刚在20个小时之前卧室里发生的事件不同，这一次没有人过来抢救她。

此刻，她躺在床上，刚刚服用的水合氯醛扰乱了大脑、心脏、肺叶之间的电学的和化学的信号，人为地减缓了这些信号的速度，误导身体进入睡眠状态。这些药物被胃吸收之后，逐渐流入血液，等药物进入大脑之后，又吞噬了呼吸中心，将呼吸系统压制下来。因为大脑无法传递电学信号，她的呼吸开始紊乱，变得既微弱又缓慢。毫无疑问，因为服用了水合氯醛，她的肺部开始拥堵。

她从床上起来，喘息不止，大脑发昏，动作缓慢。之后，因为丧失了判断力，她企图开门没有成功，接着后背朝下倒在地上。毒药开始破坏她的肌体。为了吸引默瑞的注意力，她发出微弱的呼喊，但女管家没有听见，她还在牢牢地坐在电视机旁收看电视连续剧。默瑞听力不好，所以电视的音量调得很大。玛丽莲的求救呼喊还被唱机播放的音乐淹没下来，此时唱片还在旋转。

刚过8点20分，卧室里的电话响了起来。她赶紧拿起电话，是劳福德打来的。他断断续续拨打45分钟，最后才把电话打通。因为上次他们通话好像没有说完，所以劳福德急于再次与玛丽莲通话。根据乔·迪马奥的好友沃尔特的说法，玛丽莲拿起电话之后，电话里马上传来一个微弱的、几乎是不连贯的喊声。她不详地告诉对方："找医生来，马上。我的药吃得太多了。"此时她的心脏向体内供血严重不足。

劳福德以为这又是故弄玄虚，所以并未理会。这个周末劳福德的妻子并不在家，他居然反驳说："我是结婚的人，我不能卷进去。"如弗莱德·奥塔斯1985年说的，劳福德以为玛丽莲又是故伎重演，所以他当着客人的面，仗着胆子和玛丽莲开玩笑，"不要留下遗书。"停顿几秒钟之后，电话断了。

劳福德是指望不上了，时间还没到晚8点25分，手里仍然握着电话的玛丽莲攒足力气又给另一个朋友打了电话：拉尔夫·罗伯茨。不幸的是他正在为次日的户外烧烤采购食物，所以也没在家。结果她只能在他的电话里留言。她留下的信息含糊不清。罗伯茨后来回忆说，电话里的声音"模糊不清，好像有麻烦"。那几句留言是她最后说出的话。她的神志陷入混乱，接下来很快是昏厥。此刻她体内的血液流动已经微乎其微。每消失一分钟，玛丽莲的生命就变得更加微弱，身上的肌肉，身上的器官，最后所有这些都停息下来。用医学术语说，她的身体正经历循环系统压迫和心脏血管瘫痪。根据乔治医生的说法，她最后那次服完药后，25 ～ 35 分钟之内死亡就要降临。在玛丽莲那里，确实如此。

玛丽莲死亡的准确时间说法不一。殡仪馆的人估计，玛丽莲一定是在晚 9 点 30 分至 11 点 30 分死亡的。验尸官办公室指出，死亡时间是次日凌晨 3 点 40 分。警方显然对发生的事件并不清楚，居然胡乱推断死亡时间为"晚 8 点至次日凌晨 3 点 35 分"。

虽然死亡时间无法确定，但可信度极高的旧金山记事报当初的报导较之其他说法更为准确。这家报纸说："玛丽莲晚上 8 点上床后不久就死了。"美国新闻记者斯坦·海斯和约翰·爱德华兹的说法也挺靠谱。他们在 8 月 5 日礼拜日的联合报导中指出："医生认为她是在晚 8 点至 9 点之间死亡的。"事实上，好莱坞顶级女演员，玛丽莲·梦露，是在晚 8 点 40 分左右不幸逝世的。

首先，彼得·劳福德并未在意，因为 65 分钟之前他们最后通话时玛丽莲听上去没问题，而且他很熟悉玛丽莲服药后偶尔演的恶作剧。他从玛丽莲朋友那里听说，为了博取同情，她有时故意以此相要挟。反正他相信，她服用的药物是无害的；当然更不足以加重她的自杀企图。但他错了。他和玛丽莲都是服药上瘾的人，所以相信服用的药物不会对他们造成危害。令人担心的是，他对药物依赖致人死亡也是一无所知。（他 1984 年 12 月 24 日礼拜一死于肝硬化和心肾衰竭，这都是他过度服药和频繁酗酒造成的。）

劳福德打完电话之后放下话筒，此时他那些客人还在一旁聚精会神地听着。劳福德并未重视玛丽莲的请求。但几分钟之后他又觉得不对劲，他感到不安，她的状态是不是比他想的要严重？他想把电话打回去。但这一次电话占线。为了弄个究竟劳福德又给接线员打电话，询问玛丽莲电话所处的状态。他从接线员那里知道，一个电话没在话机上，另一个电话正在通话。为了稳妥起见，他说他要亲自开车到玛丽莲家里核实一下。（他不过是说说而已，此时他的林肯轿车正在博比·肯尼迪的手里，他要用车的话必然引起他人的怀疑。）

乔治·德格姆打消了他的想法，说要是玛丽莲确实出事的话，他要过去被人碰见反而不好，说到底他还是总统的妹夫。经过家里客人一番劝说之后，劳福德又拨打玛丽莲的电话。此时玛丽莲正躺在卧室地板上陷入半昏迷状态，正在给罗伯茨打电话，所以电话线还被占着，而另一个电话又没在话机上，劳福德拨打的电话自然无人接听。反正默瑞是听不见的。电视连续剧3分钟之后才能播完。

劳福德那天请去的客人和玛丽莲的老朋友、制片人约瑟夫·纳尔提出要过去探望玛丽莲。劳福德没有同意，他像孩子似的强调说，他去才最合适。不知如何是好的劳福德给他的经理米尔顿·埃宾斯打了电话，但对方也不同意他过去。对方说："等等，我理解你的担心，你也是绝对正确的，但老天在上，你是总统的妹夫。你不能一个人过去。如果你给医院打电话或做其他事，你的照片将被发在头版上，杰克（肯尼迪）和其他人的照片都将被发上去。你最好请有经验的人来处理，你不行。"他们通话之后埃宾斯给玛丽莲的律师米尔顿·鲁丁家里打了电话。此时刚过8点28分。

不巧，鲁丁没在家，正在米尔德莱德·艾伦伯格家里参加鸡尾酒会。大约8点30分，埃宾斯根据鲁丁留言里的信息将电话打到晚会上，请他们告诉鲁丁给他回话。15分钟（又喝了几杯鸡尾酒）之后，鲁丁律师将电话打了回来，时间是8点45分。埃宾斯告诉对方，劳福德如何给玛丽莲家里打电话，说他们通话时她的声音好像很微弱，等劳福德再想把电话打过去，玛丽莲那边又占线了。鲁丁回答说："这事我查一下。我相信没有问题。她又不是一次两次了。她和人通话，服用了几粒药，然后睡了过去，电话没挂上。"他对此事并不太在意。

但埃宾斯并没大意。他又请鲁丁联系拉尔夫·格林森，格林森在朋友家里居然信口开河，说他白天见过玛丽莲，她挺好的。劳福德听说之后，知道格林森说得不对，他告诉鲁丁给玛丽莲家里打电话，鲁丁在9点30分打了电话——这与玛丽莲第一次紧急呼救足足有70分钟。劳福德的当断不断，还有他的拖沓作风，浪费了玛丽莲的宝贵时间。如我们所知，她的生命正渐渐消逝。

与此同时，电视连续剧已经结束，此时刚好8点28分，在第五海伦娜的默瑞关掉电视，想要做点零活。因为这个家要关闭6周，她要打点欧洲之行，所以有不少东西要收拾、要换洗。默瑞发现客房里的电话没有放在电话机上，就赶紧将电话放好。外边打来电话时默瑞正在车库里用玛丽莲的洗衣机洗衣服。电话是鲁丁打来的，他赶紧告诉默瑞玛丽莲之前与劳福德通话的内容。默瑞听得仔细，然后告诉对方："怎么，她挺好的……灯还亮着，收音机（原文如此）还在播放。"但默瑞答应到玛丽莲的卧室看一下。鲁丁把他和默瑞的通话转告劳福德。此时默瑞放下听筒，朝玛丽莲的卧室走去。西纳特拉的音乐从卧室里的留声机上传了出来。

默瑞轻轻敲门，室内一片死寂。默瑞轻轻呼喊："玛丽莲，玛丽莲。"没人回答。默瑞1982年接受美国学者贾斯汀·克雷顿的采访，她证实门是虚掩的。她要将门推开，但没有成功。这扇又重又硬的木门比平时更难推开。她觉得事出蹊跷，赶紧来到室外，在黑暗中转到玛丽莲卧室的窗下。她在《玛丽莲：最后数月》里回忆说："透过铁格子，我发现窗户关得不紧。西班牙风味的窗台很深，所以我够不着窗户。"

她匆匆返回，从壁炉旁抓了一根拨火棍，然后又来到窗外。默瑞用拨火棍撩开窗幔，然后朝卧室里面张望，正好看见玛丽莲仰面躺在地上一动不动。玛丽莲的上身顶在门上，电话掉在右手旁边。（默瑞发现玛丽莲上身的这个姿态，并未写进弗莱德1967年的《诺玛·珍妮》。他当时写道："默瑞太太开始担心玛丽莲，她来到外面，透过窗户朝玛丽莲的卧室张望。因为有窗帘遮挡，她没有发现躺在地上的玛丽莲（原文无斜体）。"但1969年等他的手稿出版之后，这几句描述又不知何故被删掉了。人们自然要提出质疑。）

默瑞大惊失色，赶紧转回到玛丽莲卧室门旁，她再次用力推门。因为有玛丽莲的身体挡在门后，将门推开实在不易。默瑞用肩顶在门上，好不容易才把门又顶开一点，刚好够她把身子挤进去。她拽过电话，将这里发生的事报告了格林森。（默瑞用的是卧室的电话，不是客房里的电话，这从玛丽莲的电话记录里能得到印证，她的电话记录显示，晚7点30分左右小迪马奥打来电话之后，那部电话就再也没人打进来。洛杉矶警察局的拜伦警官在其调查报告中也证实了这一点，报告上提到电话GR476-1890，说"（女演员逝世）前后没有电话打进来。"事实上，7小时之后客房的电话才有人使用。）

格林森10分钟之后赶了过来。在默瑞的引领下，他拿着拨火棍，匆匆来到外面，打碎另一个窗户的玻璃（没有装饰性铁格子的那一扇），打开窗销，爬了进去。他扑到玛丽莲身旁，马上开始检查。还不到半分钟他就发现自己来晚了。玛丽莲·梦露死了。他1973年回忆说："我给她把脉，没有脉搏，没有呼吸，什么都没有。"

格林森伤心地对默瑞说："我们失去她了。"格林森把玛丽莲从门旁拖走，让默瑞进来。此时刚过 10 点 10 分。

然而，格林森没有拨打当地警局的电话。他先给 20 世纪福克斯公关部打了电话，然后又给米尔顿·鲁丁打电话，鲁丁又马上给亚瑟·雅各布斯的家里打了电话。但雅各布斯不在，他正和女友演员娜塔莉在好莱坞大剧院里，从晚上 8 点 30 分开始，这里正在上演第 41 场年度《流行音乐》，这个晚上推出的是得过大奖的作曲家、乐曲改编者兼指挥亨利·曼奇尼和美国钢琴家菲南特与泰彻。

娜塔莉 1985 年接受英国广播公司采访时回忆说："音乐会演了 3/4，有人来到我们的包厢，说：'亚瑟，快出来。玛丽莲死了……'"雅各布斯听到这一消息后，开车将女友送回溪谷巷 122 号公寓，他的隔壁 120 号住着纽科姆，此时她还在床上歇息。

他赶紧驾车驶向玛丽莲在布兰特伍德的家，11 点左右抵达那里，发现在场的人都极为紧张。因为他是玛丽莲的公关专家，他的第一任务就是检查房子里有没有对她或电影公司不利的东西。柜子、抽屉，还有玛丽莲两个私人用的档案柜都被翻了个底朝天。被搜出来的东西有照片、信件和随手记下的电话号码，号码都是玛丽莲在一个个不眠之夜里写下的。他还找到了那个红色的日记本，很可能是在床垫下面发现的。（报纸上说，此时玛丽莲的柜子被翻了一遍，里面的东西都被人销毁了，这一说法不正确。更多的东西——信件、收据、照片、法律文件、备忘录，等等——这些玛丽莲藏好的东西，又在 2008 年 10 月《名利场》杂志上逐一推出，栏目取名《她留下的那些东西》。）

电影公司对其员工死亡不做报导，这事并不少见，最好的例子大概是好莱坞导演兼制片人保罗·伯恩之死。1932 年 9 月 5 日礼拜一，他刚刚与基恩·哈罗结婚 4 个月，他的尸体就在家里被人发现，当时他没穿衣服，倒在浴室里。米高梅的路易斯·梅耶宣布，伯恩因"性功能障碍无法满足妻子"自杀身亡。然而，真相与此大不相同：伯恩是被他的前妻多萝茜·米利特谋杀的。梅耶知道怎样才能保护他的财产：基恩·哈罗，为此不惜任何代价，所以他不能说出那个致命之夜造访伯恩的神秘女人。控告哈罗谋杀丈夫是无法成立的；为了使大家摆脱这一最为尴尬的局面，说他自杀是再好不过的了。

雅各布斯用玛丽莲卧室的电话给他的雇员迈克尔·塞尔斯曼打电话，通知他玛丽莲死了。他还警告他准备应付媒体提出的问题，指示他在说明中不要提任何人的名字，尤其不要提肯尼迪兄弟。雅各布斯在米尔顿·鲁丁之后几分钟到了梦露家里。（有人说福克斯公司公关老板约翰·坎贝尔和弗兰克·内尔当时也在那里，但对这一说法已经无法证实。）他们赶到之后不久，显然很恼火的格林森开始推卸自己的责任，他对鲁丁说："见鬼，他（海曼医生）给她开的药我不知道。"这是真话。格林森对他同事的所作所为一无所知。而且，他很清楚，如果警方调查的话，他们能发现玛丽莲死的前一天海曼医生还给她开了25粒耐波他。

一个电话打了进来，打断了玛丽莲卧室里的对话。来电话的人是劳福德。其实玛丽莲大事不妙的消息已经传开。按照博比·肯尼迪的指示，连同根据之前电话做出的判断，他来电话是要问问玛丽莲到底怎样了。他问："她死了吗？"默瑞接过电话，做出肯定的答复。（根据中情局最近解密的文件，文件最早的日期是1964年10月19日礼拜一，肯尼迪从旧金山宾馆的房间里给劳福德打来电话，询问玛丽莲的状况。但这里有两点还不准确。一、他没有说"她已经死了吗？"二、他不在旧金山。他仍然在比费利希尔顿宾馆的客房里，稍晚才能返回旧金山，我们将在下文提及此事。）

格林森要报警，劳福德坚决不同意，说要等到所有不利的证据，尤其是对肯尼迪兄弟不利的证据，都从玛丽莲家里清除之后才能报警。格林森别无选择，只能默默地接受。好莱坞最大的阴谋从此开始。

司法部长接到劳福德的电话后，等劳福德家里那几个客人先后散去，然后驱车返回劳福德的家，拉上劳福德朝玛丽莲家驶去。二人抵达后马上开始搜查那里的每一个角落。凡是对肯尼迪兄弟不利的证据都是他们的目标，尤其是梦露那个红色的小本本，这个东西更为重要。还有一种极大的可能：雅各布斯在司法部长赶来后交出了日记本。

他们四处搜寻了一个小时之后，又钻进劳福德的汽车，匆忙赶往比弗利山酒店。不幸的是，他们半道碰见了比弗利山警官莱恩·富兰克林。半夜12点

40 分左右，富兰克林警官上夜班 40 分钟之后，发现一辆深色林肯大陆轿车在比弗利山的奥林匹克大道上朝东疾驶。警官推测，在每小时 35 英里的道上这辆轿车的时速超过了 80 英里，于是他打开警灯，从后面赶了上去。

对方在马路边上停下后，警官开始询问车内的驾驶员，他一眼就认出了方向盘后面的劳福德。富兰克林问："彼得，你为什么开得这么疯？"警官打开手电照向车内的另一个人，他发现肯尼迪坐在后座上。（有人说格林森医生坐在车里，这在逻辑上是讲不通的。）据说劳福德告诉警官他正急着送肯尼迪回宾馆结账，要赶旧金山的班机。警官命令劳福德减速行驶，然后就放行了。（警官次日与宾馆通话，发现他在大道上与二人相遇之后 20 分钟肯尼迪已经结账。）

司法部长收拾完东西，又坐车回到劳福德的海边别墅。（我推算此时刚过凌晨 1 点 25 分。）一架直升机正等在那里，这是劳福德从洛杉矶空客服务公司租来的。那天的驾驶员是赫尔·唐纳斯。虽然唐纳斯还企图抵赖，但他与劳福德的关系在 1966 年 6 月 5 日礼拜一得到了证实。驾驶员在接受当地报纸采访时顺嘴说出他刚刚送劳福德与杰奎琳·肯尼迪和他当时的前妻派特见面。

劳福德不想让别人知道直升机一事，但他的企图没有成功。劳福德夫人在其《恶女人》里回忆说："我与彼得说起玛丽莲的死，我没向他提起。我知道他那架浅黄色直升机并没有停在海滩别墅里。当时彼得家里停了一架深色的直升机，很像肯尼迪兄弟租用的那一架。"她的记忆力几乎无懈可击。司法部长那天夜里使用的直升机果然是蓝色的。还有，摄影师威廉·伍德菲尔德在为纽约先驱论坛报调查玛丽莲之死一事时，亲眼见到的日志也能证明，礼拜日凌晨有架直升机确实被派到劳福德家去接博比，将他送到洛杉矶国际机场。

劳福德因为紧张显然忽视了直升机噪声打扰邻居这一事实，那些邻居因睡眠被打扰大为恼火。不仅如此，根据记者乔·海亚姆斯的说法，直升机的螺旋桨还把不少沙子甩到人家的墙上和游泳池里。邻居还接到威胁说，要是向警方投诉，也不会被受理，他们听说后更是愤愤不平。如圣莫尼卡市法官布莱尔·基本斯 1966 年 8 月 1 日礼拜一无意中告诉记者的："人家彼得娶了肯尼迪总统的妹妹，警方同意（原文无斜体）驾驶员康纳斯在劳福德家里降落，将他们送到要去的地方。但他们有不同的说法。"

如 1964 年 10 月劳福德对好莱坞专栏作家鲍伯·托马斯所说："那是进出

的唯一办法。"劳福德喜欢这种交通方式,一有机会就炫耀一番。他喜欢在别墅后面的海滩上接来送往。如 1962 年 1 月,在拍摄《最漫长的一天》间歇时,劳福德特意安排直升飞机将他从这里接走,送到附近的机场,为的是与途经那里的总统多待上几分钟。两年后的 1964 年,当时正在准备卡罗尔·贝克的影片《塞尔维亚》,他又安排直升机来家里接他,然后在东北 11.5 英里派拉蒙电影公司大院里降落,为此他还特意弄出来一块空地,那部影片正在这里拍摄。(驾驶员康纳斯承认,根据他的记忆,从 1963 年到 1966 年,他在劳福德的海滩上至少降落了 27 次。)

此时圣莫尼卡机场还没有开放,肯尼迪登机之后,直升机大约飞了 6 英里赶往洛杉矶国际机场,他在这里上了西北航空公司的航班,飞行 339 英里,一小时左右(航班号很可能是 720-047B N93145)返回旧金山国际机场。等在那里的汽车将他送回贝茨家的牧场。(大约在上午 9 点 30 分,博比和家人一起在附近圣玛丽天主教堂做了周日弥撒。)

此时肯尼迪的夜晚已经结束,但劳福德的夜晚还没结束。1985 年弗莱德·奥塔斯在法国戛纳的家中通过电话接受泰晤士报的采访,他回忆说,午夜刚过(原文如此)劳福德来电话说发生了严重事件。劳福德知道奥塔斯能提供 24 小时服务,所以他马上安排私家侦探在办公室见面。根据奥塔斯的说法,劳福德凌晨 2 点(左右)到达,此时的他"已是晕头转向,震惊不已"。他告诉奥塔斯刚从梦露家里出来,梦露死了,这之前博比·肯尼迪到过那里。他还告诉奥塔斯,他们已经送肯尼迪出城返回北卡罗莱纳州。

显然是疑神疑鬼的劳福德请奥塔斯到玛丽莲家里搜查他漏掉的东西,再把她家里录音设备都拆下来。因为奥塔斯 2 月份参与在那里安装窃听设备,所以派他去是不二人选。二人谈妥价钱之后,奥塔斯接受了他的请求。那天夜里陪奥塔斯到玛丽莲家里去的人很可能是他的雇员约翰·丹诺夫。在不到一个小时的时间里,录音设备被拆了下来,那些电线被隐藏在周围的缝隙里。奥塔斯承认:"我带走了找到的东西,然后销毁了。"二人又精心扫掉留下的痕迹。此时玛丽莲家里不仅干净,更为重要的是井井有条。二人的打扫是如此彻底,玛丽莲家里几乎没有留下几个指纹;连玛丽莲的都被他们扫掉了。

然而,他们抵达后做的第一件事(此时约凌晨 2 点 25 分)是把玛丽莲的尸体抬起来，脱掉绒线浴衣，然后放到床上。他们把她大头朝下放在床上，脸压着床垫，指向卧室的房门。之前因为尸体太重，格林森和默瑞无法搬弄。结果玛丽莲在地上足足躺了5个多小时，姿势没有发生变化。如女演员基姆·诺瓦克所说，玛丽莲死后还被人当成"一片抹布"。难怪她讨厌洛杉矶。

在验尸官赶来之前留下的照片证明玛丽莲的遗体是如此搬移的，照片收在安东尼1985年出版的《女神》里。这能证明，那铁青色——血液对引力做出的回应，如果死后6个小时搬移身体，颜色是可以改变的——牢牢地印在了她的右脸上，说明铁青色固定时玛丽莲就是这个姿势——凌晨2点40分左右。后来，等体内血脉破坏之后，铁青色就牢牢地定了下来。如她的验尸官所说，"在她的面部、脖颈、胸口、上肩和右腹，都发现了铁青色"。

她的遗体——从地面到床上——被搬动的证据是后来发现的。她死后，"背部和四肢发现了隐约的铁青"，但在"压力之下"铁青又消失了，消失后的印迹说明，在铁青固定下来之前，她的姿态与此大不相同——躺在地上，后背朝下。

用外行的话说，她死的时候背朝下，后来被搬到床上，变成脸朝下，头部朝左；按照上述说法，6小时后她遗体上的铁青才固定下来。但——如洛杉矶警察局照片所显示的——铁青和骨骼固定下来之后，她的脑袋不知为何又被动了一次，转向右侧，面对墙壁。她的验尸官证实了这一点，指出她的遗体，尤其是"头部和颈部"，在她死后至少被动了两次。来自另一个极为重要渠道的信息也证实了这一说法：1982年侦察员再次调查了玛丽莲的死因。他们调查后发现，在不同的时间里玛丽莲遗体的不同部位确实出现过铁青。

奥塔斯返回办公室，马上给劳福德打电话，告诉对方吩咐的事已经办完。这个电话一定要打给劳福德。此时的他烦躁不安，回家后就开始喝酒，将苏格兰威士忌和伏特加酒混在一起，喝到凌晨3点，醉倒在椅子里。

与此同时，在玛丽莲的第五海伦娜，第二次修改现场就要开始。凌晨3点10分左右，奥塔斯和他的同事刚刚离开，格林森医生就给海曼医生打电话，后者此时正在家里睡觉。事实上，格林森招呼海曼过来根本没有道理；格林森自己是经验丰富的医生，他有能力断定玛丽莲已经逝世。他之所以要把对方喊过来，原因仅有一个：海曼为玛丽莲开的药多少要对她的死亡承担责任，所以他才请他到场，让他面对警察。显然格林森不想独自接受警察的讯问。

几分钟之后海曼赶来。1982 年海曼在接受洛杉矶区检察院的录音询问说：
"她躺在床上。她死了。我拿出听诊器，确定她的心脏已经停止跳动；我检查
她的瞳孔，因为这是判断一个人是死是活的敏感办法。我说她死了，反正格林
森医生知道，但这个程序还得走。"最早的报告上说，他在凌晨 3 点 35 分宣布
玛丽莲死亡。50 分钟后，4 点 25 分左右，他决定通知洛杉矶警察局。他庄重
地宣布："玛丽莲·梦露已经死亡。她自杀了。我是海曼医生，玛丽莲·梦露
的医生。我在她家里。她自杀了。"

后来，警察局问他为何迟迟不报案，他回答说："我们一时不知所措。我
们在讨论发生的事。还有她说过的话。"在另一次采访中，海曼又解释了拖延
的原因，"之所以没有及时给警察打电话，因为一般来说先不报案，先找太平
间的人搬遗体。格林森医生和我反复讨论了好几次。"他又说，"我强烈坚持，
因为她的身份，还因为可能是自杀，我们应该报案。"

海曼的电话被转到了西洛杉矶警察分局。接电话的是局里周末值夜班的警
官杰克·克莱门斯。海曼医生强调玛丽莲·梦露是自杀。克莱门斯与对方通话
之后，记下了时间，派另外一名警官替他值班，钻进警车，顺着落日大道朝玛
丽莲的家里开去。在大约 3 英里的车程中，他用无线电通知警车在玛丽莲家里
与他见面。他知道四处搜寻信息的记者可能监听警察的频道。他担心玛丽莲死
亡的消息传出去之后无数的记者、好奇的旁观者和电视台的记者都将涌来，他
想请同事协助，尤其要请一个警官过来维持秩序，再请另一个警官保护现场。

在一闪念的工夫里，他想这可能是一场恶作剧。他 1966 年回忆说："这好
像不大可能。我不希望有人愚弄警察局，所以我决定赶到现场。"他将警车开
入玛丽莲家的车道，与里面的人见面之后，马上又打消了先前的念头。

凌晨 4 点 35 分左右，他先听见车库传来洗衣机和甩干机的噪声，之后在
门口遇见了默瑞。默瑞证实玛丽莲确实死了。他被领进卧室，发现玛丽莲的两
个医生正坐在椅子里，旁边就是她的遗体。此时玛丽莲正斜躺在床上，她的头
上蒙着一张床单，一条香槟酒色的毯子塞在双肩下面。警官回忆说，她躺的姿
势像个士兵。她的脸贴在枕头上，她的双臂放在身边，她的右臂稍稍弯曲，她
的双腿笔挺。克莱门斯凭本能发现，她被摆成了这个姿态。（如上文所述，格
林森、奥塔斯和丹诺夫两个小时前有意将她摆成这个姿势。）她的头在床的上

方左侧，她的脚在床的下方右侧。在洛杉矶警局的照片上，她的左脸贴在枕头上，与铁青固定时脸的方向刚好相反。这是他们一系列阴谋中出现的第一个严重疏漏。最重要的是，与过去的传说刚好相反，玛丽莲手里没有电话。

还有，过去传说玛丽莲夜里身上穿的仅有5号香奈儿，但真相与此大相径庭。玛丽莲相信夜里戴乳罩有助于保持身材，她成年后夜里总要戴上乳罩。认识玛丽莲的人都能证实这一点。但这一夜，她没戴乳罩。

在接受传记作家小乔治·卡波兹的采访时，快人快语的克莱门斯指出，那里"在我看来好像是谋杀现场。尸体被移动了。房间重新整理了一番。我发现，企图把谋杀掩饰成自杀的经典要素在现场都能找到"。

1982年，洛杉矶检察院重审玛丽莲死亡一案，负责此案的迈克·卡罗尔对克莱门斯的说法不以为然。他2006年对哥伦比亚广播公司电视台的《48小时神秘》栏目指出："他的意见不是建立在专业训练和专业经验之上。他不是探员，他不是有经验的探员，更不是专攻谋杀的探员。"然而，克莱门斯多年从警，他接手很多自杀案件，在他看来，服用安眠药过量一般能引起痉挛、呕吐、嘴角冒沫，此后尸体扭曲。但在玛丽莲那里没有这些特征。（其实死者未必有强烈反应。病理学家证实，服药过量并不一定出现排斥现象。有时受害者就是睡过去的。）

还有，房间内安排得井井有条。玛丽莲为数不多的东西整整齐齐地摆放在卧室里；她的衣服已经叠好放在一边；钱包和手包并排挂在墙上。信件整整齐齐地摆放在床头柜上。在克莱门斯漫长的职业中，他是第一次接手服药致死案，发现死者在里面死亡的卧室居然毫不紊乱。虽然这一次不是谋杀，但从表面来判断，他是正确的。

克莱门斯问："还有人在这里吗？"默瑞回答说有两个大夫，然后过来介绍。克莱门斯回忆说海曼"很伤心"，默瑞战战兢兢的，"话很少"，又说她说话时"压低声音"。令人惊讶的是，克莱门斯没有碰见米尔顿·鲁丁，他还在玛丽莲家里，藏在那间客房里。克莱门斯停留40分钟，注视默瑞从一个房间匆匆走进另一个房间，忙来忙去，如将不大不小的纸箱装上汽车，再把玛丽莲洗衣机里的东西倒出来（然后再倒进垃圾箱）。

默瑞使用玛丽莲车库里的洗衣机和甩干机，这在他看来是最奇怪的举动。

他判断默瑞已经做了好几个小时，正在做第三次。克莱门斯追问默瑞，后者如实回答，因为这座房子要关闭，又因为有很多人要过来，作为管家，她要严格履行责任，把房子打扫得干干净净，以此迎接来客。

那天夜里玛丽莲家里外表上可疑的行为到此并未结束。克莱门斯回忆说，格林森话里"有刺儿""不自然"。克莱门斯第一次走进卧室后，格林森双手抱着脑袋。但片刻之后他抬起头来。克莱门斯回忆说："他的脸上有一股陌生的冷笑。他的目光不怀好意，在这种场合是不合适的。"

接着警官又来到床边的桌子旁，上面放着一本《园艺》杂志，此外还有15个处方药药瓶，都是空的。有的药瓶上有标签，有的没有。（赶来接替克莱门斯的警官罗伯特·拜伦也说看见了15个药瓶。然而根据托马斯医生的验尸报告，玛丽莲床边仅有8个药瓶。我能解释这一问题：根据殡葬馆的赫克特，另外7个药瓶属于非处方药，所以尸检时不必送上。那8个处方药瓶是2瓶利眠宁（日期是1962年6月7日至7月10日）、1瓶酞酰磺胺噻唑（1962年7月25日）、2瓶水合氯醛（1962年7月25日至1962年7月31日）、1瓶耐波他（1962年8月3日）和1瓶粉太太（也是8月3日，但没有标签）。令人感到奇怪的是，还有1瓶痤疮灵，药瓶是空的，日期是9个月之前的1961年11月4日礼拜六。）

海曼对这么多的药自然是大为震惊，其中仅有耐波他是他亲手开出来的。他还震惊地发现居然有水合氯醛的药瓶，他从来都没用过或开过。在接受洛杉矶警察局问话时，他坚持说："我对水合氯醛一无所知，我从来没给她开过水合氯醛。"在墨西哥你什么药都能买得到，所以他确信玛丽莲是借2月份的墨西哥之行在那边购买的，不是通过格林森得到的，其实与他的猜测刚好相反。

克莱门斯听说，玛丽莲卧室里有一个药瓶是用来装耐波他胶囊的。药瓶倒了过来，瓶盖在一两英寸之外，格林森为了把责任推到海曼身上，当时说："她一定把药都吃了。"克莱门斯回答说："瓶里的药可不少。"海曼后来回忆："我清楚地记得床边那个装耐波他的空药瓶，那是我交给她的。我记得当时对自己说：'哦上帝呀，这事我说不清了。要不就把瓶子藏起来。'然后我又对自己说：'哦，见鬼。我又没做错事……'"在回答克莱门斯的问题时，海曼证实他的确同意那25粒胶囊，处方单的号码是20858，是两天前才开出来的。大家都认为玛丽莲是在吃了那整瓶胶囊之后死亡的，并不是因为服用了水合氯醛，这一结论使格林森大大地松了一口气。他知道，要是警察认为他的行为意外引发死亡，他将面对过失杀人罪的指控，根据加州法律，最高要判4年监禁。

克莱门斯怀疑这里有文章，他发现卧室里没有水杯，他便产生了怀疑。如果不用水杯，玛丽莲怎么能吃下那么多的药呢？后来他听说因装修，卧室里的洗手间已经关闭，他的怀疑变得更为强烈。默瑞说晚上7点55分玛丽莲回卧室休息之后就没有离开。（数日之后，克莱门斯返回警局，他扫了一眼验尸官在死亡现场拍下的照片，发现有个水杯神秘地出现在画面里，他的怀疑再次得到证实。那个杯子显然是克莱门斯离开现场返回警局之后，在清晨5点15分左右被人放上去的。这是格林森和默瑞为了掩盖真相犯下的又一个大错。）

在警官搜查卧室时，他总能碰见其他人。他回忆说："这里像开大会。"克莱门斯又看了一眼遗体，然后问默瑞能不能使用这里的电话，然后默瑞领他进了厨房，此时电话放在厨房里。（是鲁丁搬过来的。因为他藏在客房里，所以不希望被人发现。）克莱门斯给警局打电话有两个目的：一、再次请求警局派人（他的第一次请求不知何故没有引起注意）；二、为他向一个同事传达噩耗。

他说："你好，基姆。我在玛丽莲家里……是的，那好。她死了。好像是过量服药。我明白你想知道。"他在与詹姆斯·多尔蒂通话，此人是玛丽莲的首任丈夫，正坐在离玛丽莲家10英里之外的警车里（与之前玛丽莲传记作者说的不同，他没和妻子躺在床上），他是通过警用无线电接的电话。为了慎重起见，警官在与多尔蒂的通话中并未告诉对方他觉得玛丽莲家里有阴谋。

克莱门斯放下电话，走回玛丽莲的卧室，开始搜集他们的笔录。他们一开始就说法不一。默瑞告诉他，她午夜12点左右发现了玛丽莲的遗体，然后马上给格林森大夫打了电话。在1966年的采访里，克莱门斯指出："根据他们告诉我的信息，事情都发生在半夜之后。我对他们说：'谁也不能陪着尸体坐上4个小时，而且你们明明知道应该报警。'他们不想回答，但我还在追问。"他再次问他们，为什么过了这么久才找警察，格林森马上插话，说他们要等到20世纪福克斯公关部的同意之后才能报警。这当然是胡说八道。克莱门斯知道，他说的不是真话。他反驳说："这不是回答。"

克莱门斯没有继续追问，因为他知道接替他出现场的罗伯特·拜伦侦探开始正式调查之后，一定能问个水落石出。（虽然克莱门斯在现场发现了很多不正常的迹象，但作为警察，他的职责是确定事实，并把这些事实写入报告。其他职责将由局内他人承担，说白了，拜伦侦探将追问留下的疑点。）1972 年克莱门斯对美国报纸回忆说："他们等了 4 个小时才给警察打电话，我对此提出疑问，所以在我离开和拜伦赶到之前，他们认为没有人能听信他们的说法，于是他们改变了说法。"这正是他们做的。

拜伦赶到后开始提问，默瑞马上强调说，"凌晨 3 点刚过"她发现了玛丽莲的遗体。（奇怪的是，洛杉矶警察局居然没有人质疑默瑞的自相矛盾。）美国国内的大多数报纸都采用了这一说法。乔·海亚姆斯在纽约先驱者报上撰文说，管家默瑞"在熟睡中惊醒，不祥之兆告诉她出了问题"。还有人说她被无法解释的震惊吓醒了，从卧室的门缝发现梦露的灯还开着，她的门锁着，敲门没有回应。据说她当时说："反正不对劲。事情蹊跷，反常。"于是她来到外面，从卧室的窗户朝室内张望。"我看见梦露小姐躺在床上。然后我给格林森医生打了电话。"玛丽莲死亡的正式报告上说，默瑞是 3 点 35 分给医生打的电话。

默瑞回忆说玛丽莲的卧室照出光来，多年之后人们还在争论这一说法。据传，卧室里刚刚铺上一张从印度购入的极厚的白毛地毯，要想从门下发现照出来的光几乎是不可能的。还有传言说，地毯太厚，在打磨之前连门都关不上。

以上两种说法都不能成立。1963 年琳达一家搬进玛丽莲的房子，据她回忆说，卧室里的地毯确实挺厚，但还不足以将门挡死。据此推理，默瑞说看见从卧室里照出的光，这是极有可能的。此外，因为 18 个月之前玛丽莲在纽约精神病诊所发生的插曲，所以她睡觉时从来都不锁门。

玛丽莲的朋友多萝茜当时就对"锁门"一说提出质疑。在多萝茜 1962 年 8 月 19 日礼拜日撰写的专栏上，她问道："她平时都不锁门，为什么那一夜要锁门？"与她意见相同的另外一人是拉尔夫·罗伯茨。因为他晚上总要进玛丽莲的卧室，所以他知道玛丽莲从来都不锁门。如上一章所述，她的秘书莱德蒙德也指出，她在玛丽莲家里就找不到好使的门锁。（其实，这都是出于同一原因：玛丽莲之前的房主担心自己的孩子发生意外。）

在（8 月 6 日礼拜一下午进行的）另一次采访中，默瑞记得她"半夜上床，发现玛丽莲的卧室还点着灯，但当时并未觉得反常"。在同一天所做的另一次采访里，前言不搭后语的默瑞声称她"走进过道，发现玛丽莲的门下有电话线，因为这一点我马上知道出了大事，已经过了上半夜，她卧室里有电话，她没有把电话放在床上，所以我知道她一定出了问题"。

还有一件事也说不通。格林森、玛丽莲的私人化妆师斯耐德和众多其他朋友都说半夜能经常接到玛丽莲打来的电话。（每日镜报记者唐纳德还为此专门撰文《玛丽莲的电话——凌晨3点半》，文章1960年1月25日礼拜一刊发。格林森也证实了这一点，他对小乔治说过，玛丽莲"下半夜2点、3点、4点、5点一次次地"给他打电话。）

女演员兼歌唱家埃尔莎·基特也在夜里和玛丽莲通过电话。她1989年在接受采访时回忆说，玛丽莲之所以给她打电话，原因是"她和我都在与相同的感觉作战。我们二人都是孤儿，我们二人都经历过那种可怕的、难以名状的恐惧。正常人入睡之后这恐惧感开始朝我们袭来。她和我都知道成功。她知道做偶像的滋味。但在灵魂深处，你知道自己不重要，连自己的母亲都不想要你，所以成功还有什么意义呢？"

所以，如果默瑞是在撒谎，她又想掩盖什么呢？她没有照顾好玛丽莲，她因破坏现场而感到愧疚，她比报告警察的时间早5个半小时就发现玛丽莲死了。这些大概就是问题的答案。8月10日礼拜五早8点20分，默瑞再次接受警方质问，她极力洗清自己。在西洛杉矶分局阿姆斯特朗警官的报告里，他被迫得出结论："在回答与梦露小姐活动的相关问题时，默瑞太太含糊不清，可能在有意回避……"他的结论是："尚不知道她是有意的，还是无意的。"

格林森自然要不遗余力地为默瑞的故事打圆场。根据他后来对罗伯特·拜伦警官的陈述，他凌晨3点零5分刚过就接到了默瑞的电话。之后，他马上驱车来到玛丽莲家，从壁炉旁拿了一根拨火棍，打破窗户，伸手打开窗锁，爬进卧室，发现玛丽莲已经死了，她的脸朝下，右手还握着电话。在接受默瑞斯·佐罗托的采访中，他对那一夜说得更多，"她的手指还在拨号盘上"，但默瑞对同一个作家说，电话"在她身下"。

晚上9点30分刚过，默瑞确实在卧室里发现了玛丽莲，电话听筒在她的右手边上，但克莱门斯4点35分并未看见玛丽莲手里有电话，他和洛杉矶警察局的照片都证实了这一点。病理学家都能证实，服用巴比妥过量、奄奄一息的人很可能轻松地死去，放掉手里的任何东西，如电话，然后滑入威胁生命的昏迷。玛丽莲自杀的传言，连同她手里还握着电话的说法，很可能是亚瑟·雅各布斯先说出来的。因为雅各布斯做过医生，所以世界上的重要报纸都接受了他的说法。

玛丽莲的司机鲁迪·卡兰斯基和默瑞的亲戚诺曼（被请来修复卧室的窗户）很快赶到第五海伦娜；此外还有玛丽莲的朋友、记者詹姆斯，他从美联社新闻部听说玛丽莲的死讯后马上赶了过来，他承认告诉警察他是验尸官办公室派来的，所以才被允许入内。玛丽莲母亲的合法监护人梅尔森也赶了过来，她马上要见玛丽莲的遗体和她在里面死亡的卧室。

1968 年她对传记作家弗莱克·劳伦斯描述说：“卧室里到处都是药瓶，有的是空的，有的里面有药。我走进卧室，发现衣柜的架子上都是玛丽莲的过敏药、镇静药和安眠胶囊。我真想把房间里的药瓶都藏进我的手提包。但我知道这是不可能的。”

在清晨 5 点零 5 分左右，拜伦探长和他的同事马文警官，连同考伯雷、麦格瑞、柯兰及吉利斯赶来接替克莱门斯。马文警官到达后不久开始搜查玛丽莲的房间。根据他的回忆，他没发现“不对劲的地方”。然而，他走进玛丽莲的卧室，端详她的遗体之后，他的态度发生了变化。在他原来的报告里，他清楚地指出，按照他的意见，“警察赶来后尸体已经变僵”。他已经有趣的陈述变得更发人深思，因为他指出：“我在现场时，格林森医生明显在颤抖，他不想再进卧室，因为梦露小姐的尸体还停在里面。”（这一 1962 年的说法显然推翻了拜伦后来的说法，他说等他到达玛丽莲家之后，格林森医生已经离开。）

虽然格林森医生从未告诉警察他的真情实感，但他显然清楚司法部长极具伤害性的、突如其来的造访是玛丽莲死亡的重要原因。格林森和威廉·伍德菲尔德有一次对话，后者是摄影师兼玛丽莲一案的独立调查人，从他们的录音里也能见出端倪。玛丽莲逝世几个月之后，伍德菲尔德追问此事，被逼急了的格林森回答说：“我既不能替自己解释又不能替自己辩护，不然就要牵涉我不想说出的事。你不能划一条界限，说：‘我能告诉你这个，但我不能告诉你那个。’我的处境很尴尬，我不能说出来，另外我不能把整个事件都告诉你。听着……找博比·肯尼迪谈谈。”

窃听和电子专家伯纳德还说玛丽莲死的那一夜肯尼迪在场。联邦调查局有一份日期为 1967 年 3 月 13 日礼拜一的绝密文件——1972 年 6 月 13 日礼拜二才解密——他说"通过分析各种录音，就能找到证据"。1966 年 11 月 15 日礼拜四，这一说法的真实性又有所提高，当时曼哈顿区检察院在 9 个小时的行动里搜查了伯纳德的住宅，检方指控他非法窃听。6 天之后的纽约时报刊发了一个报告，报告上说，他家中搜来的材料里还有"与玛丽莲·梦露死因有关的磁带和证据，这些证据足以说明，就玛丽莲死因所作的官方报告并不正确"。

有人怀疑这些材料的真实性，曼哈顿区助理检察官罗纳德·卡罗尔在报告中写道："伯纳德要把磁带内容公开出来，他好像是在故弄玄虚……事实上，侦察员已经听过磁带内容，这些磁带与玛丽莲·梦露毫无关系。"然而，伯纳德并不退让，在另一次采访中坚持说："磁带和文件确实与玛丽莲之死有关，其中的事实和信息提到了博比·肯尼迪和彼得·劳福德。"显然，这些设备和录音对伯纳德意义重大，后来他试图从纽约最高法院法官欧文那里取回设备和磁带，但没有成功。

磁带先是不知去向，既而又在 1968 年浮出水面，据说有人为磁带开价 50 000 美元，与退役警察的交易已经达成。右翼记者拉尔夫·德·托利达诺 1985 年对英国广播公司说："就在磁带出售之前，博比遭到暗杀。要是博比没死的话，我确信那些磁带将被复制下来，送到国内的各家报社，将对他在即将来临的（总统）竞选中造成重大伤害。"此人是美国保守运动的重要人物。根据弗莱德·奥塔斯的说法，这大概是"水门事件之外最激动人心的磁带了"。然而，等到 2010 年这些磁带仍然没有现身。很可能再也不会出现。因为其他人继续留在玛丽莲家里没有道理，所以等马文警官抵达之后，他开始请大家离开。此时门外已经聚了不少人。玛丽莲死亡的消息迅速传开，很多电视台和报纸的记者都赶了过来。此外还有穿着睡衣的旁观者，有人试图从门前开车经过，有人试图从门前走过，为的是朝大门里看个究竟。不知怎的，外面还来了一辆救火车。根据警察总长克里斯托维奇的意见，门外要封锁起来才行。大门口外面拉开一道封锁线，而且在大门上张贴出告示："凡闯入或走入院内者都将受到法律最为严厉的追究。"

尽管如此，那天赶到现场的警察还有疏漏的地方。克莱门斯没有宣布玛丽莲家是犯罪现场,他们没有请刑侦队,警察没有把房子里的物品一一登记,也没有保护好现场。封锁线应该把整座宅子都圈在里面,仅仅挡上大门是不够的,而且宅子里所有的人——玛丽莲的朋友、记者和没事的旁观者在里面走来走去——都应该尽早离开。如一个警官辛辣地指出:"那天早上这里如同中央车站。"因为里面的闲人没有离开,重要的证据可能遭到破坏。上午8点30分之后,整座宅子才被封锁起来。此时克莱门斯警官来现场已经4小时,玛丽莲的尸体也被送走了45分钟。

洛杉矶警察局检察员埃德·沃尔克与纽科姆一同赶到现场,沃尔克没拉警笛。纽科姆早晨5点接到玛丽莲律师的电话,此时律师依然留在玛丽莲家里,纽科姆马上赶了出来。鲁丁庄重地宣布:"玛丽莲出事了。她死了。"(75分钟之前,3点45分左右,鲁丁律师还给劳福德的经理米尔顿·埃宾斯打了电话,通报这里的事态。他还想给劳福德打电话,但没有成功。此时的劳福德依然醉倒在椅子里。)

纽科姆听到消息之后震惊不已,她翻身下床,在睡衣外披上一件雨衣,顺手抓起一副太阳镜来遮挡惺忪的睡眼,然后钻进邻居纳塔莉·特伦迪为她驾驶的汽车。她们15分钟后赶到玛丽莲家,但被挡在门外。院子大门紧闭,此后也没打开。一群记者发现玛丽莲的新闻秘书身着睡衣,戴墨镜,一次次被挡在门外,他们马上扑了过来,闪光灯开始闪烁,问题接二连三地提了出来。

"你对玛丽莲之死做何感想?"这个问题纽科姆猝不及防,她反问道:"你最好的朋友自杀了,你能做何感想?你怎么办?"后来有人说她当时嚷道:"你们这些谋杀者!她死了,你们满意了吗?"但纽科姆不承认自己说过这句话。还有人说她朝摄影师喊道:"拍照,拍照,你们这些秃鹫!"她对此没有否认。她因悲痛陷入歇斯底里,警察不得不过来劝说她,第五海伦娜上上下下都能听到她的发泄。

不过,她很快平静下来。纽科姆对另一个记者沮丧地说:"这一定是意外。玛丽莲状态极好,感觉极好。我们今天还有安排呢。我们今天下午要去看电影。"此时,院门大开,警察好像允许她进去。其实刚好相反,她刚一进去警察就请她离开。但她对警察的劝说充耳不闻,根本不想离开。她以不太清醒的状态走了进去,还想进入她在周五晚上停留过的卧室。巡逻的警察一次次地安慰她。

纽科姆两个小时后从这里离开，大约在上午 7 点 45 分，刚好赶上运送玛丽莲遗体的灵车从这里出去。此时警察不得不强迫她离开，但她还是坚持先打一个电话——给她的心理医生打电话，她同意与医生马上见面。与过去的传说不同，这次纽科姆光顾第五海伦娜没有看见玛丽莲的遗容。

正是在此前后，玛丽莲遗体躺在床上，弗兰克·西纳特拉 1961 年 9 月送给她的那对绿宝石镶钻耳环被人从她卧室衣柜里窃走了，这对耳环玛丽莲 1962 年 3 月在金球奖颁奖仪式上才戴过一次。玛丽莲生前总是担心耳环被人盗走，所以她把耳环藏在一只鞋里，此事仅有她身边的人才知道。

纽科姆离开之后，救护车服务公司派来的救护车赶到这里，车上的服务人员有肯·亨特和李克·斯通，他们回忆说车开到门口之后看见纽科姆"站在外面大声喊叫"。这两个男人走进去进入玛丽莲的卧室。1982 年 12 月，洛杉矶区检察院重新调查玛丽莲死亡一案，亨特回忆说玛丽莲侧身躺着，脸朝右，已经"很冷了……她变了颜色……好像她固定在那里，在那里躺了好久……我在卧室里看了一圈，知道她死了"。他没有碰玛丽莲遗体，但他的同事斯通碰了一下。用亨特的话来说，他"检查的目的是想断定她是死是活"。他们听说遗体将由殡仪馆的人移送，之后马上离开。

梦露传记作者所做的描述各有不同，但这是那个周末他们派来的唯一一辆救护车。据说，当天晚上 10 点 10 分，8 月 4 日礼拜六，默瑞给这家救护车公司打了个紧急电话。公司员工詹姆斯·赫尔和默里·里伯威茨接到电话之后几分钟就赶了过来，根据法律规定闪灯鸣笛，发现玛丽莲已经进入昏迷状态，身子躺在床上，脑袋耷拉在床边。1982 年赫尔接受英国花边报纸采访，他说一开始抢救玛丽莲是成功的。他回忆说："她的脸上开始出现颜色。"格林森医生几分钟之内也赶到了。依然昏迷的玛丽莲使他感到震惊，他指示赫尔从玛丽莲嘴上拿走人工呼吸器，然后他开始按摩她的心脏。他按摩几分钟之后伸手从箱子里取出一个长长的注射器，注射器里有黄色的液体，然后将长长的针头插入玛丽莲的心脏，还弄伤了玛丽莲的一根肋骨。用赫尔的话说："他想找到她的心脏。他一根一根地数肋骨，就像个外行。几分钟之后他宣布她死了。"

故事依然没有停止，有人说玛丽莲被推上救护车，赫尔和里伯威茨将她送到附近的圣莫尼卡总院的急诊室。然而，出于说不清的原因，救护车上的这两个男人之后又将玛丽莲送了回来。晚 10 点 25 分左右，救护车返回家里，几分钟之后玛丽莲又被推回卧室放到床上。这家救护车公司的老板沃尔特当时并不在场，1985 年他在无意中对英国广播公司说："她上车时还活着，是在医院死亡的。"

不过，这个故事纯属虚构，有 5 点确凿的事实能证明这一点。

一、玛丽莲的遗体清楚地说明，身上没有针头留下的痕迹，说洛杉矶两个资深验尸官托马斯和约翰无视胸腔造成的破损和心脏留下的穿孔，这是无法想象的。

二、出于卫生和安全原因，也不允许医生携带那个尺寸的注射器，尤其是不允许在箱子里插上针头。

三、玛丽莲躺在床上，右脸靠在床垫上，此时她身上的铁青已经固定，这是显而易见的。再说，如果玛丽莲的遗体从家里被搬了出去，装上救护车，送进医院，留在急诊室里，之后又被送了回来，推进她的卧室，那她身上留下的铁青将要发生明显的变化，必然和验尸结果大不相同。

四、专门研究玛丽莲的米罗 1980 年代早期请詹姆斯·赫尔接受测谎。米罗在其 1986 年出版的《玛丽莲阴谋》一书里说，他发现针头"几乎比针管还长"。赫尔显然从故事里赚了不少钱，他不仅在几部玛丽莲的故事片里露过面，而且还把她的故事以 40 000 美元卖给了环球报纸，而且在 1982 年 10 月 23 日的报纸上刊发出来。米罗就此提出抗议，报纸编辑一笑了之，说赫尔的故事"有助于报纸的发行"。显然，有些人对于散布流言并不在意，他们在意的是发行量。

五、1982 年洛杉矶区检察院重新调查玛丽莲死亡案。负责人麦克·卡罗尔想要找到负责救护车的那两个男人。不过，他没有接触赫尔和里伯威茨。相反，他接触了亨特和斯通，根据后者的说法，不是赫尔，是他亲眼看见格林森医生从急救箱里取出一个硕大的皮下注射器，然后将针头插入玛丽莲的心脏。后来故事又发生了戏剧变化，里伯威茨拒绝承认那天上午到过玛丽莲的家。为回答卡罗尔就此事提出的问题，亨特回答说："都是胡说八道！"他的这句话是最好的概括。

清晨 5 点 25 分，克莱门斯警官返回西洛杉矶警察分局。他坐在办公桌后面开始填写调查报告。虽然他对这个案件还有不少怀疑，但他依然写下了"巴比妥——过量"，将此定为玛丽莲的死因。显然他接受了格林森和海曼的说法。他做出的判断有些草率，因为当时还无法判断他们说的对不对。在他写完报告之后，返回第五海伦娜之前，他给验尸官办公室打了电话。办公室的人又给西伍德村殡仪馆打电话。殡仪馆经理赫克特的太太接了电话。验尸官办公室的人说："我是验尸官办公室的人。我要用灵车。玛丽莲·梦露死了。"赫克特太太被吓了一跳，但转念一想这又是恶作剧电话，顺嘴回了一句"开玩笑"，之后挂断电话。

她把电话的事告诉丈夫。赫克特后来说："我们总能接到这样的电话。"但他决定把电话打回去核实一下。他也感到极为震惊，因为这个电话可不是恶作剧。赫克特在他儿子的陪同下马上跳上浅蓝色1950款福特厢式卡车，清晨6点30分刚过赶到玛丽莲家里。

赫克特走进卧室之后，他请里面的人离开。他和他儿子还有正事要办。他发现玛丽莲的脸上没有化妆，头发很乱。他又发现遗体上的深紫色，就问拜伦警官玛丽莲死亡的时间。警官告诉他有3小时了，他看了儿子一眼，二人心照不宣。多年的经验告诉他，玛丽莲的死亡时间比警官说的要久。检查遗体之后，赫克特顺着警官的话宣布"尸体已经僵硬"。为了能把尸体放进车内，赫克特用了5分钟才把四肢摆平。只有死亡时间长久的尸体才需要这一程序。（考虑到当时的季节和室内的温度，玛丽莲至少死亡5～6个小时尸体才能出现上述状态。）

赫克特和他儿子用玛丽莲床上一条廉价的、深蓝的毛毯将她的遗体从头到脚包裹起来，将双臂交叉放在胸前，然后抬上担架。上午7点45分，好莱坞不可争辩的皇后就这样被推出了她的卧室，走出前门，经过外面那群记者，走向50英尺的车道，被推进卡车下面的长厢里，送到西伍德村殡仪馆。在殡仪馆里她被送进堆满衣服、桌子和扫帚的储藏室，足足有一个小时。室内无灯，房门紧锁。不知何故，玛丽莲的遗体被留在了黑暗的小屋里。她的死亡当然是没有尊严的。上午9点，殡仪馆的雇员克莱伦斯进来推出遗体，在米尔顿·鲁丁的要求下，尸体又转到洛杉矶法院的太平间，在那里称重（117磅）、量体（65.5英寸）、拍照（金发，蓝眼）、取指纹。为了尸体解剖，她被放在33号位上，为验尸官留下的编号是 81128。她的亲属一栏写着"格拉迪斯·贝克（地址不详）"。上午 10 点 15 分，助理验尸官将玛丽莲的遗体推出，放到不锈钢验尸台上等待尸检。

返回第五海伦娜，那群记者迟迟不肯散去，为了当天的电视画面和次日的早报，他们终于劝说警官同意他们进入前院。一些人或是在建筑外面拍照或是透过窗户拍摄梦露的卧室，还有些记者未经允许将他们的照相机伸到窗户里，他们迫不及待地拍摄玛丽莲在其中死亡的卧室。这扇窗户是 9 个小时之前格林森医生为救玛丽莲用拨火棍打碎的。警官发现他们四处乱拍，赶紧过来劝阻。摄影师们拍完之后被送出院子。警察找来一大块厚重的布将窗户挡了起来。

一位梦露的传记作者说她睡觉时窗户总是这么挡着。然而，玛丽莲死亡的那个上午留下的照片和新闻图片证明，玛丽莲的卧室都挡着窗帘，默瑞也是这么说的。考虑到梦露床边的光线，使用太厚的窗帘根本没有必要。同一个作家还说，每天晚上入睡前，玛丽莲总要把厚厚的窗帘挂到窗框上。1973 年默瑞向佐罗托证实："她从来不挂这些窗帘。"

外面有记者把守，要从玛丽莲的家里悄悄出去几乎没有可能。默瑞要想使用她绿色的道奇轿车，就得先进厨房，再进院子，通过客房才能出去。她来到汽车旁边，被她的亲戚诺曼扶了上去。纽科姆和玛丽莲的狗紧紧跟在后面。默瑞将车开了出去，驶向卡米莉纳和落日大道的拐角，纽科姆在这里与她的医生见面。之后，纽科姆被送回家里。

她打开公寓房门后，电话铃声从里面传了出来。在此后的 48 小时里，她守在电话机旁，向世界各地打电话。估计她打了 250 多个电话。英国、巴黎和东京的记者都急于知道玛丽莲到底发生了什么。纽科姆能做的就是重复她所相信的说法，"玛丽莲的死是场意外""她很顺利，不可能是其他原因"。电话打累了之后，她又改变说法："她近来状态极好，电影公司也答应允许她拍完《濒于崩溃》。"

默瑞也赶回家里。一天之后，玛丽莲的朋友们指责她将这场悲剧的"独家"版本卖给了一家杂志。默瑞在指责声中被人送到了女儿那里。次日上午，8 月 6 日礼拜一，她才回家，但她发现记者已经守在外面。她的房东建议她满足记者的要求，说句话或是接受短暂的采访。她反复犹豫之后同意接受采访，一次允许两三个记者进入她的公寓。默瑞坐在客厅的沙发里，尽量回答他们提出的问题。

结果不出所料，次日采访见报之后，她的话被断章取义，她的回答也被修改，尤其是与玛丽莲最后那个神秘电话相关的文字。默瑞在接受洛杉矶警察局询问时做过如下回答："我不记得那个电话，那个电话何时打进来的，谁打的，我都不知道。"她的回答听起来好像是躲躲闪闪的，其实说的都是真话。这一次她告诉合众国际通讯社记者："梦露小姐接到电话后好像感到不安。"这是她无法知道的。人们不禁要问，是不是有人将劳福德打电话的事有意告诉了她，所以她才与玛丽莲的朋友们合起来对付劳福德？其实，对处于疲劳状态的默瑞来说，她的大脑已经开始混乱。

8月7日礼拜二，默瑞好不容易才返回第五海伦娜巷 12305 号，她要为次日玛丽莲的葬礼挑选服装。虽然挑选服装的事是玛丽莲同母异父的妹妹们应该做的，但她们还是请来默瑞帮忙，因为她更熟悉玛丽莲的服装。（默瑞她们 5 天之后的 8 月 12 日礼拜日又返回这里，含着泪水为玛丽莲整理遗物。）

默瑞在玛丽莲家里一边忙，一边回答记者的问题，此外还要准备玛丽莲的葬礼，但玛丽莲的朋友们继续发泄他们的怒火，尤其把怒火发向了这个所谓的管家。多萝茜再次扮演他们的传话筒。玛丽莲的一个近友说："加利福尼亚的记者都不承认默瑞作为'管家'的身份。如果她仅仅是普通的管家的话，那我还是杂技演员呢。"

一个没有透露姓名的朋友继续发泄其强烈不满：

> 之前她在哪里当过管家，为谁当过管家，记者为何不问一问？我想他们将发现她是私人的朋友，是搞室内设计的，是玛丽莲的医生请她搬进来的，为了守在玛丽莲身边，不让她从视线里消失。玛丽莲服用了大量的致命的耐波他，居然允许她将自己锁在卧室里，这让人太伤心了。
>
> 毫无疑问，她把这场悲剧的独家版本卖给了国内的一家报纸。她对记者说得很少。比如，她告诉他们："最后那个电话好像使玛丽莲感到不安。她进入玛丽莲的卧室后，发现她真的很压抑。"但默瑞太

太从未解释玛丽莲做了什么或说了什么才给她留下不安和压抑的印象。如果玛丽莲晚上 8 点真的感到不安和压抑的话，那默瑞太太为什么等到凌晨 3 点才过来看她呢？如果她仅仅是个管家，那她为何还要检查她的雇主，凌晨 3 点寻找从门下透出的灯光呢？她应该留在自己家里才是，何必四处打探。当然了，如果她是玛丽莲私下请来的保镖，那又是一个问题。

多萝茜在文章中写道：

> 可怜的玛丽莲之死将要成为谜团，因为好莱坞迫使大家三缄其口，其实是不必要的。如果这场悲剧发生在辛辛那提州，真相就能公开，用不了几天大家都能知道，但这里是加利福尼亚，人们议论纷纷，因为处理事件的方式并不透明。在佩利·马森的领地上，玛丽莲之死变成了《不老实的管家案件》。

玛丽莲葬礼之后过了几天，默瑞从圣莫尼卡海洋大道 933 号搬了出去，身后并未留下联系方式。她的左邻右舍说，玛丽莲死后不久，默瑞突然有了钱，还有不少人说她到欧洲做了 6 个月漫长的旅行。其实，这次旅行为时仅有 6 周，安排在玛丽莲外出之后。1973 年默瑞对佐罗托说："这次旅行早就安排好了。玛丽莲已经安排人来替我。我先到蒙特利尔，然后是巴黎和日内瓦，与我的妹妹和妹夫相见……我们租了一辆汽车穿越瑞士、法国、荷兰和德国。我从未掩饰自己的行踪……我一辈子都没逃走过。我外出旅行总要把电话号码留给女儿。"

至于纽科姆，1962 年 8 月 8 日礼拜三，玛丽莲的葬礼之后不久她就离开了亚瑟·雅各布斯的新闻公司：她不让摄影师拍照，她对记者又守口如瓶，这严重损害了公司的形象，她的老板别无选择，只能把她解雇。被解雇之后的她很快搬出了圣莫尼卡的公寓，作为劳福德夫妇的客人，她来到肯尼迪的家里住了下来，她不久就成了肯尼迪团队的一员。

8 月 12 日礼拜日有人发现她和肯尼迪总统、劳福德夫妇等人在游艇上，当时他们正在缅因州的约翰斯岛游玩。一周之后的 8 月 19 日礼拜日，又有人发现她跟总统在一起，这一次是在劳福德的家里。等到月底，她又去了欧洲。1963 年 2 月她返回美国，因为博比·肯尼迪的大力推荐，她开始从政府那里领工资，头衔是美国情报署电影专家。

1963 年 11 月 22 日礼拜五，肯尼迪总统在得克萨斯州达拉斯遇刺后，纽科姆帮助照顾博比的孩子们。同年 12 月，她又返回好莱坞继续做公关专家，专为女演员阿莉妮·达尔处理事务；1964 年 10 月，她又协助肯尼迪竞选纽约州参议员。1966 年她重返廷瑟尔敦为女演员娜塔莉·伍德的事业开道。1968 年 6 月博比·肯尼迪死后，纽科姆返回 20 世纪福克斯，再次充当公关专家，在拍摄音乐片《多莉你好》的过程中，她开始为女演员兼歌手芭芭拉打理事务。因为在梦露一事上纽科姆从不乱说，所以芭芭拉才选中了纽科姆。

1970 年 8 月，纽科姆来到华盛顿为沙金特·斯瑞沃刚刚成立的"未来国会领袖"做事，之后又为 12 月国会竞选替民主党候选人在国内拉票。纽科姆晚年成为米高梅公司的副总裁。

在纽科姆的一生里，她对梦露的忠诚始终如一，说到玛丽莲，她总是三缄其口。玛丽莲逝世数周之后，有不少人想请她讲述玛丽莲的故事，她都一一推掉。她对好莱坞专栏作家麦克·康纳利说："玛丽莲生前付我酬劳，我不能在我最好的朋友死后再靠她赚钱。"令人感动的是，她没有食言，到了今天也没有。

劳福德从来没有认真下笔描写这次事件。他明白，如果下笔的话，他就得向世人承认，在玛丽莲等待援助时，他没有尽到责任。过去不少人都说小乔·迪马奥打来了最后那个电话，其实最后与梦露通话的人是劳福德，这一点是没有疑问的。此外，玛丽莲短暂的男友勃兰诺斯、服装设计师亨利·罗森菲尔德和发型师希德尼，以及玛丽莲自以为的好友珍妮·卡尔曼，他们说的话都不必当真，他们都声称在玛丽莲逝世那一夜和她通过电话。

劳福德担心被众人指责，所以不承认最后那个电话是他打的。然而，玛丽莲周围的朋友都知道那个电话是他打的。此事渐渐传开，多萝茜听说后在玛丽莲死后的第三天将此事刊发在专栏里。她写道："他们（那些朋友）还推测出，小乔·迪马奥打完电话之后，劳福德又打了电话，他不是在迪马奥之前打的电话。此前他还乐滋滋地告诉警方，她不过是有些睡意，其他没有问题。"

玛丽莲死后数日，劳福德的缺点就在廷瑟尔敦传开了，百老汇/好莱坞有不少人一提到劳福德就说他是"辜负玛丽莲·梦露的男人"。他的名字在酒吧间、烤肉馆、晚会和片场遭到众人的唾弃。1966年3月，记者发现劳福德悄悄来到玛丽莲的墓旁，放上了3束新鲜的雏菊，这是玛丽莲最喜爱的花之一。他在余生里都将对玛丽莲的死感到愧疚。

不少神话说到玛丽莲最后的几个小时，其中广为流传的一个就是劳福德造出来的——这与玛丽莲临终那句不朽的话有关："和派特（他妻子）说再见，和总统说再见，还要和你说再见，因为你是大好人。"

其实玛丽莲死后他就开始胡说。8月5日礼拜日，劳福德与劳福德夫人因玛丽莲之死发生争吵(她说他应该更多地帮助她)，劳福德为了平息母亲的怒火，突然说玛丽莲在与他的通话中有话留了下来。不过，这不是我们熟知的那句有名的话。劳福德为了使自己更为有利，又把话修改了一遍："和派特（他妻子）说再见，和杰克（肯尼迪总统）说再见，还要和你说再见，因为你是大好人，查理。"（查理是鼠群乐队同伴送他的绰号，因为他一抽香烟就咳嗽，他的同伴想起了他在1942年的喜剧片《原谅我的裙子》里扮演的角色"海豹"查理。）

玛丽莲的遗言就是这么出笼的。1962年8月8日礼拜四劳福德接受旧金山记事报采访，1962年8月他接受洛杉矶先驱报采访（此时他暗示说，给玛丽莲最后打电话的那个人是他不是勃兰诺斯），以及1970年代玛丽莲的所有传记，都没有提到玛丽莲的遗言，其实劳福德用了9年才编出了玛丽莲所谓的临终遗言。

1971年，劳福德的事业徘徊不前，高调演出的角色几乎没有（《中魔》《弗吉尼亚人》和《多利斯白日秀》，他在这些电视剧里扮演的不过是小角色)，此后他开始贩卖昔日的辉煌，尤其说自己是最后与玛丽莲通电话的人。劳福德借此来重振他的演艺事业，逢人就说是他打了"最后那个电话"。当初他反复抵赖此事，如今又津津乐道。

那一年的10月份，他又向资深作家厄尔·威尔逊兜售他那极为夸张的故事，威尔逊将他的故事首次发表在《无人知道的演艺圈》上。两年之后，威尔逊又在1974年1月出版的《揭发演艺圈》里旧事重提，所以劳福德的故事再次引起读者的注意。将近40年后，玛丽莲子虚乌有的临终遗言已经成功地进入大众的意识、梦露的传记和几乎所有与玛丽莲相关的图书、杂志及电视节目。但真相是，玛丽莲从未说过那句话。所谓临终遗言不过是劳福德充满负罪感的想象，其目的是想平息他母亲的怒火。

1975年10月16日礼拜四下午5点，记者安东尼在《男人》杂志上发表了《谁杀死了玛丽莲·梦露？》，作者在文中强烈批评洛杉矶警察局，因为他们当初对这一案件处理不当，之后警察局被迫首次讯问劳福德。讯问地点在劳福德洛杉矶的家里。但他提供的信息几乎一文不值。此时的劳福德已经不是肯尼迪家族里的人，但他与总统遗孀杰奎琳还有来往。劳福德居然篡改历史，说1962年8月4日至5日那个周末，博比·肯尼迪不在洛杉矶，还声称那个晚上给玛丽莲打电话是想询问对方为什么还没有赶到他的家里。

不仅如此，根据劳福德的经理米尔顿·埃宾斯的说法，他已经与现实失去了联系，因酒精、可卡因和其他扭曲意识的药物，他几乎总是活在现实之外，对他那飘忽不定的过去来说，他说的话一点可信度都没有。1974年劳福德接受记者肯·胡德的采访，在采访中他说妻子"在纽约"，他说邀玛丽莲来家里是为了"打牌"，这足以证明他无法清晰地回溯那天晚上发生的事件。

他的另一次回忆里多少有点真相——"她说话含糊不清……她的口音变得越来越模糊"——但接下来他又开始胡说八道。他说在电话里他高声喊叫，想唤醒对方，说那等于"用语言打她一巴掌"。文章中引用劳福德的话，说他当时"觉得不对劲"，这句话还挺靠谱的，他还说埋怨自己没亲自过去看一眼。

当初劳福德告诉警方，在玛丽莲逝世的那个晚上，他"想劝她忘掉碰到的问题，过来与他和妻子吃晚饭"，这从另一方面证明埃宾斯对他的指控是正确的。其实劳福德忘了，那个周末他的妻子正与总统哥哥和众多其他家族成员度周末。

让玛丽莲痛苦的还有格林森医生。玛丽莲逝世后，声讨格林森的信件马上邮到了他的家里和办公室里，来信者骂他是"罪犯""庸医"或"好莱坞的凶手"。他对玛丽莲之死很在意。1962年8月15日礼拜日，在他写给玛丽莲的好友诺曼·罗斯汀的信中说："真是难以下笔，因为行诸文字之后事件变得如此真实，无法改变。我们希望这事儿不是真的，或有所挽回。我想我能接受玛丽莲死亡这一事实，但再也见不到她或再也听不到她，这又使我无法相信……"

默瑞、纽科姆和肯尼迪兄弟，以及劳福德和格林森，他们的生活还在继续，虽然他们还要承担着难以承受的愧疚感。与此同时，1962 年 8 月 5 日礼拜日上午，玛丽莲·梦露的遗体静静地躺在太平间里不锈钢的台面上。现在等着她的仅有尸检和葬礼。当凯·盖博作为第一个朋友和名人前来与她告别时，她的遗体仍然是余温未散。凯·盖博庄重地说："我上午 7 点从新闻里收到消息（太平洋时间），上午就为她做了弥撒和祈祷。"

接下来悼念的人有导演乔治·丘克。他说道："我真不敢想象。这事确实令人伤心。很悲伤。外面传言他们将继续拍摄《濒于崩溃》，但都没定下来。我并不认为对片子的失望使她走入这个结局。我想，她一生里都有这些她想战胜的问题。最令人感到惋惜的是，我当初尽力了吗？遇到这种事，大家都要扪心自问。"

专栏作家多萝茜作为朋友说："我听说玛丽莲死后，我说：'哦不，不可能。'几乎每个人都是这个想法。但是，电话里传来种种细节，我发现自己在想：'当然，当然。怎能有其他结局？裸身、药瓶、唱片机、孤单一人……'"英国男演员、歌手、《让我们相爱》男主角弗兰基听说玛丽莲死亡的消息后难以遏制胸中的愤怒："这都是好莱坞做的好事。"他的指控自然遭到了廷瑟尔敦那些人的反驳。丘克反驳说："说好莱坞葬送了玛丽莲，这真是胡说八道……好莱坞创造了玛丽莲。"与他持相同意见的还有《不合时宜的人》导演约翰·霍斯顿。他指出："这个姑娘服药成瘾，都是他妈那些医生做的好事。这和好莱坞的电影公司没有任何关系。"赫斯特公司的一个专栏作家赞成他的说法："朋友，那些专业的和不专业的心理分析医生，他们在那个可怜的夫人身上大显身手，难道不是吗？"

玛丽莲的演出教练斯特拉斯伯格夫妇所说的话，大概最能说明问题。在那天上午发布的声明里，他们推测说："她不是自杀。我们并不怀疑这是一次不幸的意外事件。她的睡眠确实有问题，但那些安眠药帮不了多少忙。"接着他们又说，"她每种药服用的时间都不长，她必是意外服药过量。如果是自杀的话，那方式将大为不同。比如，她不可能一个字都不留下就走了。还有其他原因，我们在此不想讨论，这都使我们确信她不想结束自己的生命。"（他们夫妇话里话外是在暗示 8 月 2 日礼拜四玛丽莲解聘他们一事。）

伊妮兹·梅尔森赞成他们的说法："性格上玛丽莲不是自杀的人。"迪恩·马丁也宣布说："我不相信她有意结束自己的生命。我断定这是一次意外。几天前她还来我家里，当时她很高兴。"她的前夫亚瑟·米勒完全赞成他们的意见，说："我相信玛丽莲之死不是有意的。她不是自杀的。我确信这是一次可怕的意外事件。"

摄影师乔治·巴里斯与他们持相同见解。他提到最近为玛丽莲拍照一事，说："这个姑娘为了拍照在刮风的海滩上逗留 5 个小时。她永远都不会服输。如果她想自杀的话，她不会为了她的传记与我一同精益求精。她的未来还有很多东西，我知道她也是这么想的。"公关专家阿兰也以明确的语言指出："那天晚上玛丽莲不可能结束自己的生命，因为她这个人太虚荣了，怎能让自己戴着一头金发躺在那黑暗的棺材里。"

玛丽莲之死自然也使不少人感到迷惑不解。凯莉听说玛丽莲死后，极为震惊，据说她说："此事令我极为震惊，我不知说什么才好。我今天下午还要与她相见，我们明年还有项目要做。她状态极佳，很高兴，对未来的项目很兴奋。我真是无法理解。"玛丽莲在银屏上的竞争对手曼斯菲尔德也感到无比震惊，她说："我真是无法相信。我感到无比惋惜。我真的感到无比惋惜。"有人采访杰奎琳·肯尼迪，她仅仅说了一句："她将继续永生。"身在意大利的女学员索菲娅·罗兰听说玛丽莲的噩耗之后，默默无语。她无法控制自己的感情，失声痛哭。

为玛丽莲之死感到震惊的人不仅有政治人物或电影明星，世界各地无数的普通人也深深陷入悲痛之中。有报导说在美国掀起了自杀潮，纽约有个自杀的人留下遗言说："如果世界上最美丽的人都不想活了，那我也不想活了。"墨西哥也有人自杀，有 3 个墨西哥少女因玛丽莲之死自杀身亡。警察说，在其中一个少女的房间里发现了梦露的照片。两个少女服用了安眠药，另一个少女喝了一瓶红酒，然后打碎酒瓶，用玻璃割开手腕。

世界各地的报纸自然要就玛丽莲之死刊发专题，大家把矛头都指向了演艺圈。莫斯科的消息报首先发难，以惊人的笔调写道："玛丽莲·梦露是好莱坞的牺牲品。好莱坞生了她，又害了她。"斯德哥尔摩的挪威人报也指出："她是聚光灯下的牺牲品，苛刻的要求、不停地拍戏、一阵阵欢呼和电影马戏团里的杂耍葬送了玛丽莲。"

　　然而，罗马的时报从另一个角度分析玛丽莲之死，文章中指出现代电影中心被迫为了艺术承受沉重的压力，文章以惊人的文字宣布说，她是被我们谋杀的。文中问道："谁害了她？如果我们看看自己的脸，就不得不承认：'我们害了她。'"与此同时，欧洲的其他报纸还有与上述相反的说法。德国的法兰克福晚邮报用伤感的笔调说出了很多人的心里话："世界已经将她藏在心里，现在世界的心脏好像跳得慢了一拍。"但是，大概在玛丽莲的祖国最好的悼念文章来自纽约邮报："玛丽莲·梦露之死的影响是国际性的。作为演员，她的名望比她的演技还大。"值此情感波动之际，这句话可能是就玛丽莲之死写出的最好总结。

　　玛丽莲之死自然也被推上了各家电视台的专题，他们很快专门录制了怀念她的节目。美国著名心理学家乔伊斯医生还把为国家广播公司制作的一档节目送与玛丽莲，他问道："如果是自杀的话，原因何在？"作为系列报导之一，这家电视公司还为玛丽莲推出1小时的广播专题，专题名为《名如浮云》，其中收入不少故旧的回忆，如乔治·丘克、理查德·梅里曼和米尔顿·格林。不过，有些人与玛丽莲并不接近——心理医生科妮莉娅就是其中之一。玛丽莲逝世之后科妮莉娅也开始讨论她的心理问题，其实玛丽莲从来都不是她的患者。

　　在潮水般的悼念、指责和猜测之外，8月5日礼拜一上午洛杉矶西海岸时间6点零4分（东海岸时间9点零4分），还有人从圣莫尼卡给身在白宫的肯尼迪总统打来电话。因为总统正在和家人度假，接线员只能把电话转过去。电话记录证明，这次通话持续二十几分钟。打电话的人正是晕头转向的、半醉半醒的劳福德。他打电话的原因仅有一个：将好莱坞著名影星逝世的消息通知对方。

第十一章

涟漪

1962 年 8 月 5 日礼拜日—1985 年 10 月 28 日礼拜一

8 月 5 日礼拜日早 7 点，35 岁的洛杉矶助理卫生检查员托马斯·诺古奇医生赶到办公室。他已经习惯在周日工作。对洛杉矶的验尸官来说，周日是最忙的一天，与一周里的其他日子相比，不知何故周日有更多无法解释的死亡。他脱掉外衣，坐到写字台后面，扫了一眼死亡者名单，他们都是在过去 24 小时之内死因不明的人。不过，这一天又有所不同。在那天上午送来的 18 人里有"玛丽莲·梦露"的名字。他还以为这纯属偶然，以为有人与世界著名演员同名，所以就没有多想。多年来他都是玛丽莲的崇拜者，要是说上面的人指的就是那个著名影星，这无论如何也是无法理解的。

此刻，他的电话响了起来。来电话的人是他的老板科菲大夫，对方告诉他死者确实是那个众人爱戴的女演员，银屏上一度的著名人物，如今在验尸官那里的编号是 81128。科菲指示还没回过神来的诺古奇亲自为她尸检，不能让助手代劳。

从上午 10 点 30 分开始，在 1 号不锈钢台面上，梦露的尸检持续了 5 个小时，血、肝、胃、尿、肾及肠等一一采样。他还派人对玛丽莲床边那 8 个药瓶进行化验。他回忆说："没有注射的痕迹，我寻找针头留下的痕迹，这是尸检的标准程序。她身体的表面没有针眼，从针眼能判断有没有用药……我所做的尸检还包括阴道里的物质，我用显微镜做过反复研究。没有发现性交的迹象。"诺古奇医生进行尸检，区检察院来的约翰·麦纳当时也在场，对于尸检他们持相同意见，他也在遗体上反复查找针头留下的痕迹，但上面确实没有。

此外，在验尸报告上还写着，在面部铁青之外，"背部和臀部左侧有轻微的淤癜"。所谓淤癜是指淤青或擦伤，因为组织受伤后，毛细血管受损，血液渗入周围组织。淤癜的特点是皮肤出现紫色，一般是由顿挫造成的。在玛丽莲的问题上，她从地上被人抱起放到床上，或者她前一天下午与纽科姆搬弄家具，这最有可能造成顿挫。

后来，麦纳又仔细阅读同事的尸检报告，承认其中有一点使他感到不安，报告中提到"结肠臃肿，出现紫色"。众多持怀疑态度的人就此强调，有人使用了灌肠药，据此可以断定为毒药。在研究这一问题时，我和著名的病理学家讨论了他们提出的问题，病理学家指出："你使用灌肠剂等于大量用药。身体迅速吸收。"有趣的是，他的意见是："如果用这种办法投毒，连胃都无法达到。毒药仅仅能走入肠道。"在众多案例里，他的话都得到了验证。然而，在玛丽莲那里，他的话未必正确。1961 年夏，根据纽约内科医生理查德·科特里尔的说法，因为精神压抑，玛丽莲身上诊断出大肠炎，这能解释淤癜和变成紫色的结肠。此外，其他验尸官也同意，人死亡之后，身体的这一部分开始变色。

验尸报告显示，玛丽莲每 100 毫克的血液里就含有 8 毫克水合氯醛和 4.5 毫克耐波他。这说明死前的 5 分钟里，她服下了大约 17 500 毫克的水合氯醛，比平时每日用量大了一倍，（在晚 7 点之前）还服用了总量约 2 400 毫克的耐波他——换言之，这些药物等于 24 粒胶囊，这还仅仅是周五用药的一部分。在她肝脏内发现的那 13% 药物证明，她临终前有好长时间都在吸收药物。如我们所知，下午 5 点左右玛丽莲就开始服用耐波他，这大概是在她临终之前 3 小时 40 分钟发生的事。此外，因为水合氯醛与耐波他相互抵消，玛丽莲已经对这两种药物有很高的耐药性，虽然她刚刚开始服用水合氯醛。还有，因为快速抗药反应这一现象，她要服用越来越多的药才能发生药效。

持阴谋论的人经常借用诺古奇提出的两个细节，来说明玛丽莲并非死于过量服用巴比妥。一、她的遗体里没有发现巴比妥留下的"折射晶体"，玛丽莲死后胃里留有残存物才对。如尸检报告所指出的："胃里几乎是空的……没有发现药物的残留物。在显微镜下对胃里残留物进行分析之后，没有发现折射晶体……在显微镜下对十二指肠进行分析之后，也没有发现折射性晶体。"

其实这一问题没有多大意义。因为玛丽莲服用巴比妥上瘾。她的胃对摄取的药物已经熟悉，如同摄取食物。药物迅速消化，进入肠道，像玛丽莲那样经常服用药物的人死后胃里也不会留下药物的痕迹。

还有人指出，玛丽莲胃里没有发现耐波他胶囊留下的黄色染料。玛丽莲死后数小时才被人发现，12小时之后才进行尸检，所以要在她的胃里发现黄色染料是没有道理的。验尸官都同意，胃酸很快就能消化胶囊，因为胶囊就是如此设计的。再说，耐波他自身并没有颜色物质，所以也留不下痕迹。所谓黄颜色都来自胶囊，如果玛丽莲打开胶囊，将里面的药放入水里服用——这也是她经常吃药的方式——她的胃里也留不下痕迹。

这里还要提出一点，如果经常服药的话，吸收药物的时间自然缩短，这一点在玛丽莲那里正好适用。事实上，那24粒耐波他胶囊在她的体内仅用20分钟就能消化，这些药物也是按此设计的。玛丽莲在如此短的时间内服下大量药物，这对了解她的人来说并不新鲜。导演霍斯顿指出，1960年拍摄《不合时宜的人》，他看见玛丽莲一天服用二十几个胶囊，然后还不停地喝酒。

如诺古奇验尸报告所显示的，他特别请求将大肠、胃及其中的残留物进行检验，然后储存起来等待深入研究，这可能找出其他残留药物，明确她的死因。然而，等实验室的检验报告送来之后，他发现检验员并未按他说的对上述器官进行分析。他们检验的是血液和肝脏，但并未检查胃肠。为什么没有检验呢？如诺古奇所承认的："分析血液和肝脏之后，连同耐波他空药瓶和半空的水合氯醛药瓶，都足以证明这是自杀，所以实验室负责人雷蒙德显然认为不必再进行其他分析……但我应该坚持才对。我没有坚持下去。作为一般人员，我没办法向负责人提出挑战。"仅仅数周之后，1962年8月末，诺古奇左思右想之后来找雷蒙德，问他当初送过去的胃肠还有没有。对方告诉他，因为已经结案，胃肠都被扔掉了，他听后大为震惊。

所谓"不确定性自杀"案件，也就是无法判断是意外死亡还是自杀死亡，遇上这样的案件科菲大夫总要派几个行为科学家进行复查，在玛丽莲的问题上也是如此，他请人来研究玛丽莲的生活方式。这些行为科学家在罗伯特·里普曼医生的率领下进行研究，他是加州大学洛杉矶分校的心理学家和教授，此外还有诺曼·塔巴克尼克医生和防止自杀中心的医学博士诺曼·巴比洛医生。

8月6日礼拜一，上述医生开始了他们的心理解剖，他们先是采访熟悉玛丽莲生活的人。拉尔夫·格林森医生告诉他们："玛丽莲有很严重的情感问题，但对治疗反应良好。"纽约精神病诊所的人也在采访之列，因为玛丽莲在死前的2月份在这家诊所短暂就医。此外，他们还在好莱坞采访了在玛丽莲最后数月里与她说过话的每个人，其中有她的律师。他们试图研究玛丽莲最后的那一天，尤其是她临终前的时光。为此，他们自然拜访了玛丽莲在布兰特伍德的家。之后他们把研究结果送到科菲那里。

玛丽莲死后，听说玛丽莲最后那个电话的记者都将此称为"夜晚的神秘电话"。原来报上还说打电话的人是玛丽莲的墨西哥朋友勃兰诺斯，文章推测玛丽莲因为与他的恋爱才自杀的。8月7日礼拜二，劳福德三缄其口，并不回答他们提出的问题。这时洛杉矶警察局开始寻找勃兰诺斯的下落。他们寻找的范围包括洛杉矶和他的老家墨西哥。后来他们在墨西哥终于找到了勃兰诺斯，他通过翻译为自己辩白，因为他的英语不好，他说那个电话不是他打的，玛丽莲的抑郁与他无关，6月末就没见到玛丽莲，而且7月的第一周之后就没和她说过话。

但对这个上进心极强的男演员和剧作家来说，这小小的荣耀竟然被他当成了猎取虚名的借口。8月13日礼拜一，他发现凡是玛丽莲的独家新闻报纸都喜欢（付钱），之后他不再掩藏，索性飞到洛杉矶西伍德公墓，有人发现他伤心地将鲜花放在玛丽莲的墓穴上。他还以庄严的方式为纽约日报和费城日报留下照片，然后说自己在玛丽莲死后一连4天浑浑噩噩，大骂乔·迪马奥不让他参加玛丽莲的葬礼，因玛丽莲的下葬方式痛批迪马奥。勃兰诺斯说："把象征电影的姑娘葬在荒凉的公墓里，这是一件可怕的事。如果她死在墨西哥，她能有国葬的礼遇。"

为了故弄玄虚，他还暗示说，那天晚上他确实与玛丽莲通过电话，还听说了"惊人的消息,那消息终有一天要震惊世界的"。世人都在等他说出消息……不停地等待……等到最后也没听着。传记学家安东尼在其1985年出版的《女神》里还就此事追问勃兰诺斯。但勃兰诺斯还是不说。原因何在?道理很简单,他没有故事可讲。最后,他和他空空如也的大脑一同进了坟墓。

故事到此还未结束,1963年7月14日礼拜日,勃兰诺斯与33岁的墨西哥女演员艾尔莎·阿奎利结婚,他们很快又离婚。勃兰诺斯急于在电影业成名的欲望并未削减,1966年12月,他为了向外人炫耀怀抱里的著名女性,又开始与意大利的银屏女星吉娜·洛洛布里基达约会。但是,如同他与玛丽莲的恋爱,他们的这次关系不过是短暂的、有花无果的。1994年6月11日礼拜六,投机者勃兰诺斯在自己的祖国逝世,如今他以"玛丽莲·梦露的恋人"留在大家的记忆里。

8月7日礼拜二,先驱论坛报的记者乔·海亚姆斯宣布:"玛丽莲·梦露周日(原文如此)逝世,身后储蓄账号上留下不足百元,个人支票账户仅有4 700美元。"玛丽莲资金不足的消息因此公之于众。米尔顿·鲁丁在回答众人的追问时,说玛丽莲之所以发生赤字,是因为她有很多账单要付,又因过去的债务被卷入官司,这其中就有在纽约还未开庭的税款案。之后,他附和海亚姆斯的指控,先把自己从中摘了出来,承认玛丽莲的家里"每天花费100美元雇用保安,难免捉襟见肘"。事实上,在玛丽莲的5个银行账户里,连同她两个家里的现金,她临死时名下仅有6 813.17美元。

玛丽莲已经缩水的资产还将因纷至沓来的账单继续缩水。玛丽莲死后几周内一张张账单落在执行人阿伦·弗罗施的桌子上。有的账单来自公司,有的账单来自个人,反正都是玛丽莲没有结账的,如水电部门(他们送来了203.31美元的账单)、南部燃气公司(要求支付185.62美元)、通用电话公司(274.61美元)、纽约电话公司(40.36美元)、磁溪水公司(3.60美元)、家具公司(313.92美元)、航空公司(205.59美元)、联合航空有限公司(411.18美元)、塞克斯服装公司(388.32美元)、环球照相公司(5 000美元)、清洁公司(1 241.60美元)、园艺师萨姆·塔泰什(939.55美元)以及莱蒙德秘书(689.30美元)。

然而,还有一些账单来自玛丽莲众多所谓的好友和助手,其中有米尔顿·鲁丁的律师事务所,他们为"法律服务"送来10 000美元的账单,拉尔夫·格林森的"专业服务"1 400美元，海曼医生478美元，化妆师斯耐德居然以照相为由要求1 800美元，阿格尼斯的发型费840美元，公关专家雅各布斯797.85美元，按摩师拉尔夫·罗伯茨470美元以及朋友诺曼·罗斯汀的妻子赫达也提出了882.01美元，但原因不明。

未付的税款占了一大份。税务局赶紧过来为当年讨税，这其中有加利福尼亚专营税（2 614.24美元）和1962年的联邦所得税（21 724.72美元）。但通过复查玛丽莲的档案，税务局发现梦露还要为过去的4年付税。玛丽莲为了减轻税款压力，申请过延期付税。她逝世之后，再也无法向后推迟，所以她过去的收入都要结清税款。

1958年的一笔22 665.49美元的税款马上核算出来，送达她的善后专员。为了结清税款，1959年、1960年和1961年的付税额度也被列入缴纳范围，之后，70 000美元的账单很快送达。纽约税务局同时送来一张10 000美元的税单，追要1958年至1962年的个人所得税。面对如此纷繁复杂的问题，难怪玛丽莲的会计师杰克·奥斯特洛被迫为自己的服务递上了一张2 500美元的账单。

各方的要求还未结束，默瑞那个亲戚、所谓打短工的诺曼也为自己要求两周的薪水360美元。默瑞紧随其后。令人大为不解的是，她送来的不是一份账单，而是两份：第一张400美元，支付玛丽莲逝世后她管理家务的费用，其实，用她自己的话来说，她有6周不在国内，"在欧洲旅行"。第二份账单1 000美元，原因是她为死者在加利福尼亚的家进行了设计与装修，其实这两件事她一件也没做。厚颜无耻的行径又达到了新的高度，因为戏剧教练波拉·斯特拉斯伯格从纽约发来一张32 269.37美元的大账单，索要"与玛丽莲相关的服务费和开销"。（经过几番讨价还价，她被迫将要求降到10 000美元。）没心没肺的20世纪福克斯因为缺少现金，也提出了他们的要求，因为玛丽莲"没有履行合同"，他们提出50万美元的赔偿。他们状告玛丽莲没能拍完《濒于崩溃》。（经过一番激烈争论之后，他们的诉讼被撤销。）

善后执行人阿伦·弗罗施也在其中捞了一把。他的律师事务所为"法律和会计服务"提出15 000美元。不过，大概最使人痛心的是下面两笔欠款，一笔是玛丽莲为购买第五海伦娜巷12305号从乔·迪马奥借的那5 000美元；另一笔是欠药店的58.57美元。令人伤心的是，玛丽莲还要为造成自己身亡的那些药物付款。

8月9日礼拜四，玛丽莲昔日的生意经理、如今她母亲的监护人梅尔森被弗罗施指定为玛丽莲加州遗产"特别管理人"。1961年1月14日礼拜六，这位律师极为幼稚地将梦露1961年1月14日立下的一份遗嘱公布出来。他律师事务所的发言人宣布："遗嘱很简单，有些人因为遗嘱中没有提到可能感到意外。我知道乔·迪马奥知道这份遗嘱的内容，所以才根据这些内容来邀请参加葬礼的人。"8月10日礼拜五，这份陈旧的遗嘱被承认有效并公开发表出来，遗嘱显示玛丽莲（现金、人身保险、个人资产以及在玛丽莲·梦露电影公司的股份）拥有100多万美元，其中为她住院的母亲每年承担3 500美元。10 000美元送与她同父异母的妹妹波妮斯。

此外，每年还要送与麦克尔·契诃夫2 500美元，此人一度是玛丽莲的戏剧教练。在剩下的资产里取出其中25%送与早已和玛丽莲并不来往的纽约心理分析医生克里斯和她的戏剧教练李·斯特拉斯伯格，后者还额外得到了玛丽莲的个人衣物与其他财物。消息传出后大家无不感到惊讶。

有人从一开始就对遗嘱提出不同的意见。10月，梅尔森就这份文件提出不同意见，指出玛丽莲是在两个主要受益人不当的影响之下才立下这份遗嘱的，但梅尔森的异议没被采纳，遗嘱被承认有效。3年之后，1965年6月21日礼拜一，又有人宣布说，玛丽莲的百万遗产几乎都要用来抵税，因为联邦税的最高税率为70%，虽然此时遗产执行人通过未付玛丽莲的工资和出让电视转播权，收回了80万美元，但这笔款项都不能免税。此外，税务局通过重估玛丽莲的资产，认为从1958年到1962年，有118 000美元不能推迟纳税。此时联邦个人所得税总额已达到452 000美元，州税达到64 850美元，遗产税达到150 000美元。此外还要支付各种债权人的优先款项173 288美元，所以梦露遗嘱执行人被迫正式通知遗嘱中的亲人和朋友，在可以预见的将来"任何受益人都不可能得到太多的钱"。

此时玛丽莲的母亲在疗养院的花销已经达到4 133美元，所以连赡养母亲的钱都不够。有人紧急找来遗产执行人商讨办法，但对方说无能为力，又有人紧急呼吁各方捐款。之后，他们接到了一封来信，信中写了三言两语，但没有落款："将此存入玛丽莲母亲的账户。"捐款仅为——两张1美元的纸币。这还是唯一的捐款。梅尔森不无伤感地说道："听说梦露小姐的遗产不足以支付她母亲的费用之后，好莱坞没有一个人慷慨解囊。"因玛丽莲的钱发生的口角还将继续8年。

与此同时，1962年8月第一周，因玛丽莲之死官方进行的调查还在继续。玛丽莲已经在5天前（被官方宣布）死亡。美国的媒体开始追问，洛杉矶训练有素的医疗队为何经过漫长的等待之后才得出结论。遇上大多数自杀案件，验尸官办公室24小时之内就能做出病理分析，就可能引起死亡的胃残留物和药物的性质提出说明。记者追问科菲这次做事为何拖拉，科菲反驳说："我的调查是按部就班进行的。"

8月，为了平息越来越多的追问，科菲医生赶紧召开新闻发布会，会上他含糊其辞地宣布"可能是一种以上的药物造成了女演员的死亡"，又说他"可"能下令调查，但要等下周毒药专家提出最终报告后才能做出决定。他宣布他手下的专家已经对从玛丽莲床边收集到的至少12个药瓶里的物质进行化验。科菲还承认，他始终留意在服用大量安眠药之外，玛丽莲还可能服用了速效毒药，如氰化物。

科菲又惊人地宣布毒物专家雷蒙德最初发现的结果，"玛丽莲死于大量服用药物，这些药物几乎能使她两次死亡。"（毒物专家雷蒙德与科菲说的原话是："她（玛丽莲）的血液里几乎有两倍致人于死的巴比妥。"）这番戏剧性的坦白被刊登在世界各地几乎所有的大报上（8月11日礼拜六英国的小报每日镜报也刊发了这一消息），但就科菲的陈述几乎没有人还想穷追不舍。有个在美国的记者属于例外。

科菲这非同一般的陈述，连同神秘的拖沓促使记者深入调查下去。1962年8月10日，记者的文章刊登在旧金山记事报的头版上，这也是我这项研究中最为重要的发现之一。清晰的黑白标题写着《玛丽莲一案碰到神秘的压力》，纽约时报做了如下转载：

　　昨天晚上，接近调查的人士说，调查玛丽莲·梦露之死的洛杉矶警察碰到"神秘的压力"。消息人士说："所以验尸官科菲至今没有告诉公众毒物专家在 36 岁女演员胃里到底发现了哪种毒药。这也能解释警方不公开电话记录的原因，上周六晚，在梦露小姐过量服用安眠药之前，她从家里打出了一些电话。警方扣押了电话公司的磁带录音。传说压力很神秘。这些压力大概来自最后几周与玛丽莲频繁接触的人士……一般来说，要调查自杀案件，上述电话记录在几日内就应对外公开。"

毫无疑问，因为玛丽莲想要接通肯尼迪总统的电话，又因为她死前见过总统的弟弟博比，所以美国政府对这一案件极为感兴趣，必然监视案件的过程。(1959 年 6 月 23 日礼拜二，科菲在洛杉矶的新闻发布会上宣布《超人》电视剧演员乔治·李夫斯用枪自杀身亡，当时很多人，连同死者的母亲，都坚信他是被谋杀的，所以说 3 年之前科菲就向压力屈服了。)

一周之后，8 月 17 日礼拜五，几乎在调查两周之后，梦露一案终于有了结果。30 个新闻记者挤在一个不大的破旧的小房间里，面对记者，洛杉矶验尸官科菲开始宣布，玛丽莲"长期心理不稳""有严重的恐惧感，经常感到抑郁"。他还指出，她的"情绪变化大起大落，难以预料。在紊乱的症状里，睡眠不安，最为显著，为此她长年服用安眠药，熟悉安眠药的效力及如何服用。(7 月，在格林森的指导下)梦露小姐接受心理治疗，其目的是想减少对药物的依赖，在最后的两个月里，治疗取得一定成效"。

此时诺曼·法布罗医生就坐在他的旁边，他继续证实说，梦露死于"巴比妥严重中毒……在她的肝脏里发现了安眠药物耐波他的残留物，在她的血液里发现了水合氯醛的残留物……她身上没有显示的被人杀害的痕迹……梦露女士无意中以悲剧的方式扮演了她演艺事业中最为重要的角色。她死亡的方式可能引起公众注意洛杉矶警方正在进行的调查，这对那些想要寻求自我毁灭的人来说也不失为帮助，所以说她的死并非毫无意义"。

他解释说，自杀调查小组说过，玛丽莲大量服药时可能并不想死；他们的调查结果说明，"当她失望或抑郁时，她几次都想自杀"。

这番话与上周出台的报告如出一辙。报告指出，梦露 4 次企图自杀，有两次发生在她 19 岁之前。心理学家指出，在每一次自杀企图之后，玛丽莲都找来他人解救。他们还说，8 月 4 日礼拜六晚上造成玛丽莲逝世的方式与前几次没有变化，唯一的不同是这一次无人解救。"我们听说，梦露小姐经常说她希望停下来，撤回去，甚至死掉。"〔海曼医生 1982 年接受采访时推翻了这一说法。"我发现仅有一次她喝多了酒，可能是稍稍多服了药（指 1962 年 7 月在加利 - 内华的那个周末）。但那次她并不想自杀。"〕

与诺古奇医生的调查结果相呼应，科菲当时宣布玛丽莲的死亡是过量服用安眠药耐波他造成的。她死前两三天内就开出了 40 粒或 50 粒。她卧室的药瓶是空的……他最后下结论说："毒物专家的最后报告和心理顾问的报告已经完成，所以我的结论是，玛丽莲·梦露的死亡是自己过量服用安眠药造成的，其方式很可能是自杀。"之所以用"很可能"来形容，是因为玛丽莲身后未留下遗书。如果没有遗书的话，根据验尸官办公室的做法，他们是不能使用"自杀"二字的。

有记者问诺曼医生，8 月 5 日礼拜日（原文如此）梦露死亡时，她有没有"格外不安"，他没有正面回答，说："我能告诉你这一点。最好是根据事实来推测。"他还承认，这次自杀调查揭开了梦露人格上的一些"矛盾"。他承认："至于报告内容，我不想妄加推测，但我们确实调查了狂想和死亡的想法。"

科菲医生向世人宣布玛丽莲之死"很可能是自杀"，然而诺古奇并不同意。他找到负责自杀调查的罗伯特·里普曼博士质问他为何要说玛丽莲的死亡"很可能是自杀"，因为他们从医学上找不到玛丽莲口服安眠药的证据。里普曼回答说："这事我的部门不负责。我研究玛丽莲的心理学家和医生提出的意见，分析他们的想法和他们留下的文件。"诺古奇沮丧地指出："玛丽莲可能是自己服下的耐波他，药囊的残留物可能排进大肠。但他们从来都没化验。所以究竟如何谁也说不清。"

然而，根据科菲宣布的意见，他们修改了玛丽莲的死亡证明。在"死亡方式"一栏里，诺古奇圈上了"自杀"，但后来又在旁边用铅笔写上了"很可能"几个字。1973 年 8 月，诺古奇接受梦露传记作者佐罗托的采访，他就此事做了解释，"根据我的研究，还有毒物专家的报告和行为科学家的报告，我得出了很可能是自杀的结论，原因是巴比妥严重中毒，尤其是大量服用耐波他和水合氯醛。任何一种药都足以断送梦露小姐的性命。

"习惯性服用安眠药的人有时忘了服用的粒数，无意中害了自己，这事确实存在，专业上将这一现象称为'自动作用'，也就是说服药的人自动服下他能承受的药物，按照我的经验，这种意外事故仅仅在服用几片药时才能发生，你忘了数数，你无意中可能服了 10 粒，结果摄入 1.5 毫克的药物，这些就足以置人于死地。但是，要是服用了 40 粒或 50 粒胶囊的话，那就足以说明有意自杀。"

有人问诺古奇玛丽莲的胃里为什么没有耐波他的残留物，他回答说："这事并不少见。服用巴比妥成瘾的人都有'排泄综合症'，也就是说，药进入胃里之后很快排进大肠，因为胃已经适应耐波他……如果服药的人胃里没有食物的话，那一般来说胃就是空的。"（此言不虚。玛丽莲临终之前确实没吃东西。）总之，他说梦露的死亡"显然是巴比妥中毒"，这一说法是正确的，他还证实"作为刑事病理学家，以我多年的经验判断，她是自己造成的。我估计我经手过 1 000 次尸检"。（诺古奇后来还为其他世界名人做过尸检，如博比·肯尼迪、女演员莎龙·泰特和娜塔莉·伍德，所以有人将他戏称为"明星的验尸官"。）

1970 年 8 月 12 日礼拜三，因为玛丽莲 1957 年拍摄的《王子与舞女》一片出让了电视转播权，所以她终于在死后还清了生前没有还清的债务。那一天阿伦·弗罗施挺着胸脯宣布说："我们终于还清了所有债务。"每个债权人都能得到"百分之百的"收益。手里有了 125 万美元之后，他估计从那一刻起，玛丽莲的遗产里每年都能有 20 000 美元以上的收入。

然而，他高兴得太早了。仅仅在 5 年之后，1975 年 12 月 16 日礼拜二，玛丽莲的遗产再次碰到税务问题。税务局宣布，这笔遗产共欠税欠息 90 000 美元。根据加州专营税务委员会的说法，高等法院要追缴 1963—1970 年总额 51 234 美元的税款，此外还有 12 080 美元的罚款，更为重要的是，阿伦·弗罗施还要支付 27 603 美元的利息。此时与玛丽莲遗产接近的人才意识到弗罗施问题不小。1981 年 3 月大家的担心得到了证实，此时玛丽娅妮·科里斯提起诉讼，要求弗罗施赔偿从劫掠玛丽莲遗产中非法得到的 20 万美元。玛丽娅妮指出，弗罗施以非法的方式从遗产里为他自己提取薪酬。（后来诉讼在庭外达成和解，钱额不为外人所知。）

2010 年，玛丽莲拍摄的影片和版税及肖像权等年均收入达到 800 万美元。

（这些都是玛丽莲·梦露注册公司的代理公司科蒂斯管理集团完成的，其中的大部分收益属于李·斯特拉斯伯格的遗孀安娜·斯特拉斯伯格。1967年李与安娜在演员工作室相遇，3个月后结婚。1982年2月李·斯特拉斯伯格逝世，此时他那份梦露遗产转入妻子名下。他死后不久，妻子开始亲手成立玛丽莲·梦露注册公司，雇用洛杉矶律师里奇曼来巩固这一赚钱生意。效果极好。仅仅在当年，他们就赚了71 253美元。6年之后的1988年，赢利达到110万美元。）

在1983—1995年，里奇曼做了不少注册赚钱的生意，这其中有"玛丽莲·梦露服装店，伏特加酒的印刷品和电视广告，化妆品，以及一系列洋娃娃、T恤衫和咖啡杯"。2000年，安娜·斯特拉斯伯格又成立了玛丽莲·梦露注册公司，按照她的说法，她拥有梦露的对外宣传权。她是这家公司的大股东，安娜·弗洛伊德中心拥有其余股份，这个中心是伦敦的一家心理研究机构，1980年11月玛丽安妮·科里斯逝世后安娜·弗洛伊德中心继承了她的遗产。全球偶像注册公司的杰夫利·劳特曼最近宣布，在猫王之外，玛丽莲·梦露和男演员詹姆斯·迪恩在已故名人中是最有价值的品牌。（我毫不怀疑迈克尔·杰克逊将要走入他们的行列。）

然而，日进斗金的玛丽莲·梦露注册公司在2008年3月17日礼拜一碰到了大麻烦，美国区法院、加州中心区法院法官玛格丽特·摩罗裁定，科蒂斯管理集团和玛丽莲·梦露注册公司并不拥有对玛丽莲·梦露的"对外宣传权"，法官强调，他们"与法院周旋，目的是想从最近通过的加州法律里捞到好处，根据这项法律，对外宣传权属于名人不可分割的遗产"。

索尼律师评论说："这项裁决再次证明，玛丽莲·梦露注册公司和科蒂斯管理集团以注册玛丽莲·梦露为生意的企图宣告破产。根据《福布斯杂志》的说法，2007年注册公司的人大约支付科蒂斯管理集团700万美元，这仅是5 000万美元总收入的一部分，现在申请玛丽莲·梦露肖像的人可以以更低的价格和更高的利润向版权拥有者提出申请。"此后，申请人要和玛丽莲肖像权的不同拥有者提出申请，玛丽莲的众多肖像权很快集中在"玛丽莲·梦露注册集团"名下。2008年9月2日礼拜二，纽约的美国区法院同意以这种方式使用玛丽莲的肖像。

与此同时，1973年诺古奇就玛丽莲之死提出的说法并未平息阴谋论者的怀疑。1970年代和1980年代初出版了各种传记，而且有很多不太真实的文章发表出来，另外，纽约邮报刊发的文章和众人的推波助澜，迫使洛杉矶督察委员会于1982年8月11日礼拜三一致同意就玛丽莲死亡一案进行新的调查。

在督察员安托诺维奇的要求下，委员会指派约翰·范德甘普来调查时任验尸官调查员格兰德森提出的指控。格兰德森报告说原来那次调查并不规范，他可能是在"压力"之下签发了玛丽莲的死亡证明。他还说1962年那次调查不彻底，那个红色的笔记本在验尸官办公室里不见了，因为笔记本里详细记述了玛丽莲与司法部长博比·肯尼迪的关系和对话及她所知道的中情局活动。

为了回应越来越多的猜测，安托诺维奇指出，这些指控都很严重，所以区检察院办公室应该调查此事。委员会一致同意，如果能为指控找到依据，此案将提交大陪审团。与此同时，区检察官办公室赶紧指出，对于玛丽莲死因的调查不过是在核对讯问笔录，这一点纽约邮报已经指了出来，那些讯问笔录足以说明玛丽莲之死不同一般。根据委员会的要求，区检察官助理麦克·卡罗尔负责调查此事。

有趣的是，1962年负责此案调查的验尸官科菲并不是这次调查的成员，而且他还拒不与调查员合作。他对其中一名调查员说："如果我卷入此事的话，那就死定了。"但区检察官连一张传票都没送给他。原因何在？就梦露之死一事，他知道的是不是比1962年说出来的要多得多呢？还有，那些调查员为什么没有追问他，为什么没请他参与调查？令人遗憾的是，这些我们都无从知道。1986年11月，科菲逝世。

新调查的咄咄怪事还不仅这些。委员会连罗伯特·拜伦警官都没有走访，玛丽莲死亡的那天早上是拜伦接替科莱门斯警官，而且晚上又是他写出的报告。委员会询问的人里有海曼医生和那天夜里开救护车的斯通与亨特。他们没有询问拉尔夫·格林森，因为他在3年前的1979年11月死于心脏病，这难免让人感到遗憾。

调查组首先提出的问题是："那天夜里有没有发生凶杀？"他们重新研究了诺古奇医生的验尸报告和警方留下的几张照片。他们搜集到309份文件和5个小时的无人录音。但3个半月之后，调查宣告结束。那一年的12月，麦克·卡罗尔签发了一份声明,说"没有足够的证据证明谋杀"。声明中还说:"存在意外死亡的可能性,但自杀的可能性更大。"2006 年,哥伦比亚广播公司《60 分钟秀》提出问题:在玛丽莲死亡的问题上,存不存在有意掩盖,卡罗尔回答说:"因为不存在谋杀一说,所以也没有掩盖的必要,不过是令人尴尬的信息和关系。"令人遗憾的是,这后一点正是他们没有调查的空白。

总之,这次重新调查没有找到凶杀证据,但指出最初的调查方式不当。这次调查还强调,当天夜里赶到现场的警官没有保护现场,人们进进出出,可能破坏了证据。这次调查还指出,(如诺古奇医生所说)实验室里的组织样品和尸检结果在结论公布之后马上从验尸官办公室里消失掉了。(诺古奇指出,尸体采样从来都没出过问题,一次都没有。)如我在上一章所述,他们的报告还证实梦露死后遗体可能被人搬动,因为铁青(血液凝固),在不同的时间出现在身体不同的部位上。其实,这次重新调查一开始就遇到了麻烦。按照警察局里的规定,警方与玛丽莲之死相关的档案早已销毁了。

与玛丽莲一案相关的其他文件也是无从寻觅,其中最恶劣的就是玛丽莲的电话记录。因为玛丽莲住在圣莫尼卡山上,所以她从家里打出的电话都被视为长途电话,每一次都要记录在案。自从有人传说玛丽莲临死时手里还握着电话之后,记者乔·海亚姆斯就想找到她的电话记录,希望找出她临终前通电话的那些人。另一个记者也有这一想法。然而,他们的努力都没有成功。这显然是人为造成的。如通用电话公司雇员对海亚姆斯所说的:"这里乱得一塌糊涂,对玛丽莲电话感兴趣的人不是你一个。"

根据合理的推测,玛丽莲死后她的长途电话记录就被特工悄悄调阅了,这些人身着"深色西装",脚上穿的是"锃亮的皮鞋"。她的死亡已经变成"极为秘密的、情报部门的目标"。如海亚姆斯所说,就他所知,为了掩盖某事或保护某人,以这么快的速度抢走相关的电话记录,我还是闻所未闻。这里要保护的人必然是博比·肯尼迪。

根据胡佛和洛杉矶警察局长帕克的指示,詹姆斯·汉米尔顿没收了玛丽莲的电话记录,根据肯尼迪图书馆的说明,汉米尔顿是司法部长的好朋友。玛丽莲逝世之后 4 个月,据说帕克要来了与玛丽莲一案相关的 723 页文件,这其中就有她的电话记录,而且他还向华盛顿的"一个人"出示了这些文件。根据肯尼迪图书馆收藏的信件，1962年12月12日礼拜三，帕克与博比·肯尼迪在马里兰州学院公园里的学院公园汽车旅馆见了面，这次见面为的是"他们共同感兴趣的问题"。掩盖玛丽莲死亡真相的企图从这时就开始了。毫无疑问，帕克正是重要的组织者。

1966年7月16日礼拜六，寻找这些文件的记者必将大失所望，因为帕克在接受奖章时跌倒在地。他被紧急送往医院，35分钟之后被宣布死亡。那一年帕克64岁。帕克死后，记者以为他的死必将揭开玛丽莲电话记录的面纱，等他们赶到帕克的办公室才发现那批文件再次消失；一个最近才从联邦调查局辞职的特工将文件卷走了。

16年之后，这批文件又神秘地浮出水面。1982年，洛杉矶区警察院办公室接到洛杉矶警察局送来的复印件。然而，此时原来723页的文件已经变成了54页。（原来的文件很可能在20年前被人销毁。1974年8月27日礼拜二和1975年10月22日礼拜三洛杉矶警察局分两次寻找这批文件。不过，他们并未找到。）

有趣的是，1962年调查时留下的那些文件并非来自警察局，而是来自帕克的继任者布朗的家里。1970年10月布朗逝世，他生前对科莱布特里说，在玛丽莲逝世那个夜里，她床上有一张纸，上面写着白宫的电话号码。所以他确信（后来证明是不正确的）她临死之前想要给肯尼迪总统打电话，而且他对此事始终守口如瓶。如我们所知，那一天玛丽莲确实试图与总统通话，但那不是她临死之前几分钟要办的事，那是几个小时之前的事。

有人说这些文件是在布朗自己的"私人档案"里发现的，其实玛丽莲最后的电话记录是从他的车库里找出来的。因为众多梦露传记作者不懈的努力，玛丽莲最后打过的那些号码才变得更为清晰。然而，1962年的那批文件还有很多页码不知去向。

1982年8月19日礼拜四，重新调查才刚刚开始8天，男演员泰德·乔丹就站出来说他手里有玛丽莲的红色日记。他对记者宣布："这些年来我对（日记）三缄其口，因为我害怕。"不过，人们对他的说法并不相信，自从乔丹说他手里有日记之后，比弗利山古玩商发言人科里斯·哈里斯就宣布说，他已将日记从10万美元提至15万美元，此外他还想和泰德·乔丹见面谈判。但乔丹始终不肯露面。麦克·卡罗尔还公开说，他想与乔丹研究日记一事。不知何故，他打去的电话都没有回音。

1985年10月28日礼拜一，洛杉矶大陪审团的萨姆·科德瓦在辞职后的新闻发布会上呼吁再次调查玛丽莲一案，说两次自杀裁定都留下了疑问。委员会请陪审团考虑他的请求。然而，区检察官艾拉·雷纳对此不感兴趣，因为没有必要重启调查，说科德瓦纯属自我炒作。按照雷纳的说法"他想出名都急疯了"。

15年之后的2010年，他们的意见仍然没有发生变化。按照洛杉矶检察院委员会的意见，1962年8月4日晚上(或8月5日礼拜一清晨)玛丽莲自杀身亡，原因很简单，她很抑郁。洛杉矶警方与他们意见相同，说他们没有证据怀疑此事。虽然历史学家和影迷纷纷提出请求，用现代的DNA检测技术再次对玛丽莲验尸(指甲或几根头发就足以确定玛丽莲临终前体内有没有毒药或致人瘫痪的药物，进而一次性了结此案)，但委员会的决定是最终的，要使他们改变想法几乎是不可能的。

第十二章

再见，玛丽莲

1962 年 8 月 5 日礼拜日—1962 年 8 月 8 日礼拜三

8 月 6 日礼拜一上午，纽约警察一大早就将东 57 街 444 号玛丽莲的公寓围起来，由警察局财产办公室接管其中的财务，等待法院宣布她的遗嘱。（这批财产将要封存 5 年，等到 1967 年 11 月第三周才结束。）财产封存是因为玛丽莲在纽约的律师阿伦·弗罗施提出申请后才实施的。一般来说在纽约城外发生死亡后都要执行这一程序。警方的财务清单上列有 41 件物品，是 4 件皮大衣（其中一件是白貂皮的），7 个披肩，几顶皮帽和几件首饰，其中有钻石别针，耳饰，戒指和金质护身符，一个护身符上的文字是："不要发狠，要发光。"

评价员估价后，皮草和首饰为 1 423 美元，个人物品、衣物和家具 11 057 美元。总共发现现金 3.50 美元。玛丽莲在第五海伦娜的另一个家与此相当，那边的衣物等私人财物总计才有 1 500 美元，家具等用品不过刚刚达到 2 486 美元。

一天之前，洛杉矶验尸官办公室接到弗罗里达州发来的电报。发电报的人是玛丽莲同父异母的妹妹波妮斯，因为玛丽莲的母亲生病住院，所以波妮斯是她最近的亲属。电文要求请乔·迪马奥来照顾玛丽莲的遗体。

殡仪馆的人开始寻找玛丽莲的直系亲属，此事由雇员格兰迪森负责。他找到了玛丽莲因病住院的母亲，但医院的主任说她没有行为能力。玛丽莲昔日的经理、如今为她母亲管理财产的伊妮兹·梅尔森建议联系波妮斯。然而，格兰迪森与波妮斯联系时，对方发来一封电报授权梅尔森或乔·迪马奥照顾玛丽莲的遗体。波妮斯没有能力处理此事。等梅尔森婉言拒绝后，这件事就落在了善良的、足以信赖的迪马奥身上。

迪马奥接到噩耗时正和他的兄弟多米尼克和文斯等人在烛台公园打棒球。他妹妹玛丽娅从无线电上听到消息后也将此事告诉他。电话打进来时迪马奥刚刚吃完早饭。片刻之后，又一个电话打了进来。电话是格兰迪森打来的，对方问他能不能来洛杉矶"确认玛丽莲的尸体"。迪马奥同意。多米尼克还记得："他一言不发地走了出去。"迪马奥回到自己的房间给波妮斯打了电话。对方问他要不要安排葬礼。迪马奥说要安排。对方说她将"尽快赶到（洛杉矶）"。

那个礼拜日的晚上，伤心的迪马奥登上美联航的班机赶往加州。途中他一语不发，默默地坐在那里。8 月 6 日礼拜一上午 10 点 30 分迪马奥抵达洛杉矶国际机场，他走下飞机时脸上明显增多了皱纹。迪马奥没有理睬等在机场的记者，马上驶往圣莫尼卡的一家宾馆，住进了 1035 号房间。人们听见从他的房间里发出阵阵哭泣。

他留在房间里的时间并不长。他首先要去为前妻认尸。他赶到太平间之后浑身颤抖。一个服务员在门外将他引入幽长的走廊，在走廊的尽头有一个昏暗的房间，室内点着一盏荧光灯。迪马奥发现房间里有 50 个装死人的箱子。第 33 号箱子被拽了出来。挡在尸体上的白布掀开之后，他发现下面果然是玛丽莲。在她的左脚上挂一个小牌，牌子的号码是 81128。

迪马奥发现玛丽莲右脸上有一片片红斑，对服务员提出的问题木讷地点头称是，说她确实是玛丽莲·梦露的遗体。服务员又将白布盖在玛丽莲身上，此时迪马奥开始抽泣。他又看了一眼深深爱过的女人，然后走了出去。等他认尸之后，玛丽莲的遗体还将在冰冷的太平间里几乎躺上 21 个小时。

不过，在服务人员之外，迪马奥不是唯一一个看见玛丽莲遗体的人。《生活》杂志的温纳在尸检之后 9 个小时拍到了玛丽莲躺在那里的遗体。8 月 5 日礼拜日，温纳和他的同事、专栏作家桑普森一大早就被派出来采访玛丽莲的死因。趁桑普森准备文字稿件，温纳驱车来到布兰特伍德玛丽莲的家里。他在这里碰上了几个警察和大约 15 个摄影师。

之后，院子大门敞开，玛丽莲的遗体被推上了验尸官等在外面的黑汽车。温纳的照相机拍下了这一时刻，但这显然不是他的编辑所要求的"独家"照片。他对洛杉矶时报抱怨说："这称不上一张照片。"他赶紧用附近电话亭里的电话将噩耗通知他的老板，老板指示他"想法在太平间拍一张照片"——但对方同时提出要求，拍下的形象要有格调，不能违法，照片不能破坏杂志极好的声誉。温纳匆匆返回汽车，尾随黑车来到太平间。

他在那里等了 18 个小时之后，半夜之前钻到车外，来到楼里，进入漫长的走廊。他的包里不仅有相机，还有一个黄纸口袋，口袋里有 2 瓶威士忌。他问那 3 个当班的门卫认不认识他在这里工作的朋友，边说边从口袋里取出酒来送给他们。两个门卫接受下来，一个门卫拒绝。他们马上转向了当天最大的话题：传奇影星玛丽莲·梦露之死。

温纳继续引诱那几个门卫，他说因为玛丽莲是在附近的布兰特伍德逝世的，她的遗体一定送到这里来了。值夜班的门卫马上说确实如此，说她的遗体就在 33 号穴里，然后又问温纳想不想看。还没等温纳回答，另一个门卫插话说，等等，你见过死尸吗？温纳说见过，对方放下心来，走向存放玛丽莲遗体的地方。他走进太平间，遇上助理人员为玛丽莲的脚上挂牌子。他打开穴门，将箱子拽了出来。一张白布盖在玛丽莲的遗体上。温纳问能不能拍一张照片。三人没有提出反对。

温纳从包内取出照相机开始拍照。温纳激动起来，无法控制自己。他从脚上的号牌拍起，拍了一张又一张，越拍越清晰，越拍也越恶毒。他不仅拍了牌号，还从各个角度拍下了玛丽莲躺在大理石石板上的姿态，有的照片遗体上盖着白布，有的照片没盖。他后来对洛杉矶时报回忆说："很快我就拍完了 5 卷胶片。"温纳在太平间里大约拍了 1 个小时，将近凌晨 1 点他才从这里离开，驱车赶往机场将胶片送回杂志社。下一个造访者迪马奥再过 13 个小时才能赶到这里。

《生活》杂志并未刊发温纳拍下的照片，对此大家不必感到惊讶。1982 年 8 月 22 日礼拜日，为纪念玛丽莲逝世 20 周年，洛杉矶时报采访了温纳。采访中（上面的文字选自这次采访），对方问他："你有没有因为拍照感到不安？"他脱口说出玛丽莲·梦露的那些照片使他感到不安。

8月6日礼拜一下午2点30分，迪马奥在离开太平间安排葬礼之前指示服务人员将他前妻的遗体转送位于西洛杉矶的西伍德村殡仪馆。8月7日礼拜二上午11点，阿兰·斯耐德赶到这里为玛丽莲做最后一次化妆。斯耐德还带来了一小瓶杜松子酒，他这是在兑现1953年对玛丽莲做出的承诺，其实不过是二人的一句玩笑话，当时她刚刚拍完《绅士爱金发女郎》。

那时玛丽莲因身体不适暂时住进医院，有人请她拍照，她就把斯耐德喊到床边为她化妆。他化妆时，玛丽莲说："答应我。如果我发生意外，如果我死了，除了你谁也不能碰我的脸。你要为我化妆，答应我。"他笑着回答说："趁尸体没凉就送回来。"玛丽莲的请求是在模仿她的偶像琼·哈罗的故事，那还是1937年6月的事。多年之后玛丽莲提醒斯耐德不要忘记自己的承诺。在一个金质钱夹上，玛丽莲刻上了下面这句话："亲爱的惠特尼：趁我还没冷，玛丽莲。"

8月5日礼拜日下午，迪马奥在电话中询问斯耐德："你来化妆，行不行？你答应过。"迪马奥还有一个请求，"你能不能把她的遗容装扮得赶上电影？"斯耐德回答："哦，是的，乔，我一定行。"

1973年，斯耐德告诉芝加哥论坛报："这之前我从来没为死人化过妆。"他赶到时发现玛丽莲躺在一张钢台上。他走过去碰了一下她的前额。不这样的话，他非被吓跑不可。他回忆说："开始之后，我马上将注意力集中在化妆上了，并没有感到不安，就当她睡着了。"他在她的面部涂上了铁丹底色，据说这是20世纪福克斯的底色，然后画上眼影，又涂上口红。1963年斯耐德回忆说："化完妆之后她很漂亮。你想记住她的模样。"在另一次采访中，他又说："这是我做过的最艰巨的、最出色的工作。我唯一感到遗憾的是，大众没能看见她。"

他下午3点准时完成化妆。他刚要离开时碰见了迪马奥。斯耐德告诉对方妆已化完。迪马奥握了握他的手，感谢他过来化妆。之后斯耐德注视迪马奥走到玛丽莲的棺材旁坐了下来。殡仪馆的人回忆说："他和她单独待了好多次。他显然是失去了亲人，而且还深深地爱着她。"次日上午，举行葬礼的那一天，斯耐德一早返回殡仪馆，发现迪马奥还坐在那里，姿势都没变。他两眼通红，含着泪水。其实迪马奥周二晚上已经返回宾馆，几个小时之后的周三上午7点30分又来到西伍德殡仪馆，但斯耐德仍然相信棒球明星迪马奥整夜守在前妻的棺材旁。

负责葬礼的阿兰·阿伯特在西伍德村殡仪馆度过两天，协助筹备玛丽莲的葬礼。举行葬礼的那天早晨，预防尸体变腐的人想通过手术的办法减少遗体的肿胀，因为尸检之后遗体的后脖颈肿了起来。于是他剪掉了一些头发，切开一道口子，然后又紧紧地缝了起来。因为这一做法自然要对玛丽莲不太厚的头发造成破坏，所以他们又把电影公司的发型师希德尼请了过来。1966年希德尼在接受《电影与拍电影》杂志采访时回忆说："她逝世后，他们打电话找我替她做头发。我做不了。但我告诉他们我有她的假发，是拍摄《不合时宜的人》留下的，我可以按照当时的样子重新调整假发。"希德尼马上着手为假发整形，然后送了过去。

默瑞坚持说玛丽莲一定希望穿黄绿色、浅绿色的普奇晚礼服和与之相配的绿花边围巾下葬。她知道这是玛丽莲喜欢的服装，还说6个月前在墨西哥城新闻发布会上看见玛丽莲穿过。波妮斯提出不同的意见，她建议或是穿蓝的或是穿白的，但是默瑞不肯让步。玛丽莲就应该穿浅蓝色的衣服。

8月8日礼拜三，太平洋时间下午1点（东部时间下午4点），梦露的葬礼在西伍德纪念公园公墓的西伍德村殡仪馆的小教堂里举行。这是这家公园新墓地对外开放以来的第二次葬礼。据说迪马奥选择这里为玛丽莲的安息地，因为公墓掩映在一排建筑、停车场和高地后面，所以很少为外人所知，一度也是洛杉矶一大秘密。有趣的是，这里离20世纪福克斯电影公司仅仅1英里。

1962年新款凯迪拉克尤里卡灵车将玛丽莲的遗体送来。阿兰·阿伯特、希德尼·格拉洛夫、阿兰·斯耐德及殡仪馆的员工罗纳德·赫斯特、莱昂纳德·科里斯米恩斯基与科莱伦斯·皮耶斯是护灵人。乔·迪马奥走进小教堂之前将目光投向天空，仿佛在说："至少今天太阳还要为她照耀。"在送来的众多鲜花里有48朵红玫瑰和一首伊丽莎白·勃朗宁的十四行爱情诗，这些都是一个神秘的陌生人送来的。鲜花是从新泽西州的一家花店送来的，据花店老板乔治·里波特说，订花的人是个款款的绅士，年纪在三十几岁。里波特回忆说："那男子将一辆好大的跑车停在我的店外，进来之后要了鲜花。他说我要50美元的红玫瑰，挑最好的，送到玛丽莲·梦露的葬礼上。他还告诉我在花上留言：

'为爱的缅怀.'他还让我在玫瑰花里插上勃朗宁小姐的一整首《我好爱你》。"遗憾的是，我们无法知道这神秘男子到底是谁。

隐秘幽暗的葬礼仪式在在柴可夫斯基第六交响曲中开始，按照玛丽莲早先的要求，葬礼上还播放了朱迪·加兰1939年的经典唱片：《彩虹之上》。葬礼的司仪是 A.J. 索尔丹，他是西伍德村教会路德派的牧师。这是一次无教派的仪式，他朗读了《约翰福音》14 章里的第 33 首诗歌，以及从《诗篇》46 和 139 里选出的诗行。牧师的仪式是按照下面这句引语进行的："造物主把她造得何等奇妙。"后来在入葬时牧师又咏叹道："为了让全能的上帝接纳玛丽莲·梦露的灵魂，我们安葬她的遗体，从大地到大地，从灰尘到灰尘，从泥土到泥土，必定进入永生。"仪式上还朗读了主祷文。

原先迪马奥想请玛丽莲的好友、诗人兼作家卡尔·桑伯格在葬礼上宣读悼词。桑伯格因身体不好无法赶来，但他承兑诺言，为玛丽莲写来一首颂歌，颂歌是他从北卡罗莱纳州的家里通过电报发来的。朗读者是眼含泪水的李·斯特拉斯伯格。颂歌全文如下：

> 玛丽莲·梦露是传奇式的人物。她用自己的生命谱写出一个神话，出身低下的苦孩子能够取得成功。对于整个世界来说，她是永恒女性的象征。至于这神秘与传奇，我无法用语言来描述。这个玛丽莲·梦露，我与她并不相识。
>
> 今天我们来到这里，我们相识的仅仅是玛丽莲，一个热情的人，外向但又腼腆，敏感但又害怕拒绝，然而总是渴望生活，积极上进。我不想冒犯你们私下对她的记忆，这隐秘是她所追求的和珍视的，所以我在这里不想描述你们所知道的她。在我们对她的记忆中，她依然活着，不是银屏上的影子或炫耀的个人。对我们来说，玛丽莲是忠诚的朋友，不断追求完美的同事。我们与她同甘共苦。她是我们家庭里的一员。这次可怕的意外竟终止了她对生活的追求，这一事实令人难以接受。
>
> 虽然她在银屏上达到了炫目的高度，但她依然在追求未来。她还想要做很多很多令人兴奋的事。在她的和我的眼里，她的事业才刚刚

开始。她自小培养的梦想并不是虚妄。她初次拜访我的时候，我为她惊人的灵性感到震惊，这灵性是鲜活的，光明的，虽然她为生活所迫，但这灵性还是要表达出来。其他女子也能如她一般美丽，但显然她身上的东西更多一些，人们能从她的演技上发现这一点，承认这一点。她有光彩照人的特点，这其中执著与魅力兼而有之，显得与众不同，然而众人又都希望成为其中的一员，汲取她孩童般的纯真浪漫，这浪漫是如此的腼腆，然而又是如此的活泼。

她在台上这一特点变得尤为明显。使我真正感到遗憾的是，热爱她的大众无法像我们那样接触她，她所扮演的众多角色掩盖了她的真实为人。毫无疑问，台上的她也必然是真正伟大的演员。

现在她已经离开我们。我希望她的离开能引起我们对一个敏感的艺术家和女子的同情与理解，因为她为这个世界带来过欢乐。我无法说再见。玛丽莲从来都不喜欢再见，但她以其独特的方式来面对现实，我要说再相见。她所在的那个国度，我们迟早都要光顾。

压抑的仪式进行了 23 分钟，玛丽莲的遗体躺在半开的、800 美元的雕花铜棺里，棺材四周覆盖着香槟色的缎子。她的手里握着一束浅粉色的玫瑰，这是迪马奥送与她的，此时他正和儿子小迪马奥坐在教堂的前面。

20 世纪福克斯的唐·普林斯专门赶来协助安排葬礼，他说："我从未见过玛丽莲比此刻还美丽，宛若少女。"希德尼·格拉洛夫承认："我在葬礼上心都碎了。她妹妹过来对我说：'不要哭，她在那儿边更好。'我抬起头来想了想，这是真话。玛丽莲终于安静了。"

应邀参加葬礼的共有 23 人，但教堂里有 31 人参加了葬礼。上文提到迪马奥、波妮斯、梅尔森、格拉洛夫、斯耐德和李·斯特拉斯伯格，此外到场的还有纽科姆、默瑞、格林森医生夫妇和他们的两个孩子、斯特拉斯伯格的妻子波拉、伊妮兹的丈夫派特、迪马奥的儿子小迪马奥和好朋友乔治，以及斯耐德的妻子和女儿。

葬礼上还有昔日与玛丽莲有过接触的人，如阿伦·弗罗施和米尔顿·鲁丁、她的私人秘书梅·雷斯，戏剧教练洛特·哥斯拉、昔日的养父母、朋友安妮和玛丽、司机鲁迪·卡丹斯基、发型师阿格尼斯和波尔、老朋友兼按摩师拉尔夫·罗伯茨、女佣人弗罗伦斯·托马斯和纽约的邻居理查德。迪马奥的好友沃尔特是唯一应邀进入教堂的报社记者。这是庄重肃穆的一天。如作家乔治·米勒所说："多年来好莱坞都缺少这种尊严。"

在迪马奥的要求下，阿兰·阿伯特站在门口核对应邀者的姓名，然后将葬礼安排送与大家。因为迪马奥的严格要求，玛丽莲的好莱坞朋友都不在应邀之列，有好些人还是乘飞机专程赶到洛杉矶的。大家对他的做法褒贬不一。迪恩·马丁就是特意赶来的。他正在外面与家人度假，听说消息之后他马上缩短度假，驱车150英里赶到洛杉矶参加葬礼。但他白来了一趟，他不被允许入内。

还有一人是劳福德的妻子。她对自己被排斥在外感到"震惊"，她丈夫彼得·劳福德也被排斥在外。那一天劳福德对记者说："妻子正与孩子在家里度假，她听到消息后周一晚上就飞过来了，想参加玛丽莲的葬礼。但是没人邀请我们。我不知道谁在负责。但葬礼从头至尾搞得都不好。"他最后说，"玛丽莲在城里有很多朋友，大家都很怀念她，都想与她最后告别。"

葬礼那天，洛杉矶警察局的拜伦警官想要找劳福德问话，但劳福德的秘书说他不接受采访，坐飞机外出了，目的地不明。劳福德的助手又说，他出去后不会与家里通话，等他回来再找警局。事实上，下午1点，劳福德与记者说完话之后就坐飞机到肯尼迪家去了。他在其后的13年里，总是设法避免警方询问玛丽莲之死的事。西纳特拉对葬礼的安排自然是大为不满。他从自己的办公室发出下面的声明，虽然上面没有他的名字："有些出席葬礼的人几乎不认识玛丽莲，她的妹妹去年夏天才与玛丽莲见过一面，这是她们一生中唯一的一次，但邀请客人或排斥客人的事显然在她妹妹的掌握之下。"玛丽莲的公关专家亚瑟·雅各布斯马上站出来附和西纳特拉。葬礼那天他也发了一个简短的声明："如果请玛丽莲安排的话，葬礼上半数的人接不到邀请。她的很多朋友到场才对。"

请不请谁是迪马奥一手操办的。没被邀请的名人还有小萨米·戴维斯、基尼·凯利和米利施兄弟（《热情似火》的制片人）。迪马奥的做法引起了强烈的反应。葬礼前一天，纽约邮报引用米尔顿·鲁丁对迪马奥说的话："你把玛丽莲的好友都排除在外了。"迪马奥对此的答复是："要不是因为她的朋友，她怎么能死。"劳福德和那些没有参加葬礼的人想要参加专门为玛丽莲安排的午夜风琴追思会,迪马奥对此也不同意。有人问迪马奥的好朋友沃尔特,迪马奥为何将好莱坞排斥在外。沃尔特反驳说:"你能邀请杀害妻子的凶手参加葬礼吗?"

不仅如此,迪马奥还有意回避好莱坞式的张扬,因为过去有不少明星的葬礼都因此搞砸了。葬礼之前迪马奥的发言人解释说:"玛丽莲的朋友不能做最后的告别,对此我感到很遗憾。如果我们邀请劳福德夫妇,那么我们就得邀请好莱坞半数以上的明星。结果葬礼就将演变成马戏演出。"如专栏作家唐纳德所说的:"玛丽莲的死因被定为过量服用安眠药,但真正的凶手是好莱坞,迪马奥知道这一点,所以他才不同意将葬礼变成马戏团的演出,电影明星或是老板都不允许最后为美国的金发姑娘送行。"

与此同时,葬礼那天迪马奥、波妮斯和梅尔森联合发表了一篇声明,声明说:"我们邀请一个人,就可能冒犯很多人,出于这个原因,我们邀请的人少之又少。请求大家记住幸福的、快乐的玛丽莲,在你们的家里和教堂里为她送上一句祷告。"

西伍德村纪念公园经理赫科特马上站出来指出,他们之所以不想邀请众人,实在是因为"空间有限"。事实上,虽然米尔顿·鲁丁提出强烈抗议,但迪马奥确实不想请好莱坞的那些人。他为玛丽莲之死指责他们,现在他还无法原谅他们,如玛丽莲的纽约公关专家约翰·斯普林杰所说的,最初被邀请的人里有劳福德、西纳特拉和迪恩·马丁,迪马奥发现后大为恼火,把他们的名字通通画掉。1998 年斯普林杰说:"他看着名单说:'不,不,不,不,不,他们是杀害她的人。'我还从未见过像他那么悲伤的人。"

玛丽莲的前夫都没到场。亚瑟·米勒没到场,这大概更使人感到惊讶。有记者打电话问他能不能出席葬礼,他马上回了一句:"她不能在那里。"之后挂断电话。他承认这句话连想都没想。但事实上,他也不想去。如米勒在其1987 年的自传《时光逆流》里所指出的:"葬礼这件事真是不可思议……到处都是照相机、喊叫声和一片白色,参加这样的活动超出了我的能力……站在石碑旁边照相,这对我来说是毫无意义的。"

教堂仪式之后,他们正想安葬玛丽莲的遗体,这时迪马奥突然要再看一眼他的前妻。他们打开棺材，一股风将玛丽莲的几根假发从里边吹了出来。旁边的人大吃一惊，好像玛丽莲正要从棺材里出来。还没等大家最后关上棺材，迪马奥俯下身子在前妻额头轻轻吻了一下，小声说："我爱你，我爱你，我爱你。"对一个不好言语的男人来说，此事确实极为少见，或许，这才更为真诚。之后，她的棺材紧紧地封了起来，迪马奥大步走出教堂，双手抱头，悄悄地擦着眼泪，此时的他依然深深地陷在悲痛之中。

迪马奥、他身着海军军装的儿子及其他送殡的人跟在灵车后面，灵车朝外开出 125 码，灵车上覆盖的康乃馨被取走之后，棺材在西伍德"纪念廊"的粉红理石厅内滑入墓穴。玛丽莲的安息地与格雷斯·格达德的墓穴离得不远，这个女子过去被称为麦基，早年是玛丽莲的朋友。令人伤感的是，9 年之前玛丽莲协助安排了格雷斯的葬礼。在玛丽莲的墓穴前有一块大理石石板，上面写着："玛丽莲·梦露 1926–1962。"玛丽莲终于安静了。

根据警察局长比尔·帕克的指示，50 多名洛杉矶警察特意赶来协助维持秩序。20 世纪福克斯公司还特意雇来 40 名保安协助警察。负责葬礼的阿兰·阿伯特还特意多要了 6 名保安。雇用保安的费用 578.25 美元将从玛丽莲的遗产中支出，这些保安都是从私营公司请来的。来自迪马奥的指示极为明确：凡是他或波妮斯没有邀请的人都不许参加葬礼。

公墓北墙外面拉起一道围栏，将 100 名记者挡在那里，无法入内的摄影者爬到了附近建筑物的顶上。《生活》杂志的温纳和世界著名独立摄影师安东尼是唯一被允许自由出入的人，不过制片人大卫·沃尔普为这次葬礼留下了影像，他是另一个例外。（其中的剪辑将出现在他 1964 年拍摄的《玛丽莲·梦露的传奇》一片里。）重新翻捡温纳留下的照片，你从中找不到迪马奥的侄女，但她在无数的场合（尤其是《花花公子》）都声称自己那天在西伍德参加过葬礼。

死后如同生前，玛丽莲引来了一大批好奇的影迷。葬礼开始之后，大约有 1000 名崇拜者聚集在大街上，有人还爬上了西伍德纪念公园的围墙；有 100 多个人为了占地方，半夜就赶了过来。（刚开始来的人更多。后来警察告诉他们取消公众瞻仰遗容，所以有些人已经离开。）

不幸的是，有不少留下来的人着装显然不合要求。因为当时天气太热，有人赶来时还穿着泳装和比基尼。衣着五颜六色的女子和身着游泳短裤的男子与周围肃穆的环境形成强烈对照。幸运的是，这些人秩序井然，表情严肃，默默地站在周围。

葬礼结束后，送殡的人依次离开。默瑞刚刚走出公墓，一个男人将她喊住。此人是比尔·亚历山大，布兰特伍德一家商店的老板，7天之前玛丽莲来商店购物时，他诚心诚意地走出来向玛丽莲求婚。亚历山大对默瑞说："你和梦露小姐7天前才光顾我的商店。"默瑞大为震惊。如她在《玛丽莲：最后数月》里所说的："真是无法相信。刚刚一周，世界都变了。"

令人遗憾的是，围观者的忍耐没有继续下去。封棺之后刚刚几分钟，送殡的人迈着缓慢的步子默默地离开，这时大约有200个旁观者开始进入通向玛丽莲安息地的小道。他们开始还有所约束，但很快乱了起来。他们的目的很清楚，从玛丽莲的墓穴上取走一件纪念物。

他们来到墓地之后开始相互推搡。他们哄抢墓地上的鲜花和彩带，不少花朵被他们践踏在脚下，这些纪念品都是电影业的人和好友送来的，如亚瑟·米勒、弗兰克·西纳特拉、克林顿·韦伯、谢莉·温特斯、比利·怀尔德和杰克·宾尼。破坏到此并未结束。波妮斯送来的鲜花十字架和迪马奥送来的由红玫瑰、白康乃馨和兰花组成的心形图案被他们抢得一塌糊涂。

因为有两个魁梧的保安死死把守，闲杂人等才没有接近玛丽莲的墓穴。但混乱的场面并未停止。旁观者对抢花这种行为很不满，这时一个手里攥着鲜花的女子还在替自己辩白："我为什么不行？鲜花白白地留在这里，是要死掉的。"有个女子抢来一株红玫瑰，她也附和说："花当然要凋谢的。"这一天居然如此结束，确实令人伤感。

玛丽莲葬礼的那一天，有3名好莱坞女影星——莉莎·科克、罗莎琳德·罗素和卡罗尔·巴克——乘坐玛丽女王号从英国的南安普敦驶抵纽约。等在那里的摄影师们请她们拍照，她们挽着胳膊，一同抬起脚来，面带灿烂的微笑。美联社在发表的照片旁留下一句说明文字，说梦露的死使这些女演员感到极为"震惊和悲伤"。这就是好莱坞：在几粒鳄鱼眼泪流过之后，生活如故。确实，世界还要重返昔日的轨迹。葬礼数日之后，一张4 352美元的催款通知从西伍德村公墓送到了玛丽莲遗产善后人的手里。

下午5点，玛丽莲葬礼之后的几个小时，洛杉矶区警察官约翰·麦纳拜访了拉尔夫·格林森，麦纳也是玛丽莲尸检的见证人之一。麦纳允诺不向外泄露这次拜访的内容，格林森为麦纳播放了40分钟的录音，据说玛丽莲在录音里提到她的公公老米勒、女演员梅·韦斯特、影迷罗伯特、司法部长博比·肯尼迪和肯尼迪总统，此外她还说到了其他问题。后来麦纳回忆说："玛丽莲听上去不可能自杀。"多年后他宣布说："她对未来做出了周密的安排。她知道自己要做什么。"（格林森医生的遗孀后来对泰晤士报说，她不知道录音一事，她丈夫也从未提起。）

下午5点30分，迪马奥又返回西伍德纪念公园公墓，是他朋友开车送他来的。汽车停下后他并未下车。他坐在车里望着墓地，若有所思，久久不肯离去。他想独自与他真正爱过的女人做最后的告别。迪马奥无时不在思念玛丽莲，他也从未原谅对玛丽莲之死应当承担责任的人。

葬礼多日之后，迪马奥对沃尔特说："要是肯尼迪兄弟出来的话……我真想拿球棒打烂他们的脸。那些混账东西杀了玛丽莲。"他对他们的愤怒从来都没有化解。3年之后，1965年9月18日礼拜六，在纽约的扬基体育馆里，他站在那里庆贺扬基队完成2 000场众大赛事。博比·肯尼迪也到场祝贺，他面带微笑，与大家一一握手——但迪马奥有意朝后退了一步，没有理他。

在后来的20年里，迪马奥对玛丽莲的忠诚并未削减。他向比弗利山的巴黎人花店下了一份订单，每周3次将6朵红玫瑰送入玛丽莲墓旁的黑金属花瓶内，这是他对玛丽莲做的承诺，因为玛丽莲将琼·哈罗临终时男演员威廉·鲍威尔说过的誓言告诉了迪马奥。到1982年8月第一个星期，整整20年里，鲜花从未间断。为了送花，迪马奥总是提前支付每年500美元的费用。

与玛丽莲的另外两个丈夫或了解她的男人（或自称了解她的男人）有所不同，迪马奥既没有撰写玛丽莲的传记，也没有公开谈论她。有一家知名的妇女月刊开价50 000美元，请他说说自己的前妻，但他没有同意。大家都知道谁也不能在他面前提玛丽莲。要是有人刚说了一句，他就要马上打断："不要再说了。"所以说到玛丽莲，他周围的人都要三缄其口，迪马奥从未再婚，1999年3月8日礼拜一，他因肺癌并发症逝世，享年84岁。根据他的律师和好友默瑞斯的说法，他临终的最后一句话是："我终于要见到玛丽莲了。"

故事到此结束。

结论：根据我的深入研究，历史对已故总统肯尼迪、他的妻子杰奎琳和弟弟博比还是公平的，这里我仅以他们几人为例。玛丽莲在世界各地有众多的崇拜者，这些人姑且不论，我还没有发现任何证据足以证明有人公开关注围绕玛丽莲编造的那些恶毒的、没有根据的指控，有些指控是为了掩盖真相，有些指控是为了赚钱，还有些是为了猎取虚名，但所有这些都无法玷污玛丽莲。我对他们的做法感到恶心。

此外，很早以来就有人断言，玛丽莲有意结束自己的生命，依我所见，这是对她积极的、慷慨的、真诚的性格泼上的脏水。最后，我真诚地希望有朝一日她死亡证明上"可能是自杀"几个字能改成"意外事故"。这是对玛丽莲的公正。自杀一说对她是不公平的。通过我5年来缜密的研究，我真诚地希望还玛丽莲以清白，当然这不是一朝一夕的事，只有到了那个时候，玛丽莲才能最终安息。

我真诚地希望，有一天玛丽莲能得到安息……